1986

Cuentos españoles
concertados

Cuentos españoles concertados

DE CLARÍN A BENET

GONZALO SOBEJANO

UNIVERSITY OF PENNSYLVANIA

GARY D. KELLER

YORK COLLEGE OF THE
CITY UNIVERSITY OF NEW YORK

Notes, glosses, and vocabulary prepared
with the aid of Karen S. Van Hooft

HARCOURT BRACE JOVANOVICH, INC.

NEW YORK   CHICAGO   SAN FRANCISCO   ATLANTA

ISBN: 0-15-516682-4

Library of Congress Catalog Card Number: 74-25382

Printed in the United States of America

ACKNOWLEDGMENTS

The editors wish to thank the following for permission to reprint material appearing in this volume:

Josefina R. de Aldecoa, for "En el kilómetro 400" from *El corazón y otros frutos amargos* by Ignacio Aldecoa.

Perpetua B. de Aub, for "El Cojo" from *No son cuentos* and "La verdadera historia de la muerte de Francisco Franco" from *La verdadera historia de la muerte de Francisco Franco y otros cuentos* by Max Aub.

Francisco Ayala, for his "El inquisidor" from *El as de bastos.*

Julio Caro Baroja, for "Los panaderos" and "Lo desconocido" from *Vidas sombrías* by Pío Baroja.

Camilo José Cela, for his "El tonto del pueblo" from *Obra completa.*

Miguel Delibes, for his "La mortaja" from *Siestas con viento sur.*

Ediciones Destino, S. L., Barcelona, for "La conciencia" from *Historias de la Artámila* by Ana María Matute.

Editorial Biblioteca Nueva, Madrid, for "El río y él" from *Obras completas* by Gabriel Miró.

Espasa-Calpe, S. A., Madrid, for "Un ejemplo" from *Jardín umbrío* by Ramón María del Valle-Inclán.

Jesús Fernández Santos, for his "Cabeza rapada" from *Cabeza rapada.*

Medardo Fraile, for his "Ojos inquietos" from *Cuentos de verdad.*

La Gaya Ciencia, S. A., Barcelona, for "Syllabus" from *Cinco narraciones y dos fábulas* by Juan Benet.

Carmen Martín Gaite, for her "La conciencia tranquila" from *Las ataduras.*

María Paz García-Alas Rodríguez, for "Cambio de luz" and "La Ronca" from *El Señor y lo demás son cuentos* and "Cristales" from *Cuentos morales* by Leopoldo Alas.

Julio Rajal, for "El reverso del tapiz" from *Blanco en azul* by Azorín.

Rafael Sánchez Ferlosio, for his "Y el corazón caliente" from *Industrias y andanzas de Alfanhui.'*

Fernando de Unamuno, for "La venda" from *Teatro completo* and "El semejante" and "Las tijeras" from *Obras completas* by Miguel de Unamuno.

Preface

This anthology, *Cuentos españoles concertados*, beginning with a story by Leopoldo Alas (Clarín) published in 1892 and ending with one by Juan Benet published in 1972, offers seven narrative paradigms that, in our judgment, effectively represent the development of the short story in Spain in the twentieth century. The anthology is a concerted ordering of the principal kinds of stories. We have selected examples that display similarities, thematic in some stories, formal or modal in others, that permit the reader to recognize more clearly the differing characteristics of each. Therefore the book may be regarded as a concert of distinct short-story paradigms that to some degree have been coordinated and harmonized.

We define the short story as the narration of an imagined event that is usually characterized by the following features: brevity; unity of setting, time, action, and character; concentration on a dominant element that provokes a unique effect; and the necessary narrative strength to excite the reader's attention from beginning to end. All short stories possess a participatory quality: they aspire to reveal, by means of a fragment, the totality out of which they grew.[1]

Marked variations are present among specific stories within a mode and between different modes of stories. For example, among the *casos morales* of Leopoldo Alas, "Cristales" appears to unite these characteristic elements of a story in a more pronounced way than "Cambio de luz"; the former is a briefer, more integrated, and more gripping story than the latter. Moreover, one would expect (although it need not be so) that a *caso moral* or a *parábola* in the mode of Unamuno would reveal these qualities to a greater degree than an *impresión del vivir* in the style of Baroja or a *testimonio social* that deals with a social group rather than an individual.

The modern short story—surpassing earlier models like the popular, didactic, fantastic, or local color story—established itself in Spain with the work of Leopoldo Alas. From his generation to ours the most fertile types of stories that have developed are the following, in chronological order: *casos morales, parábolas del espíritu, impresiones del vivir, ejercicios imagina-*

---

[1] In the best short stories "there lies behind and beyond the yarn a deeper and more lasting pleasure based on what the yarn has helped—along with other technical factors in the story—to reveal about what we call the nature of things (or people) in general, or the world-at-large, or human nature, or the human comedy." (Sean O'Faolain, *Short Stories. A Study in Pleasure* [Boston and Toronto: Little Brown and Co., 1961], p. 17.)

tivos, situaciones existenciales, testimonios sociales, and *estructuras enigmáticas.* The reader will find an explanation of these paradigms in the introduction to each of the seven sections. However, we do wish to note that these designations are neither inflexible nor mutually exclusive: they are intended only to highlight the principal aspect of a given type of short story.

The dominant elements of each section, that is, the values that underlie narrative events and propel them to an appropriate outcome, are as follows:

In Leopoldo Alas (Section 1), man turns inward and recognizes in himself a truth: faith, the injustice of justice carried to an extreme; pride in feeling himself above envy. The person attains moral awareness of his self. Reality is comprehended.

In Miguel de Unamuno (Section 2), the need for communication between two individuals is expressed, for this is the way one recognizes oneself and the other. This communication is interrupted by the death of one party, but the survivor continues to communicate with the deceased. A spiritual imperative is revealed through this dyad, be it concrete or hypothetical. Reality is transcended.

In Pío Baroja (Section 3), a gesture of escape, an impulse toward freedom, is brusquely restrained by conventional or prosaic reality; the bakers return to their labor, and the wife to the confines of her habitual existence. Reality is again comprehended.

In Ramón María del Valle-Inclán, Azorín, and Gabriel Miró (Section 4), the meaning behind or at the bottom of deceptive appearances is ultimately revealed in a marvelous stroke. Reality is again transcended.

In Max Aub, Francisco Ayala, Camilo José Cela, and Miguel Delibes (Section 5), men opt for a course of action that binds and elevates them when confronted with a situation of extreme perplexity and in the midst of existential confusion. Reality is both comprehended and transcended.

In Rafael Sánchez Ferlosio, Jesús Fernández Santos, Ignacio Aldecoa, Medardo Fraile, and Carmen Martín Gaite (Section 6), men subsist in their original state without being able to break the barriers of class. Reality is simply comprehended once again.

In Ana María Matute and Juan Benet (Section 7), an enigma is revealed within a given pattern of behavior; the enigma is not clarified, but it permits a more profound interpretation of the behavior itself. Reality is here transcended.

It is in this dilemma between the comprehension and the transcendence of reality that the underlying force that generates the different modes of stories anthologized here is revealed. Each story is in turn influenced by the distinct demands of a specific epoch and by the goal of the serious writer to create something original. From another perspective this dilemma is a fluctuation between the concrete (*casos, impresiones, testimonios*) and the abstract (*parábolas, ejercicios, estructuras*), with both extremes brought to some degree of harmony—more concrete than abstract—in the stories of *situaciones existenciales*.

The list of authors selected for this collection could well have been expanded. All anthologies impose restrictions, and we feel that none of the writers who have advanced the art of the short story in a decisive way are missing from this collection.

We have chosen to limit variations in theme by selecting several examples with marked similarities, thus permitting the reader to evaluate differences in attitude, sensibility, style, and language. In the introduction to each section we have pointed to potential comparisons between stories, but we have not developed them. Indeed, some of these comparisons may be open to discussion.

Aside from those stories that do not readily relate to any other ("La Ronca" and "Cristales" by Alas, "Un ejemplo" by Valle-Inclán, "El Cojo" by Aub, and "El inquisidor" by Ayala), the rest may be grouped according to the following thematic categories:

FAITH: "Cambio de luz" and "La venda."

SELF-KNOWLEDGE: "El semejante" and "El tonto del pueblo."

COMMUNICATION: "Las tijeras," "La verdadera historia de la muerte de Francisco Franco," and "Syllabus."

WORK: "Los panaderos," "Y el corazón caliente," and "En el kilómetro 400."

FROM BOREDOM TO DESIRE: "Lo desconocido" and "Ojos inquietos."

UNFORESEEABLE DESTINY: "El reverso del tapiz" and "El río y él."

THE PRESENCE OF DEATH: "La mortaja," "Cabeza rapada," and "La conciencia tranquila."

CONSCIENCE: "La conciencia tranquila" and "La conciencia."

Clearly, these are only some of the facets of the rich and diverse reality of human life; but no one can deny their importance. It has not been our intention to point up the characteristics of Spanish life by means of a number of stories, but rather to represent the characteristic modes of short stories by collecting works of several Spanish narrators of high regard. However, through the artistic exposition of the universal themes cited above there will appear in most cases something of the history of Spain and a great deal of the Spanish way of life.

The footnotes and marginal glosses appearing in each short story are intended to permit the student to read the material with a minimum of disruption. They include idioms, regional variations, literary allusions, biographical data, philosophical terms, and even such items as weights, measures, and identification of flora and fauna. Respecting the readers' maturity, we have not skirted obscene or vulgar terms but have treated them realistically.

All difficult vocabulary and expressions are glossed only the first time they appear in any selection unless they recur within that selection with a different meaning. All glossed terms that occur more than once, except lengthy expressions and foreign words, are listed in the end vocabulary. Multiword expressions are glossed thus:

no cabía duda°   no...there was no doubt

The general conception and development of this anthology, the selection of the stories, and the introductions to the seven sections have been the work of Gonzalo Sobejano, except for two stories chosen by Gary D. Keller, who has also done all the glossing and footnoting. Karen S. Van Hooft has edited the work throughout and compiled the end vocabulary.

GONZALO SOBEJANO
GARY D. KELLER

Contents

1 Casos morales

In the prologue to his *Cuentos morales*, published in 1896, Leopoldo Alas (also known as Clarín) explained that he had chosen this title first to demonstrate his interest in "los fenómenos de la conducta libre," in "la psicología de las acciones intencionadas" and second to point up that in most of the stories the essential aspect was not "la descripción del mundo exterior, ni la narración de vicisitudes históricas, sociales, sino el *hombre interior*, su pensamiento, su sentir, su voluntad."[1]

Almost all of Alas' short stories may be considered *cuentos morales*. What most readily distinguishes Alas' stories from those of his contemporaries is his perception of human behavior from the vantage point of man's conscience. Thus Alas' tales are not so much "moral" in a didactic sense as they are "moral" in a psychological sense. He identifies the values that govern human behavior through direct and dramatic tales—some tending toward solemnity, others toward irony—in which man's conscience is tested and tempered by a singular ordeal.

Alas was a master of many genres. He had a particular talent for the short novel (*Doña Berta, Cuervo, Superchería,* 1892) as well as for the short story. His collections of short stories include *Pipá,* 1886; *El Señor y lo demás son cuentos,* 1892; *Cuentos morales,* 1896; *El gallo de Sócrates,* 1901; and *El Doctor Sutilis,* 1916. The last two collections are posthumous. In addition, he authored one of the finest naturalistic novels of the period, *La Regenta,* 1884–1885. Finally, he was a gifted literary critic with a talent both for light, journalistic commentary and deep, interpretative analyses.

In his prologue to a collection of Alas' work, *Páginas escogidas,* 1917, Azorín, author, critic, and member of the Generation of 1898, notes that the unifying factor in Alas' multifaceted work is that he was above all a philosopher and a moralist: "Singularmente el cuento de Clarín es la realización en forma pintoresca de un ensayo moral y filosófico." Azorín also states: "Por lo general, los cuentos de Alas tienen un argumento inverosímil: alguna absurdidad, por ligera que sea, se puede notar en ellos. Pero hay que saltar por encima de tales inverosimilitudes; el autor va derecho a su idea. Y su idea es una lección de moral o de psicología que Clarín quiere darnos y hacer patente."[2]

Certainly there are improbable events in many of Alas' stories, and this is especially true of those in which the comic or fantastic element freely transcends the boundaries of conventional reality: "Protesto" and "Cuento futuro" in *El Señor y lo demás son cuentos*; "El número uno," "El frío del Papa," "El Quin," "La noche-mala del diablo,"

[1] Leopoldo Alas (Clarín), *Cuentos morales* (Madrid: Alianza Editorial, 1973), p. 8.
[2] Clarín, *Páginas escogidas,* ed. Azorín (Madrid: Calleja, 1917), p. 17.

and "Viaje redondo" in *Cuentos morales*; and most of those anthologized in *El gallo de Sócrates* and *El Doctor Sutilis* are examples. In a number of other stories jest and ridicule do not undermine the human condition nor does fantasy exceed the bounds of credibility; yet here too we find that the explicitness and vigor of the message take precedence over the need for verisimilitude. In "Cambio de luz" the occurrence of physical blindness together with religious insight is handled with such suddenness that it is difficult to accept as realistic. Nevertheless, this lock-step technique is most efficient in driving home the thematic message. Finally, in still other stories Alas places protagonists, anecdotes, and narrative situations on the most mundane plane of everyday reality. Yet, be they fantastic, semicredible, or realistic, Alas' tales are, above all, moral in the way in which they set forth and solve problems.

Alas' fantastic and comic stories have been widely esteemed by readers. Nevertheless, while in no way denying the author's genius for this type of narrative, we should observe that his greatest contribution to the short story resides not here, but in the kind of tale whose content is based on keen observations of reality—stories that penetrate and clarify the apparent moral ambiguity of behavior. It is this latter type of story that is represented in the present anthology by "Cambio de luz," "La Ronca," and "Cristales." Apart from their psychologico-moral lesson, they appear to contain certain autobiographical elements.

Alas was born in 1852 in Zamora, and he spent almost his whole life as a university professor and writer in Oviedo, where he died in 1901. The liberal revolution of 1868, which resulted in the proclamation of the First Republic in 1873, influenced his adherence to free thought and to a critical and reform-oriented spirit of mind. Nevertheless, he took from philosophic positivism and literary naturalism only that which he judged beneficial to the progress of the Spanish people, while retaining his metaphysical passions and his religious and spiritual disquiet. The conflict between these yearnings and disquietudes, on the one hand, and the investigations of the man of science that foster incredulity, on the other, is examined in "Cambio de luz," which tells of the recovery of faith in the invisible at the precise moment of the loss of the faculty of physical vision. Although the story does not reflect any "crisis" in Alas' life, since he never stopped wanting to believe in God, it is an example of one of his perennial concerns: "Si hay Dios, todo está bien. Si no hay Dios, todo está mal." The protagonist, who shares numerous traits with his creator (intellectual inclinations, love of family, artistic sensibility, religious anxiety, even myopia and the threat of blindness), comes to see the truth of God's presence and moves from physical sight to inner illumination, from plastic art to music, from doubt to belief. The narrative progresses through three stages: first, Jorge Arial, happy in his work and family life, is beset by anguish—doubt about the existence of God; second, when he learns that he is to lose his sight, he begins to undergo a gradual change—instead of doing, he dreams, and instead of contemplating, he listens to music; third, it is only when he loses his sight that Arial comes to see in another way— he glimpses the truth, he is enlightened by love, he sees within himself, a different light.

Throughout his life Alas dedicated himself to literary criticism with a missionary zeal. His goal was to write criticism that was always unyieldingly just and consistent with the material at hand. His short story "La Ronca" serves as testimony to this most important aspect of Alas' professional life. The character Ramón Baluarte (note the play on the word *baluarte*) appears to be modeled on Alas as critic. The author himself observed in his prologue to *Cuentos morales* that "si en la juventud hubiese sido poeta, en el fondo de mis obras se hubiera visto siempre una idea capital: el amor, el amor de amores... el de la mujer; aunque tal vez muy platónico. Como en la edad madura soy autor de cuentos y novelillas, la sinceridad me hace dejar traslucir en casi todas mis invenciones otra idea capital, que hoy me *llena más* el alma (más y mejor ¡parece mentira!) que el amor de mujer la llenó nunca. Esta idea es la del Bien: unida a la palabra que le da vida y calor: Dios."[3] There still remains an echo of that love for woman in "La Ronca," a story that at the same time embodies the just critic's recognition of his failure to fulfill his emotional life and his delicate homage to a sensitive, compassionate, and intelligent woman, at once unassuming and sincere. "La Ronca" also has three parts: first, the theater critic is hardly aware of the quiet actress, who is hampered by her hoarseness; second, following her husband's death, La Ronca returns to her profession, and Baluarte praises her, strictly for her artistic merit, as earlier he had commended her husband on the same basis; third, Baluarte must decide if La Ronca is to go abroad with other notable actors to represent Spain. He excludes her because those selected must be among "lo primero de lo primero" and because "lo absoluto es lo absoluto." But La Ronca is in love with Baluarte, and when, too late, he finally learns this, Baluarte realizes that he has destroyed any possibility of emotional fulfillment in order to be faithful to his critical mission.

Another of Alas' passions was friendship. A number of notable nineteenth-century writers and critics, such as Armando Palacio Valdés, Marcelino Menéndez Pelayo, Benito Pérez Galdós, and José

---

[3] Alas, *Cuentos morales*, p. 8.

María de Pereda, were his friends, and Alas was honored by and proud of such friendships. Yet is was inevitable, because of his commitment to proclaim the truth at all cost (much like Molière's famous misanthrope), that Alas would arouse animosity, wariness, and distrust even among those whom he took to be his friends. "Cristales" is the moral tale of envy in the guise of friendship. It is not certain that the Fernando in this narrative is a portrayal of Palacio Valdés, who reacted so coldly to the failure of *Teresa*, Alas' play that premiered in 1895. At any rate, "Cristales" exposes a succinct process of shedding misconceptions and coming to enlightenment by means of the allegory of the mirror and of the eyes. Once again we find three phases: first, Cristóbal's play has failed, and Fernando defends it passionately; second, the two friends have retired to a private room in a café, and in a mirror Cristóbal sees his friend's face, which is radiant with happiness; he reads this happiness again in Fernando's eyes; third, Cristóbal quickly recovers from his disillusionment by analyzing with hidden delight the shabby character of his so-called friend, and upon returning home, he gazes at himself in the mirror and sees—now in his own eyes—the satanic pride with which he has just reduced Fernando's envious delight to dust.

A number of qualities make these three tales paradigms of the Spanish spiritualist short story that dominated the last years of the nineteenth century: the introspective attitude; the posing of moral content in terms of dilemmas like seeing versus believing, justice versus love, envy versus friendship; the structuring of the story on three increasingly dramatic levels; the unencumbered and suggestive language, direct in its transmission of the message but sufficiently open to connotations of the social and historical climate, such as the references in the stories to the perils of positivism, the family compared to a "lyre," the "Kreutzer Sonata" (in "Cambio de luz"), the "sacerdocio" of criticism (in "La Ronca"), street-corner utilitarianism, Émile Zola, a private room in an elegant café (in "Cristales").

Cambio de luz

A los cuarenta años era don Jorge Arial, para los que le tra-
taban de cerca, el hombre más feliz de cuantos saben contentarse con una *acerada* medianía[1] y con la paz en el trabajo y en
el amor de los suyos; y además era uno de los mortales más
activos y que mejor saben estirar las horas llenándolas de sus- 5
tancia, de útiles quehaceres. Pero de esto último sabían no
sólo sus amigos, sino la gran multitud de sus lectores y ad-
miradores y discípulos. Del mucho trabajar, que veían todos,
no cabía duda°; mas de aquella dicha que los íntimos leían en   no...there was no doubt
su rostro y observando su carácter y su vida, tenía don Jorge 10
algo que decir para sus adentros°, sólo para sus adentros, si bien   para...to himself
no negaba él, y hubiera tenido a° impiedad inmoralísima el   hubiera...would have
negarlo, que todas las cosas perecederas° le sonreían y que el   considered it
nido amoroso que en el mundo había sabido construirse, no   mortal
sin grandes esfuerzos de cuerpo y alma, era que ni pintado para° 15 era...was perfectly suited to
su modo de ser.

Las grandezas que no tenía no las ambicionaba ni soñaba con
ellas, y hasta cuando en sus escritos tenía que figurárselas° para   to conjure them up
describirlas le costaba gran esfuerzo imaginarlas y *sentirlas*.
Las pequeñas y disculpables vanidades a que su espíritu se 20
rendía, como, verbigracia°, la no escasa estimación en que tenía   for example
el aprecio de los doctos° y de los buenos, y hasta la admiración   learned
y simpatía de los ignorantes y sencillos, veíalas satisfechas, pues
era su nombre famoso con sólida fama, y popular; de suerte que
esta popularidad que le aseguraba el renombre entre los mu- 25
chos, no le perjudicaba° en la estimación de los escogidos. Y   no...was not detrimental to him
por fin, su dicha grande, seria, era una casa, su mujer, sus hijos;
tres cabezas rubias, y él decía también tres almas *rubias, dora-*
das, mi lira°, como los llamaba al pasar la mano por aquellas   inspiration (literally, lyre)

---

[1] acerada...strictly bounded economic situation. Alas, in his use of *acerada*
(steely) *medianía*, ironically alludes to the *aurea mediocritas* (*medianía*
dorada) that Horace used to signify that man is only happy when he is
satisfied with what he has.

frentes blancas, altas, despejadas°, que destellaban° la idea   serene   radiated
noble que sirve ante todo para ensanchar el horizonte del amor.

    Aquella esposa y aquellos hijos, una pareja; la madre her-
mosa, que parecía hermana de la hija, que era un botón de oro
de quince abriles, y el hijo de doce años, remedo° varonil y   5 replica
gracioso de su madre y de su hermana, y ésta, la *dominante*,
como él decía, parecían, en efecto, estrofa, antistrofa y epodo²
de un himno perenne de dicha en la virtud, en la gracia, en la
inocencia y la sencilla y noble sinceridad. «Todos sois mis
hijos —pensaba don Jorge, incluyendo a su mujer : todos   10
nacisteis de la espuma de mis ensueños°.» Pero eran ensueños   illusions, dreams
con dientes, y que apretaban de firme, porque como todos eran
jóvenes, estaban sanos y no tenían remordimientos° ni disgustos   remorse
que robaran el apetito, comían que devoraban, sin llegar a
glotones, pero pasando con mucho de ascetas. Y como no   15
vivían sólo de pan, en vestirlos como convenía a su clase y a su
hermosura, que es otra clase, y al cariño que el amo de la casa
les tenía, se iba otro buen pico°, sobre todo en los trajes de la   chunk (of money)
dominante. Y mucho más que en cubrir y adornar el cuerpo de
su gente gastaba el padre en vestir la desnudez de su cerebro y   20
en adornar su espíritu con la instrucción y la educación más
esmeradas° que podía; y como éste es artículo de lujo entre   painstaking
nosotros, en maestros, instrumentos de instrucción y otros ac-
cesorios de la enseñanza de su pareja se le iba a don Jorge una
gran parte de su salario y otra no menos importante de su   25
tiempo, pues él dirigía todo aquel negocio tan grave, siendo el
principal maestro y el único que no cobraba. No crea el lector
que apunta aquí el *pero* de la dicha de don Jorge°: no estaba en   apunta...the defect in Don
las dificultades económicas la espina que guardaba para sus   Jorge's happiness is being
adentros Arial, siempre apacible. Costábale, sí, muchos su-   30   noted here
dores juntar los cabos° del presupuesto° doméstico; pero con-   juntar...to make ends meet
seguía triunfar siempre, gracias a su mucho trabajo, el cual era   budget
para él una sagrada obligación, además, por otros conceptos
más filosóficos y *altruistas*, aunque no más santos, que el amor
de los suyos.   35

    Muchas eran sus ocupaciones, y en todas se distinguía por la
inteligencia, el arte, la asiduidad y el esmero. Siguiendo una
vocación, había llegado a cultivar muchos estudios, porque

---

² Strophe, antistrophe, and epode: the three basic compositional elements
of the lyric ode.

ahondando en° cualquier cosa se llega a las demás. Había empezado por enamorarse de la belleza que entra por los ojos, y esta vocación, que le hizo pintor en un principio, le obligó después a ser naturalista, químico, fisiólogo; y de esta excursión a las profundidades de la realidad física sacó en limpio°, ante todo, una especie de religión de la *verdad plástica*, que le hizo entregarse a la filosofía... y abandonar los pinceles°. No se sintió gran maestro, no vio en sí un intérprete de esas dos grandes formas de la belleza que se llaman *idealismo* y *realismo*, no se encontró con las fuerzas de Rafael ni de Velázquez y, suavemente y sin dolores del amor propio, se fue transformando en un pensador y en un amador del arte; y fue un sabio en estética, un crítico de pintura, un profesor insigne°; y después, un artista de la pluma, un historiador del arte con el arte de un novelista. Y de todas estas habilidades y maestrías° a que le había ido llevando la sinceridad con que seguía las voces de su vocación verdadera, los instintos de sus facultades, fue sacando sin violencia ni *simonía* provecho para la hacienda°, cosa tan poética como la que más° al mirarla como el medio necesario para tener en casa aquella dicha que tenía, aquellos amores que sólo en botas le gastaban un dineral°.

Al verle ir y venir y encerrarse para trabajar, y después correr con el producto de sus encerronas° a casa de quien había de pagárselo; siempre activo, siempre afable, siempre lleno de la realidad ambiente°, de la vida, que se le imponía con toda su seriedad, pero no de tristeza, nadie, y menos sus amigos y su mujer y sus hijos, hubiera adivinado detrás de aquella mirada franca, serena, cariñosa, una pena, una llaga°.

Pero la había. Y no se podía hablar de ella. Primero, porque era un deber guardar aquel dolor para sí; después, porque hubiera sido inútil quejarse: sus familiares no le hubieran comprendido, y más valía así.

Cuando en presencia de don Jorge se hablaba de los incrédulos, de los escépticos, de los poetas que *cantan* sus dudas, que se quejan de la musa del *análisis*, Arial se ponía de mal humor y, cosa rara en él, se irritaba. Había que cambiar de conversación o se marchaba don Jorge. «Ésos —decía— son males secretos que no tienen gracia, y en cambio entristecen a los demás y pueden contagiarse. El que no tenga fe, el que dude, el que vacile, que se aguante° y calle y luche por vencer esa flaqueza.

Glosses (right margin):

ahondando...by delving deeply into

5 sacó...he derived

paint brushes

10

distinguished

15 skills

ni...or simony (graft) profit for his estate
como...as anything else

20

fortune

seclusion

25 surrounding

wound

30

35

40 que...let him contain himself

Una vez —repetía Arial en tales casos— un discípulo de San
Francisco mostraba su tristeza delante del maestro, tristeza que
nacía de sus escrúpulos de conciencia, del miedo de haber ofen-
dido a Dios; y el santo le dijo: "Retiraos, hermano, y no turbéis°   no...do not disturb
la alegría de los demás; eso que os pasa son cuentas vuestras y   5
de Dios: arregladlas° con Él a solas."»   settle things

A solas procuraba arreglar sus cuentas don Jorge, pero no le
salían bien siempre, y ésta era su pena. Sus estudios filosóficos,
sus meditaciones y sus experimentos y observaciones de fisiología, de anatomía, de química, etc., etc., habían desenvuelto°   10 developed
en él, de modo excesivo, el espíritu del análisis empírico; aquel
enamoramiento de la belleza plástica, aparente, visible y palpa-
ble, le había llevado, sin sentirlo, a cierto materialismo intelec-
tual, contra el que tenía que vivir prevenido°. Su corazón   prepared
necesitaba fe, y la clase de filosofía y de ciencia que había pro-   15
fundizado le llevaban al dogma materialista de *ver y creer*. Las
ideas predominantes en su tiempo entre los sabios cuyas obras
él más tenía que estudiar; la índole° de sus investigaciones de   nature
naturalista y fisiólogo y crítico de artes plásticas, le habían
llevado a una predisposición reflexiva que pugnaba con° los   20 pugnaba...was in conflict with
anhelos° más íntimos de su sensibilidad de creyente.   longings

Don Jorge sentía así: «Si hay Dios, todo está bien. Si no hay
Dios, todo está mal. Mi mujer, mi hijo, la *dominante*, la paz de
mi casa, la belleza del mundo, el *divino* placer de entenderla, la
tranquilidad de la conciencia..., todo eso, los mayores tesoros   25
de la vida, si no hay Dios, es polvo, humo, ceniza, viento,
nada... Pura apariencia, congruencia ilusoria, sustancia fingida;
positiva sombra, dolor sin causa, pero seguro, lo único cierto.
Pero si hay Dios, ¿qué importan todos los males? Trabajos,
luchas, desgracias, desengaños°, vejez, desilusión, muerte, ¿qué   30 lessons learned from bitter
importan? Si hay Dios, todo está bien; si no hay Dios, todo   experience
está mal.»

Y el amor de Dios era el vapor de aquella máquina siempre
activa; el amor de Dios, que envolvía como los pétalos encierran
los estambres°, el amor a sus hijos, a su mujer, a la belleza, a la   35 stamens
conciencia tranquila, le animaba en el trabajo incesante, en
aquella suave asimilación de la vida ambiente, en la adaptación
a todas las cosas que le rodeaban y por cuya realidad seria,
evidente, se dejaba influir.

Pero a lo mejor, en el cerebro de aquel místico vergonzante°,   40 shamefaced
místico activo y alegre, estallaba°, como una *estúpida* frase   exploded

9

hecha°, esta duda, esta pregunta del materialismo lógico de su ciencia de analista empírico:

«¿Y si no hay Dios? Puede que no haya Dios. Nadie ha visto a Dios. La ciencia de los *hechos* no prueba a Dios...»

Don Jorge Arial despreciaba al pobre diablo *científico, positivista*[3], que en el fondo de su cerebro se le presentaba con este *obstruccionismo;* pero a pesar de este desprecio oía al miserable y discutía con él, y unas veces tenía algo que contestarle, aun en el terreno de la *fría lógica*, de la mera *intelectualidad...*, y otras veces no.

Ésta era la pena, éste el tormento del señor Arial.

Es claro que gritase lo que gritase el materialista escéptico, el que ponía a Dios en tela de juicio°, don Jorge seguía trabajando de firme, afanándose° por el pan de sus hijos y educándolos, y amando a toda su casa y cumpliendo como un justo con la infinidad de sus deberes...; pero la espina dentro estaba. «Porque si no hubiera Dios —decía el corazón—, todo aquello era inútil, apariencia, idolatría», y el *científico* añadía: «¡Y como puede no haberlo!...»

Todo esto había que callarlo, porque hasta ridículo hubiera parecido a muchos confesado como un dolor cierto, serio, grande. «Cuestión de nervios», le hubieran dicho. «Ociosidad° de un hombre feliz a quien Dios va a castigar por darse un tormento inútil cuando todo le sonríe.» Y en cuanto a los *suyos*, a quienes más hubiera don Jorge querido comunicar su pena, ¡cómo confesarles la causa! Si no le comprendían, ¡qué tristeza! Si le comprendían..., ¡qué tristeza y qué pecado y qué peligro! Antes morir de aquel dolor. A pesar de ser tan activo, de tener tantas ocupaciones, le quedaba tiempo para consagrar la mitad de las horas que no dormía a pensar en su duda, a discutir consigo mismo. Ante el mundo, su existencia corría con la monotonía de un destino feliz; para sus adentros su vida era una serie de batallas; ¡días de triunfo! —¡oh qué voluptuosidad espiritual entonces!— seguidos de horrorosos días de derrota, en que había que fingir la ecuanimidad de siempre, y amar lo mismo, y hacer lo mismo y cumplir los mismos deberes.

Side glosses:
frase...cliché

ponía...called God into question
toiling

Idle pursuit

---

[3] Positivistic. Positivism was a philosophic system developed by the French philosopher Auguste Comte (1798–1857); the term is also applied to a whole epoch of thought during the second half of the nineteenth century. The doctrine was often criticized as reducing reality to facts that can be analyzed and known through experience and observation, leaving no room for the mysterious or the ineffable.

Para la mujer, los hijos y los amigos y discípulos queridos de don Jorge, aquel dolor oculto llegó a no ser un misterio, no porque adivinaran su causa, sino porque empezaron a sentir sus efectos; le sorprendían a veces preocupado sin motivo conocido, triste; y hasta en el rostro y en cierto desmayo° de todo el cuerpo vieron síntomas del disgusto, del dolor evidente. Le buscaron la causa y no dieron con ella. Se equivocaron al atribuirla al temor de un mal *positivo*, a una aprensión, no desprovista° de fundamento por completo. Lo peor era que el miedo de un mal, tal vez remoto, tal vez incierto, pero terrible si llegaba, también los iba invadiendo a ellos, a la noble esposa sobre todo, y no era extraño que la aprensión que ellos tenían quisieran verla en las tristezas misteriosas de don Jorge.

Nadie hablaba de ello, pero llegó tiempo en que apenas se pensaba en otra cosa; todos los *silencios* de las animadas chácharas° en aquel nido de alegrías aludían al temor de una desgracia, temor cuya presencia ocultaban todos como si fuese una vergüenza.

Era el caso que el trabajo excesivo, el abuso de las vigilias°, el constante empleo de los ojos en lecturas nocturnas, en investigaciones de documentos de intrincados caracteres y en observaciones de menudísimos pormenores° de laboratorio, y acaso más que nada la gran excitación nerviosa, habían debilitado la vista del sabio, miope antes, y ahora incapaz de distinguir bien lo cercano..., sin el consuelo de haberse convertido en águila para lo distante. En suma, no veía bien ni de cerca ni de lejos. Las jaquecas° frecuentes que padecía le causaban perturbaciones extrañas en la visión; dejaba de ver los objetos con la intensidad ordinaria; los veía y no los veía, y tenía que cerrar los ojos para no padecer el tormento inexplicable de esta parálisis pasajera, cuyos fenómenos subjetivos no podía siquiera puntualizar° a los médicos. Otras veces veía manchas ante los objetos, manchas móviles; en ocasiones, puntos de color, azules, rojos...; muy a menudo, al despertar especialmente, lo veía todo tembloroso y como desmenuzado°... Padecía bastante, pero no hizo caso: no era aquello lo que preocupaba a él.

Pero a la familia, sí. Y hubo consulta, y los pronósticos no fueron muy tranquilizadores. Como fue agravándose° el mal, el mismo don Jorge tomó en serio la enfermedad, y en secreto, como habían consultado por él, consultó a su vez, y la ciencia le metió miedo para que se cuidara y evitase el trabajo nocturno y

5 languor

devoid

15

gab sessions

late nights of study

20

menudísimos...minute details

25

migraine headaches

30

describe in detail

35 disintegrating

getting worse

40

otros excesos.   Arial obedeció a medias y se asustó a medias
también.

Con aquella nueva vida a que le obligaron sus precauciones
higiénicas coincidió en él un paulatino° cambio del espíritu, que   gradual
sentía venir con hondo y oscuro deleite.   Notó que perdía 5
afición al análisis del laboratorio, a las preciosidades de la
miniatura en el arte, a las delicias del pormenor en la crítica, a
la claridad plástica en la literatura y en la filosofía: el arte del
dibujo y del color le llamaban menos la atención que antes; no
gozaba ya tanto en presencia de los cuadros célebres.   Era cada 10
día menos activo y más soñador.   Se sorprendía a veces hol-
gando°, pasando las horas muertas sin examinar nada, sin es-   loafing
tudiar cosa alguna concreta; y, sin embargo, no le acusaba la
conciencia con el doloroso vacío que siempre nos delata° la   exposes
ociosidad verdadera.   Sentía que el tiempo de aquellas vagas 15
meditaciones no era perdido.

Una noche, oyendo a un famoso sexteto de ínclitos° pro-   eminent
fesores interpretar las piezas más selectas del repertorio clásico,
sintió con delicia y orgullo que a él le había nacido algo en el
alma para comprender y amar la gran música.   La *Sonata a* 20
Kreutzer[4], que siempre había oído alabar sin penetrar su mérito
como era debido, le produjo tal efecto, que temió haberse vuelto
loco; aquel hablar sin palabras de la música serena, graciosa,
profunda, casta, seria, sencilla, noble; aquella revelación que
parecía extranatural, de las afinidades armónicas de las cosas 25
por el lenguaje de las vibraciones íntimas; aquella elocuencia
sin conceptos del sonido sabio y sentimental, le pusieron en un
estado místico que él comparaba al que debió de experimentar
Moisés ante la zarza ardiendo°.   zarza…burning bush

Vino después un oratorio de Händel a poner el sello religioso 30
más determinado y más tierno a las impresiones anteriores.   Un
profundísimo sentimiento de humildad le inundó el alma; notó
humedad de lágrimas bajo los párpados y escondió de las
miradas profanas aquel tesoro de su misteriosa religiosidad
estética, que tan pobre hubiera sido como argumento en cual- 35
quier discusión lógica y que ante su corazón tenía la voz de lo
inefable.

En adelante buscó la música por la música, y cuando ésta era

---

[4] The "Kreutzer Sonata" is Beethoven's sonata for violin and piano Opus
47 that he dedicated to Rodolphe Kreutzer (1766–1831), French composer
and violinist. Kreutzer did not appreciate the work and never played it.

buena y la ocasión propicia, siempre obtuvo análogo resultado. Su hijo era un pianista algo mejor que mediano; empezó Arial a fijarse en ello, y venciendo la vulgaridad de encontrar detestable la música de las teclas°, adquirió la fe de la música buena en   de...keyboard malas manos; es decir, creyó que en poder de un pianista regular   5 suena bien una gran música.   Gozó oyendo a su hijo las obras de los maestros.   Como sus ratos de ocio iban siendo cada día mayores, porque los médicos le obligaban a dejar en reposo la vista horas y horas, sobre todo de noche, don Jorge, que no sabía estar sin ocupaciones, discurrió°, o, mejor, fue haciéndolo 10 roamed sin pensarlo, sin darse cuenta de ello, tentar él mismo fortuna°   tentar...to try his own luck dejando resbalar° los dedos sobre las teclas.   Para aprender   slide música como Dios manda era tarde; además, leer en el penta- grama° hubiese sido cansar la vista como en cualquiera otra   musical staff lectura.   Se acordó de que en cierto café de Zaragoza[5] había 15 visto a un ciego tocar el piano primorosamente°.   Arial, cuando   beautifully nadie le veía, de noche, a oscuras, se sentaba delante del Érard[6] de su hijo, y cerrando los ojos, para que las tinieblas° fuesen ab-   darkness solutas, por instinto, como él decía, tocaba a su manera melodías sencillas, mitad reminiscencias de óperas y de sonatas, mitad 20 invención suya.   La mano izquierda le daba mucho que hacer y no obedecía al instinto del ciego voluntario; pero la derecha, como no exigieran de ella grandes prodigios°, no se portaba   feats mal. *Mi música* llamaba Arial a aquellos conciertos solitarios, música *subjetiva* que no podía ser agradable más que para él, 25 que soñaba, y soñaba llorando dulcemente a solas, mientras su fantasía y su corazón seguían la corriente y el ritmo de aquella melodía suave, noble, humilde, seria y sentimental en su pobreza.

    A veces tropezaban sus dedos, como con un tesoro, con frases 30 breves, pero intensas, que recordaban, sin imitarlos, motivos de Mozart y otros maestros.   Don Jorge experimentaba un pueril orgullo, del cual se reía después, no con toda sinceridad.   Y a veces al sorprenderse con estas pretensiones de músico que no sabe música, se decía: «Temen que me vuelva ciego, y lo que 35 voy a volverme es loco.»   A tanto llegaba esta que él sospe- chaba locura, que en muchas ocasiones, mientras tocaba y en su cerebro seguía batallando con el tormento metafísico de sus

---

[5] City in northeastern Spain, in the region of Aragón.
[6] Well-known make of piano that derived its name from Sébastien Érard, a nineteenth-century French pianomaker.

dudas, de repente una melodía nueva, misteriosa, le parecía una revelación, una voz de lo *explicable* que le pedía llorando interpretación, traducción lógica, literaria... «Si no hubiera Dios —pensaba entonces Arial—, estas combinaciones de sonidos no me dirían esto; no habría este rumor como de fuente escondida 5 bajo hierba, que me revela la frescura del ideal que puede apagar mi sed. Un pesimista ha dicho que la música habla de un mundo que *debía* existir; yo digo que nos habla de un mundo que *debe de* existir.»

Muchas veces hacía que su hija le leyera las lucubraciones° en 10 que Wagner defendió sus sistemas, y les encontraba un sentido muy profundo que no había visto cuando, años atrás, las leía con la preocupación de crítico de estética que ama la claridad plástica y aborrece el misterio nebuloso y los tanteos° místicos.

En tanto, el mal crecía, a pesar de haber disminuido el trabajo 15 de los ojos: la desgracia temida se acercaba.

Él no quería mirar aquel abismo de la noche eterna, anticipación de los abismos de ultratumba.

«Quedarse ciego —se decía— es como ser enterrado en vida.»

Una noche, la pasión del trabajo, la exaltación de la fantasía 20 creadora pudo en él más que la prudencia, y a hurtadillas° de su mujer y de sus hijos escribió y escribió horas y horas a la luz de un quinqué°. Era el asunto de invención poética, pero de fondo religioso, metafísico; el cerebro vibraba con impulso increíble; la máquina, a todo vapor, movía las cien mil ruedas y 25 correas° de aquella fábrica misteriosa, y ya no era empresa fácil apagar los hornos°, contener el vértigo de las ideas. Como tantas otras noches de sus mejores tiempos, don Jorge se acostó... sin dejar de trabajar, trabajando para el obispo°, como él decía cuando, después de dejar la pluma y renunciar al 30 provecho de sus ideas, éstas seguían gritando, engranándose°, produciendo pensamiento que se perdía, que se esparcía° inútilmente por el mundo. Ya sabía él que este tormento febril era peligroso, y ni siquiera le halagaba° la vanidad como en los días de la petulante juventud. No era más que un dolor material, 35 como el de muelas°. Sin embargo, cuando al calor de las sábanas la excitación nerviosa, sin calmarse, se hizo placentera, se dejó embriagar°, como en una orgía, de corazón y cabeza y sintiéndose arrebatado° como a una vorágine° mística, se dejó

lucubrations, laborious
reasonings

gropings

a...on the sly

kerosene lamp

belts (machine parts)
furnaces

para...without recompense

interlocking
se...was scattered

flattered

el...toothache

se...he let himself be intoxicated
carried away   whirlpool

14

ir, se dejó ir, y con delicia se vio sumido en un paraíso subterráneo luminoso, pero con una especie de luz eléctrica, no luz
de sol, que no había, sino de las entrañas de cada casa, luz que
se confundía disparatadamente° con las vibraciones musicales: absurdly
el timbre sonoro era, además, la luz.   5

Aquella luz prendió en el espíritu; se sintió iluminado y no
tuvo esta vez miedo a la locura. Con calma, con lógica, con
profunda intuición, sintió filosofar a su cerebro y atacar de
frente los más formidables fuertes de la ciencia atea°; vio en-   atheistic
tonces la realidad de lo divino, no con evidencia matemática,   10
que bien sabía él que ésta era relativa y condicional y precaria,
sino con evidencia *esencial*; vio la verdad de Dios, el creador
santo del Universo, sin contradicción posible. Una voz de convicción le gritaba que no era aquello fenómeno histérico, arran-
que° místico; y don Jorge, por la primera vez después de mu-   15   outburst
chos años, sintió el impulso de orar como un creyente, de adorar
con el cuerpo también, y se incorporó° en su lecho°, y al notar   se...he sat up   bed
que las lágrimas ardientes, grandes, pausadas, resbalaban por
su rostro, las dejó ir, sin vergüenza, humilde y feliz, ¡oh!, sí,
feliz para siempre. «Puesto que había Dios, todo estaba bien.» 20

Un reloj dio la hora. Ya debía de ser de día. Miró hacia la
ventana. Por las rendijas° no entraba luz. Dio un salto,   slits
saliendo del lecho; abrió un postigo° y... el sol había abandonado   shutter
a la aurora, no la seguía; el alba era noche. Ni sol ni estrellas.
El reloj repitió la hora. El sol *debía* estar sobre el horizonte y 25
no estaba. El cielo se había caído al abismo. «¡Estoy ciego!»,
pensó Arial, mientras un sudor terrible le inundaba el cuerpo y
un escalofrío°, azotándole la piel, le absorbía el ánimo y el   chill
sentido. Lleno de pavor, cayó al suelo.

Cuando volvió en sí, se sintió en su lecho. Le rodeaban su   30
mujer, sus hijos, su médico. No los veía; no veía nada. Faltaba
el tormento mayor: tendría que decirles: *no veo*. Pero ya tenía
valor para todo. «*Seguía* habiendo Dios, y todo estaba bien.»
Antes que la pena de contar su desgracia a los suyos, sintió la
ternura infinita de la piedad cierta, segura, tranquila, sosegada°, 35   peaceful
agradecida. Lloró sin duelo°.   sin...copiously

Salid sin duelo, lágrimas, corriendo.

Tuvo serenidad para pensar, dando al verso de Garcilaso[7] un sentido sublime.

«¿Cómo decirles que no veo... si en rigor sí veo? Veo de otra manera; veo las cosas por dentro; veo la verdad; veo el amor. Ellos sí que no me verán a mí...» 5

Hubo llantos, gritos, síncopes°, abrazos locos, desesperación sin fin cuando, a fuerza de rodeos°, Arial declaró su estado. Él procuraba tranquilizarlos con consuelos vulgares, con esperanzas de sanar, con el valor y la resignación que tenía, etc., etc.; pero no podía comunicarles la fe en su propia alegría, en su 10 propia serenidad íntimas. No le entenderían, no podían entenderle; creerían que los engañaba para mitigar su pena. Además, no podía delante de extraños hacer el papel de estoico, ni de Sócrates o cosa por el estilo. Más valía dejar al tiempo el trabajo de persuadir a las *tres cuerdas de la lira*, a aquella ma- 15 dre, a aquellos hijos, de que el amo de la casa no padecía tanto como ellos pensaban por haber perdido la luz, porque había descubierto otra. Ahora veía por dentro.

Pasó el tiempo, en efecto, que es el lazarillo° de ciegos y de linces° y va delante de todos abriéndoles camino. 20

En la casa de Arial había sucedido a la antigua alegría el terror, el espanto de aquella desgracia, dolor sin más consuelo que el no ser desesperado, porque los médicos dejaron vislumbrar lejana posibilidad° de devolver la vista al pobre ciego. Más adelante la esperanza se fue desvaneciendo° con el agudo 25 padecer del infortunio todavía nuevo; y todo aquel sentir insoportable, de excitación continua, se trocó para la mujer y los hijos de don Jorge en taciturna melancolía, en resignación triste: el hábito hizo tolerable la desgracia; el tiempo, al mitigar la pena, mató el consuelo de la esperanza. Ya nadie esperaba que 30 volviera la luz a los ojos de Arial, pero todos fueron comprendiendo que podían seguir viviendo en aquel estado. Verdad es que más que el desgaste° del dolor por el roce° de las horas pudo en tal lenitivo° la convicción que fueron adquiriendo aquellos pedazos del alma del enfermo de que éste había descubierto, al 35 perder la luz, mundos interiores en que había consuelos grandes, paz, hasta alegrías.

Por santo que fuera el esposo adorado, el padre amabilísimo,

Marginal glosses:

síncopes° — swoons
rodeos° — a...in a roundabout way
lazarillo° — guide
linces° — the sharp-sighted
posibilidad° — dejaron...left open a remote possibility
desvaneciendo° — fading
desgaste° — waning
roce° — passing (literally, rubbing)
lenitivo° — lenitive, soothing agent

---

[7] Garcilaso de la Vega (1501/1503?–1536), Spanish Renaissance poet. The verse cited is from his "Égloga Primera."

no podría fingir continuamente, y cada vez con más arte, la calma dulce con que había acogido su desventura. Poco a poco llegó a persuadirlos de que él seguía siendo feliz, aunque de otro modo que antes.

Los gastos de la casa hubo que reducirlos mucho, porque la mina del trabajo, si no se agotó, perdió muchos de sus filones°. Arial siguió publicando artículos y hasta libros, porque su hija escribía por él, al dictado, y su hijo leía, buscaba datos en las bibliotecas y archivos.

Pero las obras del insigne crítico de estética pictórica, de historia artística, fueron tomando otro rumbo°: se referían a asuntos en que intervenían poco los testimonios de la vista.

Los trabajos iban teniendo menos color y más alma. Es claro que, a pesar de tales expedientes, Arial ganaba mucho menos. Pero ¿y qué? La vida exigía mucho menos también; no por economía sólo, sino principalmente por pena, por amor al ciego, madre e hijos se despidieron de teatros, bailes, paseos, excursiones, lujo de ropa y muebles: ¿para qué? ¡*Él* no había de verlo! Además, el mayor gasto de la casa, la educación de la querida pareja, ya estaba hecho; sabían lo suficiente, sobraban ya los maestros.

En adelante, amarse, juntarse alrededor del hogar y alrededor del cariño, cerca del ciego, cerca del fuego. Hacían una piña° en que Arial pensaba por todos y los demás veían por él. Para no olvidarse de las formas y colores del mundo, que tenía grabados en la imaginación como un infinito museo, don Jorge pedía noticias de continuo a su mujer y a sus hijos; ante todo, de ellos mismos: de los cabellos de la *dominante*, del bozo que le había apuntado al chico°..., de la primera cana° de la madre. Después, noticias del cielo, de los celajes°, de los verdores de la primavera... «¡Oh! Después de todo, siempre es lo mismo. ¡Como si lo viera! Compadeced° a los ciegos de nacimiento, pero a mí no. La luz del sol no se olvida; el color de la rosa es como el recuerdo de unos amores; su perfume me lo hace ver, como una caricia de la *dominante* me habla de las miradas primeras con que me enamoró su madre. Y ¡sobre todo, está ahí la música!»

Y don Jorge, a tientas°, se dirigía al piano, y como cuando tocaba a oscuras, cerrando los ojos de noche, tocaba ahora, sin cerrarlos, al mediodía... Ya no se reían los hijos y la madre de las melodías que improvisaba el padre: también a ellos se les

Margin glosses:
5 — veins (of ore, as in a mine)
10 — direction
23 — Hacían...They formed a cluster
29 — bozo...fuzz that had begun to appear on the boy's face
gray hair
30 — cloud effects or patterns
Feel sorry for
38 — a...gropingly

17

figuraba que querían decir algo, muy oscuramente... Para él, para don Jorge, eran bien claras, más que nunca; eran todo un himnario de la fe inenarrable° que él había creado para sus adentros, su religión de ciego; eran una dogmática en solfa[8], una teología en dos o tres octavas.   inexpressible

    Don Jorge hubiera querido, para intimar más, mucho más, con los suyos, ya que ellos nunca se separaban de él, no separarse él jamás de ellos con el pensamiento, y para esto iniciarlos en sus ideas, en su dulcísima creencia...; pero un rubor° singular se lo impedía. Hablar con su hija y con su mujer de las cosas misteriosas de la otra vida, de lo metafísico y fundamental, le daba vergüenza y miedo. No podrían entenderle. La educación, en nuestro país particularmente, hace que los más unidos por el amor estén muy distantes entre sí en lo más espiritual y más grave. Además, la fe racional y trabajada por el alma pensadora y tierna, ¡es cosa tan personal, tan inefable! Prefería entenderse con los suyos por música. ¡Oh, de esta suerte, sí! Beethoven, Mozart, Händel, hablaban a todos cuatro de lo mismo. Les decían, bien claro estaba, que el pobre ciego tenía dentro del alma otra luz, luz de esperanza, luz de amor, de santo respeto al misterio sagrado... La poesía no tiene, dentro ni fuera, fondo ni superficie; toda es transparencia, luz increada y que penetra al través de todo...; la luz material se queda en la superficie, como la explicación intelectual, lógica, de las realidades resbala sobre los objetos sin comunicarnos su esencia...

    Pero la música que todas estas cosas decía a todos, según Arial, no era la suya, sino la que tocaba su hijo. El cual se sentaba al piano y pedía a Dios inspiración para llevar al alma del padre la alegría mística con el beleño[9] de las notas sublimes; Arial, en una silla baja, se colocaba cerca del músico para poder palparle disimuladamente de cuando en cuando; al lado de Arial, tocándole con las rodillas, había de estar su compañera de luz y sombra, de dicha y de dolor, de vida y muerte..., y más cerca que todos, casi sentada sobre el regazo°, tenía a la *dominante*...; y de tarde en tarde, cuando el amor se lo pedía, cuando el ansia de vivir, comunicándose con todo de todas maneras, le hacía sentir la nostalgia de la visión, de la luz física, del *verbo*

bashfulness

lap

---

[8] Syllables (do, re, mi, fa, sol, and so on) used in singing the tones of a scale.

[9] Henbane: poisonous herb that yields a medicinal fluid.

solar[10]..., cogía entre las manos la cabeza de su hija, se acariciaba con ellas las mejillas..., y la seda rubia, suave, de aquella flor con ideas en el cáliz[11] le metía en el alma con su contacto todos los rayos de sol que no había de ver ya en la vida... ¡Oh! En su espíritu, sólo Dios entraba más adentro.   5

[10] The Truth (literally, Word) of the Sun. Alas uses this phrase in contrast to "the Word of God" in order to distinguish between divine light, which Arial has received, and physical light, which he now lacks.

[11] Calyx: the external, usually green or leafy, part of a flower.

La Ronca

Juana González era *otra dama joven*° en la compañía de Petra Serrano, pero además era *otra* doncella de Petra, aunque de más categoría que la que oficialmente desempeñaba el cargo°. Más que deberes taxativamente° estipulados, obligaba a Juana, en ciertos servicios que tocaban en domésticos, su cariño, su 5 gratitud hacia Petra, su protectora, y la que la había hecho feliz casándola con Pepe Noval, un segundo galán° cómico, muy pálido, muy triste en el siglo°, muy alegre, ocurrente° y gracioso en las tablas.°

Noval había trabajado años y años en provincias sin honra ni 10 provecho°, y cuando se vio, como en un asilo, en la famosa compañía de la corte, a que daba el tono y el crédito Petra Serrano, se creyó feliz cuanto cabía°, sin ver que iba a serlo mucho más al enamorarse de Juana, conseguir su mano y encontrar, más que su media naranja, su medio piñón[1]; porque el 15 grupo de marido y mujer, humildes, modestos, siempre muy unidos, callados, menudillo° él, delgada y no de mucho bulto ella, no podía compararse a cosa tan grande, en su género, como la naranja. En todas partes se les veía juntos, procurando ocupar entre los dos el lugar que apenas bastaría para una persona de 20 buen tamaño; y en todo era lo mismo: comía cada cual media ración, hablaban entre los dos nada más tanto como hablaría un solo taciturno; y en lo que cabía, cada cual suplía los quehaceres° del otro, llegado el caso°. Así, Noval, sin descender a pormenores ridículos, era algo criado de Petra también, por 25 seguir a su mujer.

El tiempo que Juana tenía que estar separada de su marido, procuraba estar al lado de la Serrano. En el teatro, en el cuarto de la primera dama°, se veía casi siempre a su humilde compañera y casi criada, la González. La última mano al tocado° de 30 Petra siempre la daba Juana; y en cuanto no se la necesitaba iba a sentarse, casi acurrucada°, en un rincón de un diván, a oir y

dama...juvenile lead, ingénue (theater)

desempeñaba...filled the post
strictly

segundo...second male lead
en...in his daily life   amusing
en...on the stage

gain

feliz...as happy as possible

tiny

suplía...would fill in for
llegado...when the occasion arose

primera...leading lady
coiffure

curled up

---

[1] The expression *su media naranja* means "his better half." However, Alas plays on the literal meaning of *naranja* (orange) and claims that Juana is more comparable to a *medio piñon* (half a pine nut) because of her diminutive size.

20

callar, a observar, sobre todo; que era su pasión aprender en el
mundo y en los libros todo lo que podía. Leía mucho, juzgaba
a su manera, sentía mucho y bien; pero de todas esas gracias
sólo sabía Pepe Noval, su marido, su confidente, único ser del
mundo ante el cual no le daba a ella mucha vergüenza ser una   5
mujer ingeniosa, instruida, elocuente y soñadora. A solas, en
casa, se lucían el uno ante el otro; porque también Noval tenía
sus habilidades: era un gran trágico y un gran cómico; pero
delante del público y de los compañeros no se atrevía a desen-
volver sus facultades°, que eran extrañas, que chocaban con la   10   desenvolver...to develop his
rutina dominante. Profesaba Noval, sin grandes teorías, una   abilities
escuela de naturalidad escénica, de sinceridad patética, de
jovialidad artística, que exigía, para ser apreciada, condiciones
muy diferentes de las que existían en el gusto y las costumbres
del público, de los autores, de los demás cómicos y de los críti-   15
cos. Ni el marido de Juana tenía la pretensión de sacar a relu-
cir° su arte recóndito, ni Juana mostraba interés en que la gente   sacar...displaying
se enterase de que ella era lista, ingeniosa, perspicaz, capaz de
sentir y ver mucho. Las pocas veces que Noval había ensayado
representar a su manera, separándose de la rutina, en que se le   20
tenía por un galán cómico muy aceptable, había recogido sen-
dos desengaños°: ni el público ni los compañeros apreciaban ni   había...he had been
entendían aquella clase de naturalidad en lo cómico. Noval,   disappointed each time
sin odio ni hiel°, se volvía a su concha, a su humilde cáscara° de   bitterness   shell
actor de segunda fila. En casa se desquitaba° haciendo dester-   25   se...he would recoup
nillarse de risa° a su mujer, o aterrándola con el Otelo de su in-   desternillarse...split her sides
vención y entristeciéndola con el Hamlet que él había ideado.   with laughter
Ella también era mejor cómica en casa que en las tablas. En el
teatro y ante el mundo entero, menos ante su marido, a solas,
tenía un defecto que venía a hacer de ella una lisiada° del arte,   30   cripple
una sacerdotisa *irregular°* de Talía². Era el caso que, en cuanto   sacerdotisa...unconventional
tenía que hablar a varias personas que se dignaban° callar para   priestess
escucharla, a Juana se le ponía una telilla en la garganta° y la   se...deigned
voz le salía, como por un cendal°, velada, tenue; una voz de   se...got a frog in her throat
modestia histérica, de un timbre singular, que tenía una especie   35   sendal (a light silk fabric)
de gracia inexplicable para muy pocos, y que el público en ge-
neral sólo apreciaba en rarísimas ocasiones. A veces el papel, en
determinados momentos, se amoldaba° al defecto fonético de la   se...conformed
González, y en la sala había un rumor de sorpresa, de agrado,

² Thalia: the Muse of dramatic art and idyllic poetry.

que el público no se quería confesar, y que despertaba leve murmullo de vergonzante° admiración. Pasaba aquella ráfaga, que daba a Juana más pena que alegría, y todo volvía a su estado: la González seguía siendo una discreta actriz de las más modestas, excelente amiga, nada envidiosa, servicial, agradecida, pero casi, casi *imposibilitada* para medrar° y llamar la atención de veras. Juana por sí, por sus pobres habilidades de la escena, no sentía aquel desvío°, aquel menosprecio compasivo; pero en cuanto al desdén con que se miraba el arte de su marido, era otra cosa. En silencio, sin decírselo a él siquiera, la González sentía como una espina° la ceguera del público, que, por rutina, era injusto con Noval; por no ser lince°.

    Una noche entró en el cuarto de la Serrano el crítico a quien Juana, a sus solas, consideraba como el único que sabía comprender y sentir lo bueno y mirar su oficio con toda la honradez escrupulosa que requiere. Era D. Ramón Baluarte, que frisaba en los cuarenta y cinco°, uno de los pocos ídolos literarios a quien Juana tributaba culto secreto, tan secreto, que ni siquiera sabía de él su marido. Juana había descubierto en Baluarte la absoluta sinceridad literaria, que consiste en identificar nuestra moralidad con nuestra pluma, gracia suprema que supone el verdadero dominio del arte, cuando éste es reflexivo, o un candor primitivo, que sólo tuvo la poesía cuando todavía no era cosa de literatura. No escandalizar jamás, no mentir jamás, no engañarse ni engañar a los demás, tenía que ser el lema° de aquella sinceridad literaria que tan pocos consiguen y que los más ni siquiera procuran. Baluarte, con tales condiciones, que Juana había adivinado a fuerza de admiración, tenía pocos amigos verdaderos, aunque sí muchos admiradores, no pocos envidiosos e infinitos partidarios, por temor a su imparcialidad terrible. Aquella imparcialidad había sido negada, combatida, hasta vituperada, pero se había ido imponiendo; en el fondo, todos creían en ella y la acataban de grado° o por fuerza: ésta era la gran ventaja de Baluarte; otros le habían superado en ciencia, en habilidad de estilo, en amenidad y original inventiva; pero los juicios de don Ramón continuaban siendo los definitivos. Aparentemente se le hacía poco caso; no era académico, ni figuraba en la lista de eminencias que suelen tener estereotipadas los periódicos, y, a pesar de todo, su voto era el de más calidad para todos.

Glosses (right margin):
- shamefaced (line 2)
- grow and thrive (line 6)
- indifference (line 8)
- thorn (line 11)
- a sharp wit (line 12)
- frisaba...was nearing forty-five (line 17)
- motto (line 25)
- la...adhered to it willingly (line 33)

Iba poco a los teatros, y rara vez entraba en los saloncillos y en los cuartos de los cómicos. No le gustaban cierta clase de intimidades, que harían dificilísima su tarea infalible de justiciero°. Todo esto encantaba a Juana, que le oía como a un oráculo, que devoraba sus artículos... y que nunca había hablado con él, de miedo, por no encontrar nada digno de que lo oyera aquel señor. Baluarte, que visitaba a la Serrano más que a otros artistas, porque era una de las pocas *eminencias* del teatro, a quien tenía en mucho° y a quien elogiaba con la conciencia tranquila, Baluarte jamás se había fijado en aquella joven que oía, siempre callada, desde un rincón del cuarto, ocupando el menor espacio posible.

La noche de que se trata, D. Ramón entró muy alegre, más decidor° que otras veces, y apretó con efusión la mano que Petra, radiante de expresión y alegría, le tendió en busca de una enhorabuena° que iba a estimar mucho más que todos los regalos que tenía esparcidos sobre las mesas de la sala contigua.

—Muy bien, Petrica, muy bien; de veras bien. Se ha querido usted lucir en su beneficio. Eso es naturalidad, fuerza, frescura, gracia, vida; muy bien.

No dijo más Baluarte. Pero bastante era. Petra no veía su imagen en el espejo, de puro orgullo; de orgullo no, de vanidad, casi convertida de vicio en virtud por el agradecimiento. No había que esperar más elogios; D. Ramón no se repetía; pero la Serrano se puso a rumiar° despacio lo que había oído.

A poco rato, D. Ramón añadió:

—¡Ah! Pero entendámonos; no es usted sola quien está de enhorabuena: he visto ahí un muchacho, uno pequeño, muy modesto, el que tiene con usted aquella escena incidental de la limosna°...

Pepito, Pepe Noval...

—No sé cómo se llama. Ha estado admirable. Me ha hecho ver todo un teatro como debía haberlo y no lo hay... El chico tal vez no sabrá lo que hizo..., pero estuvo de veras inspirado. Se le aplaudió, pero fue poco. ¡Oh! Cosa soberbia°. Como no le echen a perder° con elogios tontos y malos ejemplos, ese chico tal vez sea una maravilla...

Petra, a quien la alegría deslumbraba° de modo que la hacía buena y no la dejaba sentir la envidia, se volvió sonriente hacia el rincón de Juana, que estaba como la grana°, con la mirada extática, fija en D. Ramón Baluarte.

Margin glosses:
5 strictly just critic
tenía...he esteemed greatly
10
talkative
15 congratulatory word
20
25 to meditate (on)
30 alms
35 magnificent
Como...If they do not spoil him
overwhelmed
40 estaba...was as red as a berry

23

—Ya lo oyes, Juana; y cuenta que el señor Baluarte no adula.

—¿Esta señorita?...

—Esta señora es la esposa de Pepito Noval, a quien usted tan justamente elogia.

Don Ramón se puso algo encarnado°, temeroso de que se creyera en un ardid° suyo para halagar° vanidades. Miró a Juana, y dijo con voz algo seca:

—He dicho la pura verdad.

Juana sintió mucho, después, no haber podido dar las gracias. Pero, amigo, la ronquera° ordinaria se había convertido en afonía°.

No le salía la voz de la garganta. Pensó, de puro agradecida y entusiasmada, algo así como aquello de "Hágase en mí según tu palabra"[3]; pero decir, no dijo nada. Se inclinó, se puso pálida, saludó muy a lo zurdo°; por poco se cae del diván... Murmuró no se sabe qué gorjeos° roncos...; pero lo que se llama hablar, ni pizca°. ¡*Su* D. Ramón, el de sus idolatrías solitarias de lectora, admirando a su Pepe, a su marido de su alma! ¿Había felicidad mayor posible? No, no la había.

Baluarte, en noches posteriores, reparó varias veces en un joven que entre bastidores° le saludaba y sonreía, como adorándole: era Pepe Noval, a quien su mujer se lo había contado todo. El chico sintió el mismo placer que su esposa, más el incomunicable del amor propio satisfecho; pero tampoco dio las gracias al crítico, porque le pareció una impertinencia. ¡Buena falta le hace a Baluarte°, pensaba él, mi agradecimiento! Además, le tenía miedo. Saludarle, adorarle al paso, bien; pero hablarle, ¡quiá°!

Murió Pepe Noval de viruelas°, y su viuda se retiró del teatro, creyendo que para lo poco que habría de vivir, faltándole Pepe, le bastaba con sus mezquinos ahorrillos°. Pero no fue así; la vida, aunque tristísima, se prolongaba; el hambre venía, y hubo que volver al trabajo. Pero ¡cuán otra volvió! El dolor, la tristeza, la soledad, habían impreso en el rostro, en los gestos, en el ademán°, y hasta en toda la figura de aquella mujer, la solemne pátina de la pena moral, invencible, como fatal, trágica; sus atractivos de modesta y taciturna, se mezclaban ahora en graciosa armonía con este reflejo exterior y melancólico de las

---

Glosses (right margin):

5 se...blushed a little
ardid° stratagem halagar° flatter

10 ronquera° hoarseness
afonía° aphonia, loss of voice

15 a...clumsily
gorjeos° gurgles
ni...not a whit

20 entre...in the wings

25 Buena...A lot Baluarte needs

quiá° not on his life

viruelas° smallpox

30 mezquinos...paltry savings

35 ademán° attitude

---

[3] Words spoken by Mary to the archangel Gabriel in Luke 1:38: "...let it be to me according to your word."

amarguras° de su alma. Parecía, además, como que todo su afflictions
talento se había trasladado a la acción; parecía también que
había heredado la habilidad recóndita de su marido. La voz
era la misma de siempre. Por eso el público, que al verla ahora
al lado de Petra Serrano otra vez se fijó más, y desde luego, en 5
Juana González, empezó a llamarla y aun a alabarla con este
apodo: *La Ronca*. *La Ronca* fue en adelante para público, ac-
tores y críticos. Aquella voz velada, en los momentos de pasión
concentrada, como pudorosa°, era de efecto mágico; en las cir- shy
cunstancias ordinarias constituía un defecto que tenía cierta 10
gracia, pero un defecto. A la pobre le faltaba el *pito*[4], decían
los compañeros en la jerga° brutal de bastidores. slang, jargon

Don Ramón Baluarte fue desde luego el principal mantenedor
del gran mérito que había mostrado Juana en su segunda época.
Ella se lo agradeció como él no podía sospechar: en el corazón 15
de la sentimental y noble viuda, la gratitud al hombre admirado,
que había sabido admirar a su vez al pobre Noval, al adorado
esposo perdido, tal gratitud, fue en adelante una especie de
monumento que ella conservaba, y al pie del cual velaba°, con- she kept vigil
sagrándole al recuerdo del cómico ya olvidado por el mundo. 20
Juana, en secreto, pagaba a Baluarte el bien que le había hecho
leyendo mucho sus obras, pensando sobre ellas, llorando sobre
ellas, viviendo según el espíritu de una especie de *evangelismo*
estético, que se desprendía°, como un aroma, de las doctrinas y se…was given off
de las frases del crítico artista, del crítico apóstol. Se hablaron 25
se trataron; fueron amigos. La Serrano los miraba y se sonreía;
estaba enterada; conocía el entusiasmo de Juana por Baluarte;
un entusiasmo que, en su opinión, iba mucho más lejos de lo
que sospechaba Juana misma… Si al principio los triunfos de
la González la alarmaron un poco, ella, que también progresaba, 30
que también aprendía, no tardó mucho en tranquilizarse; y de
aquí que, si la envidia había nacido en su alma, se había secado
con un desinfectante prodigioso: el amor propio, la vanidad
satisfecha; Juana, pensaba Petra, siempre tendrá la irremediable
inferioridad de la voz, siempre será *La Ronca*; el capricho, el 35
alambicamiento° podrán encontrar gracia a ratos en ese de- overly refined taste
fecto…, pero es una placa resquebrajada°, suena mal, no me placa…scratchy gramophone record
igualará nunca.

En tanto, la González procuraba aprender, progresar; quería

---

[4] Literally, whistle. This slang expression refers to Juana's lack of an
adequate voice for the stage.

subir mucho en el arte, para desagraviar° en su persona a su — make up for
marido olvidado; seguía las huellas de su ejemplo; ponía en
práctica las doctrinas ocultas de Pepe, y además se esmeraba
en° seguir los consejos de Baluarte, de su ídolo estético; y por — se…she took great pains to
agradarle a él lo hacía todo; y hasta que llegaba la hora de su 5
juicio, no venía para Juana el momento de la recompensa que
merecían sus esfuerzos y su talento. En esta vida llegó a sentirse hasta feliz, con un poco de remordimiento.° En su alma — remorse
juntaba el amor del muerto, el amor del arte y el amor del
maestro amigo. Verle casi todas las noches, oirle de tarde en 10
tarde una frase de elogio, de animación, ¡qué dicha!

Una noche se trataba con toda solemnidad en el saloncillo de
la Serrano la ardua cuestión de quiénes debían ser los pocos
artistas del teatro Español a quien el Gobierno había de designar para representar dignamente nuestra escena en una especie 15
de certamen teatral° que celebraba una gran corte extranjera. — certamen…theatrical
Había que escoger con mucho cuidado; no habían de ir más competition
que las eminencias que fuera de España pudieran parecerlo tam-
bién. Baluarte era el designado por el ministro de Fomento° — ministro…Minister of
para la elección, aunque oficialmente la cosa parecía encargada 20 Economic Development
a una Comisión de varios. En realidad, Baluarte era el árbitro.
De esto se trataba; en otra compañía ya había escogido; ahora
había que escoger en la de Petra.

Se había convenido ya, es claro, en que iría al certamen, exposición o lo que fuese, Petra Serrano. Baluarte, en pocas 25
palabras, dio a entender la sinceridad con que proclamaba el
sólido mérito de la actriz ilustre. Después, no con tanta facilidad, se decidió que la acompañara Fernando, galán joven que a
su lado se había hecho eminente de veras. En el saloncillo estaban las principales partes° de la compañía, Baluarte y otros dos 30 members
o tres literatos, íntimos de la *casa*. Hubo un momento de silencio embarazoso. En el rincón de siempre, de antaño°, Juana — de…of times past
González, como en capilla°, con la frente humillada, ardiendo — como…as if awaiting execution
de ansiedad, esperaba una sentencia en palabras o en una pre-
terición° dolorosa. «¡Baluarte no se acordaba de ella!» Los 35 preterition, act of omission
ojos de Petra brillaban con el sublime y satánico esplendor del
egoísmo en el paroxismo. Pero callaba. Un infame, un envidioso, un *cómico* envidioso se atrevió a decir:

—Y... ¿no va *La Ronca*?

Baluarte, sin miedo, tranquilo, sin vacilar, como si en el 40 mundo no hubiera más que una balanza y una espada[5] y no hubiera corazones, ni amor propio, ni nervios de artista, dijo al punto, con el tono más natural y sencillo:

—¿Quién, Juanita? No; Juana ya sabe dónde llega su mérito. Su talento es grande, pero... no es a propósito para el empeño° de que se trata. No puede ir más que lo primero de lo primero.

Y sonriendo añadió:

—Esa voz que a mí me encanta muchas veces..., en arte, en puro arte, en arte de exposición, de rivalidad, la perjudica°. Lo absoluto es lo absoluto.

No se habló más. El silencio se hizo insoportable, y se disolvió la reunión. Todos comprendieron que allí, con la apariencia más tranquila, había pasado algo grave.

Quedaron solos Petra y Baluarte. Juana había desaparecido. La Serrano, radiante, llena de gratitud por aquel triunfo, que sólo se podía deber a un Baluarte, le dijo, por ver si le hacía feliz también halagando su vanidad:

—¡Buena la ha hecho usted! Estos *sacerdotes*° de la crítica son implacables. Pero criatura, ¿usted no sabe que le ha dado un golpe mortal a la pobre Juana? ¿No sabe usted... que ese desaire°... la mata?

Y volviéndose al crítico con ojos de pasión, y tocándole casi el rostro con el suyo, añadió con misterio:

—¿Usted no sabe, no ha comprendido que Juana está enamorada..., loca..., perdida por su Baluarte, por su ídolo; que todas las noches duerme con un libro de usted entre sus manos; que le adora?

Al día siguiente se supo que *La Ronca* había salido de Madrid, dejando la compañía, dejándolo todo. No se la volvió a ver en un teatro hasta que años después el hambre la echó otra vez a los de provincias, como echa al lobo a poblado en el invierno.

Don Ramón Baluarte era un hombre que había nacido para el amor, y envejecía soltero, porque nunca le había amado una mujer como él quería ser amado. El corazón le dijo entonces que la mujer que le amaba como él quería era *La Ronca*, la de la fuga. ¡A buena hora!

Y decía suspirando el crítico al acostarse:

—¡El demonio del *sacerdocio*°!

_____
[5] A scale and a sword: the symbols of justice.

Margin glosses:
5 undertaking
10 la...is detrimental to her
priests
rebuff
priesthood

Cristales

Si el alma un cristal° tuviera... mirror

Mi *amigo* Cristóbal siempre estaba triste... no, no es ésa la palabra; era aquello una frialdad, una indiferencia, una abstinencia de toda emoción fuerte, confiada, entusiástica... No sé cómo explicarlo... Hacía daño la vida junto a él. Sus ojos, de un azul muy claro y de pupilas muy brillantes desde una 5 obscuridad misteriosa y preguntona, parecían el doctor Pedro Recio[1] de toda expansión, de toda admiración, de todo optimismo; amar, admirar, confiar, en presencia de aquellos ojos, era imposible; a todo oponían el veto del desencanto previo. Y lo peor era que todo lo decían con modestia, casi con temor; la 10 mirada de Cristóbal era humilde, jamás prolongada. Podría decirse que destilaba° hielo y echaba a correr.   it (his glance) exuded
 ¿Por qué era así Cristóbal, por qué miraba así? Un día lo supe por casualidad.

 —«El mejor amigo, un duro°»—dijo delante de nosotros no 15 coin worth five *pesetas*
sé quién.
 —Me irritan —dije a Cristóbal en cuanto quedamos solos —me irritan estos vanos aforismos de la falsa sabiduría escéptica, plebeya y superficial; creo que el mundo debe en gran parte sus tristezas morales a este grosero y limitado positivismo 20 positivismo...street-corner
callejero° que con un refrán° mata un ideal...   utilitarianism proverb
 —Sin embargo, —dijeron a su modo los ojos de Cristóbal, y sus labios sonrieron y por fin rompieron a hablar:
 —Un duro... no será gran amigo; pero acaso no hay otro mejor. 25
 Otros lloran la perfidia de una mujer... Yo me había enamorado de la amistad; *había nacido* para ella. Encontré un amigo en la adolescencia; partimos el pan del entusiasmo, el maná de la fe en el porvenir. Juntos emprendimos la conquista

[1] In *Don Quijote* (Part II, Chapter 47), a doctor, Pedro Recio, treats Sancho Panza in an incongruous manner, forbidding him to eat his favorite dishes and thereby almost starving him in the process. Thus Alas implies that Cristobal's eyes inhibited any enthusiasm.

del ensueño°. Cuando la *bufera° infernal* del desengaño° nos azotó el rostro, no separamos nuestras manos que se estrechaban; como a *Paolo* y *Francesca*[2], abrazados nos arrebató° el viento... Los dos vivíamos para el arte, para la poesía, para la meditación; pero yo era autor dramático, y él no. Menos el *don°* del teatro, que niega Zola[3], tal vez porque no lo tiene, todo lo dividíamos Fernando y yo. Nuestra gloria y nuestro dinero eran bienes comunes para los dos. El mundo, con su opinión autoritaria, vino a sancionar estos lazos; se nos consideró unidos por una cadena de hierro inquebrantable. Así sea, dijimos. Y en nuestro espíritu nació uno de esos dogmas *cerrados en falso°* con que la humanidad se engaña tantas veces.

Yo había notado que Fernando era muy egoísta; de la terrible clase de los inconscientes; era egoísta *como rumia el rumiante°*; tenía el estómago así. Pero había notado también que yo, aunque más refinado y lleno de complicaciones, era otro egoísta. «¿Cómo puede vivir nuestra amistad entre estos egoísmos? Vive en su atmósfera», pensaba yo; observando que mi amigo tenía vanidad por mí, preocupaciones, antipatías y odios por mí. Yo también me sentía ofendido cuando otros censuraban a Fernando; este derecho de encontrarle defectos me lo reservaba; pero no veía en ello malicia, porque también, y con cierta voluptuosidad, examinaba yo mis propias *máculas°* y deficiencias, creyéndome humilde. Uno de los disfraces que el diablo se pone con más gusto para sus tentaciones, es el de santo.

Cierta noche *se estrenó°* un drama mío; era de esos en que se *rompen moldes* y se apura la paciencia del público *adocenado°*, pero no tan malévolo como supone el autor. En resumidas cuentas, y desde el punto de vista del mundanal ruido, el éxito fue un *descalabro°*. Una minoría tan selecta como poco numerosa me defendía con paradojas insostenibles, con hipérboles que equivalían a *subirme en vilo por los aires°*, para dejarme *caer y aplastarme°*. En el saloncillo bramaba una verdadera

Right margin glosses:
illusions, dreams
tempest (Italian)
disillusionment
carried away

don° gift

cerrados... fallacious, unsound

como... instinctively (literally, just as the ruminant chews its cud)

imperfections

se... premiered
common

calamity

subirme... leaving me suspended in the air
crush me

[2] Lovers who appear in the *Inferno* of the *Divine Comedy* by Dante Alighieri (1265–1321). Although they have committed adultery and Dante has placed them in hell, he displays sympathy for them and even appears to hold out the possibility of their ultimate salvation. The preceding image of the *bufera infernal* appears in Canto V, verse 31 of the *Inferno*.

[3] Émile Zola (1840–1902), French novelist and critic, founder of the naturalist movement in literature. Zola argued that realism in the theater should give as perfect an imitation of life as possible, striving to avoid any sign of artificial structure or contrivance.

29

tempestad *crítica*. La fórmula era darme la enhorabuena, pero con las de Caín°. En cuanto yo daba la vuelta, se discutía el género, la tendencia, y por último, se me desollaba a mí°. Entonces acudían los amigos; me ensalzaban° a mí y le echaban una mano protectora al género, a la tendencia. Yo recibía los parabienes con cara de Pascua, pero en calidad de cordero protagonista°.

Lo que nadie decía, pero lo que pensaban todos, era esto: «La culpa no es del género, no es de los *moldes nuevos*, es del repostero° éste, es del ingenio mezquino° que se ha metido en moldes de once varas[4]. Se ha equivocado. Esta es la fija°. Se ha equivocado».

Así pensaban los enemigos; y aun lo insinuaban, atacándome de soslayo°. Y así pensaban los amigos, defendiéndome de frente e insinuándolo más con esta franca defensa.

¿Y Fernando? Fernando me defendía casi a puñetazos. En poco estuvo que no tuviese° dos o tres lances° personales. Yo le oía de lejos; no le veía.

Él no pensaba que yo le oía. Su defensa, apasionada, furiosa, era ingenua, leal. ¡Qué entusiasmo el suyo! Era ordinariamente moderado, casi frío; pero aquella noche, ¡qué exaltación!

—Le ciega la amistad —se oía por todos los rincones.

¡Que no me hubiera cegado aquella noche a mí!

Como se recogen los restos gloriosos de una bandera salvada en una derrota, Fernando me recogió a mí, me sacó del teatro y me llevó a nuestra tertulia° de última hora, en un gabinete° reservado de un café elegante.

Al entrar allí me fijé, por primera vez en aquella noche, en el rostro de mi amigo, que vi reflejado en un espejo. Sentí un escalofrío°. Me atreví a mirarle a él cara a cara. Y en efecto, estaba como su imagen. Aún había en el amigo no sé qué de pasión que no había en el espejo. Estaba radiante. En sus ojos brillaba la dicha suprema con rayos que sólo son de la dicha, que no cabe confundir con otros. Fernando, muy diferente de mí en esto, era un amador de mucha fuerza y de buena suerte; para él la mujer era lo que para mí la amistad: su buena fortuna en galanteos° le hacía feliz. Su rostro, generalmente frío, soso°, de poca expresión, se animaba con destellos° diabólicos, de pasión intensa, cuando conseguía su amor propio grandes

darme...to congratulate me while harboring treacherous intentions (like Cain)

se...they tore me to shreds

glorified

parabienes...compliments with a cheerful expression, although being (in reality) a sacrificial lamb

confectioner   puny

crux

de...on the sly

En...He was at the point of engaging in   quarrels

chill

gathering   private room

wooing   colorless

scintillations

[4] Alas expresses analogous sentiments to the Spanish expression *meterse en camisa de once varas* (to intrude where one does not belong).

30

triunfos de amor ajeno. Pero tan hermosamente transfigurado
por las emociones fuertes y placenteras, como le vi aquella
noche, en aquel gabinete del café, no le había visto ni siquiera
en la ocasión solemne en que vino a pedirme que le dejara solo
en casa con su conquista más preciosa: la mujer de un amigo. 5

Mientras cenábamos, me fijé en los ojos de Fernando. Allí
se concentraba la cifra del misterio. Allí se leía, como clave del
enigma: «¡Felicidad! ¡La mayor felicidad que cabe en este
cuerpo y en este espíritu de artista, de egoísta, de hombre sin fe,
sin vínculos° fucrtcs con el deber y el sacrificio!»   10   ties

¡Si el alma un cristal tuviera!... ¡Oh! ¡Sí; lo tenía! Yo leía
en el alma de Fernando, a través de sus ojos, como en un libro
de psicología moderna, como en páginas de Bourget[5].

Fernando era feliz aquella noche de una manera feroz;
saberlo, sí, como las fieras°. Sabía él por experiencia propia,   15   wild animals
que la quintaesencia del sentimiento de un artista, de lo que
éste cree su corazón, tal vez porque no tiene otro mejor, y no
es más que una burbuja° delicada y finísima, un coágulo de   bubble
vanidad enferma, estaba padeciendo dentro de mí dolores in-
decibles; sabía que el público y los falsos amigos me habían   20
dado tormento en la flor del alma artificiosa del poeta... pero no
sabía que él, su vanidad, su egoísmo, su envidia, se estaban
dando un banquete de chacales° con los despojos° del pobre   jackals   remains
orgullo mío triturado°.   crushed

¡Qué luz mística, del misticismo infernal de las pasiones   25
fuertes, pero mundanas, en sus ojos! ¡Cómo se quedaba en
éxtasis de placer, sin sospecharlo! ¡Y qué decidor°, qué ge-   fluent (in wit)
neroso, qué expansivo! Lo *amaba todo* aquella noche. Hubiera
sido *caritativo* hasta el heroísmo. Su dicha de egoísta le inspiraba este espejismo° de abnegación. Sin duda creía que el   30   illusion
mundo *seguía siendo* él. Oía las armonías de los astros. Y
para mí, ¡qué cuidados, qué atenciones! ¡Qué hermano tenía
en él! Se hubiera batido, puedo jurarlo, por mi fama. ¡Y el
infeliz, sin sospechar siquiera que estaba gozando una dicha de
salvaje civilizado, de carnívoro espiritual, y que esa dicha se   35
alimentaba con sangre de mi alma, con el meollo° de mis huesos   marrow
duros de vanidoso incurable, de escritor de oficio!

[5] Paul Bourget (1852–1935), French writer of novels, plays, poetry, and
criticism. His psychological novels were written as a reaction to Zola's
naturalism but are, nevertheless, based on a deterministic psychological
theory.

31

Aquel espectáculo que me irritó al principio, que fue supremamente doloroso, fue convirtiéndose poco a poco en melancólica voluptuosidad. El examen, lleno de amargura, del alma de Fernando, que yo veía en sus ojos, se fue trocando en interesante labor finísima; no tardó mi vanidad, tan herida, en 5 rehacerse con el placer íntimo, recóndito, de analizar aquella miseria ajena. ¡Cuánta filosofía en pocos minutos! A los postres° de la tal cena, en que el único apóstol comensal° era un Judas, sin saberlo, a los postres, ya recordaba yo mi obrita del teatro como una desgracia lejana, de poética perspectiva. Mi 10 descalabro, el martirio oculto de mi amor propio, la perfidia de los falsos amigos y compañeros, todo eso quedaba allá, confundido con la común miseria humana, entre las lacerias° fatales necesarias de la vida... En mi cerebro, como un sol de justicia, brillaba mi resignación, mi frío análisis del alma ajena, mi 15 honda filosofía, ni pesimista ni optimista, que no otorga° a los *datos históricos*, al fin empíricos, siempre pocos, más valor del que tienen... Y lo que más me confortó fue el sentimiento íntimo de que el dolor intenso que me producía la traición inconsciente de Fernando, no me inspiraba odio para él, ni si- 20 quiera desprecio, sino lástima cariñosa. «Le perdonaba, porque no sabía lo que hacía[6].»

«Mi dogma, la amistad, me dije, no se derrumba° esta noche como mi pobre drama; Fernando no me quiere de veras, no es mi amigo, ¿y qué? lo seré yo suyo, le querré yo a él. Su amistad 25 no existía, la mía sí.»

En tal estado, llegué a mi casa. Entré en mi cuarto. Comencé a desvestirme, siempre con la imagen de Fernando, radiante de dicha íntima, apasionada, ante los ojos de la fantasía. Mi espíritu nadaba en la felicidad *austera* de la conciencia satisfecha, 30 de la superioridad racional, mística, del alma resignada y humilde... ¡Qué importaba el drama, qué importaba la vanidad, qué importaba todo lo mundano... qué importaba la feroz envidia satisfecha del que se creía amigo!... Lo serio, lo importante, lo noble, lo grande, lo *eterno*, era la satisfacción propia, 35 estar contento de sí mismo, elevarse sobre el vulgo°, sobre las tristes pasiones de Fernando... Antes de apagar la luz del lavabo me vi en el espejo. ¡Vi mis ojos! ¡Oh, mis ojos! ¡Qué

A...By the end table companion

lacerations

concede

no...is not going to collapse

common people

[6] These words echo those spoken by Christ on the Cross in Luke 23:34: "Father, forgive them; for they know not what they do."

expresión la suya! ¡Qué *cristales*! ¡Qué orgullo infinito! ¡Qué dicha satánica! Yo estaba pálido, pero, ¡qué ojos! ¡Qué hoguera° de vanidad, de egoísmo! Allí dentro ardía Fernando, reducido a polvo vil... Era una pobre víctima ante el altar de mi orgullo... de mi orgullo, infierno abreviado. ¿Y la amistad? ¿La mía? ¡Ay! Detrás de los cristales de mis ojos yo no vi ningún ángel, como la amistad lo sería si existiese; sólo vi demonios; y yo, el *autor del drama*, era el diablo mayor... tal vez por razón de perspectiva...

bonfire

5

2 Parábolas del espíritu

If in Leopoldo Alas' stories we find the posing of moral cases in a succinct but nonabstract manner, since the narrator does not avoid environmental connotations or allusions to the historical climate, in Miguel de Unamuno's most representative short stories we immediately perceive, despite the affinity between Unamuno and Alas in this literary genre and others as well, a higher level of abstraction: Unamuno, at the expense of any moral or psychological inquisitiveness, remits himself to the essence of man's identity and to his destiny.

Unamuno's best stories may be considered spiritual parables. They are parables because they are narratives whose fictive content, strictly maintained at the human level, only realizes its thematic plenitude when referred to a universal truth in relation to which the fiction itself is merely a fanciful prop. They are spiritual because these truths, presented in the guise of allegory, are not concerned with the conduct of a few persons in the here and now, but rather with what for Unamuno is man's primordial existence—a yearning spirit.

As a man tormented by doubt, Unamuno (Bilbao, 1864–Salamanca, 1936) struggled throughout his life to regain his lost faith, adhering more out of feeling than conviction to a Christianity rooted in agonizing uncertainty. As a philosopher, he dedicated his most ambitious efforts to expounding on the tragic sense of life—the individual's yearning for self-perpetuation in the face of the anguish of annihilation—and to searching out the true spirit of Spain—the spirit of quixotism. As a writer, Unamuno served Spain by advocating national fortitude founded on the emulation of the distinctive features of the various geographical regions, and by opposing the dictatorship of Primo de Rivera (1923–1930) both while residing in Spain and when forced into exile. At first a socialist, he later became a resolute and extreme individualist—a position he was to maintain for most of his life. In the essay, his favorite literary form, Unamuno frequently exhibits moments of singular intensity in which heartfelt ideas or thoughtful feelings are expressed with supreme beauty. When Unamuno transcribed these moments into formal rhythms, he wrote poetry. In addition, his experimental curiosity and his disdain for the traditional generic molds led him to write novels, plays, and, to a lesser extent, short stories wrenched from "lo hondo de las entrañas," "las más íntimas tormentas del espíritu," and "los más espirituales dolores de la mente," as Unamuno himself put it in the last item of his collection *El espejo de la muerte* (1913).[1] Nevertheless, these are stories written not to plunge the reader into an emotional sea of human experiences, but rather to inform him of some higher truth.

---

[1] Miguel de Unamuno, *El espejo de la muerte* (Madrid: Espasa-Calpe, 1961), p. 158.

Unamuno viewed reality in terms of the ultimate truths of the human spirit: the identity of the individual, the impulse to survive death, the implacable struggle between faith and doubt, the antinomy of action and contemplation, the great myths of love and hate that are omnipresent in man. His novels and plays are significant because of the depth and sincerity with which they portray man's conflicts in the metaphysical sphere, beyond any historical or social particulars and any logical or psychological generalizations, in a spiritual milieu of eternal ideas and sentiments that have been expressed since antiquity by means of myths. And while some of his stories may be too picturesque and anecdotal to be considered parables (for example, "El espejo de la muerte," "Solitaña," "Una rectificación de honor"), most of the stories in the collection *El espejo de la muerte* are parables of the human spirit in the manner described above: the search for identity in "Bonifacio," the alarming entry of the sensorial world into the virgin consciousness of a small boy in "Las tribulaciones de Susín," love and solitude in men and women in "El amor que asalta," "Soledad," "Al correr los años," and "El poema vivo del amor," the feelings of antipathy or sympathy shared by figures in "El semejante," "Del odio a la piedad," "El desquite," and "Las tijeras," the ultimate meaning of the cares and struggles of this world in "Una visita al viejo poeta" and "El abejorro."

Unamuno's stories go directly to their target as do Alas', but Unamuno's are less atmospheric; they adhere almost schematically to their intention of revealing to the reader the existence of some transcendental truth. What they lack in color and in the nuances or details of an observed reality, they make up in the energy and density of the thought, and occasionally by the tense nuclei of emotions, whose expressive efficiency is multiplied one hundredfold when they explode in a single word or phrase.

The short story "La venda" (1900) was adapted from a play in two scenes written in 1899, published in 1913, and premiered in 1921. It is pure allegory: the blind woman is adequate enough to depict the idea of faith, but she lacks sufficient depth to be a full character. Faith is blindness; it creates what we are unable to see. The blind woman in her netherworld has created health for her father and has conceived the flesh of her son. She moves confidently through life, relying on her sense of touch and her alert ear. But when she recovers her sight, she is overwhelmed by the incomprehensible avalanche that confronts her eyes, including the death of her father, which she is compelled to witness. In order to nurse the son that she has conceived, she must first blindfold her eyes, for the father—God—is dead. Here we are faced with another *cambio de luz* similar to the one narrated by Alas, but with a reverse dynamic: rather than moving

37

from a disillusioning vision of the world to a blindness from which faith emerges, we move from a sightlessness in which faith has been nourished to a disillusioning vision of the world. Jorge Arial calms his doubts in the umbra of his blindness, a better environment for the birth of a new light; Unamuno's blind woman, confronted by the worldly light that she has never known, yearns to recover the world of darkness that sheltered her belief in her father. Here too we recognize certain autobiographical underpinnings. Unamuno lost his faith in 1897, but he soon endeavored to regain it, resorting to the blindness of passion, inner strife, desperation, and quixotic madness. For Unamuno, faith is the creation of God, not the ability to see him. To create him is to contemplate him with one's own hands (the will). Attempting to see him with one's eyes (reason) is only to find a corpse or the vacuum of his absence. While Alas charts the progress from incredulity to faith with much detail and subtlety, seeing it as a unique but not exceptional moral event, Unamuno quickly sketches the desolating change from faith to doubt with vehemence and pathos, portraying it as a type of sudden madness. The text begins, "Y vio de pronto nuestro hombre venir una mujer despavorida, como un pájaro herido," and it ends, "¡Pobre padre! ¡Pobre padre!" The reader who compares "Cambio de luz" and "La venda" will surely notice other similarities and differences in attitude, theme, structure, and narrative language.

In "El semejante" our attention is also drawn to the abstract treatment of setting: there are no geographic, temporal, social, or historical references to help the reader place the protagonists. As with the name María in "La venda," the designations Celestino and Pepe are more like pronouns useful for semantic distinctions than personal names. The idiot Celestino, who vegetates in the natural world—in a solitude brought about by his own fear of mankind—finds his own likeness in another idiot, Pepe. Bolstered by this precious find, Celestino acquires self-confidence. Later, recognizing the distinctness of the other, Celestino becomes capable of accepting responsibility: the protection of this other who is like him but is not him. Before coming to know Pepe the fool, Celestino the fool dwelled within the narrow confines of the material world. When his likeness dies, Celestino learns through the memory of his departed fellow to humanize nature and to believe in a creator with a human likeness. With somewhat more descriptive variety and evocative subtlety than in "La venda," Unamuno creates another parable, one in which the protagonist escapes the limitations of the material world by means of his perception of likeness and difference, and achieves an understanding of the cause and finality of all that is created. The two fools are not brought together and distinguished through a social relationship of power, as occurs in Camilo José Cela's "El tonto del pueblo," but through a metaphysical relationship. Celestino does not know himself until he discovers Pepe. Celestino recognizes his similarity to his fellow fool, but he also learns that in some ways he is different and superior. From this recognition springs Celestino's compassion for Pepe, his hatred for those he believes have caused Pepe's death, and his need for a god to resurrect his fellow. Thus, by means of fertile interactions with another, the image of God—human in its genesis and finality—is born in Celestino.

"Las tijeras" is another parable concerned with the interdependence of men. A man is either a double or he is nothing. There is no *tijera*, only *las tijeras*. Man needs man in order to exist; to communicate, even if he is merely talking to himself; and to comment on the nature of life. This is what don Francisco and don Pedro do, each on his own. Don Francisco is a confirmed bachelor who indulges his pet dog; don Pedro is a widower preoccupied with thoughts of a daughter he rarely sees. Each man is locked into himself, yet each is willing at least to listen to the echo of the other's soul. Night after night in the Café de Occidente—that is, in the twilight of life—they discuss their prior illusions and disillusions, and find in all things misery and sham. When don Pedro dies, don Francisco continues "snipping and clicking" away with him, with the shadow of that other who was so like him and yet so different. But in "Las tijeras" the central problem is not the comprehension of reality by means of another's existence, but the need to communicate: existence is a monologue masquerading as a conversation; it is the multiplication of solitude. This uninterrupted string of speech between men who are mutually dependent on one another, this flow of telltale talk that makes existence bearable, is also found in Max Aub's "La verdadera historia de la muerte de Francisco Franco" and in Juan Benet's "Syllabus", but not with the metaphysical quality with which it appears in "Las tijeras." The allegorical nature of Unamuno's short story art is attested to by the author's own comment regarding the conversation between the two old men: "No reproduciré aquellos monólogos como se producían; prefiero exponer su melodía pura." Pure melodies of the human spirit, with hardly a harmonic accompaniment, are the stories of Miguel de Unamuno.

MIGUEL DE UNAMUNO

La venda

Y vio de pronto nuestro hombre venir una mujer despavorida°,   terrified
como un pájaro herido, tropezando a cada paso, con los
grandes ojos preñados de espanto° que parecían mirar al vacío   preñados...panic-stricken
y con los brazos extendidos. Se detenía, miraba a todas partes
aterrada, como un náufrago° en medio del Océano, daba unos   5 shipwrecked person
pasos y se volvía, tornaba a andar, desorientada de seguro. Y
llorando exclamaba:

—Mi padre, que se muere mi padre.

De pronto se detuvo junto al hombre, le miró de una manera
misteriosa, como quien por primera vez mira, y sacando el 10
pañuelo le preguntó:

—¿Lleva usted bastón°?   cane

—¿Pues no lo ve usted?—dijo él, mostrándoselo.

—¡Ah! Es cierto.

—¿Es usted acaso ciega? 15

—No, no lo soy. Ahora, por desgracia. Déme el bastón.

Y diciendo esto empezó a vendarse° los ojos con el pañuelo.   to blindfold
Cuando hubo acabado de vendarse, repitió:

—Déme el bastón, por Dios, el bastón, el lazarillo°.   blind person's guide

Y al decirlo le tocaba. El hombre la detuvo por un brazo. 20

—Pero ¿qué es lo que va usted a hacer, buena mujer? ¿Qué
le pasa?

—Déjeme, que se muere mi padre.

—Pero ¿adónde va usted así?

—Déjeme, déjeme, por Santa Lucía[1] bendita; déjeme, me 25
estorba la vista, no veo mi camino con ella.

—Debe de ser loca—dijo el hombre por lo bajo° a otro a   por...in an undertone
quien había detenido lo extraño de la escena.

Y ella, que lo oyó:

---

[1] Saint Lucy. Because of her name, which derives from *lux* (Latin, light),
Saint Lucy is invoked by those with eye trouble.

—No, no estoy loca; pero lo estaré si esto sigue; déjeme, que se muere.

—Es la ciega—dijo una mujer que llegaba.

—¿La ciega?—replicó el hombre del bastón—. Entonces, ¿para qué se venda los ojos? 5

—Para volver a serlo—exclamó ella.

Y tanteando° con el bastón el suelo, las paredes de las casas,   probing
febril y ansiosa, parecía buscar en el mar de las tinieblas° una   darkness
tabla de que asirse°, un resto cualquiera del barco en que había   de...to grasp
hasta entonces navegado. 10

De pronto dio una voz, una voz de alivio°, y como una   relief
paloma que elevándose en los aires revolotea° un momento   flutters around
buscando oriente°, y luego como una flecha parte, partió re-   bearings, direction
suelta, tanteando con su bastón el suelo, la mujer vendada.

Quedáronse en la calle los espectadores de semejante escena 15
comentándola.

La pobre mujer había nacido ciega, y en las tinieblas nutrió
de dulce alegría su espíritu y de amores su corazón. Y ciega
creció.

Su tacto era, aun entre los ciegos, maravilloso, y era maravi- 20
llosa la seguridad con que recorría la ciudad toda sin más
lazarillo que su palo. Era frecuente que alguno que la conocía
le dijese: «Dígame, María, ¿en qué calle estamos?» Y ella
respondía sin equivocarse jamás.

Así, ciega, encontró quien de ella se prendase° y para mujer 25   quien...the one who was to fall
la tomara, y se casó ciega, abrazando a su hombre con abrazos   in love with her
que eran una contemplación. Lo único que sentía era tener que
separarse de su anciano padre; pero casi todos los días, bastón
en mano, iba a tocarle y a oírle y acariciarle. Y si por acaso la
acompañaba su marido, rehusaba su brazo diciéndole con 30
dulzura: «No necesito tus ojos.»

Por entonces se presentó, rodeado de prestigiosa aureola,
cierto doctor especialista, que después de reconocer° a la ciega,   examining
a la que había visto en la calle, aseguró que le daría la vista. Se
difirió la operación hasta que hubiese dado a luz° y se hubiese 35   dado...given birth
repuesto del parto°.   repuesto...recovered from the
    delivery
Y un día, más de terrible expectación que de júbilo para la
pobre ciega, se obró el portento°. El doctor y sus compañeros   se...the miracle was performed
tomaban notas de aquel caso curiosísimo, recogían con ansia
datos para la ciencia psicológica, asaeteándola° a preguntas. 40   besieging her

41

Ella no hacía más que palpar los objetos aturdida° y llevárselos   bewildered
a los ojos y sufrir, sufrir una extraña opresión de espíritu, un
torrente de punzadas°, la lenta invasión de un nuevo mundo en   stabbing pains
sus tinieblas.

—¡Oh! ¿Eras tú?—exclamó al oir junto a sí la voz de su   5
marido.

Y abrazándole y llorando, cerró los ojos para apoyar en la de
él su mejilla.

Y cuando le llevaron al niño y lo tomó entre sus brazos,
creyeron que se volvía loca. Ni una voz, ni un gesto; una palidez   10
mortal tan sólo. Frotó luego las tiernas carnecitas del niño
contra sus cerrados ojos y quedó postrada, rendida, sin querer
ver más.

—¿Cuándo podré ir a ver a mi padre?—preguntó.

—¡Oh! No, todavía no—dijo el doctor—. No es prudente   15
que usted salga hasta haberse familiarizado algo con el mundo
visual.

Y al día siguiente, precisamente al día siguiente de la por-
tentosa cura, cuando empezaba María a gozar de una nueva
infancia y a bañarse en la verdura de un nuevo mundo, vino un   20
mensajero torpe, torpísimo, y con los peores rodeos° le dijo que   circumlocutions
su padre, baldado° desde hacía algún tiempo, se estaba muriendo   crippled
de un nuevo ataque.

El golpe fue espantoso. La luz le quemaba el alma, y las
tinieblas no le bastaban ya. Se puso como loca, se fue a su   25
cuarto, cogió su Crucifijo, cerró los ojos y, palpándolo, rompió
a llorar, exclamando:

—Mi vista, mi vista por su vida. ¿Para qué la quiero?

Y levantándose de pronto, se lanzó a la calle. Iba a ver a su
padre, a verle por primera y por última vez acaso.   30

Entonces fue cuando la encontró el hombre del bastón, perdida en un mundo extraño, sin estrellas por que guiarse como
en sus años de noche se había guiado, casi loca. Y entonces fue
cuando, una vez vendados sus ojos, volvió a su mundo, a sus
familiares tinieblas, y partió segura, como paloma que a su nido   35
vuelve, a ver a su padre.

Cuando entró en el paterno hogar, se fue derecha, sin bastón,
a través de corredores, hasta la estancia° en que yacía su padre   room
moribundo y echándose a sus pies le rodeó el cuello con sus
brazos, le palpó todo, le contempló con sus manos y sólo pudo   40
articular entre sollozos desgarradores°:   heart-rending

—¡Padre, padre, padre!

El pobre anciano, atontado° y sin conocimiento casi, miraba   confused
con estupor aquella venda, y trató de quitársela.

—No, no, no me la quites..., no quiero verte. ¡Padre, mi
padre, el mío, el mío!   5

—Pero, hija, hija mía—murmuraba el anciano.

—¿Estás loca?—le dijo su hermano—. Quítatela, María, no
hagas comedias, que la cosa va seria...

—¿Comedias? ¿Comedias? ¿Qué sabéis de eso vosotros?

—Pero ¿es que no quieres ver a tu padre? Por primera, por   10
última vez acaso...

—Porque quiero verle..., pero a mi padre..., al mío..., al que
nutrió de besos mis tinieblas; porque quiero verle, no me quito
de los ojos la venda...

Y le contemplaba ansiosa con sus manos, cubriéndole de   15
besos.

—Pero, hija, hija mía—repetía, como por máquina, el viejo.

—Sea usted razonable—insinuó el sacerdote, separándola—,
sea usted razonable.

—¿Razonable? ¿Razonable? Mi razón está en las tinieblas,   20
en ellas veo.

—*Et vita erat lux hominum..., et lux in tenebris lucet*[2]...
—murmuró el sacerdote, como hablando consigo mismo.

Entonces se acercó a María su hermano, y de un golpe rápido
le arrebató° la venda. Todos se alarmaron entonces, porque la   25   snatched off
pobre mujer miró en torno de sí despavorida, como buscando
algo a que asirse. Y luego de reponerse murmurando: "¡Qué
brutos son los hombres!", cayó de hinojos° ante su padre,   de...on her knees
preguntando:

—¿Es éste?   30

—Sí, ése es—dijo el sacerdote, señalándosele—, ya no
conoce.

—Tampoco yo conozco.

—Dios es misericordioso°, hija mía; ha permitido que pueda   merciful
usted ver a su padre antes de que se muera...   35

—Sí, cuando ya él no me conoce, por lo visto...

—La divina misericordia...

—Está en la oscuridad—concluyó María, que, sentada sobre

---

[2] Quotation from John 1:4–5: ". . . and the life was the light of men. The
light shines in the darkness. . . ."

sus talones°, pálida, con los brazos caídos, miraba, al través de   heels
su padre, al vacío.

Levantándose al cabo, se acercó a su padre, y al tocarlo
retrocedió aterrada, exclamando:

—Frío, frío como la luz, muerto.   5

Y cayó al suelo presa de un síncope°.   fainting spell

Cuando volvió en sí se abrazó al cadáver, y cubriéndole de
besos, repetía:

—¡Padre, padre! ¡No te he visto morir!

—Hay que cerrarle los ojos—dijo a María su hermano.   10

—Sí, sí, hay que cerrarle los ojos..., que no vea ya..., que no
vea ya... ¡Padre, padre! Ya está en las tinieblas..., en el reino
de la misericordia...

—Ahora se baña en la luz del Señor—dijo el sacerdote.

María—le dijo su hermano con voz trémula, tocándole en   15
un hombro—, eres madre, aquí te traen a tu niño, que olvidaste
en casa al venirte; viene llorando...

—¡Ah! Sí. ¡Angelito! ¡Quiere pecho! ¡Que le traigan!
—y exclamó en seguida—: ¡La venda! ¡La venda! ¡Tráeme
pronto la venda, no quiero verle!   20

—Pero María...

—Si no me vendáis los ojos, no le doy de mamar°.   no...I will not nurse him

—Sé razonable, María...

—Os he dicho ya que mi razón está en las tinieblas...

La vendaron, tomó al niño, lo palpó, se descubrió el pecho y, 25
poniéndoselo a él, le apretaba contra su seno, murmurando:

—¡Pobre padre! ¡Pobre padre!

El semejante

Como todos huían de Celestino el tonto, tomándole, cuando
más, de dominguillo° con que divertirse, el pobrecito evitaba a   plaything
la gente paseándose solo por el campo solitario, sumido en lo
que le rodeaba, asistiendo sin conciencia de sí al desfile de cuanto se le ponía por delante. Celestino el tonto sí que vivía *dentro*   5
del mundo como en útero materno, entretejiendo° con realidades   mingling
frescos sueños infantiles, para él tan reales como aquéllas, en
una niñez estancada°, apegada al caleidoscopio vivo como a la   stagnant
placenta el feto, y como éste ignorante de sí. Su alma lo abar-
caba todo en pura sencillez; todo era estado de su conciencia. 10
Se iba por la mayor soledad de las alamedas° del río, riéndose   poplar groves
de los chapuzones° de los patos, de los vuelos cortos de los pá-   dunkings (under water)
jaros, de los revoloteos trenzados° de las parejas de mariposas.   revoloteos...interwoven
Una de sus mayores diversiones era ver dar la vuelta a un es-   flutterings
carabajo° a quien pusiera patas arriba en el suelo.   15 scarab, black beetle
   Lo único que le inquietaba era la presencia del enemigo, del
hombre. Al acercársele alguno le miraba de vez en vez con una
sonrisa en que quería decirle: «No me hagas nada, que no voy a
hacerte mal»; y cuando le tenía próximo, bajo aquella mirada
de indiferencia y sin amor, bajaba la vista al suelo, deseando 20
achicarse° tamaño de una hormiga. Si algún conocido le decía   to reduce himself to
al encontrarle: «¡Hola, Celestino!» inclinaba con mansedum-
bre° la cabeza y sonreía esperando el pescozón°. En cuanto   meekness   blow (on the head)
veía a lo lejos chicuelos apretaba el paso°; les tenía horror   apretaba...he quickened his step
justificado: eran lo peor de los hombres.   25
   Una mañana topó Celestino con otro solitario paseante, y al
cruzarse con él y, como de costumbre, sonreírle, vio en la cara
ajena el reflejo de su sonrisa propia, un saludo de inteligencia°.   awareness
Y al volver la cabeza, luego que hubieron cruzado, vio que también el otro la tenía vuelta, y tornaron a sonreírse uno a otro. 30
Debía de ser un semejante. Todo aquel día estuvo Celestino
más alegre que de costumbre, lleno del calor que le dejó en el
alma el eco aquel que de su sencillez le había devuelto, por
rostro humano, el mundo.
   A la mañana siguiente se afrontaron de nuevo en el momento 35
en que un gorrión°, metiendo mucha bulla°, fue a posarse en un   sparrow   metiendo...making
                                                                          a loud racket

45

mimbre° cercano. Celestino se lo señaló al otro, y dijo riéndose: willow

—¡Qué pájaro!... ¡es un gorrión!

—Es verdad, es un gorrión—contestó el otro soltando la risa.

Y excitados mutuamente se rieron a más y mejor: primero, del pájaro, que les hacía coro chillando°, y luego, de que se   5 les...joined in with their screeching
reían. Y así quedaron amigos los dos imbéciles, al aire libre y bajo el cielo de Dios.

—¿Quién eres?

—Pepe.

—Y yo Celestino.   10

—Celestino..., Celestino...—gritó el otro, rompiendo a reír con toda su alma—. Celestino el tonto... Celestino el tonto...

—Y tú Pepe el tonto—replicó con viveza y amoscado°   peeved
Celestino.

—¡Es verdad, Pepe el tonto y Celestino el tonto!...   15

Y acabaron por reírse a toda gana° los dos tontos de su ton-   a...wholeheartedly
tería, tragándose al hacerlo bocanadas° de aire libre. Su risa se   gulps
perdía en la alameda, confundida con las voces todas del campo, como una de tantas.

Desde aquel día de risa juntábanse a diario para pasearse 20
juntos, comulgar en impresiones°, señalándose mutuamente lo   comulgar...to commune through their impressions
primero que Dios les ponía por delante, viviendo *dentro* del mundo, prestándose calor y fomento° como mellizos° que   encouragement   twins
coparticipan de una misma matriz°.   womb

—Hoy hace calor.   25

—Sí, hace calor; es verdad que hace calor...

—En este tiempo suele hacer calor...

—Es verdad, suele hacer calor en este tiempo..., ji, ji..., y en invierno, frío.

Y así seguían, sintiéndose semejantes y gozando en descubrir 30
a todos momentos lo que creemos tenerlo para todos ellos des-
cubierto los que lo hemos cristalizado en conceptos abstractos y metido en encasillado lógico°. Era para ellos siempre nuevo   encasillado...logical categories (literally, set of pigeonholes)
todo bajo el sol, toda impresión fresca, y el mundo una creación perpetua y sin segunda intención° alguna. ¡Qué ruidosa explo-   35 segunda...deceitfulness
sión de alegría la de Pepe cuando vio lo del escarabajo patas arriba! Cojió[1] un canto° en la exaltación de su gozo para des-   stone

---

[1] Unamuno does not use certain standard spellings, such as *coger* and *inconsciente*. With respect to *coger*, he claims that etymologically the *g* is unwarranted. In the "Vocabulario" at the end of his *Vida de don Quijote y Sancho*, Unamuno observes the following: "Escribo con jota y no con ge todas aquellas voces como *lijero*, *cojer*, y sus derivados, y otras en que no

ahogarlo espachurrando al bichillo°, pero Celestino se lo impidió, diciéndole:

—No, no es malo...

La imbecilidad de Pepe no era, como la de su nuevo amigo, congénita e invariable, sino adventicia° y progresiva, debida a un reblandecimiento° de los sesos. Celestino lo conoció, aunque sin darse de ello cuenta; percibió confusamente el principio de lo que les diferenciaba en el fondo de semejanza, y de esta observación inconciente, soterrada° en las honduras tenebrosas de su alma virgen, brotó en él un amor al pobre Pepe, a la vez, de hermano, de padre y de madre. Cuando a las veces se quedaba su amigo dormido a la orilla del río, Celestino, sentado a su vera°, le ahuyentaba° las moscas y abejorros°, echaba piedras a los remansos° para que se callasen las ranas, cuidaba de que las hormigas no subieran a la cara del dormido, y miraba con inquietud a un lado y otro por si venía algún hombre. Y al divisar° chicuelos le latía el pecho con violencia y se acercaba más a su amigo, metiéndose piedras en los bolsillos. Cuando en la cara del durmiente vagaba una sonrisa, Celestino sonreía soñando el mundo que le encerraba.

Por las calles corrían los chicuelos a la pareja gritando:

¡Tonto con tonto,
tontos dos veces!

Un día en que llegó un granuja° hasta pegar al enfermo, despertóse en Celestino un instinto hasta entonces en él dormido, corrió tras el chiquillo y le hartó de pescozones y sopapos°. La patulea°, irritada y alborozada° a la vez por la impresumible rebelión del tonto, la emprendió con° la pareja, y Celestino, escudando° al otro, se defendió heroicamente a boleos° y patadas hasta que llegó el alguacil° a poner a los chicuelos en fuga. Y el alguacil reprendió al tonto... ¡Hombre al cabo!

En el progreso de su idiotez llegó Pepe a entorpecerse de tal modo de sentidos que se limitaba a repetir entre dientes, soño-

	para...in order to alleviate it (his excitation) by squashing the insect
5	adventitious (accidental, extrinsic) softening
	buried
10	
	side shooed away bumblebees pools
15	
	al...upon catching sight of
20	
	young scamp
25	
	slaps
	gang of bullies elated la...accosted
	shielding shoves
30	constable

---

hay ge etimológica." With respect to *inconsciente*, Unamuno wrote in an 1896 essay entitled "Acerca de la reforma de la ortografía castellana" that "se trata... de simplificar la ley escrita, pero no de abolirla... Resignación, pues, a la actual ortografía, pero resignación activa. No me correré hasta el puro idealismo de escribir *circuspeción*, pero ni aunque me aspen me hacen escribir *inconsciente* o *incognoscible*." (*Ensayos*, Vol. 2 [Madrid, 1916], p. 148.)

liento°, lo que su amigo iba enseñándole, según desfilaba como   drowsily
truchimán° de cosmorama².   interpreter

Un día no vio Celestino el tonto a su pobre amigo, y anduvo
buscándole de sitio en sitio, mirando con odio a los chicuelos y
sonriendo más que nunca a los hombres. Oyó al cabo decir   5
que había muerto como un pajarito, y aunque no entendió bien
eso de muerto, sintió algo como hambre espiritual, cojió un
canto, metiéndoselo en el bolsillo, se fue a la iglesia a que le
llevaban a misa, se arrodilló ante un Cristo, sentándose luego en
los talones°, y después de persignarse° varias veces al vapor°,   10   heels   crossing himself
repetía: al...quickly

—¿Quién le ha matado? Dime quién le ha matado...

Y recordando vagamente a la vista del Cristo, que un día allí,
sin quitarle ojo, había oído en un sermón que aquel crucificado
resucitaba° muertos, exclamó: 15   resurrected

—¡Resucítale! ¡Resucítale!

Al salir le rodeó una tropa de chicuelos: uno le tiraba de la
chaqueta, otro le derribó el sombrero, alguno le escupió, y le
preguntaban: «¿Y el otro tonto?» Celestino, recojiéndose en
sí mismo, perdido aquel fugitivo coraje, hijo del amor, y mur-   20
murando: «Pillos°, pillos, repillos..., canallas°...; éstos le han   Rascals   swine
matado...; pillos», soltó el canto y apretó el paso para ponerse
en su casa a salvo.

Cuando paseaba de nuevo solo por las alamedas, a orillas del
río, las oleadas de impresiones frescas, que, cual sangre espiri-   25
tual recibía como de placenta del campo libre, venían a agru-
parse y tomar vida en torno a la vaga y penumbrosa° imagen del   dim
rostro sonriente de su amigo dormido. Así humanizó la naturaleza, antropomorfizándola a su manera, en pura sencillez e
inconciencia; vertía en sus formas frescas, cual sustancia de   30
vida, la ternura paterno-maternal que al contacto de un semejante había en él brotado, y sin darse de ello cuenta vislumbró
vagamente a° Dios, que desde el cielo le sonreía con sonrisa de   vislumbró...he had a vague
semejante humano.   glimpse of

---

² Cosmorama: visual rendition of the most important sights and events of
the universe.

Las tijeras

Todas las noches, de nueve a once, se reunían en un rinconcito del café de Occidente dos viejos a quienes los parroquianos° llamaban «Las tijeras°».   Allí mismo se habían conocido, y lo poco que sabían uno del otro era esto:

Don Francisco era soltero, jubilado°, vivía solo con una criada vieja y un perrito de lanas° muy goloso°, que llevaba al café para regalarle el sobrante de los terroncitos° de azúcar. Don Pedro era viudo, jubilado, tenía una hija casada, de quien vivía separado a causa del yerno°.   No sabían más.   Los dos habían sido personas ilustradas.

Iban al café a desahogar su bilis° en monólogos dialogados, amodorrados al arrullo° de conversaciones necias y respirando vaho° humano.

Don Pedro odiaba al perro de su amigo.   Solía llevarse a casa la sobra de su azúcar para endulzar el vaso de agua que tomaba al levantarse de la cama.   Había entre él y el perrillo una lucha callada por el azúcar que dejaban los vecinos.   Cuando don Pedro veía al perrillo encaramarse° al mármol relamiéndose el hocico°, retiraba, temblando, sus terroncitos de azúcar.   Alguna vez, mientras hablaba, pisaba como al descuido° la cola del perrito, que se refugiaba en su dueño.

El amo del perro odiaba sin conocerla a la hija de don Pedro. Estaba harto de oírle hablar de ella como de su gloria y de su consuelo; mi hija por aquí, mi hija por allí; ¡siempre su hija! Cuando el padre se quejaba del sinvergüenza° de su yerno, el amo del perro le decía:

—Convénzase, don Pedro.   La culpa es de la hija; si quisiera a usted como a padre, todo se arreglaría... ¡Le quiere más a él! ¡Y es natural! ¡Su mujer de usted haría lo mismo!...

El corazón del pobre padre se encojía°[1] de angustia al oir esto, y su pie buscaba la cola del perrito de aguas°.

Un día el perrito se comió, después de los terroncitos de su amo, los de don Pedro.   Al día siguiente, éste, con dignidad

clientele
backbiters (literally, scissors)

5 retired
perrito...lap dog
sweet-toothed
sobrante...remainder of the small lumps

son-in-law

10

desahogar...to give vent to their spleen
amodorrados...lulled by the murmur
breath

15

climb
relamiéndose...licking his chops
20 al...unknowingly

25 scoundrel

30 se...contracted
perrito...spaniel

[1] See Footnote 1, page 46.

majestuosa, recojió, después de sus terrones, los del perro. Tras
esto hablaron largo rato de la falta de justicia en el mundo.

Terribles eran las conversaciones de los viejos. Era un placer
solitario y mutuo en las pausas del propio monólogo; oía cada
uno los trozos del otro monólogo; sin interesarse en el dolor   5
petrificado que lo producía; lo oía, espectador sereno, como a
eco puro que no sabe de dónde sube. Iban a oir el eco de su
alma sin llegar al alma de que partía.

Cuando entraba el último empezaba el tijereteo° por un   clicking (of scissors)
«¿qué hay de nuevo?», para concluir con un «¡miseria pura!   10
¡Todo es farsa!» Su placer era *meneallo²*, emporcarlo° todo   dirtying
para abonar° el mundo.   affirm

No reproduciré aquellos monólogos como se producían; prefiero exponer su melodía pura.

—Sea usted honrado, don Francisco, y le llamarán tonto...   15

—¡Con razón!

—¡Resignación!, predican los que se resignan a vivir bien.
¡Por resignarme me aplastaron°!...   me...they crushed me

—¡Y a mí por protestar!

—¡La vida es dura, don Pedro! Siempre oculté mis necesi-   20
dades, y me hubiera dejado morir de hambre en postura noble,
como un gladiador que lucha por los garbanzos°... ¡Oh, hay   chickpeas
que saber lucir un remiendo cosido con arte°!... Yo no he   remiendo...skillfully sewn patch
sabido lloriquear° a tiempo. Siempre soltero, jamás hubiera   to whimper
cumplido deseos santos°, porque me quitaban el pan padres de   25 jamás...I never fulfilled my
hijos que tenían las lágrimas en el bolsillo. Yo me las tragaba...   wish to be married

—Yo he sido casado; los solteros eran una sola boca, corrían
sin carga°, se conformaban con menos... Nada pude contra   obligations
ellos...

—Pude ser bandido y no lo quise.   30

—Yo quise serlo y no lo pude conseguir; se me resistía...

—Dicen ahora que en la lucha por la vida vence el más apto.
¡Vaya una lucha! ¿El más apto? ¡Mentira, don Pedro!

—¡Verdad, don Francisco! Vence el más inepto porque es
el más apto. Todos luchan a quien más se rebaja³, a quien más   35
autómata°, a quien más y mejor llora, a quien más y mejor   robotlike
adula. ¿Tener carácter?... ¡Oh! ¿Quién es ése que quiere salir

² stirring things up. Unamuno alludes to a traditional stock phrase, *peor
es meneallo*. The verb retains the old spelling, *ll* instead of *rl*.
³ a quien...to see who can sink lower. *A quien* means "to see who" in the
phrases that follow.

del coro, y aspira a partiquino°? Hay que luchar por la justicia, que no baja, como el rocío°, del cielo; el que no llora no mama°. Apenas quedan más que dos oficios útiles: ladrón o mendigo; o la amenaza, o las lágrimas. Hay que pedir desde arriba o desde abajo. [5]

singer of small parts (in opera)
dew   suckle

—¡Ah, don Francisco! El que para menos sirve, es el que mejor sirve.

—Aunque lo digan, yo no soy pesimista. No tiene la culpa el mundo si hemos nacido dislocados en él.

—No hay justicia, don Francisco; que aunque a las veces se [10] haga lo justo, es a pesar de serlo.

—¡Mire, don Pedro, cómo le paga su hija!

El pobre padre buscaba la cola del perrito de aguas mientras decía:

—¡La caridad! ¡Otra como la justicia! ¡A cuántas almas [15] fuertes mata la lucha por la caridad!... «¡Ah!, éste sabe trabajar; no necesita», y todos pasan sin darle ni trabajo ni pan.

—¡La caridad, don Pedro! ¡Los pobres necesitaban el pan, me dieron palabras de consuelo..., les cuesta tan poco..., las tienen para su uso! ¡Los ricos me echaron mendrugos°..., les [20] cuesta tan poco..., los habrían echado a los perros! Nadie me ha dado pan con piedad; sobre el pan del cuerpo, miel del alma. He vivido del Estado: esa cosa anónima a la que nada agradezco.

crumbs

—¡Ah, don Francisco! Pegan y razonan la paliza°. No me duele el pisotón°, sino el «usted perdone». La paliza, basta; la [25] razón, sobra... Me decían: «Te conviene, es por tu bien, lo mereces»; mil sandeces° más: echar en la herida plomo derretido°.

beating
stomp on the foot

stupid remarks
plomo...melted lead

—Tiene usted razón. Nadie me ha hecho más daño que los que decían hacérmelo por mi bien. Yo nací hermoso, como un [30] gran diamante en bruto, me cojieron los lapidarios°; a picazo y regla° me pusieron las facetas; quedé brillante, ¡hermoso para un collar!... No quise ensartarme° con los otros ni engarzarme° en oro; rodé por el arroyo; libre, el roce° me gastó, he perdido el brillo y los reflejos y hoy, opaco, achicado°, apenas [35] sirvo para rayar cristales°.

lapidaries (gem cutters)
a...by chipping and measuring
to be strung together (as a necklace)
to be set   friction
reduced in size
rayar...scratch glass

—Corrí yo tropezando en todas las esquinas para llegar al banquete: «No te apresures —me decían al fin de cada jornada°—; aún tienes tiempo, y no te faltará en la mesa, si no es un sitio, otro.» Cuando llegué era tarde; el cansancio y el [40] ayuno° habían matado mi apetito, el resorte° de mi vida; llegué

day's effort

fasting   wellspring

51

a la ilusión desilusionado, harto en ayunas... ¡Se me había indigestado la esperanza!

Un día, unos estudiantes hicieron una judiada° al pobre pe-   atrocity
rrito. Su amo se incomodó, los chicos se le insolentaron y se
armó cuestión°. En lo más crudo de ésta, una ola de pendencia°   5   se...a quarrel got started   fray
ahogó al padre que oía todo callado, se levantó, gruñó° un   grunted
saludo y se fue, dejando al amo del perro que se las arreglara.
Pero al siguiente día volvió como siempre.

—Yo he sido siempre progresista —decía el amo del perro—;
hoy no soy nada.   10

—¡Yo simple moderado!

—¡Pero progresista suelto, desencasillado°, fuera de Comité!...   unclassified
¡Eso me ha perdido!

—¡Eso nos ha perdido a los dos!

—¿Qué escarabajo° es éste, don Pedro, que no tiene mote° en   15   scarab, black beetle   nickname
los cuadros de la entomología política y social?

—Y mire usted, don Francisco, mire cómo viven. *Trigonidium cicindeloides, Anaplotermes pacificus, Termes lucifugus,
Palingenia longicauda*[4] y tantos más de la especie tal, género
cuál, familia tal del orden de los insectos.   20

—Las ideas, don Pedro, no son más que lastre°... La única   rubble
verdad es la verdad viva, el hombre que las lleva... Cuando
quiere subir, las arroja...

—El hombre, don Francisco, es una verdad triste. Los buenos
creen y esperan chupándose el dedo°; los pillos° se ayudan..., y   25   chupándose...like fools
al cabo, todos concluyen lo mismo. Yo creo en un Limbo para   (literally, sucking their fingers)
los buenos y en un Infierno para los malos.   rogues

—¡Feliz usted, don Pedro! ¡Feliz usted, que tiene el consuelo de creer en el infierno!

—Mi mayor placer después de estos parrafitos° es dormir   30   little chats
como un lirón°. Me gustaría acostarme para siempre con la   dormouse
esperanza de encontrar a la cabecera de mi cama mi vasito de

---

[4] Unamuno appears to be combining actual entomological classifications
with names that he has invented. Both are used for satirical purposes.
The *Cicindelidae* are scarabs that live in the sand; *Anoplotermes* (Greek,
those that move upstream) are a type of termite; *Reticulitermes lucifugus*
(Latin, those that flee from the light) are other termites. The other terms
are imaginary: *Trigonidium* may come from *trigonium* (Latin, triangle);
pacificus (Latin, peaceful); *Palingenia* derives from *palingenesis* (Greek,
rebirth); and *longicauda* (Latin, with a long tail). Thus Unamuno mocks
opportunistic politicians, who flee from the light, are reborn with every
new administration, wreck havoc with their long (coat)tails, are excessively
peaceful (that is, passive), and so on.

agua azucarada un día que nunca llegue... ¡Dormir para siempre arrullado por la esperanza dulce!

—¡Mi único consuelo, don Pedro, es el pensamiento puro, y aun éste, en cuanto vive se ensucia!...

Así, aunque en otra forma, discurrían aquellos viejos, que, arrecidos° por el frío, miraban con desdén la vida desde la cumbre helada de su soledad. Amaban la vida y gozaban en maldecir del mundo, sintiéndose ellos, los vencidos, vencedores de él, el vencedor. Lo encontraban todo muy malo porque se creían buenos y gozaban en creerlo. Era la suya una postura como otra cualquiera. Creían que el sol es farsa, pero que calienta, y en él se calentaban.

Salían juntos y bien abrigados, y al separarse continuaba cada uno por su camino el monólogo eterno. Todas las noches murmuraban al separarse: «¡Miseria pura! ¡Todo es farsa!»

Un día faltó don Pedro al café, y siguió faltando, con gran placer del perrito de aguas. Cuando el amo de éste supo que el padre había muerto, murmuró: «¡Pobre señor! ¡Algún disgusto que le ha dado su hija! ¿Si encontrara algún día el vaso de agua azucarada a la cabecera de la cama?» Y siguió su monólogo. El eco de su alma se había apagado. ¿Quién era? ¿De dónde venía? ¿Cómo vivía? Ni lo supo ni intentó saberlo; quedó solo y no conoció su soledad.

Sigue yendo al rinconcito del café del Occidente. Los parroquianos le oyen hablar solo y le ven gesticular. Mientras da un terroncito de azúcar al perro, que agita de gusto su colita, rematada en° un pompón, murmura: «¡Miseria pura, don Pedro! ¡Todo es farsa!» Y los parroquianos dicen: «¡Pobre señor!, desde que perdió la otra tijera, esa cabeza no anda bien. ¡Cuánto le afectó! ¡Se comprende...!, ¡a su edad!»

El amo del perro sale sin acordarse del padre de la hija, y solo sigue tijereteando: «¡Miseria pura! ¡Todo es farsa!»

numbed

rematada...topped with

3 Impresiones del vivir

Pío Baroja's (San Sebastián, 1872–Madrid, 1956) first book, *Vidas sombrías*, was a collection of brief stories. Although Baroja immediately went on to write novels and rarely returned to the short story form, that collection never lost its appeal either for Spanish readers or for the author himself. Baroja wrote almost one-third of these early stories in his spare time while practicing medicine in the rural areas of the Basque provinces. Unamuno, who like Baroja was Basque, greeted the publication of *Vidas sombrías* in 1900 with a commentary in which he singled out the author's success in evoking the character types, situations, customs, and locale of the Basque country (as in "Mari Belcha," "La venta," and "La sima"), and he judged the finest qualities of the book to be "las impresiones vagas, misteriosas o fantásticas," "las narraciones casi sin asunto," "las notas de íntima melodía."[1]

The stories that comprise *Vidas sombrías* share three characteristics: impressionism, openness to diverse ways of life, and poetic tone. Only a few stories strive to affirm a moral message ("Bondad oculta," "Un justo"), and still fewer entertain a transcendental truth ("Parábola," "Nihil"). The majority are simply slices of life—both individual and social—supported by a number of striking impressions and sketched out in a prose unique in its lucidness, its sensitivity to rhythm, and its lack of pretense.

Baroja's impressionism, which was at its peak in *Vidas sombrías* and the novel *Camino de perfección* (1901), is characterized by the pervasiveness of the self in the expressed intuitions and moods; the apprehension of figures and environments from a sensorial perspective that singles out visual, chromatic, and atmospheric qualities; the structuring of the narrative so that it seems a mere fragment of a submerged totality.

Baroja was always interested in observing the impoverished and the lowly. As his protagonists in *Vidas sombrías* he chose fishermen, herdsmen, bakers, vagabonds, prostitutes, an embroiderer, a charcoal seller, a ragpicker. In some of these stories—for example "Los panaderos," which presages the novelistic trilogy *La lucha por la vida* (1904)—Baroja knowingly departed from his chosen literary models (Edgar Allan Poe, Feodor Dostoevski, and Charles Dickens). But whether Baroja's characters rank high or low on the social scale, his short stories contain more social purpose than those of either Alas or Unamuno, not only because of the democratic heterogeneity of his characters, but more importantly because his stories aspire to capture a facet of life in a moment of fleeting concreteness rather than to forge truths that are *generically* human. Stories like "Los panaderos" and

---

[1] Miguel de Unamuno, "Impresión de lectura," in Pío Baroja, *Vidas sombrías* (Madrid: Afrodisio Aguado, 1955), p. 194.

"Hogar triste" (in which a working-class family, finding itself in a strange, new apartment, recalls a dead son) are, indeed, impressions of life seen from a social point of view. Other stories, such as "Lo desconocido" and "Mari Belcha" (in which a rural doctor is in love with a girl he delivered), are the product of an emphatically subjective viewpoint, yet one that has been conditioned by social situations.

In "Mari Belcha," "Ángelus," "El reloj," "Grito en el mar," and in many specific instances in other stories, there is an intensely poetic tonality. These stories do not narrate anything, or if they do, they do so by such indirect means that the reader feels invited to sense, at the most, a mere moment in a larger process that is only suggested. Baroja's prose abounds in refrains and repetitions for musical effects. Baroja does not wish to achieve the necessary distance either to contemplate an object or to offer it up for contemplation; he is immersed in the field of emotions that the object evokes, and the most that he is willing to do is attempt to transmit his attachment, admiration, respect, or melancholy to the reader.

Early in his life, Baroja abandoned his rural medical practice and bought and managed a bakery in Madrid with his brother, the painter and writer Ricardo. "Los panaderos" is the literary outcome of this experience. In the story, one of the employees has died, and his co-workers accompany his body to the cemetery. On their return, they converse and eat and drink, instinctively impelled to rub out the spectre of death and rekindle the flame of life before burying themselves in the somber routine of their labors. To live is to witness death and continue living. Slices of working-class life expressed with a similar testimonial objectivity and profound ethical and aesthetic insights appear in the stories of Rafael Sánchez Ferlosio and Ignacio Aldecoa collected in this anthology. But these stories do not contain the humor that pervades "Los panaderos"—the contrast between macabre details and flashes of wholesome ingenuousness that Baroja expertly harmonizes into a unique blend of rueful joviality.

Whereas in "Los panaderos" the attempt to evoke the character of certain social events (without distorting the perennial human lesson that is to be learned from the sudden appearance of death in the ordinary course of daily life) is emphasized, in "Lo desconocido" the social aspect is not so strongly highlighted. The married couple traveling by train clearly belongs to the bourgeoisie—they are comfortable enough to vacation for several months at a beach in northern Spain, and, if they wish, to plan subtle adulteries and indulge in delicate nostalgias; yet what takes the fore is the impressionistic handling of environment (the sun setting on the town, the sound of the station bell, the motion of the train, the forms that the train summons forth with the slackening or accelerating of its pace, the engulfing power of the night) and the poetic qualities of the expressions themselves. Several passages begin with "Y...," which serves to link the memories: "Y en su cerebro resonaban...," "Y, mezclándose con sus recuerdos, llegaban del país de los sueños otras imágenes...," "Y, al comparar este recuerdo con otros..." The experience that is most intensely etched in the memory of the obsessed woman, the boat ride across the river estuary, is evoked from a musical stance: the oars, the tempo, the strange chant of the oarsmen, her desire to move out to sea. Recalling that desire, the woman once again feels the urge to surrender herself to the unknown, stimulated by the motion of the train and the fascination of the night and its shadows. But when the motion stops, these same shadows intimidate her, and, impotent before the call of mystery, this seeker of the unfathomable fatedly returns to the narrow confines of her coach, to the obligations of marriage, to the petty strictures of reality. A Madame Bovary in miniature, an Ana Ozores (the adulterous heroine of Alas' *La Regenta*) caught in candid flight, Baroja's anonymous traveler lends her silhouette to the duel between unbounded fantasy and the oppressive world of convention and habit.

As we have noted, Baroja, the most important novelist of the Generation of 1898, resists distancing himself from his protagonists, who are typically projections of the author himself, involved either in reflecting on their actual state or in entertaining some notion of adventure. This tacit fusion with his characters results in Baroja's uniform tone, a blending of concerns and opinions, and a structure that is fragmented and digressive, as well as a narrative language that is gray and muted. Yet these very qualities communicate to the reader an intense sensation of energy because of Baroja's tireless attention to detail—impressions of mood, of countenance or shape, of landscape or a certain state of awareness shared by his readers—the simplicity of his language, and, above all, the fact that Baroja as a craftsman was free of preconceptions and was able to forge a more open narrative form, at once meandering and democratic. Subsequent novelists, such as John Dos Passos and Ernest Hemingway, learned much from Baroja's narrative style, and they returned to Spain in the 1940s and 1950s the lesson that they had learned so well.

A systematic irreverence for any idol or dogma, an aesthetic of unpretentiousness, a craftsman's penchant for muted tones and undertones, political restlessness, love for expressive precision over ornateness—all these strengths in Baroja's art have earned him a permanent readership.

PÍO BAROJA

Los panaderos

El coche del muerto se dirigía por la Ronda hacia el Prado[1]. Era un coche de tercera, ramplón, enclenque, encanijado°; estaba pintado de negro, y en las cuatro columnas de los lados que sostenían el techo y en la cruz que lo coronaba tenía vivos° amarillos, como los de un uniforme de portero° o de guardia de orden público.

No se parecía en nada a esas carrozas fúnebres° tiradas por caballos empenachados°, de movimientos petulantes; no llevaba palafreneros° de media blanca y empolvada peluca°; no; era un pobre coche, modesto, sin pretensiones aristocráticas, sin más aspiración que la de llenar de carne el pudridero del Este[2] y no romperse en pedazos un día de toros, camino de las Ventas[3].

Lo arrastraban dos caballos escuálidos° y derrengados°, en vísperas de° entregar sus almas al dios de los caballos; uno de ellos era cojitranco°, y hacía bambolearse° al coche como a un barco en alta mar y le arrancaba unos crujidos° y unos rechinamientos° que partían el alma.

El cochero, subido en el alto pescante°, enfundado° en su librea° negra y raída°, el sombrero de copa metido hasta las cejas y la corbata subida hasta la barba, dirigía los caballos con las riendas en una mano y el látigo en la otra, y sonreía benévolamente desde sus alturas a la Humanidad que se agitaba a sus pies, con toda la benevolencia que da a un espíritu recto y filosófico una media docena de quinces° introducidos en el estómago.

Era un cochero jovial, un cochero que comprendía el mérito de ser jovial, y seguramente que los que él conducía no podían quejarse, porque cuando iba un poco cargado°, lo cual pasaba

ramplón...common, rickety, flimsy

borders, trimmings

5 doorman

carrozas...funeral coaches
plumed
grooms
empolvada...powdered wig

10

emaciated   lame
en...on the verge of
15 lame and mean   reel
creaks
squeaks

subido...seated in the high coach box   wrapped
livery   threadbare

20

glasses of wine (costing fifteen céntimos)

25

loaded (drunk)

[1] La Ronda and the Paseo del Prado are major avenues in Madrid.

[2] The *pudridero del Este* is the principal cemetery of Madrid, located in the eastern part of the city.   It is often referred to simply as *el Este*.

[3] Las Ventas is a bullring in the eastern part of Madrid, located in the district of the same name. In order to get to the cemetery, one must pass by the bullring.

59

un día sí y el otro también, entretenía a los señores difuntos por todo el camino con sus tangos y sus playeras°, y saltaban los buenos señores, sin sentirlo, en sus abrigados ataúdes°, de los puertos de la muerte a las orillas de la nada.

    popular Andalusian songs

    coffins

El cortejo fúnebre no era muy lucido; lo formaban dos grupos de obreros: unos, endomingados°; otros, de blusa, en traje de diario; por el tipo, la cara y esa palidez especial que da el trabajo de noche, un observador del aspecto profesional de los trabajadores hubiese conocido que eran panaderos.

    dressed in their Sunday best

Iban por el medio de la calle, y tenían las botas y los pantalones bastante llenos de barro, para no tener necesidad de fijarse en dónde ponían los pies.

Primero, junto al coche, presidiendo el duelo°, marchaban dos primos del difunto, bien vestidos, hasta elegantes; con su pantalón de pana y su gran cadena de reloj, que les cruzaba el chaleco°.

    mourning party

    vest

Luego iban los demás, formando dos grupos aparte. La causa de aquella separación era la rivalidad, ya antigua, existente entre la tahona° del *Francés* y la tahona del *Gallo*, las dos colocadas muy cerca, en la misma calle.

    bakery

Al entierro de Mirandela, antiguo oficial de masas° de la tahona del *Gallo*, y luego hornero° en la tahona del *Francés*, no podían faltar ni los de una casa ni los de la otra. Y, efectivamente, estaban todos.

    oficial...head dough kneader

    baker

Allí se veían en el grupo de los del *Gallo*: el maestro, conocido por el sobrenombre de *O ferrador*°; *el Manchego*°, uno de los antiguos de la tahona, con su sombrero de alas anchas, como si fuera a cazar mariposas, su blusa blanca y su bastón°; *el Maragato*[4], con su aspecto de sacristán; *el Moreno*, y Basilio *el Americano*.

    O...the Blacksmith (*gallego*)
    native of La Mancha

    cane

El otro grupo lo capitaneaba el mismo *O francés*, un *auvergnat*° grueso y colorado, siempre con la pipa en la boca; junto a él iban los dos hermanos Barreiras, con sombreros cordobeses y vestidos de corto°; dos gallegos de instintos andaluces y aficionados a los toros; y detrás de ellos les seguían Paco, conocido con el mote° de *la Paquilla*; Benito *el Aragonés* y *el Rubio*, el repartidor°.

    native of Auvergne (France)

    short jacket (as worn in Andalucía)

    nickname

    distributor

De cuando en cuando, de alguno de los dos grupos partía una

---

[4] Native of the Maragatería district in the province of León.

sentencia más o menos filosófica, o más o menos burlesca: «La verdad es que para la vida que uno lleva, más valiera morirse.» «¡Y qué se va a hacer!» «Y que aquí no se puede decir no quiero...»

El día era de invierno, oscuro, tristón; las casas, ennegrecidas   5
por la humedad, tenían manchas negruzcas y alargadas en sus paredes, lagrimones que iba dejando la lluvia; el suelo estaba lleno de barro, y los árboles descarnados° entrecruzaban en el   bare
aire sus ramas secas, de las cuales aún colgaban, temblorosas, algunas hojas mustias° y arrugadas...   10 withered

Cuando el coche fúnebre, seguido por el acompañamiento, bajó la calle de Atocha y dio la vuelta a las tapias del Retiro[5], comenzaba a llover.

A la derecha se extendía la ancha llanura madrileña, ya verde por el trigo que retoñaba°; a lo lejos surgía, entre la niebla, la   15 was sprouting
ermita° del cerrillo de los Ángeles; más cerca, las dos filas de   hermitage
casas del barrio del Pacífico, que iban a terminar en las barriadas del puente de Vallecas[6].

Al pasar por una puerta del Retiro, próxima al hospital del Niño Jesús, propuso uno echar unas copas° en un merendero°   20 echar...to have a few drinks
de allí cerca, y se aceptó la idea.   lunchroom

—Aquí vaciamos un frasco de vino con el pobre Mirandela cuando fuimos a enterrar a Ferreiro; ¿os acordáis? —dijo *el Maragato*.

Todos movieron la cabeza tristemente con aquel recuerdo   25
piadoso.

—El pobre Mirandela decía —añadió uno de los Barreiras— que camino del Purgatorio hay cuarenta mil tabernas, y que en cada una de ellas hay que echar una copa. Estoy seguro de que él no se contenta sólo con una.   30

Necesitará lo menos una cuartilla°, porque él era afi-   a little more than a gallon
cionado, si bien se quiere —añadió *el Moreno*.

—¿Y qué se va a hacer? —repuso con su habitual filosofía *O ferrador*, contestándose a sí mismo—. Va uno a su casa y la mujer riñe y los rapaces° lloran, ¿y qué se va a hacer?   35 kids

---

[5] The calle de Atocha leads into the Atocha train station and the Paseo del Prado. The Retiro is a large park nearby.

[6] The Cerro de los Ángeles (crowned by a statue of Christ) is located a few kilometers from Madrid as one leaves the city on the highway to Andalucía. The barrio del Pacífico is the part of Madrid located to the east of the Retiro. Vallecas is an impoverished district of Madrid.

Salieron del merendero, y al cabo de poco rato llegaron a la calle de Alcalá[7].

Algunos allí se despidieron del cortejo, y los demás entraron en dos tartanas° que anunciaban unos cocheros, gritando: «¡Eh! ¡Al Este! ¡Al Este, por un real!»   5

El coche del muerto comenzó a correr de prisa, tambaleándose° con la elegancia de un marinero borracho, y tras de él siguieron las dos tartanas, dando tumbos y tumbos° por la carretera.

Al paso se cruzaban otros coches fúnebres, casi todos de   10 niño. Se llegó a las Ventas, se cruzó el puente, atravesaron las filas de merenderos, y siguieron los tres coches, uno tras otro, hasta detenerse a la puerta del cementerio.

Se hizo el entierro sin grandes ceremonias. Lloviznaba° y corría un viento muy frío.   15

Allá se quedó el pobre Mirandela, mientras sus compañeros montaron en las tartanas.

—Ésta es la vida —dijo *O ferrador*—. Siempre dale que dale°. Bueno. Es un suponer. Y después viene un cura, y ¿qué? Nada. Pues eso es todo.   20

Llegaron a las Ventas. Había que resolver una cosa importante: la de la merienda. ¿Qué se iba a tomar? Algo de carne. Eso era indudable. Se discutió si sería mejor traer jamón o chuletas°; pero el parecer general fue el de traer chuletas.

El Maragato se encargó de comprarlas y volvió en un instante   25 con ellas envueltas en un papel de periódico.

En un ventorro° prestaron la sartén°, dieron unas astillas° para hacer fuego y trajeron vino. *La Paquilla* se encargó de freír las chuletas.

Se sentaron todos a la mesa. Los dos primos del muerto, que   30 presidían el duelo, se creyeron en el caso de poner una cara resignada; pero pronto se olvidaron de su postura y empezaron a engullir°.

Los demás hicieron lo mismo. Como dijo *O ferrador*. «El muerto al hoyo y el vivo al bollo[8].»   35

Comían todos con las manos, embutiéndose° en la boca pedazos de miga° de pan como puños, llenándose los labios de grasa, royendo la última piltrafa° de los huesos.

Marginal glosses:
two-wheeled carriages with domed tops
reeling
dando…swaying and rocking
It was drizzling
Siempre…It is always work and more work.
chops
roadside inn   frying pan   slivers of wood
to gorge themselves
stuffing
soft part of bread
scrap of meat

---

[7] Major east–west street in Madrid that borders the Retiro.
[8] The dead to the grave and the living to their bread (that is, the living should get on with living).

El único vaso que había en la grasienta mesa pasaba de una mano a otra, y a medida que el vinazo° iba llenando los estómagos, las mejillas se coloreaban y brillaban los ojos alegremente.

strong, full-bodied wine

Ya no había separación: los del *Gallo* y los del *Francés* eran unos; habían ahogado sus rivalidades en vino y se cruzaban entre unos y otros preguntas acerca de amigos y parientes: ¿Y Lenzuela, el de Goy? ¿Y Perucho, el de Puris? ¿Y el Farruco de Castroverde? ¿Y el Tolo de Monforte⁹? ¿Y Silvela?...

Y llovían historias, y anécdotas, y risas, y puñetazos en la mesa, y carcajadas°; hasta que de pronto *el Manchego*, sin saber por qué, se incomodó° y con risa sardónica empezó a decir que en Galicia no había más que nabos°, que todos los gallegos eran unos hambrientos y que no sabían lo que era el vino.

guffaws
se...got annoyed
turnips; any thick roots

—¡Claro! Y en la Mancha, ¿qué hay? —le preguntaban los gallegos.

—El mejor trigo y el mejor vino del mundo— replicaba *el Manchego*.

—En cuanto a trigo y a centeno° —repuso *el Maragato*—, no hay tierra como la Maragatería.

rye

Todos se echaron encima, protestando; se generalizó la disputa, y todos gritaban, discutían, y de cuando en cuando, al terminar el barullo° de cada período oratorio, se oía con claridad, a modo de interrogación:

uproar

—¿Entonces?

Y luego, con ironía:

—¡Claro!

O ferrador sacó el reloj, vio que era tarde y hora de marcharse.

Afuera se presentaba un anochecer triste. Corría un viento helado. Una nubecilla roja aparecía sobre Madrid, una lejana esperanza de buen tiempo.

El Manchego seguía vociferando en contra de los gallegos.

—*Léveme o demo*° —le decía uno de ellos—. A pesar de eso, ya quieres casar a tu hija con un gallego.

Léveme...May the devil take me
(*gallego*).

—¡Yo! ¡Yo! —replicó él, y echó el sombrero al suelo con un quijotesco desdén por su mejor prenda° de vestir—. Antes la quiero ver entre cuatro velas.

article

⁹ The term *Farruco* is often applied to *gallegos* or *asturianos* who have recently left their native provinces. *Tolo* in *gallego* means "fool." Castroverde and Monforte are towns in Galicia.

Entonces *O ferrador* quiso calmarle con sus reflexiones filosóficas.

—Mira, *Manchego* —le decía—, ¿de dónde son los gobernadores, ministros y demás?... Pues de la Galicia, hombre, de la Galicia. ¡Y qué se va a hacer! 5

Pero *el Manchego*, sin darse por convencido, seguía furioso, ensuciándose en° el maldito barco que trajo a los gallegos a España.

ensuciándose...cursing
(literally, dirtying himself on)

Luego, con el frío, se fueron calmando los excitados ánimos. Al llegar a la estatua de Espartero[10], los de la tahona del *Gallo* 10 se separaron de los de la tahona del *Francés*.

A la noche, en los amasaderos° sombríos de ambas tahonas, trabajaban todos medio dormidos a las vacilantes luces de los mecheros° de gas.

kneading rooms

burners

[10] Baldomero Espartero (1793–1879), Spanish general and statesman. Reference to a statue on the calle de Alcalá.

Lo desconocido

Se instalaron, marido y mujer, en el vagón; él, después de colocar las carteras de viaje, se puso un guardapolvo° gris, se caló una gorrilla°, encendió un cigarro y se quedó mirando al techo con indiferencia; ella se asomó a la ventanilla a contemplar aquel anochecer de otoño.

Desde el vagón se veía el pueblecillo de la costa, con sus casas negruzcas, reunidas para defenderse del viento del mar. El sol iba retirándose poco a poco del pueblo; relucía entonces con destellos° metálicos en los cristales de las casas, escalaba los tejados, ennegrecidos por la humedad, y subía por la oscura torre de la iglesia hasta iluminar solamente la cruz de hierro del campanario°, que se destacaba triunfante con su tono rojizo en el fondo gris del crepúsculo°.

—Pues no esperamos poco —dijo él, con un ceceo[1] de gomoso° madrileño, echando una bocanada de humo al aire.

Ella se volvió con rapidez a mirarle, contempló a su marido, que lucía sus manos blancas y bien cuidadas llenas de sortijas, y, volviéndole la espalda, se asomó de nuevo a la ventanilla.

La campana de la estación dio la señal de marcha; comenzó a moverse el tren lentamente; hubo esa especie de suspiro que producen las cadenas y los hierros al abandonar su inercia; pasaron las ruedas con estrépito° infernal, con torpe traqueteo°, por las placas giratorias[2] colocadas a la salida de la estación; silbó la locomotora con salvaje energía; luego el movimiento se fue suavizando, y comenzó el desfile, y pasaron ante la vista caseríos°, huertas, fábricas de cemento, molinos, y después, con una rapidez vertiginosa, montes y árboles, y casetas de guardavías°, y carreteras solitarias, y pueblecillos oscuros apenas vislumbrados° a la vaga claridad del crepúsculo.

Y, a medida que avanzaba la noche, iba cambiando el paisaje; el tren se detenía de cuando en cuando en apeaderos° aislados, en medio de eras°, en las cuales ardían montones de rastrojos°.

light overcoat

se…jammed a cap onto his head

5

sparkles

10

bell tower

twilight, dusk

15 fop, dandy

20

din   clattering

25

hamlets

casetas…trackwalkers' huts

glimpsed

30

wayside stations

vegetable patches, cultivated fields   stubble

[1] Pronouncing the *s* with the lisping sound (*th*) characteristic of the Castilian pronunciation of the *c* and *z*.

[2] Turntables, circular rotation platforms equipped with a railway track used for turning locomotives.

65

Dentro del vagón seguían, solos, marido y mujer; no había entrado ningún otro viajero; él había cerrado los ojos y dormía. Ella hubiera querido hacer lo mismo; pero su cerebro parecía empeñarse en° sugerirle recuerdos que la molestaban y no la dejaban dormir.

empeñarse...to insist on

5

¡Y qué recuerdos! Todos fríos, sin encanto.

De los tres meses pasados en aquel pueblo de la costa, no le quedaban más que imágenes descarnadas° en la retina, ningún recuerdo intenso en el corazón.

bare

Veía la aldea en un anochecer de verano, junto a la ancha 10 ría°, cuyas aguas se deslizaban° indolentes entre verdes maizales; veía la playa, una playa solitaria, frente al mar verdoso, que la acariciaba con olas lánguidas; recordaba crepúsculos de agosto, con el cielo lleno de nubes rojas y el mar teñido de escarlata; recordaba los altos montes escalados por árboles de amarillo 15 follaje, y veía en su imaginación auroras alegres, mañanas de cielo azul, nieblas que suben de la marisma° para desvanecerse° en el aire, pueblos con gallardas torres, puentes reflejados en los ríos, chozas°, casas abandonadas, cementerios perdidos en las faldas° de los montes.

estuary (of a river)
se...glided

salt marsh   vanish

huts
20 slopes

Y en su cerebro resonaban el son del tamboril°; las voces tristes de los campesinos aguijoneando al ganado°; los mugidos poderosos de los bueyes; el rechinamiento° de las carretas, y el sonar triste y pausado de las campanas del *Ángelus*.

small drum
aguijoneando...urging on their flocks
creaking

Y, mezclándose con sus recuerdos, llegaban del país de los 25 sueños otras imágenes, reverberaciones de la infancia, reflejos de lo inconsciente, sombras formadas en el espíritu por las ilusiones desvanecidas y los entusiasmos muertos.

Como las estrellas que en aquel momento iluminaban el campo con sus resplandores pálidos, así sus recuerdos brillaban 30 en su existencia, imágenes frías que impresionaron su retina, sin dejar huella en el alma.

Sólo un recuerdo bajaba de su cerebro al corazón a conmoverlo dulcemente. Era aquel anochecer que había cruzado sola, de un lado a otro de la ría, en un bote. Dos marineros 35 jóvenes, altos, robustos, con la mirada inexpresiva del vascongado°, movían los remos. Para llevar el compás°, cantaban con monotonía un canto extraño, de una dulzura grande. Ella, al oírlo, con el corazón aplanado° por una languidez sin causa, les pidió que cantaran alto y que se internaran mar adentro°.

Basque   llevar...keep time

dulled
40 se...they head out to sea

Los dos remaron para separarse de tierra, y cantaron sus

zortzicos°, canciones serenas que echaban su amargura en un   Basque folk songs
crepúsculo esplendoroso. El agua, teñida de rojo por el sol
moribundo, se estremecía y palpitaba con resplandores san-
grientos, mientras las notas reposadas caían en el silencio del
mar tranquilo y de redondeadas olas.   5

   Y, al comparar este recuerdo con otros de su vida de sensa-
ciones siempre iguales, al pensar en el porvenir plano que le
esperaba, penetró en su espíritu un gran deseo de huir de la
monotonía de su existencia, de bajar del tren en cualquier
estación de aquéllas y marchar en busca de lo desconocido.   10

   De repente se decidió, y esperó a que parara el tren. Como
nacida de la noche, vio avanzar una estación hasta detenerse
frente a ella, con su andén° solitario, iluminado por un farol°.   platform   lantern

   La viajera bajó el cristal de la ventanilla, y sacó el brazo para
abrir la portezuela.   15

   Al abrirla y al asomarse a ella, sintió un escalofrío° que reco-   shiver
rrió su espalda. Allá estaba la sombra, la sombra que la ace-
chaba°. Se detuvo. Y, bruscamente, sin transición alguna, el   la...was lying in wait for her
aire de la noche le llevó a la realidad, y sueños, recuerdos, an-
helos, desaparecieron.   20

   Se oyó la señal, y el tren tornó a su loca carrera por el campo
oscuro, lleno de sombras, y las grandes chispas° de la locomo-   sparks
tora pasaron por delante de las ventanillas como brillantes
pupilas sostenidas en el aire...

4 *Ejercicios imaginativos*

The most representative stories of other writers of the Generation of 1898 or writers akin to that group—Ramón María del Valle-Inclán, Azorín (José Martínez Ruiz), Gabriel Miró—are neither moral dilemmas, spiritual parables, nor concrete impressions of life, although occasionally the writers may approach these forms. Aside from the manifest differences in personality among these writers, a common fabric is apparent in their work: the fervent pursuit of ideal beauty that is placed out of time and is shaped by an unyieldingly potent descriptive and musical language. At no time in twentieth-century Spain has narrative prose achieved a higher degree of artistry than that realized by Valle-Inclán, Azorín, and Miró. Although the short story was not their preferred genre, all three wrote stories that may be defined as exercises of the imagination; that is, experiments through which each writer tested his capacity to create clusters of images with unique, poetic autonomy. The stories of Valle-Inclán tend toward mystery; those of Azorín, toward whimsy; those of Miró, toward ecstasy.

Valle-Inclán (Villanueva de Arosa, Pontevedra, 1866—Santiago de Compostela, 1936) revolutionized both the novel with his *Sonatas* (1902–1905), *Tirano Banderas* (1926), and *El ruedo ibérico* (1927–1928) and dramatic literature with his farces, tragicomedies, and his highly stylized, unique dramatic forms, *comedias bárbaras* and *esperpentos*. His novellas, for example, *Corte de amor* (1903), are exquisite representatives of a very demanding genre. His short story output is smaller and more conservative: *Jardín umbrío* (1903; definitive edition, 1914) contains tales "de santos, de almas en pena, de duendes y de ladrones." The narrator wants us to believe that during his childhood he heard these tales recited by an old servant woman, a bearer of popular Galician wisdom, and that he is only passing these stories, "de un misterio candoroso y trágico," through the filter of his memory.[1]

The stories of saints—"La adoración de los Reyes," "Un ejemplo," "Nochebuena"—are like miracles inspired by a medieval manuscript. The tales of ghosts and elves—"El miedo," "Beatriz," "La misa de San Electus," "Mi hermana Antonia," "Del misterio," "Rosarito," "Milón de la Arnoya"—have the enchantment of fables recited beside the hearth on a cold winter night. The stories of thieves—"Juan Quinto," "Un cabecilla," "El rey de la máscara," "A medianoche," "Mi bisabuelo"—generally frightening, although not lacking in humor, center on the figure of the intrepid thief or the valiant victor, thus conserving the resplendent quality of legend. Miracles, fables,

[1] Ramón María del Valle-Inclán, *Jardín umbrío* (Madrid: Espasa-Calpe, 1960), p. 9.

and legends all narrate supernatural events, or, at least, happenings mysteriously distinct from common human experience. And Valle-Inclán refines their expression by endowing them with a splendid language that approaches pure poetry. Out of folklore handed down orally, the writer forges a poetic substance configured in indelible words.

The miracle story "Un ejemplo" presents the Christian teaching par excellence: the purifying value of pain. Of course, the moral message is significant, and so is the transcendent human truth that is communicated in an allegorical manner: man must completely assume his own pain without transferring it to another. Nevertheless, what is most important is the exercise in imagination, marked by a primitive or "pre-Raphaelite" air, that permits the author to create an image of candid saintliness in a time of skepticism. "Señor Jesucristo," as Christ is called in the story (note the medieval flavor of the designation), performs the miracle of rejuvenating Amaro, an old hermit, so that Amaro can follow him and be present at the exorcism of a bewitched woman. But instead of facilitating this end, Amaro's youth becomes an obstacle to it: the bewitched woman transforms herself into a beautiful temptation before Amaro's eyes. It is then that the hermit, by his own will and without divine aid, purges himself through pain. Thus the most potent miracle is achieved, not an external one—the transformation from old age to youth—but an internal one—the victory over evil, signified by the flowering of Amaro's wounds and rewarded by the companionship of God. The techniques of the folk tale have not been ignored by Valle-Inclán: Amaro's three initial implorations to Christ, the repeated stops along the fatiguing journey, the song of the nightingale, the restoration of youth. Yet the story is constructed not with the parsimonious directness of the moral example nor the schematism of the parable, but with an expressiveness that cuts a wide swath, pausing to ponder beauty and the diversity of the physical world: birds, shepherds, the moon, cypresses, dogs, bats, bells, clouds, flowers, a woman's body.

Azorín (Monóvar, Alicante, 1874–Madrid, 1967) published a substantial number of collections of stories: *Bohemia*, 1897; *Blanco en azul*, 1929; *Españoles en París*, 1939; *Pensando en España*, 1940; *Sintiendo a España*, 1942; *Cavilar y contar*, 1942; *Contingencias en América*, 1945; and *Cuentos*, 1955. Despite his prolificacy, he is not often remembered as a short story writer, but rather as the most subtle explorer of the Spanish landscape, the master of a subjective criticism that evokes the literary past of Spain, and a vanguard novelist, author of *La voluntad* (1902), *Doña Inés* (1925), and *Félix Vargas* (1928).

There are many pages in Azorín's copious writings that fall somewhere between the intellectual essay and the story or between the story and the evocation of places, historical moments, persons, fictional characters or archetypes, writers, and literary works. In the first instance, the exposition of an idea is most important; in the second, the principal concern is the creation of a milieu. However, in collections like *Blanco en azul* and *Cavilar y contar* Azorín presents stories that are explicitly identifiable as such and that represent something distinct and unique in the evolution of the genre. "El reverso del tapiz," from the former collection, brings Azorín's art of imaginative invention to its farthest limits. The story is based on the supposition of an impossibility and on the free combination of a set of facts that would show the logical causation of what seems to be a chance event, if the impossible event were to actually be realized: to see the other side of the tapestry of existence, not the separate figures that the front reveals, but the threads and seams that connect the figures on the back.

Thus "El reverso del tapiz" has the design of a whimsy—"an idea or goal that one forms, without apparent motivation, apart from ordinary or conventional norms." Of course, the apparent lack of motivation often involves, as in this story, a motive of a higher order. Here it functions to make man meditate on the invisible regularity of chance. If the imaginary Félix Vargas loses his life in an automobile accident, it is not "just because"; it is because in the darkness the driver was unable to estimate the bulk of the truck coming toward him, since the truck had only one functioning headlight, since the mechanic who was to repair the other headlight did not fix it because of his sudden desire to attend the circus in order to see the performance of a clown who had been sick, but who upon recovering had unexpectedly announced that he would keep his engagement that afternoon, and so on. Everything is an interweaving of causes and effects. The impression of whimsy is heightened by the fact that Azorín composed his story out of an obligation allegedly felt by the "real" Félix Vargas to write a story, and by the fact that the "real" Félix Vargas, in contrast to the imaginary one who perishes in an accident, is, in turn, a character imagined by Azorín. This Vargas, having thought out his story, runs into a female acquaintance while waiting for another friend to take him for a ride in his automobile. Because of the chance encounter, Vargas is saved from the accident that befalls his friend—a new chance occurrence apparently, and, actually, a new causality. By means of this montage of one fictitious story superimposed on another, Azorín's combining experiment seems more markedly like a whimsy, and this "whimsical" structure (a discontinuous gestation of the story in the "real" Vargas' mind at the same time that he is imperiled by a denouement similar to the one with which he kills the imaginary Vargas) is perfectly adapted to the theme—the apparent whimsies of chance.

"El reverso del tapiz" is not Azorín's only story with this format. Most of the stories in *Blanco en azul* bear the markings of an imaginative, surrealistic game; "Fabia Linde" and "Rosa, lirio y clavel" are examples. The same is true of *Cavilar y contar*, which contains several stories that treat the subject of chance. Azorín's most typical stories may be seen as adventures of the mind in which the author is able to prod his readers into a dreamy milieu with unexpected beginnings and equally surprising denouements. Surprising, but perhaps not lasting—these whimsical structures amuse and entertain us while we read them, but they tend to disappear from our memories like fluffy clouds in the wide blue sky.

Miró (Alicante, 1879–Madrid, 1930), a Levantine like Azorín—that is, a native of the Mediterranean coast of Spain—has in common with the latter a devotion to description and a preference for the type of novel that provides for its setting with utmost care and is characterized by stately rhythms and sparse action. In some of his travel-oriented books (*Libro de Sigüenza*, 1917; *El humo dormido*, 1919; *Años y leguas*, 1928) the landscapes, trips, and encounters of the narrator constitute plotlike units that resemble stories. However, with the exceptions of *Las cerezas del cementerio* (1910), *Nuestro Padre San Daniel* (1921), and *El obispo leproso* (1926), Miró's novelistic writings tend to approach the novella, a form that in its scope and substance is akin to the short story.

Miró's books of short stories are *Corpus y otros cuentos* (written earlier but not anthologized in one volume until 1927) and *El ángel, el molino, el caracol del faro* (1921), a series of fantasies and sketches of the countryside, the river, the jungle, and the beach. *Corpus y otros cuentos* does contain some narratives—for example, "Corpus," "La niña del cuévano," "El señor Augusto," "El sepulturero"—that are markedly realistic and even redolent of local and picturesque qualities of *costumbrismo*. Yet in these stories as well as in others ("Los amigos, los amantes y la muerte," "El reloj," "Las águilas") that contain certain mysterious zones, a poetic tone is apparent, like that achieved by Baroja and, especially, Valle-Inclán, but pursued with even more zeal. Moreover, this poetic quality is present in all of the sketches in *El ángel, el molino, el caracol del faro*, which also demonstrates Miró's ability to delve deeply into feelings in search of ecstasy.

Rather than "estática" or "paralítica," as the philosopher and critic José Ortega y Gasset unjustly characterized the exquisite prose of

Miró,[2] the world view of this writer (and, hence, his language) is ecstatic, as if conceived out of a sensorial and imaginative orgasm. Plots, characters, themes are mere supports that allow Miró to take a sounding of the depths of ecstasy and to verify the potency of the language that is adequate to express this ecstasy. Whenever his arduous stylistic experimentation permits him, Miró goes straight to the original truth of body and earth: to the symbolic expression of his radical contact with the bare self-evidence of objects, landscapes, souls, and harmonious interworkings. To achieve objectivity he immerses himself in nature with such an extreme lucidity that it sometimes seems irrational. Yet we are not confronted here with a facile hedonism, but rather with a disciplined imagination that, instead of exercising itself ascetically through a renunciation of the natural world in order to attain a lofty metaphysical plane, extends itself in an affirmative and unifying apprehension of the world through its ardor to commune with nature in an act of mutual, loving creation.

In "El río y él" the river is the river, and it is human destiny with a perfect symbolism. The river knows what it sees and also what it reveals of its existence to us. It knows its effects on earth, on the heavens, and on men. It knows that it is calm and pure, but also that it is agitated and uncontainable. It knows the variegated land that it crosses, the benefits that it bestows, the realities that it absorbs, the changes of season that it endures, the vegetation that it nourishes, the fauna that it attracts to its shores, the bustling cities that it reflects in its wake, the fields that are sorely worked, and the fields that are for eternal rest. It knows the approach of its death. But only when it is within sight of the sea ("que es el morir," according to the famous line of fifteenth-century poet Jorge Manrique) does it sense that knowing all that it does, and bringing all together in memory for an instant, it does not yet know itself, and before plunging into the sea it writhes in anguish, "mirándose a sí mismo, mirándose él sin conocerse." One could affirm about Miró what he observes about this river: "Era muy bueno. Quizá fuese tan bueno en fuerza de amarse tanto, porque se amaba amándolo todo en sí mismo."

A certain similarity in theme can be detected in "El reverso del tapiz" and "El río y él." Both stories deal with destiny, perceived as chance in Azorín's story and as a mission in Miró's story. In order to decipher the hidden meaning of destiny, Félix Vargas is allowed to artificially guess the secret of the death of his imaginary double while

[2] José Ortega y Gasset, "*El obispo leproso*, novela por Gabriel Miró," in *Espíritu de la Letra* (1927), *Obras completas*, vol. 3, 5th ed. (Madrid: Revista de Occidente, 1962), p. 544.

he accomplishes his own salvation as the outcome of apparent chance. Only when the river in Miró's prose poem reaches its natural goal is it able to view its mission as completed, but by then no time remains for self-knowledge. According to Azorín, destiny is an intellectual game; for Miró, it is a profound symbolic compenetration between man and the world.

RAMÓN MARÍA DEL VALLE-INCLÁN

Un ejemplo

Amaro era un santo ermitaño° que por aquel tiempo vivía en el   hermit
monte vida penitente. Cierta tarde, hallándose en oración, vio
pasar a lo lejos por el camino real a un hombre todo cubierto de
polvo. El santo ermitaño, como era viejo, tenía la vista cansada
y no pudo reconocerle, pero su corazón le advirtió quién era   5
aquel caminante que iba por el mundo envuelto en los oros de
la puesta solar°, y alzándose de la tierra corrió hacia él im-   puesta...sunset
plorando:
    —¡Maestro, deja que llegue un triste pecador!
    El caminante, aun cuando iba lejos, escuchó aquellas voces y   10
se detuvo esperando. Amaro llegó falto de aliento°, y llegando,   falto...short of breath
arrodillóse y le besó la orla° del manto, porque su corazón le   border
había dicho que aquel caminante era Nuestro Señor Jesucristo.
    —¡Maestro, déjame ir en tu compañía!
    El Señor Jesucristo sonrió: 15
    —Amaro, una vez has venido conmigo y me abandonaste.
    El santo ermitaño, sintiéndose culpable, inclinó la frente:
    —¡Maestro, perdóname!
    El Señor Jesucristo alzó la diestra° traspasada° por el clavo   right hand   pierced
de la cruz: 20
    —Perdonado estás. Sígueme.
    Y continuó su ruta por el camino que parecía alargarse hasta
donde el sol se ponía, y en el mismo instante sintió desfallecer°   weaken
su ánimo aquel santo ermitaño:
    —¿Está muy lejos el lugar adonde caminas, Maestro?   25
    —El lugar adonde camino, tanto está cerca, tanto lejos...
    —¡No comprendo, Maestro!
    ¿Y cómo decirte que todas las cosas, o están allí donde
nunca se llega o están en el corazón?
    Amaro dio un largo suspiro. Había pasado en oración la   30
noche y temía que le faltasen fuerzas para la jornada°, que   journey
comenzaba a presentir larga y penosa. El camino a cada ins-

tante se hacía más estrecho, y no pudiendo caminar unidos, el
santo ermitaño iba en pos del° Maestro. Era tiempo de verano,   en...behind the
y los pájaros, ya recogidos a sus nidos, cantaban entre los
ramajes, y los pastores descendían del monte trayendo por delante el hato° de las ovejas. Amaro, como era viejo y poco   5   flock
paciente, no tardó en dolerse del polvo, de la fatiga y de la sed.
El Señor Jesucristo le oía con aquella sonrisa que parece en-
treabrir° los Cielos a los pecadores: to partially open
 —Amaro, el que viene conmigo debe llevar el peso de mi
cruz.   10
 Y el santo ermitaño se disculpaba y dolía:
 —Maestro, a verte tan viejo y acabado como yo, habías de
quejarte asina°.   the same way
 El Señor Jesucristo le mostró los divinos pies que, desgarra-
dos° por las espinas° del camino, sangraban en las sandalias, y   15   torn   thorns
siguió adelante. Amaro lanzó un suspiro de fatiga:
 —¡Maestro, ya no puedo más!
 Y viendo a un zagal° que llegaba por medio de una gándara°   country lad   lowland
donde crecían amarillas retamas°, sentóse a esperarle. El   broom plants
Señor Jesucristo se detuvo también: 20
 —Amaro, un poco de ánimo y llegamos a la aldea.
 —¡Maestro, déjame aquí! Mira que he cumplido cien años
y que no puedo caminar. Aquel zagal que por allí viene tendrá
cerca la majada°, y le pediré que me deje pasar en ella la noche.   sheepfold
Yo nada tengo que hacer en la aldea.   25
 El Señor Jesucristo le miró muy severamente:
 —Amaro, en la aldea una mujer endemoniada° espera su   possessed by the Devil
curación hace años.
 Calló, y en el silencio del anochecer sintiéronse unos alaridos°   howls
que ponían espanto. Amaro, sobrecogido°, se levantó de la   30   frightened
piedra donde descansaba, y siguió andando tras el Señor Jesu-
cristo. Antes de llegar a la aldea salió la luna plateando° la   coating with silver
cima de unos cipreses donde cantaba escondido aquel ruiseñor°   nightingale
celestial que otro santo[1] ermitaño oyó trescientos años em-

---

[1] Reference to a legend that appears in two thirteenth-century works, the
Cantigas de Santa María (Number 103) of Alfonso X el Sabio, and the
Legenda Aurea of Jacobus a Voragine. They tell of a monk who, anxious
to experience the joys of paradise, was put to sleep by the Virgin Mary by
means of the enchanting song of a bird. Upon awakening from the spell,
the monk realized that he did not know anyone in the monastery; the spell
has lasted for three hundred years.

belesado°. A lo lejos temblaba apenas el cristal de un río, que | enchanted
parecía llevar dormidas en su fondo las estrellas del cielo.
Amaro suspiró:

—Maestro, dame licencia para descansar en este paraje°. | place

Y otra vez contestó muy severamente el Señor Jesucristo: | 5

—Cuenta los días que lleva sin descanso la mujer que grita en
la aldea.

Con estas palabras cesó el canto del ruiseñor, y en una ráfaga
de aire que se alzó de repente pasó el grito de la endemoniada y
el ladrido de los perros vigilantes en las eras°. Había cerrado | 10 | vegetable patches
la noche y los murciélagos° volaban sobre el camino, unas veces | bats
en el claro de la luna y otras en la oscuridad de los ramajes.
Algún tiempo caminaron en silencio. Estaban llegando a la
aldea cuando las campanas comenzaron a tocar por sí solas, y
era aquel el anuncio de que llegaba el Señor Jesucristo. Las | 15
nubes que cubrían la luna se desvanecieron° y los rayos de plata | se...vanished
al penetrar por entre los ramajes iluminaron el camino, y los
pájaros que dormían en los nidos despertáronse con un cántico,
y en el polvo, bajo las divinas sandalias, florecieron las rosas y
los lirios, y todo el aire se llenó con su aroma. Andados muy | 20
pocos pasos, recostada° a la vera° del camino, hallaron a la | lying down   side
mujer que estaba poseída del Demonio. El Señor Jesucristo se
detuvo y la luz de sus ojos cayó como la gracia de un milagro
sobre aquélla que se retorcía en el polvo y escupía hacia el
camino. Tendiéndole las manos traspasadas, le dijo: | 25

—Mujer, levántate y vuelve a tu casa.

La mujer se levantó, y ululando°, con los dedos enredados° | screeching   entangled
en los cabellos, corrió hacia la aldea. Viéndola desaparecer a lo
largo del camino, se lamentaba el santo ermitaño:

—Maestro, ¿por qué no haberle devuelto aquí mismo la | 30
salud? ¿A qué ir más lejos?

—¡Amaro, que el milagro edifique también a los hombres sin
fe que en este paraje la dejaron abandonada! Sígueme.

—¡Maestro, ten duelo° de mí! ¿Por qué no haces con otro | compassion
milagro que mis viejas piernas dejen de sentir cansancio? | 35

Un momento quedó triste y pensativo el Maestro. Después
murmuró:

—¡Sea!... Ve y cúrala, pues has cobrado las fuerzas.

Y el santo ermitaño, que caminaba encorvado° desde luengos | stooped
años, enderezóse° gozoso, libre de toda fatiga: | 40 | straightened up

—¡Gracias, Maestro!

Y tomándole un extremo del manto se lo besó. Y como al
inclinarse viese los divinos pies, que ensangrentaban el polvo
donde pisaba, murmuró avergonzado° y enternecido: ashamed
—¡Maestro, deja que restañe° tus heridas!   stanch (stop the flow of blood)
El Señor Jesucristo le sonrió: 5
—No puedo, Amaro. Debo enseñar a los hombres que el
dolor es mi ley.

Luego de estas palabras se arrodilló a un lado del camino, y
quedó en oración mientras se alejaba el santo ermitaño. La
endemoniada, enredados los dedos en los cabellos, corría ante 10
él. Era una vieja vestida de harapos°, con los senos velludos° y   rags   hairy
colgantes. En la orilla del río, que parecía de plata bajo el claro
de la luna, se detuvo acezando°. Dejóse caer sobre la hierba y   panting
comenzó a retorcerse y a plañir°. El santo ermitaño no tardó   to wail
en verse a su lado, y como sentía los bríos° generosos de un 15 vigor
mancebo°, intentó sujetarla. Pero apenas sus manos tocaron   youth
aquella carne de pecado le acudió una gran turbación. Miró a
la endemoniada y la vio bajo la luz de la luna, bella como una
princesa y vestida de sedas orientales, que las manos perversas
desgarraban por descubrir las blancas flores de los senos. 20
Amaro tuvo miedo. Volvía a sentir con el fuego juvenil de la
sangre las tentaciones de la lujuria°, y lloró recordando la paz   lust
del sendero°, la santa fatiga de los que caminan por el mundo   path
con el Señor Jesucristo. El alma, entonces, lloró acongojada°,   anguished
sintiendo que la carne se encendía. La mujer habíase desga- 25
rrado por completo la túnica y se le mostraba desnuda. Amaro,
próximo a desfallecer, miró angustiado en torno suyo y sólo vio
en la vastedad de la llanura desierta el rescoldo de una hoguera° rescoldo...embers of a bonfire
abandonada por los pastores. Entonces recordó las palabras
del Maestro: «¡El dolor es mi ley!»   30
Y arrastrándose llegó hasta la hoguera, y fortalecido escondió
una mano en la brasa°, mientras con la otra hacía la señal de la   live coals
cruz. La mujer endemoniada desapareció. Albeaba el día°.   Albeaba...The day was
El santo ermitaño alzó la mano de la brasa, y en la palma   dawning.
llagada° vio nacerle una rosa y a su lado al Señor Jesucristo. 35 wounded

79

AZORÍN

El reverso del tapiz

¿Por dónde principiará Félix Vargas, el poeta, su cuento? Ha
de escribir Félix un cuento; está el poeta tendido en la cama; ha
vuelto de un largo paseo matinal°; desde la cama se ve el cielo   morning
bajo, plomizo° de un color de ceniza claro. Y si el poeta se   gray (lead-colored)
incorpora° un poco, se divisa° allá abajo, en el confín del hori-   5 se...sits up   se...he can see
zonte, el mar: una inmensa lámina también gris, de color de plata
oxidada. No piensa en nada Félix Vargas; sí, sí; piensa, a ratos,
en algo. Lo ve todo lejano, en la remota lejanía, como en un
sueño. No quiere pensar en nada, y poco a poco van surgiendo
en su cerebro imágenes. Ahora ve en un cuartito, en París, un   10
hombre joven, vestido de negro; es él mismo. ¿Qué hace allí
Félix Vargas? ¿De dónde viene? ¿Adónde se encaminará?
No lo sabe el poeta. Pero, ¿es ese hombre el mismo Vargas que
está tumbado aquí ahora, en un lecho° de la casita de Errondo-   bed
Aundi, en San Sebastián[1]? ¿Puede ser el poeta uno y múltiple? 15
Y cuando se disgregue° su envoltura° carnal, ¿qué será de él?   se...is shed   cover, shell
¿Cómo será su espíritu, su espíritu sólo, puro, prístino? Félix
Vargas, en este día gris, de cielo tan bajo, plomizo, rodeado de
verdura de un color oscuro intenso, se siente infiltrado, dis-
persado, en la inmensa materia. ¿De dónde viene el Félix   20
Vargas que está en el cuartito de un hotel, en París? ¿Qué va a
ser de él dentro de un momento, de un día, de un mes? ¿Y no
será su destino el mismo que el de este Félix Vargas auténtico,
real, que ahora está imaginando la figura y el porvenir del otro?
En el cuartito de París, de pronto, al lado del poeta —el poeta   25
que imagina en este momento Félix Vargas— surge un personaje misterioso, enigmático: el poeta no lo ha visto aparecer.
De pronto este personaje irreal pone la mano en el hombro de

[1] Resort city and port on the northern coast of Spain on the Bay of Biscay,
near the French border. It is the capital of Guipúzcoa, one of the Basque
provinces. Errondo-Aundi is a section of San Sebastián that overlooks
the city.

Félix y le dice sonriendo: «En este momento, un *clown* que hay
muy lejos de aquí, en España, en Albacete[2], ha decidido trabajar en el circo el domingo próximo; estaba un poco enfermo;
ha estado varios días sin trabajar; ya está limpio de fiebre;
puede dedicarse a su profesión. Y de su reaparición el do- 5
mingo próximo depende tu vida.» Félix Vargas, el imaginado,
se estremece todo°. ¿Se estremece todo o sonríe incrédulo? se...trembles all over
Tal vez sonríe pero después medita. Del trabajo del payaso° clown
en Albacete depende su vida; porque el *clown* va a trabajar ese
día, él ha de morir. Cosa rara, extraña. No, no; extraña, no. 10
¿Conocemos nuestro destino? ¿Sabemos lo que se teje para
nosotros —como decía Saavedra Fajardo[3]— "en los telares° de looms (weaving)
la eternidad"? ¡Si pudiéramos ver el reverso del tapiz°, del tapestry
tapiz de las cosas, de nuestro tapiz!... Y aquí, en San Sebastián,
en la casita blanca de persianas° verdes situada en lo alto de la 15 blinds
colina, en Errondo-Aundi, el Félix Vargas verdadero, el que se
halla imaginando el destino del otro, sí que se estremece de
veras. El cielo es gris y el silencio profundo. Sobre la mesa se
ve un periódico ilustrado; está abierto, y si se incorporara el
poeta vería una vez más, la centésima°, dos grabados°: uno 20 hundredth photographs
representa el choque de dos automóviles, de un automóvil de
carreras° y de un pesado camión°, en la carretera de Alcázar de de...racing truck
San Juan[4] a Albacete; el otro es el retrato de una linda muchacha; debajo pone: «La Mancheguita[5], que tan resonantes éxitos
acaba de obtener en París.» Durante dos días, en el café, en la 25
casa, en la calle, ha visto en este periódico ilustrado, en otros
también, ha visto Félix Vargas esas dos fotografías. En París,
en el cuartito del hotel, el personaje misterioso ha puesto la
mano en el hombro de Félix, el fantástico, ha hablado y ha
desaparecido. Y allá lejos, en España, en Albacete, se ve de 30
pronto un taller de reparaciones° de automóviles. Todo está un taller...repair shop
poco vago, borroso, confuso; no sabe todavía el poeta, el verdadero, el que está aquí imaginando, qué orden han de guardar
las imágenes que vayan surgiendo. Sí, un taller de reparaciones.

[2] City in southeastern Spain, capital of the province of the same name.
[3] Diego de Saavedra Fajardo (1584–1648), Spanish diplomat and essayist,
who wrote on political topics as well as on ethics and criticism.
[4] City south of Madrid in the province of Ciudad Real (east of Albacete).
[5] Feminine, diminutive form of *manchego*, person from the region of
La Mancha in Castilla la Nueva.

Y entra en él un hombre que necesita arreglar un farol° de un camión. ¿Estará bien así? ¿Se podrá llegar de este modo al resultado final? Sí, sí; en marcha; el dueño del camión necesita componer este farol; ha de hacer próximamente él un viaje; ha de salir de Albacete para ir a Alcázar de San Juan... Y en el cuartito de París, ¿qué pasa mientras tanto? ¿Qué hace el poeta? El personaje que ha imaginado Félix Vargas es decididamente un poeta; esto es cosa resuelta; tendrá así su figura un ambiente de delicadeza, de finura, en contraste con el terrible destino que le aguarda. El verdadero Félix Vargas se incorpora ligeramente en la cama; su vista pasea por el cielo gris; baja después al mar; recorre la ciudad; un momento contempla cómo el mar —que sirve de telón de fondo°— se ve a través del calado° de la torre, en la iglesia del Buen Pastor. No piensa ahora en nada; ha dejado el cuento para otro día. Se esfuerza en traer otras cosas a la imaginación. Pero el fondo de su espíritu— su subconsciente— continúa trabajando; el poeta conoce esta fecundidad del ocio°; sus trabajos más fecundos, más felices; sus versos más bellos; sus cuentos más originales dependen de sus ocios; si Félix no dispusiera de estos ratos en que él no hace nada, no podría escribir, no se le ocurriría nada; en agitación perpetua, en constante vida de acción, su espíritu sería estéril.

Surge en su cerebro la imagen de un mozo que está encargado del taller de reparaciones; convienen el dueño del camión y el joven operario en que quede arreglado el farol para dentro de unos días. Entretanto, el poeta de París ha salido de la gran cuidad. Todo esto —la vida de Félix y los actos que se realicen en el taller de reparaciones de Albacete— debe marchar sincrónicamente. En los telares de la eternidad se va tejiendo despacio, con cuidado, un tapiz; este tapiz es la vida de Félix Vargas. No sabemos las figuras ni dibujos que tendrá; mirando por detrás, ya podríamos adivinar algo; pero esa mirada es imposible. A veces, en la vida, parece que un presentimiento, una intuición genial, nos permiten ver un poco del reverso del tapiz; la puerta del misterio se entreabre° y columbramos° por el resquicio° algo de lo que se está, dentro, en el taller, tejiendo; pero esas visiones son excepcionales; caminamos por el mundo, entre las cosas, sin saber cómo esas cosas van a decidir, están ya decidiendo, de nuestro porvenir, de nuestra vida.

Félix Vargas pasea otra vez la mirada por el cielo; el cielo de

Marginal glosses:
farol° — headlight
telón...backdrop
calado° — grillwork
ocio° — inactivity
se...opens slightly
columbramos° — we vaguely perceive
resquicio° — crack

Vitoria, de Álava[6], es también ceniciento°, como éste; Álava es   ash-colored
una tierra de transición entre el paisaje desnudo y llano de
Castilla y el romántico de Vasconia°. El personaje imaginado,   the Basque Country
el otro poeta, puede ir, durante los días que se tarde en la reparación del farol, a Vitoria; antes de llegar a Madrid, el poeta   5
ficticio se detiene en Vitoria. En Albacete, mientras tanto, el
obrero encargado de la reparación se olvida de hacerla; es preciso que el conductor del camión pase otra vez por el taller. El
mismo día que esta visita se realiza, Félix, el fantástico, deja a
Vitoria y se encamina a Burgos[7]; al mismo tiempo que el poeta   10
entra en su cuarto del hotel, en Burgos, el operario del taller
está prometiendo al dueño del camión entregarle el farol, compuesto, el próximo lunes; para tenerlo listo —es poca cosa—
trabajará el domingo. Tres espectáculos se están dando en este
momento; se están dando para quien, con vista de mago°, pu-   15   sorcerer
diera contemplarlos. De una parte, el verdadero poeta, echado
en la cama, contempla el cielo y piensa en la creación literaria;
de otra, los dos personajes ficticios, el otro Félix y el obrero de
Albacete, van cada cual realizando sus actos sincrónicamente,
como en el mecanismo de un reloj; y, finalmente, en la región   20
de la eternidad, unas manos finas, etéreas, delicadísimas, van
tejiendo en silencio un tapiz. ¿El tapiz que está imaginando en
este instante Félix, el verdadero? ¡Ah, no sólo ése! Ése, no;
el tapiz verdadero también; el del propio poeta que está imaginando uno ficticio y que ignora el suyo propio.   25

El domingo, por la mañana, míster Brown, el payaso —el
payaso de la compañía que actúa en Albacete—, se despierta
sin fiebre; se levanta; da una gran voz; acude doña María, la
dueña de la casa de huéspedes... En el momento en que míster
Brown le participa° a doña María que va a trabajar esta tarde,   30   informs
llega el poeta en automóvil a Madrid. Su destino se ha decidido
en este momento; míster Brown trabaja esta tarde, y el poeta
—por esta causa— va a perecer. El obrero del taller de reparaciones no trabajará en la compostura del farol; deserta del
taller; va a presenciar la reaparición en el circo del popular   35
payaso. Pero el dueño del camión ha de salir, sin falta, la

---

[6] One of the three Basque provinces, which also include Guipúzcoa and
Vizcaya. Vitoria is the capital of Álava and is located southwest of San
Sebastián.

[7] City in Castilla la Vieja, north of Madrid and southwest of Vitoria.

misma noche para hacer su viaje. El camión, cargado de
bocoyes° de vino, saldrá de Albacete, por la noche, con direc-   large casks
ción a Alcázar de San Juan. El poeta Félix Vargas, el ficticio,
ha llegado ya a Madrid; está, a la hora en que el camión sale de
Albacete, con sus amigos, en un café. Uno de ellos le invita a   5
un viaje a la capital citada; salen momentos después vertigi-
nosamente, en un automóvil soberbio°; el camión lleva un solo   magnificent
farol...

    El poeta se detiene; sí, esta concatenación° de las imágenes es   concatenation, linking
lo que conviene; ya todas las circunstancias han sido dispuestas, 10
agrupadas, concertadas de modo que la catástrofe se produzca.
Un reguero° de luz, la luz de los potentes faros del automóvil,   stream
pasa veloz por la carretera, en las tinieblas° de la noche. De   darkness
pronto, el conductor divisa, en la carretera, un farol, el del
camión; el auto camina por la derecha; el conductor imagina   15
que el farol del camión se halla también en la derecha del vehículo. Y de pronto, el choque, terrible, formidable, se produce.
Un montón de hierros retorcidos, cristales, astillas°, planchas   fragments
abolladas°, sangre, débiles gemidos, un estertor de agonía°.   planchas...dented sheets of
                                                         metal   estertor...death

    El poeta, el verdadero, lleva su pensamiento a otro asunto.   20   rattle
Provisionalmente, el cuento está construido; después vendrán
los detalles. Dejemos reposar la imaginación; hagamos otra
cosa. Félix Vargas baja desde Errondo-Aundi a San Sebastián;
va en busca de su amigo Pedro Magán; están citados para dar
un paseo en el nuevo automóvil de este último. Camina des-   25
pacio, satisfecho, el poeta. No ha perdido la mañana; con
voluptuosidad, sin querer, va perfilando° el cuento imaginado;   polishing
pone un pormenor aquí; retoca otra circunstancia. Ha llegado
ya a la ciudad; pasa por delante de un café. Se ha detenido
antes, un momento, en el paseo de los Fueros, y desde allí ha   30
contemplado, allá arriba, la casita blanca con las ventanas
verdes. ¿Quién está en el café?

    —¡Félix! ¡Félix!

    ¿Quién llama al poeta? ¿Eh, quién? La Mancheguita, la
propia Nati Durán; ella misma, con su sonrisa de bondad, con   35
sus ojos verdes, con sus labios rojos, frescos, húmedos.

    —¡Nati! ¡Tú por aquí!

    —De regreso de París.

    —¡Qué agradable encuentro!

    —Anda, siéntate.   40

    —No puedo; estoy citado con un amigo.

—¡Que no puedes! ¡Huy, siempre tan meditabundo°! Anda,   pensive
hombre. ¿Es que ya no me quieres?

—¿Si te quiero?... ¡Qué bonitas estás, Nati!

— ¿Como siempre? ¿No es eso?

(Las manos delicadas, finas, misteriosas, en la eternidad, 5
están tejiendo el tapiz de Félix Vargas. ¡Y lo están tejiendo
ahora con una emoción!... Como los ángeles son amigos de
los poetas, la emoción que sienten en este momento los angéli-
cos tejedores se explica.)

—Anda, Félix, siéntate. Después de tanto tiempo sin vernos... 10

—Es verdad, Nati; pero yo no te he olvidado.

—¿A que no almorzamos juntos hoy? Yo me marcho esta
noche...

—¿Almorzar juntos?

—Me voy a Buenos Aires.   15

—¿A Buenos Aires? Pues..., almorzaremos hoy juntos.
¡Tardaremos otra vez tanto en vernos!

—¡Olé mi poeta! Yo voy a hacer el *menú*. ¡Ya verás!

—¡Qué más *menú* que verte a ti! Nati, Nati, ¡cuánto he
pensado en ti estos días!   20

—¿Ah, sí? Cuenta...

Dos horas después llega a San Sebastián la noticia de la
muerte de Pedro Magán; el automóvil que conducía Magán se
ha despeñado° por un precipicio y ha quedado hecho añicos°.   se...has plunged headlong
                                                              hecho...smashed to smithereens
(En la eternidad, los angelitos tejedores —¡qué manos tan 25
delicadas, finas!— han sonreído, suavemente, al cruzar estos
últimos hilos en el tapiz del poeta.)

GABRIEL MIRÓ

El río y él

Desde su origen, el río se amó a sí mismo. Sabía sus hermosuras, el poder de su estruendo°, la delicia de sus rumores° de suavidad, la fertileza que traía, la comprensión fuerte y exacta de su mirada.

   Lo cantaban los poetas; las mujeres sonreían complacidas en 5 sus orillas; los jardines palpitaban al verse en sus aguas azules; los cielos se deslizaban° acostados en su faz°; las nieblas le seguían dejándole sus vestiduras, y bajaba la luna, toda desnuda, y se desposaba° con cada gota y latido de su corriente.

   Era muy bueno. Quizá fuese tan bueno en fuerza de amarse 10 tanto, porque se amaba amándolo todo en sí mismo. Es verdad que algunas veces consentía que se le incorporasen otros caudales° extraños, unos arrabaleros de monte° que le daban sus sabores y siniestros°, hinchándolo° y apartándolo de la serenidad de la madre°. Entonces cometía hasta ferocidades. No veía ni 15 poetas, ni mujeres, ni jardines. Nada. Se quedaba ciego. Pero, entonces, no era el río, sino la riada°. El verdadero río era un lírico de bien. Lo toleraba todo. Cuando más anchamente se tendía por el llano, le quebraban el camino, cavándoselo; tenía que derrocarse°; se precipitaba buscándose; se 20 despedazaba y hocinaba° torvo y rápido, exhalando un vaho° de espumas, un tumulto pavoroso. Unas turbinas le arrancaban la fuerza torrencial. Y él no se enfadaba. Otras veces le salía un caz° de molino. Nada tan inocente y tranquilo como un caz. Y el río, tan sabio y grande, le obedecía, dándole un 25 brazo para moler el pan de los hombres. No es que se dejara embaucar°. ¡Ni cómo habían de engañarle, siendo de una rapidez maravillosa para comprenderlo todo! Se asimilaba todo lo que pasaba sobre su cuerpo y a su lado: aves, nubes, rebaños, praderas, monasterios, cortinales° blancos de granjas°, 30 frondas° viejas, senderos, aceñas°, cruces de término°, fábricas con chimeneas; hasta el humo de hulla° subiendo al azul lo copiaba él atónitamente°.

   A pesar de su magnífica fortaleza°, le agradaba lo menudo y

roar   murmurs
se...glided by   surface
se...united (literally, married)
riches   arrabaleros...coarse mountain streams vices   swelling it bed (of river)
flood
to hurl itself
se...it split and plunged through a gorge   spray
flume (channel for carrying water)
be deceived
fenced-in fields   farms foliage   water wheels cruces...boundary markers pit coal in a daze; unself-consciously
fortitude

humilde. Sin que nadie le sintiese, se entraba entre carrizos°, juncos° y espadañas°, y allí, recogido, se dormía. De tanto dormir criaba unas costras° verdes, donde brincaban los sapos de calzas de posadero[1], de manecillas de brujo°, de ojos hinchados de miope y una palpitación en toda su piel resbaladiza. Y al entornarse la tarde°, estas pobres criaturas, que semejaban hombrecitos gordos, virtuosos y solterones, tocaban un flautín° de oro. Tenían una novia como una flor que siempre se estaba mirando en el espejo de un remanso°. La veían muy cerca, y no podían besarla. Nunca supieron que fuese la primera estrella; el río sí que lo sabía; y ellos la cortejaban tañendo su trova°, muy ocultos, para que las ranas° no se burlasen de sus románticas aficiones. Porque las ranas se les reían volcándose° en el agua y en la ribera, cogiéndose los ijares° para no reventar croajando° de risa, y por el más leve ruido se sumergían en el cieno°, dejándose al aire sus nalgas° seniles. Salían de los tamarindos° las cigüeñas°, enjutas°, impasibles, y las buscaban, las sacaban, las tenían exquisitamente en su pico; después, se las comían vivas, despacio, remilgándose mucho°, encogiendo una zanca° en el tibio pulmón de la pechuga°.

Ávido de saber, callado y sutil, traspasaba laminándose la carne tierna de las márgenes, calando° las raíces de los álamos°, de troncos de cortezas harinosas° con nudos que parecen ojos egipcios y follaje sensitivo de plata; atendía el fresco temblor de los chopos°, que remedaban° el ruido suyo; subía para tocar las puntas de los cabellos lisos, desmayados°, inmóviles, de virgen primitiva, de las salgueras° y lianas°, y los cabellos impetuosos y trágicos de los zarzales°.

Luego de lo umbrío° del soto° venía la tierra pradeña, jugosa y embebida de claridad, con realces° y vislumbres° de brocado. Pasaba una carreta de heno°, y el agua del río brotaba rota entre las gordas pezuñas° de los bueyes.

Surgía una ciudad. Muros vetustos°, campanarios° joviales, obradores foscos°, llamas de naranjas, de panojas° y trigo, cuévanos° de verduras, mercaderes detrás de sus oleajes° de paños, artesanos y caballeros, quietud de callejas, una forja°, un pórtico, una hornacina°, rejas, balcones, solanas° con niños merendando°, con gallinas y palomos enjaulados, con abuelos dormidos, con mujeres llorando y rezando, con novios besándose,

Marginal glosses:

- ditch reeds
- bulrushes cattails
- scales
- warlock
- al...as the afternoon waned
- piccolo
- pool
- tañendo...playing their ballads
- frogs
- turning over
- sides
- reventar...to burst cackling
- mire buttocks
- tamarind trees storks lean
- remilgándose...eating very fastidiously
- encogiendo...pulling up a long leg breast
- soaking poplars
- cortezas...mealy bark
- black poplars imitated
- drooping
- willows lianas (vines)
- bramble patches
- lo...the shadiness grove
- highlights glimmers
- hay
- hooves
- ancient bell towers
- surly ears of corn
- large baskets billows
- forge
- vaulted niche sun porches
- snacking

[1] sapos...toads that look as if they were wearing wide breeches like those of an innkeeper.

con geranios y rosales, con ropas de cama de un muerto, con un
capellán y un escolar dando lección, con un enfermo contemplando su dolor en todo la tierra... Todo se quedaba espejado
y estremecido dentro del río. Pasaba el arco de una puente de
piedra venerable, llena de oro de sol viejo, y el río se encendía 5
como si fuese de bronce, de carne, de frutas, de tisús°. Era muy   silver lamé (fabric)
hermoso.

Y otra vez campos de abundancia, hornos, almiares°, colinas   haystacks
de faldas° labradas, rebaños, armadías°, molinos, arboledas,   slopes   rafts
«el suave olor del prado florecido»[2], un calvario° con su sendero 10 calvary (stations of the cross)
de cipreses, leñadores°, caminantes, y hasta sabios leyendo y   woodsmen
cavilando° en la soledad.   meditating

Y el río llegaba cansadamente a los saladares° de la costa. El   salt marshes
filo de la brisa parecía desnudarle de un cendal rizado°. Venía   cendal..ripply sendal (a light
el aliento frío y poderoso del mar. Toda la llanada era de calvas 15   silk fabric)
de roqueros°, de marismas° y arenales áridos y amargos.   calvas...bare, rocky patches
          salt marshes

—Aquí acaba la tierra mía y principia el mar, que es mi
muerte, según el poeta[3], que comparó mi vida a la de los
hombres.

Y el río, para tardar en morir, doblóse en una curva lenta, y 20
de súbito tembló ante una visión desconocida. Quiso pararse
por gozarla, y ya no pudo; se lo engullía° el mar. ¡Oh, lo había   se...was gulping it down
gustado y contemplado todo en sí mismo: jardines, astros,
cielos, cumbres, bestiajes°! Se habían sumergido en sus aguas   pack animals
cuerpos deliciosos de diosas y suicidas desventurados que se 25
hinchaban y se deshacían con los ojos abiertos; conoció el
amor y la muerte; probó todos los sabores y tuvo todas las
emociones con una clara conciencia de su vida de generosidades;
¡todo lo había sentido, menos «eso», eso que se le presentaba
en este instante, ya casi derretido°! ¡Nunca había visto «eso», 30   dissolved
Señor, que era como una espada cincelada° de imágenes, como   carved
un cuerpo vestido de toda la creación! Y el río se retorció an-
gustiadamente, mirándose a sí mismo, mirándose él sin conocerse. Y se hundió en el mar...

[2] Verse 15 of the "Égloga Segunda" by Garcilaso de la Vega (1501/1503?–
1536), one of the most important Spanish Renaissance poets.
[3] Reference to Jorge Manrique (1440?–1479), Spanish poet whose famous
"Coplas por la muerte de su padre" contains the following verse:

> Nuestras vidas son los ríos
> que van a dar en la mar
> que es el morir.

5 Situaciones existenciales

The Spanish Civil War (1936–1939) and the Second World War (1939–1945) created a general atmosphere of peril and uncertainty in Spain that was subsequently prolonged by years of economic penury and the Cold War. In such an environment it was difficult for a markedly "artistic" literature to prosper, such as that of Miró, Azorín, and their immediate successors—Ramón Gómez de la Serna (1888–1963), Benjamín Jarnés (1888–1949), and Samuel Ros (1905–1945). Writers of the vanguard had developed the exercise of the imagination into a cult of the image for its own sake, stripped of emotional content and of most identifiable human referents. Within this aesthetic, known as the "deshumanización del arte," Max Aub and Francisco Ayala penned their first narrative experiments, but they were soon to abandon this credo, for the major part of their work, created in exile, reflects a very different attitude. Spain soon witnessed the surge of a literature that was seriously engaged with the collective destiny, a literature that revealed social uncertainty, lack of communication, and rootlessness. The finest representatives of this narrative prose in Spain are Camilo José Cela and Miguel Delibes.

These four writers—Aub, Ayala, Cela, and Delibes—are quite different in personality and background. The first two belong to an earlier generation. Yet in their role as spokesmen for the same postwar climate, they are fundamentally in agreement, sharing concern for the split between two epochs and two Spains; anguish about an uncertain destiny and the impediments to communication between persons; preoccupation with the origins, growth, and results of warfare; and regret over the violence, oppression, and indecision of men, patently expressed in protagonists immersed in extremely tense states of emptiness, nausea, guilt, suffering, combat, madness, a compelling need to make decisions, and the imminence of death. These writers document the human condition, not in a universal, abstract manner, but in one that is concrete and personal.

Aub (Paris, 1903–Mexico, 1972) was a prolific writer of stories and short fiction. His best collections are *No son cuentos*, 1944; *Ciertos cuentos* and *Cuentos ciertos*, 1955; *Cuentos mexicanos (con pilón)*, 1959; *La verdadera historia de la muerte de Francisco Franco y otros cuentos*, 1960; *Historias de mala muerte*, 1965. "El Cojo" belongs to the first collection and is dated Barcelona, 1938—that is, in the midst of the Spanish Civil War. "La verdadera historia de la muerte de Francisco Franco," written many years later in Mexico, treats the obsessive conversations about that war of certain Spaniards exiled in Mexico.

Aub was a writer capable of multiple stylistic registers. He was able to produce the most surprising semblances of fantasy as well as compose the most objective chronicles of actual events. He was the author of panoramic novels and stories of all dimensions; he was a poet, essayist, and filmmaker. Beginning in 1936, his literary production was inspired by the desire to leave an animated document—vital because it would be based in experience—of the Spanish Civil War, and to this mission he consecrated his extensive cycle *El laberinto mágico*, comprising five huge novels and several volumes of stories and dramatic and poetic compositions. Often these stories could have been expanded into novels, and sometimes he spun off brief narratives with detachable plots in the wake of his novels.

According to Ignacio Soldevila Durante, five thematic classifications may be distinguished in Aub's short stories: the Spanish Civil War ("El Cojo" and "La verdadera historia"), Mexico ("Memo Tel"), the exotic-fantastic ("Trampa"), mythology made current ("Confesión de Prometeo"), and snapshots of everyday life ("La ingratitud").[1] Soldevila also identifies three types of story construction: linked or integrated series of consequences, internal or acted out, the products of minor incidents or the most trivial conversations; tragic, marked by sudden, violent, usually surprise endings; and labyrinthine, in which the presentation and outcome hang in suspense.[2] According to this scheme, "El Cojo" would be a tragic story, "La verdadera historia" a linked one.

"El Cojo," considered by some critics to be Aub's short story masterpiece, first presents a subjugated man, a tiller of another's land. But in the final pages and particularly the last paragraph, this same man resolves at all costs to defend the parcel of earth that he has received as a result of the revolution. Because of the unequal distribution of the narrative into a long first part that describes the subjection of the impoverished farmer to the powers that be and a second, very brief, part that depicts this man's love of the land and his decision to defend it to the death, the story attains an impressive effect of awakening: an awakening to the truth of justice and love. And while it is certain that "el Cojo" will die overwhelmed by the invaders, Aub has expertly ended his narrative before having him succumb. Aub concludes at the instant in which the imminence of death, unable to frighten "el Cojo," exalts his pleasure with the possession of land.

"La verdadera historia de la muerte de Francisco Franco" deals with one of Aub's favorite themes: the perpetual informal gatherings and conversations of the Spaniards. This irrepressible talkativeness of the Spaniards completely permeates Aub's panoramic novels and

[1] Ignacio Soldevila Durante, *La obra narrativa de Max Aub (1929–1969)* (Madrid: Gredos, 1973), p. 161.
[2] *Ibid.*, pp. 302–06.

many of his stories. In "La verdadera historia" it appears that he has directed his critical eye to his own role as a Spaniard engaged in perpetual conversation and has forged a description through an explosive caricature. What the habitués of this Mexican café do—talk about the Spanish Civil War no matter what happens and despite the passage of years—is what Aub did during his residence in Mexico. An ingenious and subtle humor abounds in these pages: the observation of the circumspect speech of the Mexicans; the examination of the discreet patience of the Mexican waiter who little by little nourishes his project; the plausible manner (within the general absurdity of it all) of planning and executing the assassination; the return of the unlikely terrorist to his café; his infuriating encounter with the same Spaniards as always (plus the new ones who are there in exile due to the upheaval); and the final, definitive resignation of the unfortunate waiter, who ends up selling *tacos* and *tortas* far away in the city of Guadalajara. If Aub's story is compared with Unamuno's "Las tijeras," certain peculiar similarities are apparent: the interlocutors need each other in order to fulfill themselves through conversation; talking all day in a café, giving outlet to obsessive memories or vexations is the occupation to which these men surrender themselves without heeding the passage of time or the ravages of death. Yet Unamuno portrays a pair of metaphysical "scissors"—a dialogue between one and his other—while in Aub, conversation is a collective mechanism—a great loom constantly weaving—the gathering of some with others.

In the work of Ayala (Granada, 1906) the novella and the short story attain an allegorical quality similar to that of Unamuno's stories, particularly in Ayala's collections *Los usurpadores* and *La cabeza del cordero* (1949), as well as in some of the pieces in *El as de bastos* (1963), *De raptos, violaciones y otras inconveniencias* (1966), and *El jardín de las delicias* (1971). Nevertheless, the content of Ayala's stories is characterized by more existential specificity than is Unamuno's, it springs more clearly from lived (or relived) experiences, and it lingers on details relevant to setting or a protagonist's mental processes that we do not detect in Unamuno.

Sociologist, essayist, novelist, critic, and university professor, Ayala is another Spaniard transplanted to America by the Civil War. In contrast with Aub, who was earnestly dedicated to reliving the Civil War through his web of characters, actions, tendencies, and words, Ayala usually transposes his preoccupation with Spain to levels that do not directly reflect its conflicts, but, rather, refract and symbolize them. Ayala's procedure is almost always oblique. With-

92

out spontaneity, but with an irony that is sometimes burlesque, occasionally elegiac, he filters either real or literary experiences through imagined events that take place in a nameless or barely determined setting in a distant or undefined time.

Armed with the resources of intellectual distancing and selective arrangement, Ayala in *La cabeza del cordero* is able to present the theme of the Spanish Civil War "bajo el aspecto permanente de las pasiones que la nutren" as a "guerra civil en el corazón de los hombres,"[3] or to present the theme of the abuse of power as a chronic illness of the Hispanic people by means of the rise and fall of a tyrant in an anonymous country (in his novels *Muertes de perro* and *El fondo del vaso*).

Ever seeking the most hidden strata of consciousness and their poisonous effects on human behavior, Ayala also tends to embed moral cases in his short stories, not in the psychological-exemplary mode of Alas, but rather with a perspective that is similar to that of the sociologist who diagnoses the failings in human interaction in the contemporary world—not by means of an abstract procedure but by trying to analyze persons and events "en la operación misma de la vida."[4]   Moreover, Ayala attenuates the moral dimension of his stories, on the one hand, by means of ridicule that is more skeptical than satiric, and, on the other, by a cathartic quality that is the result of emphasizing aspects of decadence, aberration, wantonness, or disgust.   Historically, these elements situate him in the tradition of the great satirist Francisco de Quevedo (1580–1645), the painter José Gutiérrez Solana (1886–1945), and the contemporary novelist Camilo José Cela.   Generally his writings approximate those of an existentialism that is dedicated to the phenomenology of nausea and malaise.

Ayala is the author of a number of stories that are exemplary models of the genre, such as "San Juan de Dios," "El Hechizado," "El Tajo," and "El inquisidor."   The last story conjures up a tragic glimpse of the problem of human spiritual divisions, of the confrontation between orthodoxy and dissidence, of a moral civil war—a problem that has insistently occupied the attention of the author, and with good cause.   "El inquisidor" is similar to the stories found in the collection *Los usurpadores*, even though it was published in 1950, one year after the first edition of the anthology.   In referring to these stories, Ayala observes that when he returned to writing he found that "la experiencia que debía elaborar era la de la guerra civil española sobre el fondo de la segunda guerra mundial."   And he adds: "Si

[3] Francisco Ayala, *Obras narrativas completas* (México: Aguilar, 1969), p. 603.
[4] Francisco Ayala, *Mis páginas mejores* (Madrid: Gredos, 1965), p. 18.

para elaborarla elegí por lo pronto episodios del pasado histórico fue, claro está, para tomar distancia frente a esa experiencia y procurar desentrañarla, es decir, objetivarla en formas artísticas."[5]

In 1950 both the Spanish fratricidal war and the Nazi genocide of the Jews were still recent events, and even more recent was the publication of *España en su historia* (1948), in which the historian, philologist, and critic Américo Castro (1885–1972) interpreted Spanish history before 1492 in terms of the productive coexistence among Christians, Moors, and Jews, and the history after that date as marked by a suffocating proliferation of hatreds and plots between *cristianos viejos* (of long-standing Catholic ancestry) and *cristianos nuevos* (Jewish or Moorish converts and their descendents). "El inquisidor" needs to be read in the light of these facts and theories. The story is an imaginary re-creation of a multifaceted civil war of the conscience with its repressed tensions, its web of suspicions that encroaches until it reaches the very core of the family, its nightmares that torment the Gran Rabino-Inquisidor, and the rationalistic fury of a fanaticism ready to unleash itself in any direction, all this occurring "al cabo de casi los mil y quinientos años" after the death of Christ in a "pequeña ciudad de la meseta castellana." Under these circumstances the Inquisitor passes sentence on his former coreligionist newly converted to Catholicism, on his daughter's preceptor, on his own daughter, and ultimately on himself. Ayala proceeds here by means of a system of lateral steps, flashbacks, and introspective delvings, that, while delaying the resolution, multiply the motives for perplexity that are swiftly dissolved in a crushing, surprise outcome.

In *Una hora de España* (1924) Azorín wrote a page, "El viejo inquisidor" (Chapter XVIII), that well might have functioned as a distant stimulus for Ayala's story. There the old widowed Inquisitor is sitting in his chamber, waiting in anguish for his son, who has returned from Flanders concealing in his luggage books written by Spanish Lutherans. When he recognizes the approaching steps of his son, the Inquisitor, "sintiendo una dolorosa opresión en el pecho se levanta. Una mano acaba de posarse en el picaporte de la puerta. La puerta se está abriendo..."

To Cela (Iria Flavia, Coruña, 1916) the Spanish postwar novel owes two of its most fertile examples: *La familia de Pascual Duarte* (1942), which fostered so-called literary *tremendismo*—an accumulation of hideous and violent scenes described with impassiveness—and *La colmena* (1951), a model of the objectivist technique from which many of the younger narrators learned a great deal. Each of Cela's

---

[5] *Ibid.*, p. 16.

novels (he has written nine to date) is a departure from forms that he had previously adopted—a demonstration of his will to break down the literary traditions of the genre and to experiment with different possibilities. In addition, Cela has written some excellent novellas (*El molino de papel y otras novelas cortas*, 1956), several volumes of short stories (among them, *Esas nubes que pasan*, 1945; *El bonito crimen del carabinero*, 1947; *Baraja de invenciones*, 1953) and a multitude of notes, vignettes, and highly original costumbrist sketches collected in various volumes.

The difference between the short stories and the sketches or notes on Hispanic types, customs, and events is not easy to establish. Cela has christened a new literary mode that he calls the "apunte carpetovetónico." At first he distinguished it from the short story because in the latter "puede permitirse una abstracción que al apunte carpetovetónico se niega,"[6] but later he affirmed that if it may be separated or distinguished from the short story at all, "es no más que por respeto a un bautismo hacia el que siento muy especial simpatía."[7] In truth, "apuntes carpetovetónicos" can be and often are short stories of the type most characteristic of Cela, displaying his deep concern for Spain, albeit disguised as indifference or even cruelty, his frequent presentation of monstrosities as if they were everyday phenomena and of vulgarities that seem (and are) monstrous, but with a succinctness that intensifies the descriptive and poetic strokes, inasmuch as Cela's favorite form has been akin to a disjointed one—segments, annulets, cells, monads.

Cela defines the "apunte carpetovetónico" as "la croniquilla atónita de los minúsculos acaeceres de la España árida."[8] Or in a more analytic manner: "algo así como un agridulce bosquejo, entre caricatura y aguafuerte, narrado, dibujado o pintado, de un tipo o de un trozo de vida peculiares de un determinado mundo: lo que los geógrafos llaman, casi poéticamente, la España árida."[9] The first definition is the last in point of time and it has in its favor the epigrammatic precision with which the essential qualities of the form are distinguished on the basis of three *esdrújula* adjectives (accent on the antepenultimate syllable): "atónita," "minúsculos," "árida." Nevertheless, in the earlier definition we find another triad, particularly useful in distinguishing among those "apuntes" that approximate the story, the drawing, or the painting. "El tonto del pueblo" contains examples of all three classifications, but above all, of the short story.

[6] Camilo José Cela, *Obra completa*, Vol. 3 (Barcelona: Ediciones Destino, 1965), p. 788.
[7] Cela, *Obra completa*, Vol. 2 (Barcelona: Ediciones Destino, 1964), p. 22.
[8] Cela, *Obra completa*, Vol. 3, p. 23.
[9] *Ibid.*, p. 788.

Published for the first time in 1947 and subsequently collected in *El Gallego y su cuadrilla y otros apuntes carpetovetónicos* (1951), "El tonto del pueblo" portrays an insignificant town fool, Blas Herrero Martínez (two surnames for someone less than half a man) who immediately enters into a relationship with a "privileged" fool, Hermenegildo Perejilondo (too much of a name). The former submits to the authority of the latter, serving and adulating him, while vaguely daydreaming that someday he will inherit the latter's position, become like him, and behave like him. The death of the titular fool awakens in Blas a sense of joy that he hides from himself by going to visit the deceased in the cemetery for a period, after which he is no longer able to remember him. He does not even seek to take possession of all the cigarette butts that he finds, leaving some behind for anyone who might come along. The story leaves us with this insinuation of a possible new heir and the "strange" sensation that Blas experiences as a result of knowing that all the butts belong to him. We are also left wondering whether the successor is happy as the new proprietor of an indisputable booty or whether he is saddened by no longer having anyone to share it with.

The objectivity with which the writer expresses such a minimal occurrence as the passage of the ownership of cigarette butts from one fool to another discloses his sense of astonishment and seems to invite the reader to share the same feeling of awe. Thus, although it is evident that Cela does not wish to deduce from his "croniquilla" such transcendental truths as those allegorized by Unamuno in "El semejante" (self-understanding and the comprehension of God by means of the other) it is also true that this sketch, centering on a change in fortune (from impotence to power, albeit on a miniscule scale), suggests in three pages a great deal more than what it says: the continual transference of authority from one man to another; the endless repetition of the same process of submission, adulation, conquest of power, tribute to the dead, oblivion, disenchantment and the same process over again. Moreover this cycle is expressed by Cela with a certain tenderness, as exemplified by the impression of emptiness with which the sketch ends.

If, as Américo Castro suggests, Cela's art is founded on a "nihilismo creador" ("los reflejos y refracciones de los buscados encuentros con la nada en el alma del artista"[10]), the basic attitude underlying the art of Delibes (Valladolid, 1920) may be defined as the incessant search for an authentic, personal identity. His novels are deeply engraved with the image of the path that man must select in

[10] Américo Castro, *Hacia Cervantes*, 2nd ed. (Madrid: Taurus, 1960), p. 390.

order to arrive at himself, be this the path of loneliness, advancement by one's own efforts, the overcoming of egotism, conformance with nature, the fulfillment of a vocation, a constructive companionship, solidarity with the people, or the perilous line of questioning about the motives for one's actions. Delibes' best novels are *El camino*, 1950; *La hoja roja*, 1959; *Las ratas*, 1962; *Cinco horas con Mario*, 1966.

In a lecture in 1965 dedicated to the evaluation of his own work, Delibes noted four constants: *naturaleza, infancia, muerte*, and *pró-jimo*[11] (the natural setting, the beginning and the end of man's time span, and man's relationship with the other). These are the four stages in the quest for authenticity: feeling oneself a creature of nature (rather than the runt of civilization), being a child either chronologically or in another way, contemplating death face to face, relating to others and esteeming them as fellows (not as a shapeless mass). These constants guide Delibes' novels, novellas (*Siestas con viento Sur*, 1957), and short stories (*La partida*, 1954; some of the *Viejas historias de Castilla la Vieja*, 1964; and *La mortaja*, 1970).

"La mortaja," a narrative first collected in *Siestas con viento Sur*, and later heading the anthology named after it, *La mortaja*, yields all four of the constants in their total meaning, thus giving them coherence. A boy is unexpectedly thrust into the presence of death, an experience that is replete with the natural elements: the dry land of the valley, the attacking mosquitoes, the frightening fish in the river, the imposing force of the white water, as well as the familiar noises of the cricket and the quail and the magic brilliance of the glowworm. Circumstances lead this child, because of his natural state of helplessness, to establish a test to determine what good fellowship there might be in those adults he knows were, or seemed to be, friends of his dead father.

This last motif—the trial of friends—recalls, despite the centuries, the "Ejemplo 48" of *El Conde Lucanor*, a didactic collection of moral cases written in the fourteenth century by don Juan Manuel, a court writer interested in the proper education of princes. In this tale, a son, following the advice of his father, pretends that he has killed a man and asks his friends to help him hide the body (in reality a pig stuffed in a sack). All of his friends refuse to help him. One "half-friend" of the father extends himself by offering to bury the body in his garden. And only the father's complete friend (the image of God) immediately declares himself disposed to sacrifice a son of his own (Christ) in place of the son of his friend (man, the sinner). Perhaps

---

[11] Ramón Buckley, *Problemas formales en la novela española contemporánea* (Barcelona: Ediciones Península, 1968), p. 95.

97

Delibes may have remembered, consciously or not, the medieval fable. At least the comparison serves to measure the distance between the Christian, didactic assurance of don Juan Manuel and the insecurity, the loss of the center, that saturates Delibes' story with dread and anguish. In the face of death "el Senderines" appeals to his father's friends, who one by one retreat before the idea of coming in the night to the house of the deceased and dressing the rigid corpse. The first refuses out of resentment, because of a hypocritical obedience to a vow issued in a moment of anger; the second uses the pretext that he is obligated to stay on the job, and although he comes the following morning, his fear—as the last lines of the story reveal—is equal to or greater than that of the boy; a third decides to help the boy, but only out of self-interest: only in exchange for objects and more objects does he accompany "el Senderines" and assist in covering the father's body.

Despite the failings of his father's friends, the child has found and fulfilled himself: weak and cowardly before his father's death, he becomes a man in less than one night; he feels responsible, confronted suddenly with the supreme horror; he is the master of his actions; he is capable of giving himself totally for a human response. And yet he remains a child, enchanted by the splendor of a glowworm and curious to know, despite almost dropping from fatigue, how one spits out of the side of one's mouth.

The quality of the existential situation in Delibes' tale can be compared with that presented in "El Cojo" by Aub or "El inquisidor" by Ayala. Perhaps the latter two have more dramatic impact, but in existential tension "La mortaja" surpasses them: sudden death witnessed by a defenseless child, the seige of fear, the mute imploration for assistance. Only in the stories of Jesús Fernández Santos and Carmen Martín Gaite can we find something comparable.

MAX AUB

El Cojo

Desde aquel último recodo° todavía se alcanzaba a ver el mar.   bend
Las laderas° se quebraban en barrancos° grises y pardos y se   slopes   ravines
allanaban° a lo lejos, en eriazos° verdes y azules con rodales°   se...flattened out stretches of
amarillentos. Hacia arriba los cerros aparecían pelados° como   untilled land patches bare
si la tierra estuviese descorticada° en terrazas sucesivas, sin   5   stripped away
hierbas ni flores; sólo los sarmientos° plantados al tresbolillo°,   vines   al...in staggered, parallel rows
como cruces de un cementerio guerrero. Los murallones,
cubiertos de zarzamoras° y chumberas°, cuadriculaban la pro-   brambleberry bushes prickly pears
piedad siguiendo, geométricamente, los pliegues° del terreno.   folds

La carretera serpenteaba, cuesta abajo, camino de Motril[1], y   10
el polvo caminero se salía de madre°: las collejas°, las madre-   se...left the road bed corn salad (wild flower)
selvas°, los cardos° y otros hierbajos° cobraban bajo su efecto   honeysuckle thistles weeds
un aire lunar; más lejos, los juncos° se defendían sin resultado: bulrushes
lo verde vivo se cargaba de piedra, lo cano° era sucio, pero lo   lo...the milky-white part
que perdía en lozanía° lo ganaba en tiempo: aquel paisaje   15   luxuriance
parecía eterno. El polvo se añascaba° por las ramas más delga-   se...collected
das: para quien gustare[2] verlo de cerca parecía nieve fina, una
nieve de sol, o mejor harina grisácea, molida a fuerza de herra-
duras° y llantas°, esparcida por el viento. Los automóviles le-   horseshoes tires
vantaban su cola de polvo; por el tamaño podía un pastor en-   20
tendido en mecánicas, que no faltaba, estimar el número de
caballos del armatoste° y su velocidad.   contraption

Desde aquel hacho° se divisaba° siempre una teoría° de   beacon hill se...one could see procession
carros, camino de Málaga o, en sentido inverso, hacia Almería.
Tiraban de ellos dos, tres o cuatro caballerías°, mulos por lo   25   teams
general; todos los carros con su lona° grisácea puesta, color de   canvas (cover)
carretera y con el carrero° durmiendo, a menos que bajara   driver
acometido de° alguna necesidad o a liar° un cigarrillo en com-   acometido...overcome by to roll
pañía. Chirriaban° los ejes°, las piedras producían baches° de   Creaked axles potholes
vez en cuando. El carretero no suele ser hombre de cante, que   30

---

[1] Town on the southern coast of Spain between the two major coastal
cities of the area: Málaga and Almería.

[2] Note the use of the archaic future subjunctive.

99

es cosa de campos; aquello era el paraíso de las chicharras°, es
decir: el silencio mismo. No se sudaba: los poros estaban
cerrados a lodo por el polvo, la piel se corría del cetrino° al gris,
el pelo de moreno a cano. El aire se podía coger con los dedos,
de caliente y pesado. Los que van a Motril husmean° el mar;   5
los que de allí vienen no se dan cuenta de que pierden horizonte: bástales el cielo.

    En aquella revuelta°, vuelto el cuerpo hacia Málaga, a mano
izquierda parte de la carretera un camino de herradura° con sus
buenos doscientos metros, empinado como él solo°; viene a   10
morir a la puerta de una casucha, chamizo° o casa de mal vivir,
en el sentido estricto de la palabra. Allí vivían «La Motrilera»,
su marido «El Cojo de Vera³» y una hija de ambos, Rafaela
Pérez Montalbán, único retoño° de diez partos° fáciles. Tan
fáciles y rápidos que cuatro de ellos tuvieron por toldo° las   15
copas° verdegrises de los olivos; lejanos de toda habitación,
anduvieron huérfanos° de toda asistencia: como siempre, se
habían equivocado de fechas. El hombre trabajaba lejos y allá
iba ella con su barrigón° a llevarle la comida por mediodías im-
posibles° y bancales° poco propicios. Llegaba tropezando en   20
surcos° y piedras, sucia del sudor de los dolores y de su voluntad de no parir° hasta volver a casa; el hastial° lanzaba su maldición y su taco°, cortaba el cordón umbilical con su navaja° de
Albacete⁴ lavada con el vino que le trajera la cónyuge para el
almuerzo. La sangre corría derramada ya sin dolor, el crío se   25
liaba en el refajo°. Según donde se hallaran, el hombre se la
cargaba en hombros a menos que la proximidad de algún vecino
permitiese unas primitivas angarillas°. Una vez en que él
andaba renqueante°, la mujer volvió a pie. «Todas son iguales
—solía comentar con el compadre⁵—. No aciertan nunca.»   30
Ella enfermó una vez y estuvo veinte días con calentura°. Se le
pasó por las buenas° y la criatura vivió por milagro. Fue la
última. En aquellos trances la madre solía ver las cosas tur-
bias°, tras una pantalla° de algo desconocido que acababa por
caer rodando sobre su corpiño° por no hallar mejillas por donde   35
correr.

cicadas, insects that produce a high-pitched, droning sound	
greenish yellow; sallow	
can scent	
turn	
camino...bridle path	
empinado...steep as they come	
thatched hut	
offspring (literally, sprout) childbirths shelter	
treetops	
bereft	
swollen belly	
por...through the merciless midday heat sandbanks furrows	
give birth rustic	
curse jackknife	
se...was wrapped in her underskirt	
sling	
limping	
fever	
por...at long last	
clouded screen	
bodice	

---

³ Vera is a town on the southern coast of Spain between Almería and
Cartagena.
⁴ City in southeastern Spain.
⁵ *Compadres:* intimate friends who have formally agreed to care for each
other's offspring in case of a crisis.

Cetrina, vestía de negro; con los años se le había ido abombando el vientre° y ahora tenía la costumbre de cruzar las manos al nivel de su cintura de manera que descansaran sobre el abultamiento° de su abdomen, como sobre una repisa°. Ambos eran callados y no se enteraban de las cosas fuera del área de las tierras a cultivar. A cultivar para el amo, como era natural. Los tenían por gente extraña, no extravagante, pero sí extranjera; no eran de la tierra y se habían quedado ahí, lejos del pueblo, sin contacto alguno. Vivían y no le importaba a nadie, posiblemente ni a ellos mismos.

El Cojo era pequeño, escuálido y todavía más parco° en palabras que su consorte. Parecía tenerle cierto rencor a su voz porque el Cojo de Vera había sido un buen cantaor°; nunca tuvo una gran voz pero sí le salían roncos°, hondos y con gracia los fandanguillos° de su tierra: expresaba con naturalidad y sentimiento ese lamento amargo de los mineros de Almería. Porque había sido, a lo primero, minero. Minero de esas sierras de entraña° rojiza que corren de Huércal a Baza⁶; el polvo que respiró por aquel entonces° le fue, más tarde, minando la voz cuando vivía de ella, en Málaga. El Cojo de Vera conoció su época de gloria; no había noche sin juerga° ni amanecer que él no viera. Aquello duró poco, la voz se le fue muriendo. Primero se espaciaron° los clientes, luego fueron bajando de categoría, el papel se fue convirtiendo en plata°; los jolgorios° en merenderos° y aguaduchos° en largas esperas en trastiendas° de burdeles°, perdidas en lentas conversaciones con ciegos tocadores de guitarra. Entre las risas del bureo° cercano no se oía distintamente más que aquel mecánico «Dame diez céntimos para el contador del gas°», seguido del sonido de hucha° que hacía la calderilla° al caer en el armatoste. Las mujeres eran morenas, tristes, sucias y honradas. «Tú qué te has creído, yo soy una mujer decente». «La peque»°, que por seguir la corriente solía tener fama de perversa, no bajaba casi nunca, retenida «arriba» por su clientela de canónigos° y horteras°. El amanecer no estaba hecho para dar lustre a las cosas. Con las primeras luces solían ir a tomar café a una plazoleta donde corrían airecillos y olía a jazmín. Se caían de sueño; los ciegos se marchaban en hilera con el bastón° a la derecha, la guitarra en el sobaco° izquierdo. Nadie sabe a qué menesteres° hubiese

se...her stomach had become rounded

swelling   ledge

sparing

flamenco singer

rasping

type of flamenco song

core

por...at that time

binge

se...diminished

papel...folding money became coins   boisterous revels
cafés   snack bars   back rooms
brothels

amusement arcade

contador...gas meter
sonido...clinking sound
small change

La pequeña (affectionate abbreviation)

clerics   store clerks

cane

armpit   occupations

---

⁶ Two towns inland from the city of Almería; Huércal is in the province of Almería, and Baza is in the province of Granada.

bajado el Cojo cuando una noche de junio, para adorno de una juerga, se lo llevaron a Motril y lo dejaron allí, por hacer una gracia.

Dando una vuelta por el pueblo, que no conocía, se cruzó con la Rafaela y como no carecía de salero° no tuvo que insistir mucho para que la chavala° se fijara en él. Se quedó allá. «¿Qué haces?,» le preguntaba la mocita. «Chalaneo»°, le respondía. Y ella se daba por satisfecha. Él seguía ganando su vida como podía: lecho° no le faltaba.   5 charm lass Horsetrading bed

Una noche en que prestaba sus servicios entre la gente de 10 paso le reconoció un señorón de los de la tierra, don Manuel Hinojosa.

—¿Dónde te has guardado aquella voz?

—Aquello se acabó, don Manuel.

—¿Y qué piensas hacer?   15

El cantaor se encogió de hombros°, don Manuel tenía el vino generoso y en uno de los descansos, mientras los amigos estaban «arriba», como el Cojo le hablara de la muchacha, arrastrado por la mucha manzanilla° que el rumbo de los mequetrefes descorchaba[7], el señorón le dijo de pronto: 20

—¿Quieres una colocación?

El amontillado° le abría la espita° de la filantropía: aquella mañana había rechazado con mal humor el arriendo° de aquella casucha, sus viñedos° y sus cañaverales° a varios campesinos a quienes debía algunos favores electoreros, pero ahora, de 25 pronto, con el calor del alcohol en el estómago y un vago optimismo en la cabeza, le hacía gracia convertir a aquel infeliz testigo de sus jolgorios en trabajador de sus tierras, un capricho que se pagaba.

—Con tal de que tengas siempre algunas botellas de la Guita[8] 30 y una guitarra, por si caemos por allí°.

—¿Y esa niña? ¿Es de la casa?

El Cojo puso cara seria.

—No, hombre, no, ya sabes tú que yo no...

En efecto, aquel hombre acompañaba a los amigos, era buen 35 pagador de escándalos, pero su condición de acaudalado° le permitía mantenerse aparte de ciertos contactos que por lo visto juzgaba poco en armonía con sus posibilidades. Esos

se... shrugged

pale dry sherry

sherry spigot

leasing

vineyards cane thickets

por... in case we stop by

wealthy man

[7] que...that the merrymaking of the young blades (don Manuel's friends) uncorked.

[8] Either a wine-producing locality or a brand name.

aires de superioridad, de juez de los divertimientos ajenos y árbitro de los placeres, que pagaba el vino y a veces hasta las mujeres, le proporcionaban andar siempre rodeado de una corte de aduladores capaces de las más extraordinarias bajezas. Nunca consideró como hombres a los seres que le rodeaban.   5

—Es una chica decente, dijo el Cojo con cierta vergüenza.

El amo se echó a reir. Aún le duraban los hipos° y los bor-   hiccups
borigmos° cuando bajó el tropel de sus falseadores°.   rumblings in the intestines
    flatterers

Y allá se fueron, despúes de las bodas, el Cojo de Vera y la Motrilera; el trabajo era duro y más todavía para él que había 10 olvidado en pocos años lo que era el mango° de una herra-   handle
mienta° y no había conocido apero°. El sueldo, de seis reales°   tool   farm draft animals
    coins worth twenty-five *céntimos*
al día. No se quejó nunca, pero amaneció mudo y se le fue en- sombreciendo el rostro como a ella, que como mujer leal se le fue pareciendo a medida del tiempo pasado°; y así fueron pari- 15   a...as time passed
dos al azar de las piedras° hasta nueve varones y una hembra.   al...haphazardly in the fields
El más chico murió de cinco años atropellado por un automóvil que desapareció sin rastro. Los entierros fueron las faenas°   jobs
más desagradables de todos esos años.

Allá a la derecha quedaba Nerja[9]; el mar de tan azul desteñía 20 sobre el cielo[10]. Aquello era el río de la Miel[11]. La costa era abrupta pero sin festón de espumas°: la mar se moría de quieta.   festón...whitecaps
Las rocas y los peñascos° se podían ver los pies limpios[12] dán-   crags
doles mil colores a las aguas. Las barcas, con su vela terciada°,   vela...sails tilted
entreabrían sus caminos. Veleros pequeños, peces pequeños, 25 vida pequeña, miseria bajo un cielo unicolor. Monotonía terrible, falta de agua, sólo los geranios rompían lo uniforme y crecían a la buena de Dios°. Sobre las trébedes° los pucheros°   a...haphazardly   tripods
    cooking pots
de barro, y, con el espinazo° roto, aventar° las brasas°. Las   spine   fanning   coals
berzas°, el gazpacho y demasiado pan. Así un día y un año y 30   cabbages
otro. Las cañas de azúcar se escalofrían° en los aires y silban°.   se...tremble   whistle
Mirando a lo alto, hacia la derecha, los olivares y los espar- tales°; el polvo; más arriba la sierra entre azul y morada: abajo   fields of esparto grass
todo es parduzco, gris sin color, verde patinado°. Allá enfrente   filmy
se adivina° Málaga con un ruido de vida olvidada. La vida cae 35   se...one senses
como el sol, entontece. Trabajar, sudar, sentarse en las piedras

---

[9] Small coastal town close to Motril.

[10] el mar...the sea looked so blue that it seemed to stain the sky with its hue.

[11] Stream in the province of Málaga.

[12] se podían...could see themselves reflected clearly down to their bases (in the still water).

cuando no hacen sombra, a esperar, bajo el olivo más cercano o
en el jorfe° más propicio, que le traigan a uno el almuerzo,   crag
idéntico al de ayer.　Ni ella se acuerda del nombre del Cojo de
Vera ni él del de ella.　Ya no se hablan casi nunca, los ojos se
les han vuelto pequeños porque ya no tienen qué mirar.　Viven 5
en su noche.　La Virgen de las Angustias[13] lo preside todo con
manso amor.

　　El Cojo, de vez en cuando, le echa unas miradas a la niña.
¿Cómo ha crecido?　¿Cómo han podido pasar esos diez y ocho
años?　La medida del tiempo se la dan cepas°, olivos y cañas; 10 grapevines
el metro humano se le escapa y sorprende.　Se le menean las
teticas° que deben ser blandas.　El padre corta con su navaja   Se...Her breasts bobble
su pan de almodón°, mira sin ver hacia la almarcha°.　¿Cómo   flour made from dampened
han pasado esos diez y ocho años?　No se contesta.　Mira el   wheat   low-lying village
surco que acaba de trazar; ¿Le dejará el amo plantar tomates? 15
Ya le dijo que no, pero él piensa insistir y si se vuelve a negar
los plantará de todas maneras; nunca viene por aquí.　Masca la
pitanza° con sus dientes blanquísimos.　«No podré pagar si no   ration
planto los tomates y el señor tiene a menos° que su tierra los   tiene...considers it beneath him
produzca».　«Eso es bueno para los que no tienen extensión y 20
quieren que una fanega° les dé un poco de todo.　Yo no soy de   measure equal to 1.59 acres
ésos».　Pasan unos grajos° gañendo°.　«Tendré que ir a Cerro   crows   cawing
Gordo...»

　　Por una historia de loriga[14] saltada° apareció por allí un Juan   broken
Pérez cualquiera, carrero de Vélez-Málaga[15].　Un tanto harbu- 25
llista° y fandanguero° el mozo, pero su misma media lengua° le   jabberer   merrymaker
da un toque gracioso.　Se acostumbró a descansar unas horas   media...gift of gab
en la casucha, cada diez o quince días, al paso.　Se encaprichó
con° la moza y la moza de él; las cosas vinieron rodadas°.　A   Se...He fell for   las...one
los padres no les pareció mal (se entendieron con un gruñido° y 30 thing led to another
un encogerse de hombros) y los casaron.　La chica hace tiempo   grunt
que tenía ganas de saber cómo era «eso».　Debía de correr por
entonces la Navidad de 1935.　La niña se fue con su marido a
vivir a Vélez-Málaga.　Sus padres se quedaron en el recodo,
esperando la muerte.　Los enterrarían en la hoyanca° de Nerja; 35 potter's field
el camino era largo, hacía tiempo que él no lo había hecho,

---

[13] Image of the Virgin Mary that depicts her mourning her dead son.　She
is the patron saint of Granada.
[14] Circular metal support that is used to reinforce the axle boxes of a cart's
wheels.
[15] Town between Málaga and Motril.

pero, ¡por una vez! De la proclamación de la República se
habían enterado sin comentario; de lo de Asturias[16] ya se había
hablado más, el yerno° mismo y Alfredo el Pescadilla°, el carrero   son-in-law   Weakfish, Whiting
que bajo su lona les traía las pocas cosas que necesitaban. Le
llamaban el Pescadilla porque, a veces, si la casualidad lo   5
quería, solía traer pescado para venderlo a su clientela. En su
carromato° se encontraba de todo: botijos, velas, chorizos,   covered wagon
palillos, criollas[17], lendreras°, papel de escribir y de adorno,   fine-toothed combs for
                                                                 removing nits
jabón y cintas de colores, azafrán°, pozales°, toallas, horquillas°   saffron   pails   hairpins
y perfumería, broches y espejos, neceseres° y todos los encargos°   10   toilet or sewing cases   orders
que le hubiesen hecho la semana anterior. Al Cojo todo aquello
de la República y la revolución no le interesaba. Él no era
partidario de eso. Las cosas como eran. Si así las habían
hecho bien hechas estaban y no había por qué meterse en hon-
duras°. Eso era cuestión de holgazanes°. Él —que vivió lo   15   meterse...to get in too deep
                                                                  idlers
suyo— lo sabía. Que cada uno coma su pan y que no se meta°   no...not get involved
donde no le llamen. Los señoritos[18] son los señoritos. Ya
sabemos que son unos tontainas°: veinticinco años después el   nincompoops
Cojo seguía teniendo el mismo concepto del mundo que cuando
vivía en la promiscuidad de los prostíbulos° malagueños. No   20   brothels
se podía figurar el mundo ordenado de otra manera. Y en el
fondo le quedaba un resquemor° contra sus primeros camara-   resentment
das, los mineros, que, al fin y al cabo, le habían estropeado la
voz, produciendo tanto polvillo rojo «que lo penetraba todo».
La madre ni siquiera oía, encaparazonada° bajo el techo de sus   25   sheltered
partos y sus ropas negras. Una mañana, allá por agosto del 36,
vinieron dos hombres del pueblo a quienes conocían apenas,
con escopetas° de caza al hombro. «Salud». «Hola». «El   shotguns
Comité te ha asignado esta tierra, desde la cerca° aquélla al ba-   fence
rranco; del barranco para allá la debe de trabajar Antonio el   30
Madera». «Ya has tenido suerte, había quien quería dejarte
fuera de la colectividad». «Tienes que bajar al Comité». Y se
fueron. El Cojo se encogió de hombros y siguió haciendo su

---

[16] Reference to the establishment of revolutionary councils by the socialists
in the mining districts of Asturias as part of their October Revolution of
1934. This revolt against the Spanish Second Republic was quickly sup-
pressed; nevertheless, it polarized the left and right wings and helped
precipitate the Spanish Civil War. The term *revolución* later in this paragraph refers to the same events.

[17] botijos...two spouted earthen jars with a handle, candles, blood sausages,
toothpicks; *criollas* is unidentifiable.

[18] The sons of the *señores*, who do not work and live a dissolute existence.

vida de antes, como si nada hubiese sucedido. Una mañana se
encontró con el Cuchipato. «¿Qué haces por aquí?» «Esta
tierra es mía». El Cojo le miró con desprecio. «¿Es que don
Manuel te la ha vendido?» El hombre dijo: «Bien». Y le
volvió la espalda. Le llamaban el Cuchipato porque andaba 5
un tanto despatarrado°.   bow-legged

Se lo llevaron a la mañana siguiente entre las dos escopetas
de caza, terciadas° en las espaldas. Los cañones relumbraban   slung crosswise
al sol. Bajaron hacia el pueblo; había dos kilómetros de buena
carretera. Uno de ellos, el que iba a la derecha, dijo: «Bueno 10
está el campo del Francés». Los otros asintieron sin palabras.
Hacía demasiado calor para hablar. Al Cojo no se le ocurría
gran cosa, andaba, se daba cuenta de que sus miembros acogían
con gratitud aquel paseo. «Y si me matan, qué más da, para lo
que le queda a uno de vida. Ya me he levantado, me he vestido, 15
he comido, trabajado y dormido bastante. Tanto monta la
fecha del se acabó[19]. Sí, el Francés siempre cuidó bien su
campo, pero ya lo he visto muchas veces, qué más da no vol-
verlo a ver. Además, no me van a matar.» Se le metió una
guija° en la alpargata°, dobló la pierna y la sacó. Los otros, 20   pebble   hemp sandal
cinco metros más abajo, esperaban.

—Ya podía el tío Merengue tener esto más decente, dijo el
Hablador, el de la derecha.

En esto llegaron al pueblo. En una plazoleta donde crecían
seis acacias cercadas por una tira° de ladrillos estaba la casa del 25   strip
Conde. Una casona enlucida° con un portalón y dos rejas que   graced
ocupaba todo un lado de la plaza. El sol la apuntaba con un
prisma de sombra. En el zaguán° enlosado° con lonchas° som-   entranceway   tiled
brías estaba reunido el Comité. Era donde corría más aire.   flagstones
Un botijo, en el suelo, parecía un gato acurrucado°. Esperaron 30   curled-up
un momento, al soslayo de° la sorpresa del cambio de tempera-   al...caught off guard by
tura; el sudor, de pronto, adquiría calidad de parrilla helada°.   parrilla...a cold earthen jug
                                                                   (that "sweats")

—Hola, Cojo —dijo uno de los que estaban sentados alrededor de la mesa. —Siéntate.

El hombre obedeció. El Comité lo formaban cinco hombres 35
a quienes el Cojo conocía vagamente; tres de ellos estaban en
camiseta, los otros en mangas de camisa.

—¿Dicen que no quieres la tierra que te ha tocado°?   que...that has been allotted to
El enjuiciado° se encogió de hombros.   you
                                                                 defendant

[19] Tanto...It makes no difference what date it is all over.

—¿Por qué?

Hubo un silencio y el más gordo dijo con sorna°:   sarcasm

—Le tiene miedo a la guardia civil°.   guardia…police force that patrols the countryside

Y otro:

—Es un esquirol° de toda la vida.   5 scab

Y el Cojo:

—No es verdad.

El que estaba sentado en medio atajó°:   interrupted

—Tú eres un obrero, has trabajado bien esa tierra, es natural que te corresponda, ¿comprendes?   10

El Cojo gruñó. El gordo intervino:

—Me alegro poder decírtelo en la cara, Cojo, como lo dije hace unos días en el Sindicato°: eres un mal bicho° y lo que hay que hacer contigo es lo posible para que no hagas daño.   Union   mal…ugly character

—Yo no me he metido con nadie.   15

Y el Presidente:

—Por eso, por no meterte con nadie, por aguantarte, por cobardía, es por lo que el mundo anda como anda. Si todos fuesen como tú, los amos seguirían siendo siempre los amos —y añadió, dándose importancia—: La propiedad es un robo.   20

—Ya lo sé —comentó el Cojo—. No soy tan tonto.

—Tu ex-amo don —y recalcó° el calificativo— Manuel Hinojosa está con los rebeldes; nosotros nos repartimos sus tierras para trabajarlas en pro de° la colectividad.   he stressed   en…on behalf of

El Cojo ya no comprendía nada, estaba como borracho, 25 sentía una barra pesada en la frente.

—Y porque queremos que todos los trabajadores participen en los beneficios de la reforma, hemos decidido darte tu parcela sin tener en cuenta que nunca has querido nada con nosotros. Tampoco has estado en contra, hay que reconocerlo.   30

Hubo una pausa. El que debía ser presidente se levantó:

—¿Aceptas tu tierra o no?

El Cojo cogió un palillo que se le había caído de la cintura al suelo. Se levantó, dijo:

—Acepto.   35

Y el presidente:

—Pues ya estás andando.

Cuando hubo salido se enzarzaron en° una discusión: se…they got involved in

—Siempre estaremos a tiempo—, sentenció el gordo.

El Cojo echó hacia arriba°, las manos tras la espalda, en una 40 posición que le era familiar, poco corriente entre campesinos y   echó…started back up the hill

que quizás no era extraña a la fama de raro que tenía. Miraba
la carretera: el polvo y las piedras. «La tierra es mía, me la
dan». Se paró un segundo. «Me la dan porque la he traba-
jado, sin que tenga que rendir cuentas°. Claro, si yo no hubiese   rendir...to account to anyone
estado allí veinticinco años la tierra se hubiese podrido°; lo que   5 rotted
es mío es el trabajo. No la tierra, lo que produce». Se volvió
a detener. «Pero si yo no hubiese trabajado la tierra me
hubiese despedido y hubiera puesto a otro en mi lugar. Entonces, claro está, la tierra debiera ser de ese otro». Volvió a
echar adelante más ligero. «Si quiero la puedo dejar en barbe-   10
cho»°. Se rió. «Sin comprarla, sin heredarla». Pensó en su   en...fallow
mujer y se extrañó de ello. «Plantaré tomates. Don Manuel
se opuso siempre. Decía que las viñas se podían estropear.
¡Qué terco° era! Sí, tomates». Tropezó con una piedra y la   stubborn
apartó del camino. Refrescaba, llegaba el viento en rachas°,   15 gusts
cargado de mar, levantando polvo. «Hace demasiado calor
para la fecha en que estamos. ¿Qué día es hoy? No sé, pero
sin embargo es un día importante. Desde ahora soy propietario». La palabra chocó en su pecho, le molestaba. No quiso
acordarse de ella y sin embargo se la notaba en la mollera°,   20 se...he had it on his mind
como una piedra en la alpargata. «Habrá que trabajar más.
Sí, era evidente; además, él lo podía hacer. Desde mañana, no,
desde aquella misma tarde, tan pronto como llegara». Apretó°   He quickened
el paso. «Ya se lo habían dicho, ¿o no?, de eso no le dijeron
nada, ¿no dijo el Miguel que ahora trabajaría para todos»?   25
No se acordaba; de aquella conversación en el zaguán se le
había borrado todo, sólo prevalecía una cosa: había aceptado
la tierra. Él comprendía que trabajando para él trabajaba para
todos, ¿se lo había dicho alguien alguna vez? No lo acababa
de comprender°, per sentía que esa idea estaba bien y le tran-   30 No...He did not understand it
quilizaba. Se paró a mirar el paisaje; no lo había hecho nunca,   completely
nunca se le hubiera ocurrido pararse a mirar una tierra que no
tuviese que trabajar. Ahora descubría la tierra; le pareció
hermosa en su perpetuo parto. Allí, a lo lejos, unos hombres la
herían cuidándola. Le dieron ganas de correr para llegar antes. 35
Se reprendió°. «Dejémonos de tonterías», y pensó algo que   Se...He scolded himself.
nunca le vino a la imaginación: «Si tuviese uno veinte años
menos...» ¿Qué traía el aire? Le acometieron ganas de
fumar y se las aguantó por no perder tiempo. Sin darse cuenta
ya estaba en el caminejo de su casa.   40
    La mujer no dijo nada al verle entrar. Le miró y él huyó los

ojos. Ahora —iba de descubrimiento en descubrimiento— se
dio cuenta de que había perdido la costumbre de hablarle, y
que le era difícil así, de buenas a primeras°, darle la noticia. Se
quedó plantado en medio de la habitación.

    Ella: —¿Qué te querían?

    Él: —Nada.

Estuvo a punto de contestar: «Nos dan la tierra». Ella, que
estaba a medio agachar°, se quedó inmóvil esperando más palabras; pero el Cojo se calló y ella se enderezó° poco a poco.

    —Ah —dijo, y no hablaron más.

    Él salió al quicio de la puerta° y se estuvo quieto mirando,
mucho tiempo. En las esquinas de sus ojos había unas lágrimas
que por no saber su obligación se quedaron allí, secándose al
aire frío de un otoño ya en agonía. La mujer vino arrastrando
una silla y se sentó en el umbral°. El Cojo se acordaba de
aquellos hombres de los cuales nunca había hecho caso: anarquistas y socialistas, y que ahora le daban la tierra. Sentía, de
pronto, un gran amor hacia ellos: no se le ocultaba que aquel
agradecimiento era interesado, pero comprendía que, a pesar
de todo, aquel sentimiento era puro. Le remordían° ciertos
chistes, el desprecio. «¿Si lo llego a saber? Pero, ¿cómo lo va
uno a saber? ¿Quién me lo iba a decir? No había quien me lo
explicara...» La mujer rompió los silencios —el suyo y el de
ella.

    —Si vienen los otros...

El hombre no contestó. No vendrían, y si venían a él no
habría nadie que le quitara la tierra. Era suya, se la sentía
subir por la planta° de los pies, como una savia°. Tan suya
como sus manos, o su pecho, más suya que su hija.

    —Que vengan, dijo, y se sentó en el suelo.

Al entrecruzar las manos sobre las rodillas se acordó de las
ganas de fumar que había pasado subiendo del pueblo y que
luego se le habían perdido en la concatenación de sus ideas.
Con toda calma sacó su petaquilla° de Ubrique[20], deforme,
pelada (la había comprado al cosario° hacía diez o doce años) y
pausadamente lió un cigarro rodando con ternura la hierba en
el papel a favor de° los pulgares° sobre los índices°, lo pegó con
lentitud humectándolo° de izquierda a derecha con un movimiento de cabeza, se lo echó a la esquina siniestra° de la boca,

[20] Town in southern Spain approximately twenty miles inland from Gibraltar.

Glosses (right margin):

- de...on the spot
- a...half-crouched
- se...straightened up
- quicio...doorway
- doorstep
- Le...He regretted
- soles   sap
- tobacco pouch
- hunter
- a...with the aid of   thumbs
- index fingers
- moistening it
- left

sacó el chisquero°, encendió a la primera. Recostó la espalda   cigarette lighter
en la pared y aspiró hondo, se quemó el papel, prendió el
tabaco, la boca tragó el humo: era su primera bocanada° de   puff
hombre, el primer cigarro que fumaba dándose cuenta de que
vivía. Por lo bajo, con su voz atelarañada°, empezó a cantar   5 scratchy
hondo. Mil ruidos de la tierra le contestaban: era el silencio de
la noche.

   Pasan los días; en una parata°, recostado en un acebuche°, el   cultivation terrace   wild olive
Cojo fuma unos pitillos° delgaduchos, deformes, como sus   tree
dedos; no piensa en nada; el sol le llega a través de una chum- 10 cigarettes
bera subida en el borde del bancal inmediato. «Aquellos sarmientos que planté hace tres años y que se dan tan bien... ésos
son más míos que los otros. De eso no hay duda porque don
Manuel no sabía nada de ello. No me recibió, hace dos años,
cuando se lo fui a decir». Rompe una tijereta° y la lleva a la 15 tendril (of the vine)
boca, masca su sabor agraz°. Baja después la mano a la tierra,   sour
la tienta°: es una tierra dura, difícil de desmoronar°, seca, un   la...he feels it   to crumble
poco como yo —se le ocurre— y de pronto querría verla trans-
formada en tierra de pan llevar°, rica, henchida° de savia tri-   tierra...cereal-growing land
gueña°, llena a reventar. Acaricia la tierra, la desmenuza° en 20 saturated
la palma de su mano, la soba° como si fuese el anca° de una   olive-colored   sifts
caballería lustrosa. Nota cómo el olivo le cubre la espalda, le   massages   haunch
resguarda. Le entran ganas de ir a perderse por trochas° y   trails
abertales°, pero le basta con el deseo. Al abrigo del jorfe crece   land fissured by drought
una mata de tamujo°, la alcanza con el pie y juega a doblar el 25 mata...thicket of brush
mimbre°. La tierra sube por todas partes: en la hierba, en el   osier, stalk
árbol, en las piedras, y él se deja invadir sin resistencia notando
tan sólo: ahora me llega a la cintura, ahora al corazón, me
volveré tarumba° cuando me llegue a la cabeza.   me...I will go daft
   A la caída de la tarde todo es terciopelo°. El Cojo vuelve 30 velvet
con el azadón° al hombro; se cruza con el Cuchipato: «Hola».   hoe
«Hola». Cuando les separan más de diez metros, el Cojo se
vuelve y le interpela°:   questions
   —Oye, ¿dónde puedo encontrar una escopeta?
   —Pídesela al Comité.   35
   Se fue para allá.
   —¿Qué quieres?
   —Un arma.
   —¿Para qué?
   —Por si acaso...   40
   —No tenemos bastantes para la guerra.

—¡Qué le vamos a hacer!

Y se vuelve para su tierra.

Una mañana aparece por allí la hija, con un barrigón de ocho
meses.

—¿Y tu marido?   5

—Por Jaén[21]. De chófer. En el batallón X...

—¿Y tú estás bien?

—Bien.

—Eso es bueno.

La madre se afana°:   10   se...states anxiously

—Dicen que vienen.

La hija:

—Sí, moros e italianos.

El padre:

—¿Por dónde?   15

—Por Antequera[22].

El padre:

—Aún falta. No llegarán aquí.

La madre:

—No sé por qué.   20

El padre la mira y se calla, casi dice: «Porque la tierra es
mía...»

La madre y la hija se pasan el día sentadas en el talud° de la   slope
carretera pidiendo noticias a todo bicho viviente°. Pasan y re-   todo...every living soul
pasan autos, pronto se nota que van más de Málaga a Almería 25
que no al contrario. Los días pasan... ¿No tienes fresco?, le
pregunta de cuando en cuando. No se preocupe, madre. No
saben qué esperan. Allí viene un burro; en él montada una
mujer con un niño en los brazos; detrás con una vara° en la   staff
mano, un gañán° cubierto con un fieltro° verde, de viejo y   30   farm laborer   felt cape
negro. Les interpelan al paso:

—¿De dónde sois?

—De Estepona[23].

—¿Vienen?

—Dicen que sí, y que lo queman todo.   35

Ya están lejos. El Cojo, allá abajo, no sale del majuelo°; la   hawthorn
carretera va adquiriendo una vida nueva: corriente. Poco a

[21] City in southern Spain approximately sixty miles north of Málaga.
[22] City in southern Spain approximately fifteen miles north of Málaga.
[23] Town on the southern coast of Spain between Gibraltar and Málaga.

poco ha ido creciendo su caudal°, primero fueron grupos, ahora   flow
es desfile. Y los hombres atraen a los hombres: se puede dejar
pasar indiferente una comitiva°, no un ejército. A la mañana   group, retinue
siguiente el Cojo subió a la carretera y se estuvo largo tiempo de
pie, mirando pasar la cáfila°. Venían en islotes o archipiélagos,   5   multitude
agrupados tras una carretilla° o un mulo: de pronto aquello se   wheelbarrow
asemejó a un río. Pasaban, revueltos°, hombres, mujeres y   in disarray
niños tan dispares en edades y vestimenta que llegaban a cobrar
un aire uniforme. Perdían el color de su indumentaria al
socaire de su expresión[24]. Los pardos, los grises, los rojos, los   10
verdes se esfumaban° tras el cansancio, el espanto, el sueño que   se...vanished
traían retratado en las arrugas del rostro, porque en aquellas
horas hasta los niños tenían caras de viejos. Los gritos, los
ruidos, los discursos, las imprecaciones se fundían° en la albór-   se...merged
bola° confusa de un ser gigantesco en marcha arrastrante. El   15 shouts
Cojo se encontraba atollado° sin saber qué hacer, incapaz de   in a quandary
tomar ninguna determinación, echándolo todo a los demonios
por traer tan revuelto el mundo. Los hombres de edad llevaban
a los críos, las mujeres con los bártulos° a la cintura andaban   household goods
quebradas, las caras morenas aradas° por surcos recientes, los   20 furrowed
ojos rojizos del polvo, desgreñadas°, con el espanto a cuestas°.   disheveled   a...over them
Los intentos de algunos niños de jugar con las gravas° deposi-   gravel
tadas en los bordes de la carretera fracasaban, derrotados im-
placablemente por el cansancio pasado y futuro. De pronto la
sorda algarabía° cesaba y se implantaba un silencio terrible.   25 sorda...muted din
Ni los carros se atrevían a chirriar; los jacos° parecían hincar°   nags (horses)   to bend
la cabeza más de lo acostumbrado como si las colleras° fuesen   padded horse collars
de plomo en aquellas horas. Lo sucio de los calamones de
cobre° en las anteojeras° daba la medida del tiempo perdido en   calamones...copper studs
la huida. Los hombres empujaban los carromatos en ese último   30 blinders
repecho°; las carretillas, en cambio, tomaban descanso. Las   incline
mujeres, al llegar al hacho, rectificaban la posición de sus cargas
y miraban hacia atrás. De pronto, el llanto de los mamones°,   nurslings
despierto el uno por el otro. Una mujer intentaba seguir su
camino con un bulto bajo el brazo derecho y un chico a horca-   35
jadas en° su cintura mantenido por su brazo izquierdo, cien me-   a...astride
tros más allá lo tuvo que dejar: se sentó encima de su envol-
torio°, juntó las manos sobre la falda negra, dejó pasar un cen-   bundle
tenar de metros de aquella cadena oscura soldada° por el miedo   welded

[24] Perdían...The color of their clothing was obliterated by their common
expression.

112

y el peso de los bártulos; echó a andar de nuevo arrastrando el
crío que berreaba°. «No puedo más, no puedo más». Ahora   was shrieking
pasaba algún coche; dos camiones llegaban jadeando°, en se-   heaving
gunda, desembragaban° al llegar allí y seguían en directa; ese   they disengaged their gears
silencio, de una marcha a otra, era como un adiós al mar. Se   5
veían los vendajes de algún herido, el rojo y negro de los gorros
de la F. A. I[25]. El terror se convertía en muerte, las hileras de
gente en multitud. El Cojo bajó a la casa y dijo a las mujeres:

—Tenéis que marcharos.

—¿Y tú?   10

—Yo me quedo.

No protestaron, y con un hatillo° se unieron al tropel. Les   bundle of belongings
empujaba algo que les impedía protestar, huían por instinto,
porque sabían que aquello que llegaba era una catástrofe, algo
antinatural, una mole° que los iba a aplastar, un terremoto° del   15 mass   earthquake
que había que apartarse a cualquier precio así se fuese la vida en
la huida misma. «Mi padre que vivía en Ronda[26]...» «Lo
fusilaron° sin más». «No dejan ni rastro». «Y llegaban y   shot
robaban». Lo poco que se oía eran relatos, comentarios ni
uno, o, a lo sumo, un «no lo permitirá Dios» airado° salía de   20 angry
una desdentada° boca de mujer. Los autos se abrían surco a   toothless
fuerza de bocina°, la gente se apartaba con rencor. Mas ya no   car horn
se corría y contestaba vociferando a los bocinazos. Por otra
parte los coches se convertían en apiñados racimos° que los   apiñados...tightly packed
frenaban. Alguno intentó pasar y el barullo° acabó a tiros.   25 clusters
La gente se arremolinó° alrededor del vehículo. Un hombre   ruckus
subido en el estribo°, colgado el fusil en el hombro, una pistola   se...crowded
del 9 largo° en la mano, vociferaba: «Compañeros...» El   running board
coche, sin freno, echó a andar hacia atrás y fue a hincarse veinte   pistola...9 millimeter (caliber)
metros más abajo, sin violencia, en el talud. El hombre lanzó   30 long-barreled pistol
un reniego° y siguió a pie. Tumbado sobre el volante°, el   curse   steering wheel
conductor, muerto.

Al dar la vuelta y perder de vista el mar, la multitud se sentía
más segura y aplacaba su carrera. Se veían algunos grupos
tumbados en los linderos° de la carretera. El Cojo seguía de   35 sides
pie viendo desfilar esa humanidad terrible. Pasaron unos del
pueblo y viendo al Cojo ahí plantado:

—¿Vienes?

[25] *Federación Anarquista Ibérica*, extreme leftist anarchist group that
masterminded a number of violent strikes against the Spanish Republic.
[26] Spanish town approximately ten miles north of Estepona.

—No.

—Es que llegan.

—Si me habéis dado la tierra es por algo. Y me quedo.

Lo interpretaron mal, pero uno dijo: «Déjalo», y siguieron
adelante.

Ahora, de pronto, pasaba menos gente; el Cojo se decidió a
volver a su casa. Hacía una temperatura maravillosa. De
bancal en bancal se iban cayendo las tierras hasta las albarizas°   salt lakes
tiñéndose° de espalto°. Cerca de su chamizo se encontró con   becoming tinted   dark glaze
tres milicianos°.   militiamen

—Hola, salud.

Se oyó el motor de un avión, debía de volar muy bajo, pero
no se le veía. Al ruido del motor levantaron la cabeza una
veintena de hombres tumbados tras las bardas° del jorfe. De   reeds
pronto se le vio ir hacia el mar. El motor de la derecha ardía.
El trasto° planeó° un tanto y cayó hacia el agua. Al mismo   useless object   glided
tiempo dos escuadrillas de ocho aparatos picaron° hacia el lugar   swooped
de la caída ametrallando° al vencido. Luego cruzaron hacia   machine-gunning
Málaga. A lo lejos sonaban tiros.

—Si fuésemos unos cuantos más... de aquí no pasan.

—Si ellos no quieren...

—No digas tonterías. Blázquez me ha asegurado que han
salido anteayer tropas de Jaén y que de Lorca[27] han llegado a
Guadix[28] tres mil hombres. De Almería ya habían salido antes.

—Yo no creo...

—Cállate.

El que hablaba parecía tener cierto ascendiente° sobre los   authority
demás. Le preguntó al Cojo:

—¿Tienes agua?

Cambió de tono.

—Es para la ametralladora.

El Cojo contestó que sí, y añadió sin darse él mismo cuenta
de lo que decía.

—Si tenéis un fusil, yo tiro bastante bien.

—¿Cómo lo sabes?

—De cuando serví al Rey.

—¿A qué partido perteneces?

[27] Town in southern Spain approximately ten miles inland from the coast
between Murcia and Almería.

[28] Town in southern Spain close to Granada.

—A ninguno.

—¿A qué Sindicato?

—A la C. N. T[29].

—¿Desde cuándo?

—Desde hace unos meses.   5

Lo dijo sin vergüenza. Entre los milicianos había uno del
pueblo y terció en° la conversación.   terció...he cut into

—Es un tío atravesado°; un correveidile° del antiguo dueño   nasty   lackey
de estas tierras. Yo no le daría un arma. Más bien le daría
con° ella. A lo mejor nos pica por detrás. No te fíes.   10   le...I would shoot him with

El otro le preguntó:

—¿De quién es la tierra ahora?

—Suya.

—¿Cuál?

—Ésta.   15

—Que le den el fusil. Y tú —le dijo al Cojo— ponte aquí, a
mi lado.

Distribuyó a la gente por los bancales que dominaban la
carretera, fuese a emplazar la ametralladora cien metros más
arriba. Envió a uno con un parte° a otro grupo que, según dijo,   20   message
les cubría la derecha.

—Vosotros en las hazas°, lo más pegado a la tierra que   fields
podáis. ¿Qué distancia hay de aquí allá abajo?

—Kilómetro y medio, más o menos.

—Entonces ya lo sabéis, el alza° al quince.   25   backsight (on a rifle)

Y como el Cojo se hiciera un lío°, él mismo se lo arregló.   se...was botching up (the rifle)
Esperaron. La carretera estaba limpia de gente. Un camión
había volcado° sin que ninguno se diera cuenta; una carretilla   overturned
abandonada y vuelta al revés, hacía girar su rueda como si fuese
un molinete°. Empezaron a caer obuses° hacia la derecha.   30   pinwheel   mortars
Olía a tomillo°. El Cojo se sobrecogió°, notó cómo le tem-   thyme   se...was startled
blaban sus escasos molledos°, sin que el esfuerzo que hizo para   fleshy parts of arms and legs
tener mando sobre ellos le diese resultado. Sin embargo, no
sentía ningún miedo. Con espacios regulares, el cañón dis-
paraba. El Cojo se puso a contar entre un disparo y otro para   35
ver de darse cuenta de cuánto tardaba. Se hizo un lío. Intentó
hundirse más en la tierra. Por vez primera la veía tan de cerca
y descubría cosas asombrosas en sus menores rendijas°. Las   crevices
hierbas se le convertían en selva, unas collejas próximas, con

[29] *Confederación Nacional del Trabajo*, the anarcho-syndicalist union
founded in 1911.

sus tallos ahorquillados°, le parecieron monstruos fantásticos.   tallos...fork-shaped stalks
El olivo que tenía a la izquierda y que ahora adivinaba incon-
mensurable, le protegía.   De eso tuvo la sensación muy exacta.
Disparó tres tiros sobre algo que se movía a lo lejos y alcanzó
luego la cabezuela de una margarita°; descubría dos mundos   5   daisy
nuevos.   Pensó en la paz y palpó la tierra acariciándola.   Giró
el cerrojo°, tomó un cargador° y realizó la carga con mayor   bolt   chamber (plug
seguridad y rapidez que antes.   Su compañero de la izquierda   containing the charge)
le miró riendo.

—¿Qué, bien?   10
—Bien.

Unas balas pasaron altas segando° unas ramillas de olivo.   cutting off
La ametralladora de la derecha empezó a funcionar.   Allá,
mucho más lejos, entró otra en acción.

—De aquel recodo —dijo el compañero— no pasarán.   15

Carretera adelante el éxodo continuaba.   La Rafaela y su
madre andaban confundidas con la masa negra.

Sobre el llano° no había más líneas verticales que los postes   flatland
del telégrafo.   De pronto, desde allá abajo vino un alarido°.   scream
«¡Que vienen!»   La gente se dispersó con una rapidez inau-   20
dita°; en la carretera quedaron enseres°, carruajes y un niño   extraordinary   belongings
llorando.   Llegaba una escuadrilla de caza° enemiga.   Ametra-   de...pursuit
llaban a cien metros de altura.   Se veían perfectamente los
tripulantes°.   Pasaron y se fueron.   Había pocos heridos y   crew
muchos ayes, bestias muertas que se apartaban a las zanjas°.   25   ditches
El caminar continuaba bajo el terror.   Una mujer se murió de
repente.   Los hombres válidos° corrían, sin hacer caso de sú-   healthy
plicas.   Los automóviles despertaban un odio feroz.   La Rafaela
se había levantado con dificultad.   Su madre la miró angustiada.   30

—¿Te duele?

La hija, con un pañuelo en la boca, no contestaba.   «¡Que
vuelven!»   La Rafaela sufría tanto que no pudo hacer caso al
alarido que un viejo le espetaba°, diez metros más allá.   spit out

—Acuéstese, acuéstese.   35

Agarrada a un poste de telégrafo, espatarrada°, sentía cómo   legs spread apart
se le desgarraban° las entrañas.   se...were being torn

—Túmbate, chiquilla, túmbate —gemía la madre, caída.   Y
la Rafaela de pie, con el pañuelo mordido en la boca, estaba
dando a luz.   Le parecía que la partían a hachazos°.   El ruido   40   ax blows

de los aviones, terrible, rapidísimo y las ametralladoras y las bombas de mano: a treinta metros. Para ellos debía ser un juego acrobático. La Rafaela sólo sentía los dolores del parto. Le entraron cinco proyectiles por la espalda y no lo notó. Se dio cuenta de que soltaba aquel tronco y que todo se volvía blando y fácil. Dijo «Jesús» y se desplomó°, muerta en el aire todavía.

Los aviones marcharon. Había cuerpos tumbados que gemían y otros quietos y mudos; más lejos, a campo traviesa°, corría una chiquilla, loca. Un kilómetro más abajo el río oscuro se volvía a formar; contra él se abrían paso unas ambulancias; en sus costados° se podía leer: «El pueblo sueco al pueblo español». Hallaron muerta a la madre y oyeron los gemidos del recién nacido. Cortaron el cordón umbilical.

—¿Vive?

—Vive.

Y uno que llegaba arrastrándose con una bala en el pie izquierdo dijo:

—Yo la conocía, es Rafaela. Rafaela Pérez Montalbán; yo soy escribano. Quería que fuese chica.

Uno: —Lo es.

El escribano: —Y que se llamara Esperanza.

Y uno cualquiera: —¿Por qué no?

El Cojo se enriscaba en° la tierra, sentía su cintura y su vientre y sus muslos descansar en el suelo y su codo izquierdo hundido en la tierra roja. A la altura de su pelo llegaban dos pedruscos pardos sirviéndole de aspillera°. Tenía el fusil bien metido en el hombro, apuntaba con cuidado. El disparo se le clavaba en el hombro y repercutía en la tierra a través de su cuerpo. Y él notaba cuánto se lo agradecía. Sentíase seguro, protegido, invulnerable. Cada disparo llevaba una palabra a su destinatario: «Toma. Toma y aprende». Iba cayendo la tarde. Las ametralladoras seguían tirando ráfagas. El compañero le dijo:

—Tú quédate ahí.

Los disparos se espaciaban. El Cojo buscaba una palabra y no daba con ella; defendía lo suyo, su sudor, los sarmientos que había plantado, y lo defendía directamente: como un hombre. Esa palabra el Cojo no la sabía, no la había sabido nunca, ni creído jamás que se pudiera emplear como posesivo. Era feliz.

se…toppled over

a…cross-country

sides

se…dug into

embrasure

La verdadera historia de la muerte de Francisco Franco

I

Ignacio Jurado Martínez[1], nació en El Cómichi, congregación
del municipio de Arizpe, en el estado de Sonora[2], el 8 de agosto
de 1918.   Tres años después, la familia bajó al ejido[3] del Paso
Real de Bejuco, en el municipio de Rosamorada, en Nayarit[4].
De allí, cuando la mamá enviudó por un «quítame estas pajas»°,   5   por...on account of a very
se trasladaron —eran cinco hijos— a la villa de Yahualica, en   unimportant thing
Jalisco[5].   Al cumplir los ocho años, Ignacio se largó a Guadalajara[6] donde fue bolero° hasta que, a los quince, se descubrió   shoeshine boy
auténtica vocación de mesero.   Un lustro° después entró a   lustrum (five years)
servir en un café de la calle del 5 de Mayo[7], en la capital de la   10
República.
    —¿Usted, de dónde es?
    —De Guadalajara.
    Ser mozo de café es prestar servicios, no famulato°; depen-   servantship
dencia, no esclavitud; tiénese ocasión de ofrecer, indicar, reco-   15
mendar, reconocer; lazarillo° de gustos ajenos; factótum°, no   guide   jack-of-all-trades
lacayo; maestresala°, copero°, no mozo; camarero, no siervo ni   headwaiter   steward
siquiera apellidando libertad°.   Un mesero tiene personalidad,   no...not a serf with a freeman's
mayor con los años si cuenta con parroquia° fija, más ligada   title
ésta a la costumbre que el servidor.   Sólo el peluquero se le   20 clientele
puede comparar, y no en la asistencia, menos frecuente.
    Ser mesero titular otorga° derechos y conocimientos múlti-   grants one
ples.   Nacho°, del café Español, llegó a institución.   Renunció   nickname for Ignacio
a su semanal día libre porque nada le gusta tanto como andar

---

[1] Ignacio Jurado Martínez is a fictitious person.   This story intersperses
fictitious characters and real persons.   All cases in which real persons can
be identified are footnoted.

[2] State in northwestern Mexico bordering on the United States.

[3] Communal lands; originally an Indian institution, it was reestablished
after the Mexican Revolution of 1910.

[4] Small state on the Pacific coast of Mexico close to the city of Guadalajara.

[5] State on the Pacific coast south of Nayarit.

[6] Capital of the state of Jalisco.

[7] Street in downtown Mexico City.

118

de la cocina a sus mesas —ocho, del fondo—, al tanto de° las
conversaciones, metiendo cuchara° en cualquier ocasión, que
no faltan.

Le place tener relación directa con las cosas: el mármol —tan
duro, tan fino, tan liso°, tan resbaladizo° al paso del trapo húmedo; el vidrio, todavía un poco mojado, de los vasos; la loza°,
blanca brillante, de tazas y platos; las agarraderas° de ébano
—luego de baquelita°— de las grandes cafeteras de aluminio.

El aseo°, la nitidez°, el abrillantamiento de la piedra, logrado
por el rodeo vivo del paño°. (No recoge los trastos; hácelo
Lupe, la «Güera»°; la trata poco, teniendo en cuenta las cate-
gorías. Mándala con mirar, pocas palabras, alguna seña de la
mano.) Vierte el café y la leche con precisión, a chorro gordo,
de pronto cortado a ras del° borde de la taza o vaso, con un
recorte que demuestra, a cada momento, su conocimiento profundo del oficio.

—¿Mitad y mitad?

—¿Basta?

Le molestó la introducción del café *exprés*, que le daba
servido el brebaje°.

Desde el día de su llegada a la capital, el 7 de octubre de 1938,
halló un cuarto en la azotea de una casa de la calle de 57, a dos
pasos de su trabajo; allí siguió. Bastábale su cama, una silla,
una comodita°, el baño común —al final del pasillo—, un
aparato de radio, para que las noticias no le cogieran despre-
venido°, a la hora de los desayunos. Come y cena en el café,
según lo que sobra en la cocina. Vida sentimental nunca tuvo;
carece de interés masculino: nació neutro, lo dio por bueno.
Abundaban busconas° por el rumbo, sobre todo los primeros
años —las alejó el crecimiento, a borbotones°, de la capital—;
le conocieron, dejándole de ofrecer sus servicios; él, en cambio,
no dejó de prestarles algunos, con lo que fue bien visto, como
en todas partes; que eran pocas. La ciudad, para él, empieza
en el Zócalo[8], acaba en la Alameda[9]: la calle del 5 de Mayo, algo
de las de Tacuba y Donceles[10]; mojones° impasibles, a izquierda
y derecha: la Catedral, el Palacio de Bellas Artes; enfrente, los

al...keeping tabs on
metiendo...butting in

5 smooth   slippery

chinaware

handles

bakelite (plastic used for
  handles of kitchen equipment)
cleanness   brightness

10 cleaning rag

fair (hair or complexioned) girl

a...level with the

20 beverage

small chest of drawers

unprepared

streetwalkers

30 a...in a spurt

35 boundaries

[8] Main square of Mexico City, flanked by the presidential palace, a cathedral, and other important public buildings.

[9] Park in downtown Mexico City approximately ten blocks from the
Zócalo.

[10] Important commercial streets in downtown Mexico City.

Ferrocarriles Nacionales: la Religión, el Arte, el Mundo, todo
al alcance de la mano; le bastaba, sin darse cuenta de ello.

Pequeño, hirsuto, canicas° de obsidiana los ojos vivísimos; marbles
barba cerrada, magro°, tirando a cobrizo°, limpio a medias, los — thin · tirando...bordering on copper-colored
dientes muy blancos de por sí y de no fumar, se movía sin 5
prisas, seguro de su importancia, de llevar a cabo° sus funciones — llevar...carrying out
con perfección —lo cual era relativo.

—Dos exprés, dos capuchinos, un tehuacán[11].

—Una coca°, un orange, un cuarto° de leche. — Coca Cola · quarter liter

—Unos tibios°, tres minutos; pan tostado. Dos jugos de 10 — soft-boiled (eggs)
naranja.

—Una limonada preparada. Dos cafés americanos.

Conoció las paredes del establecimiento cremas, grises y
verdes claras (1938-1948-1956); el mostrador al fondo, luego a
la izquierda (1947); el cambio de ventiladores (1955), la subida 15
paulatina° de precio del café, de 0.25, en 1938, a un peso, en — gradual
1958. Un cambio de dueño, en 1950, sin que se alteraran
rutina, lista de las consumiciones°, ni disposición del local°, — lista...menu · establishment
como no fuese el cambio de lugar del mostrador, antes men-
cionado. 20

—Téllez renuncia la semana que viene.

—El 1º de septiembre, Casas será nombrado embajador en
Honduras.

—Ruiz pasa a Economía.

—Desaforarán° a Henríquez. 25 — They will strip (of power)

—Luis Ch. es el futuro gobernador de Coahuila[12].

Cierto odio hacia los vendedores de billetes de la lotería nacional, que juzga institución inútil no teniendo necesidades
económicas; añádese la protección un tanto prosopopéyica° — ceremonious
que otorga a los boleros, por su pasado. 30

Con los años y el oído se hizo «una cultura». Su concepción
del mundo es bastante clara; aceptable como está. Mas, constante, la curiosidad por los problemas de sus parroquianos y los
planteados por los mismos; nada preguntón°, por oficio, seguro — inquisitive
de que su clientela acaba revelando, a la corta o a la larga, a 35
unos u otros, la solución de sus casos, si la hay.

Existen, naturalmente, consumidores de paso, sin interés, a
menos que entren a dilucidar° un problema, y lo logren, lo cual — to elucidate

---

[11] Expresso and cappuccino: two types of coffee; *tehuacán:* mineral water
bottled in the Mexican city of Tehuacán.
[12] Large state in northern Mexico bordering on the United States.

se refleja en la propina°. De por sí, el oído fino; lo afinó, como   tip
sucede con todo, con el diario ejercicio. Las fuentes de su saber
fueron variadas, según las horas y el tiempo. Temprano,
desayunaban en la mesa de la esquina unos altos empleados de
la Compañía de Luz y Electricidad comentando la actualidad   5
puesta de relieve por los titulares° de los diarios. Dejando   headlines
aparte a don Medardo García, bilioso, que sólo se preocupa de
su salud, a menos que salte el tema de las inversiones° extran-   investments
jeras, su fuerte, y a don Gustavo Molina, frotándose siempre las
manos, lector de algunas revistas norteamericanas, que pasa   10
por listo°, a pesar de los cuernos°, apasionado por los chistes.   pasa...is taken for a clever person   a...in spite of being a cuckold
Fijos eran, en la mesa contigua, dos libreros, don Pepe y don
Chucho, que parecen hermanos, sin serlo; dos funcionarios de
los Ferrocarriles, don Juan y don Blas, que sólo se afeitan los
miércoles; dos joyeros, don Antonio y don Sebastián; todos   15
viejos, con aficiones a la política aduanera°, al cine y a los toros.   política...tariff policies
Dos jóvenes empleados de confianza de un banco gubernativo
hablaban, con una regularidad digna de mejor causa, de lo in-
gurgitado° la noche anterior y sus, para ellos, naturales conse-   de...what they had imbibed
cuencias. Nacho tuvo así —a lo largo de cinco años, al cabo de   20
los cuales, por cambio normal de Presidente de la República,
pasaron a ocuparse de los problemas nacionales de la pesca
—conocimiento preciso de casas de lenocinio° de todas calañas°;   casas...brothels   sorts
lo cual le dio autoridad hasta en este tema, que no le atañía°.   no...did not concern him
Juntábanse, a la misma hora, en las otras mesas, tres masones[13],   25
dependientes de la Secretaría de Comunicaciones, comentando
tenidas° y los avatares° escondidos de la política nacional; el   meetings (of a Masonic lodge) vicissitudes
sonorense° se dio pronto cuenta de que no se debían tomar muy   person from Sonora (that is, Nacho)
en serio sus constantes vaticinios° de cambios en los equipos   predictions
burocráticos y ministeriales. A pesar de ello, le servían, sir-   30
viendo, para darse por enterado°:   darse...become knowledgeable
   —Téllez renuncia la semana que viene.
   —El 1º de septiembre, Casas será nombrado Embajador en
Honduras.
   —Ruiz pasa a Economía.   35
   —Desaforarán a Henríquez.
   —Luis Ch. es el futuro gobernador de Coahuila.

[13] Freemasons: members of the world's largest secret fraternity, or order,
dating from the Middle Ages. Originally restricted to skilled artisans, it
now has a far wider membership. In Roman Catholic countries, such as
Mexico, Freemasonry has attracted freethinkers and anticlericals, whereas
in the British Isles and northern Europe, it primarily attracts Protestants.

En las horas semivacías que siguen, aparecen forasteros°;   strangers
se encuentran amigos que se ven de tarde en tarde; cuéntanse
sus peripecias°, el nacimiento del último hijo, el cambio de   changes of fortune
«chamba»°, la perspectiva de un negocio, cómo les fue en un   job (Mexican, colloquial)
viaje reciente. Algún senador bebe agua mineral con un amigo   5
particular en busca de recomendación; otro toma café con un
conocido apenas, que intenta lo mismo.

De dos a tres y media, el café se puebla de oficinistas: de
Comunicaciones, de Agricultura, del Senado, de Correos, de
Bellas Artes, del Banco de México, de Ferrocarriles, cuyos edi- 10
ficios fueron construidos alrededor del «Español».

Es la hora menos interesante: se comentan hechos pequeños,
se truena contra° los jefes y compañeros, se hacen planes para   se...they rail against
la tarde, se habla —poco— de la familia, se interpretan las
noticias de los periódicos de mediodía, algún artículo o carica- 15
tura de los de la mañana, las agruras°, el dolor de riñones°, la   sour stomach   kidneys
solapada° intención de un columnista.   sneaky

A las dos y treinta y cinco don Luis Rojas Calzada se sentaba
en su mesita cercana al mostrador, hablaba con Elena Rivas, la
cajera, mientras trasegaba° sus primeras tequilas antes de irse a 20 he belted down
la cantina de la esquina, a seguir tomando y jugar dominó hasta
la una de la mañana. Don Luis, cajero de Ferrocarriles en
tiempos de don Porfirio[14], se conservaba en alcohol; rojito,
rejileto°, feliz. Faltó el 14 de junio de 1948 porque le enterraron   hardy
esa misma mañana. Sólo hablaba de lo muy pasado; el mundo, 25
para él, acabó en 1910°.   year the Mexican Revolution
     began

Pegado a la calle —en la mesa que por la mañana ocupaban
los de la Compañía de Luz— se reúnen, antes de comer en un
restorán de las calles de Brasil[15], Celerino Pujadas, Nemesio
Santos, Mauricio González y Norberto Moreno; suele aña- 30
dírseles algún conocido de todos. Para ellos no hay más universo que el que forjaron°, en la década de los veintes, Carranza,   forged
Obregón y Calles[16]. Discuten y añoran° tranquilamente,   wallow in nostalgia

[14] Porfirio Díaz (1830–1915), president and effective dictator of Mexico
from 1876 to 1910, the year of the Mexican Revolution.

[15] Street in downtown Mexico City.

[16] Presidents of Mexico who were instrumental in institutionalizing the
goals of the Revolution of 1910. Venustiano Carranza (1859–1920), the
first president of the new Mexican Republic (1917–1920). Álvaro Obregón
(1880–1928), responsible for Carranza's death, was president of Mexico
from 1920 to 1924; reelected in 1928, he was assassinated shortly afterward.
Plutarco Elías Calles (1877–1945), president of Mexico from 1924 to 1928
and founder, in 1929, of the *Partido Nacional Revolucionario* (now the

aportando datos (todos guardan, a su decir, documentos inédi-
tos que causarán gran revuelo°.)   commotion
   —Cuando Maytorena[17]...
   —Cuando el general González[18]...
   —Cuando el coronel Martínez[19]...   5
   —Cuando Lucio[20]...
   —Cuando Villa[21]...
   —Eso fue cuando Emiliano[22]...
   —No, hermano, perdóname, fue Cárdenas[23], en 1929.

A lo largo de los años, Nacho tuvo por esa sola mesa, aun- 10
que algo unilateralmente —lo reconocía—, un conocimiento
pormenorizado° de la Revolución; anecdótico y parcial desde   detailed
luego, pero suficiente para sus afanes históricos, lo que com-
pensaba ciertas exigencias acerca de la temperatura de los bre-
bajes que tragoneaban°: tibio el café de don Nemesio, hirviendo 15 they gulped down
el de don Mauricio.

Cuando se retiran los «revolucionarios», empiezan a llegar
los «intelectuales», que ocupan, durante tres horas —de tres y
media a seis y pico°—, las tres mesas del centro.   seis...a little after six

Los Revueltas, Jorge Cuesta, Xavier Villaurrutia, Octavio 20
Barreda, Luis Cardoza y Aragón, Lolito Montemayor, José y
Celestino Gorostiza, Rodolfo Usigli, Manuel Rodríguez
Lozano, Lola Álvarez Bravo, Lupe Marín, Chucho Guerrero

Partido Revolucionario Institucional), the political party that has remained
in power since its establishment.

[17] José María Maytorena (1867–1948), a follower of Francisco I. Madero
(1873–1913), the man directly responsible for the rebellion against and over-
throwing of Porfirio Díaz in 1910. Upon the betrayal of Madero by Vic-
toriano Huerta (1845–1916), Maytorena rebelled and became chief of the
army of the northeast in the struggle to oust Huerta.

[18] Pablo González (1879–1950), a follower of Venustiano Carranza, masterminded the plot to assassinate Emiliano Zapata.

[19] Unidentifiable, possibly a fictitious person.

[20] Lucio Blanco (1879–1922), a follower of Francisco Madero and an
important revolutionary and peasant leader in northern Mexico.

[21] Francisco (Pancho) Villa (1877–1923), one of the most important leaders
of the Mexican Revolution. A former bandit chieftain, his military
strength centered in the northern states of Chihuahua and Durango.

[22] Emiliano Zapata (1879–1919), the great peasant leader of the Mexican
Revolution. His center of military strength was the state of Morelos, south
of Mexico City.

[23] Lázaro Cárdenas (1895–1970), president of Mexico from 1934 to 1940,
noted for his radical policies, which included the expropriation and na-
tionalization of Mexico's petroleum industry and the distribution of vast
plots of land to the peasants.

Galván, Siqueiros, a veces Diego Rivera[24], hablan de literatura,
de la guerra española, de arte; unos de otros, mal por lo común.
De teatro, de política, de viajes, de las noticias de los ausentes.
Comentan las revistas propias y ajenas. De cine.

La noche, en México, no es propicia para el café; sí para el
amor. Entran y salen mujeres al acecho°, cinturitas°, jotos°.
Algunos empleados cansados; varios provincianos haciendo recuerdo de lo hecho y por hacer antes de recogerse en los hoteles
cercanos. Dos o tres burócratas en mal de horas extraordi-
narias°.

Las meretrices callejoneras° le tienen al corriente de los
chismes° de unas y otras, cuidadosas de callar —como no sea de
bulto°— los azares° de su profesión.

A las nueve y media se bajan las cortinas de fierro. A las
diez, tras mojar dos panes de dulce en su café con leche, a
dormir despaciosamente.

Todo cambió a mediados de 1939[25]: llegaron los refugiados
españoles.

II

Varió, ante todo, el tono: en general, antes, nadie alzaba la voz
y la paciencia del cliente estaba a la medida del ritmo del servicio. Los refugiados, que llenan el café de la mañana a la noche,
sin otro quehacer visible, atruenan°: palmadas° violentas para

Marginal glosses:
5
al...on the lookout   pimps
homosexuals

10 en...obliged to work excessive
overtime
meretrices...streetwalkers
gossip

como...unless they are self-
evident   misfortunes

15

20
deafen   claps

[24] The persons referred to were influential or notable figures in the Mexican
intellectual and art worlds during the Spanish Civil War and its aftermath.
The Revueltas brothers: Silvestre (1899–1940), composer, and José
(b. 1914), writer and screenwriter; Jorge Cuesta (1903–1942), poet and
essayist; Xavier Villaurrutia (1903–1950), poet, playwright, and critic;
Octavio Barreda (1897–1964), writer and diplomat; Luis Cardoza y Aragón
(b. 1900), Guatemalan writer; Lolito Montemayor, unidentifiable; the
Gorostiza brothers: José (1901–1973), poet and diplomat, and Celestino
(1904–1967), playwright; Rodolfo Usigli (b. 1905), playwright; Manuel
Rodríguez Lozano (b. 1896), painter; Lola Álvarez Bravo, unidentifiable;
Lupe Marín, second wife of Diego Rivera, writer and fashion designer;
Jesús (Chucho) Guerrero Galván (b. 1912), painter; David Alfaro Siqueiros
(1896–1974), one of the most significant Mexican muralists, also a po-
litically active artist who fought on the Republican side in the Spanish Civil
War. Years later he was jailed by the Mexican government for his radical
activities. Diego Rivera (1886–1957), Mexico's foremost muralist and
painter; like Siqueiros, he was a radical political activist.
[25] Year that marked the end of the Spanish Civil War.

llamar al «camarero»[26], psts, oigas estentóreos°, protestas,   oigas...loud calls (to the waiter)
gritos desaforados°, inacabables discusiones en alta voz, re-   rowdy
niegos°, palabras inimaginables públicamente para oídos ver-   oaths
náculos. Nacho, de buenas a primeras°, pensó regresar a   de...right away
Guadalajara. Pudo más su afición al oficio, la cercanía de su   5
alojamiento°, la comodidad, el aprecio del patrón (feliz con el   lodgings
aumento consumicionero, que le permitió traspasar° prove-   to sell
chosamente el establecimiento a los tres años). El hondo res-
quemor° del inesperado y furioso cambio no desapareció nunca.   resentment
Sufrió el éxodo ajeno como un ejército de ocupación.   10

Los rccién llegados no podían suponer —en su absoluta ig-
norancia americana— el caudal° de odio hacia los españoles   magnitude (literally, wealth)
que surgió de la tierra durante las guerras de Independencia, la
Reforma y la Revolución[27], amasado° lo mismo con los bene-   combined
ficios que con las depredaciones°. Ni alcanzarían a compren-   15 despoilment
derlo, en su cerrazón° nacionalista, con el orgullo que les   hard-headedness
produjo la obra hispana que descubrieron como beneficio de
inventario ajeno[28], de pronto propio. Jamás las iglesias pro-
dujeron tanta jactancia°, y más en cabezas, en su mayor número,   boasting
anticlericales.   20

Los primeros años, la prensa más leída, partidaria de Franco,
les solía llenar de lodo°; mientras los revolucionarios, en el   llenar...slander (the refugees)
poder, antihispanistas por definición, los acogían con simpatía
política, los opositores —carcas° y gachupines[29]— los vieron   reactionaries
con buenos ojos, por españoles, repudiándolos por revolu-   25
cionarios. Un lío°. Para Ignacio la cosa resultó más fácil, los   mess
despreciaba por vocingleros°.   loudmouths

[26] In Spain *waiter* is *camarero*; in Mexico the term is *mesero*.

[27] *Guerras de Independencia:* wars of the independence of Mexico from Spain (1810–1821) that resulted in the establishment of the Mexican Republic. *La Reforma:* the movement of reform (1855–1876) headed by Benito Juárez (1806–1872) and other liberal leaders. In 1862 Spain, England, and France sent an expedition that occupied the port of Veracruz in order to collect debts. *La Revolución:* Mexican Revolution of 1910, which resulted in an exaltation of Mexico's pre-Columbian heritage at the expense of its colonial past.

[28] Benefit of inventory: right granted to an heir to accept an inheritance without being obliged to pay debts amounting to more than the inheritance. The passage compares those persons of Spanish descent who by virtue of their Mexican roots can properly claim to have contributed to Mexican culture and those, such as the new Spanish immigrants, who have usurped those claims.

[29] Mexican term for recently arrived Spaniards who are unfamiliar with Mexican customs; by extension, rustic, plebeian, or lower-class Spaniards.

A los dos meses, supo de la guerra española como el que más°.

Hasta este momento, las tertulias° habían sido por oficios u oficinas, sin hostilidad de mesa a mesa. Los españoles —como de costumbre, decía don Medardo— lo revolvieron todo con sus partidos y subdivisiones sutiles que sólo el tiempo se encargó de aclarar en la mente nada obtusa, para estos matices°, del mesero sonorense; por ejemplo: de cómo un socialista partidario de Negrín[30] no podía hablar sino mal de otro socialista, si era largocaballerista[31] o «de Prieto»[32], ni dirigirle la palabra, a menos que fuesen de la misma provincia; de cómo un anarquista de cierta fracción podía tomar café con un federal[33], pero no con un anarquista de otro grupo y jamás —desde luego— con un socialista, fuera partidario de quien fuera, de la región que fuese. El haber servido, en un mismo cuerpo de ejército, era ocasión de amistad o lo contrario. El cobrar los exiguos° subsidios que se otorgaron a los refugiados los primeros años, subdividía más a los recién llegados: los del SERE[34] frente a los del JARE[35], así fuesen republicanos, socialistas, comunistas, ácratas°, federales, andaluces, gallegos, catalanes, aragoneses, valencianos, montañeses° o lo que fueran. En una cosa estaban de acuerdo: en hablar sólo del pasado, con un acento duro, hiriente°, que trastornaba°. Nacho llegó a soñar que le traspasaban° la cabeza, de oreja a oreja, con un enorme alfiler curvo, en forma de C, en un pueblo catalán. De tanto español

como...as much as anybody

gatherings (in the café)

nuances

meager

anarchists

persons from province of Santander

cutting   grated

pierced

---

[30] Juan Negrín López (1899–1956), Republican prime minister of Spain. He succeeded Francisco Largo Caballero and held office during the last two years of the Spanish Civil War.

[31] Follower of Francisco Largo Caballero (1869–1946), Spanish socialist leader prominent during the Second Republic. Largo Caballero became prime minister, and soon after the outbreak of the Spanish Civil War he was forced from office after being unable to unify the leftist parties.

[32] Indalecio Prieto y Tuero (1883–1962), archantagonist of Largo Caballero. Prieto was a more moderate socialist who appealed to the middle class. During the Civil War, he was Minister of Defense. After the war he directed the *Junta de Auxilio a los Republicanos Españoles* (JARE) and resumed his career as a journalist in Mexico.

[33] Member of an anarchist group founded by Francisco Pi y Margall (1824–1901).

[34] *Servicio de Emigración para Republicanos Españoles:* group established by Negrín to aid Spanish refugees. It competed with JARE. SERE and JARE were rival organizations partly because SERE was supported by the Communist party.

[35] See Footnotes 32 and 34.

le nació afición por Cuauhtémoc[36], que supo perder callando
—rémora[37] de cierta tertulia de los jueves por la tarde, de algunos escritores de poco fuste° y mala lengua, amenizada° por
un coronel de tez° muy clara y ojos azules, enemigo personal de
Hernán Cortés[38] y sus descendientes que —para él— eran, sin 5
lugar a duda, todos los refugiados. A pesar de que Carmen
Villalobos —zapoteca[39] puro— le hizo ver, el 11 de febrero de
1940 (lo hago constar° porque luego las frases se han repetido
como propias), que los recién llegados no parecían haber tenido
gran cosa que ver en la toma de Tenochtitlán[40], sino más bien 10
los ancestros del bizarro° coronel Chocano López[41].

El mal era otro: traíanse impertérritos° en primer lugar y voz
en grito:

—Cuando yo...

—Cuando yo...   15

—Cuando yo...

—Cuando yo le dije al general...

—Cuando tomamos la Muela[42]...

—Cuando yo, al frente de mi compañía...

De la compañía, del regimiento, de la brigada, del cuerpo de 20
ejército... Todos héroes. Todos seguros de que, a los seis
meses, regresarían a su país, ascendidos°. A menos que empezaran a echarse la culpa, unos a otros:

—Si no es porque la 47[43] empezó a chaquetear°...

—Si no es porque los catalanes no quisieron...   25

—¡Qué carajo° ni qué coño°!

de... insignificant made agreeable / complexion

lo... I am making note of it

valiant

traíanse... they behaved like they were heroes

promoted

to run away

Qué... What the shit qué... what the fuck

[36] Cuauhtémoc (ca. 1495–1522), last Aztec emperor. He became emperor
in 1520 following the death of Montezuma's successor, Cuitláhuac. He
defended the Aztec capital, Tenochtitlán, against Hernán Cortés, but was
captured by the conqueror, tortured, and eventually put to death. Cuauhtémoc is a symbol of Mexican dignity, stoicism, and resistance to the
Spaniards.

[37] Something that restrains or impedes; therefore, the mention of Cuauhtémoc served to stifle the Spaniards' loquacity.

[38] Hernán Cortés (1485–1547), Spanish conqueror of Mexico.

[39] Zapotec: member of a tribe of Indians living in the state of Oaxaca in
southern Mexico.

[40] Capital city of the Aztecs; Mexico City was built on the ruins of the
Aztec capital.

[41] Unidentifiable.

[42] Area of high ground outside the city of Teruel in eastern Spain that was
the site of an important battle in December 1937. The battle was won by
the *franquistas*.

[43] The forty-seventh division of the Republican army.

—Si no es porque Prieto...

—¡Qué joder°!   ¡Qué...What bullshit!

—Si no es porque los comunistas...

—¡No hombre!

—¡Mira ése!   5

—¿Qué te has creído?

—Ese hijo de puta°...   hijo...son of a bitch

Todos con la c y la z y la ll[44] a flor de labio°, hiriendo los   a...spouting from their lips
aires. Horas, semanas, meses, años.

En general, los autóctonos° emigraron del local. Quedaron   10   natives
los del desayuno —que los españoles no eran madrugadores°—   early risers
y los «intelectuales». Ese grupo creció en número y horas. A
los mexicanos, se sumaron puntuales Pedro Garfias, León
Felipe —barba y bastón°—, José Moreno Villa —tan fino—,   walking stick
José Bergamín —con el anterior, únicos de voz baja—, Miguel   15
Prieto, Manuel Altolaguirre, Emilio Prados, José Herrera
Petere, Juan Rejano, Francisco Giner de los Ríos, Juan Larrea,
Sánchez Barbudo, Gaya[45]: veinte más que trajeron aparejados°   of similar inclination
otros mexicanos en edad de merecer°: Alí Chumacero, José Luis   en...who were becoming known
Martínez, Jorge González Durán, Octavio Paz[46]. Con ellos   20
transigió Nacho° a pesar de lo parco° de las consumiciones: Con...Nacho tolerated them
ocupábanse del presente, hablaban de revistas y de libros;   lo...the scantiness
pronto, el número se redujo por incompatibilidades personales,
a las que no solían referirse en voz alta. Además, las conversaciones variaban al aire de las circunstancias, lo que no era el   25
caso en las otras mesas:

—Cuando atacamos la Muela...

—Si los murcianos[47] no hubieran empezado a gritar: ¡esta-
mos copados°!...   surrounded

[44] Reference to the pronunciation, in certain parts of Spain, of the *c*
(before the *e* and *i*) and the *z* with a lisping *th* sound. Also the pronunciation of *ll* with an *ly* sound.

[45] Spanish intellectuals exiled during the Spanish Civil War. Pedro Garfias
(1901–1967), poet; León Felipe (1884–1968), poet; José Moreno Villa
(1887–1955), poet, painter, and critic; José Bergamín (b. 1897), literary
critic; Miguel Prieto, unidentifiable; Manuel Altolaguirre (1906–1959),
poet; Emilio Prados (1896–1962), poet; José Herrera Petere (b. 1910), poet
and novelist; Juan Rejano (b. 1903), poet; Francisco Giner de los Ríos
(b. 1917), poet; Juan Larrea (b. 1895), poet; Antonio Sánchez Barbudo
(b. 1910), professor, literary critic, and novelist; Ramón Gaya, painter.

[46] Alí Chumacero (b. 1918), literary critic and poet; José Luis Martínez
(b. 1918), literary critic; Jorge González Durán (b. 1918), poet; Octavio
Paz (b. 1914), poet, essayist, and diplomat.

[47] Inhabitants of the province of Murcia in southeastern Spain off the
Mediterranean Sea.

—Si el gobierno no hubiera salido de naja°, el 36...

—Cuando yo...

—Cuando yo...

—Cuando yo...

—No, hombre, no.

—¡Qué carajo, ni qué coño!

—La culpa fue...

—Pues joder...

—Ahora, cuando volvamos, no haremos las mismas tonterías...

No sólo las lides militares°: los jueces, los fiscales°, los directores generales, los ministros, rememorando —siempre como si fuese ayer—, y la esperanza, idéntica:

—Cuando caiga Franco...

Ahí estaba el quid°:

—Cuando caiga Franco...

—Cuando caiga Franco...

Horas, días, meses, años. Vino la guerra, la otra; contó poco:

—En Jaén[48], cuando atacamos...

—En el Norte, durante la retirada...

—En Lérida[49]...

—¡Qué te crees tú eso!

—En Brunete[50], cuando yo...

—Y veíamos Córdoba[51]. Si no hubiera sido por el traidor del general Muñoz[52], nos colábamos°...

—Vete a hacer puñetas°...

En 1945 todo parecía arreglado. No hubo tal. Algunos murieron; otros no aparecieron más por el café, trabajando. Llegaron más: de Santo Domingo, de Cuba, de Venezuela, de Guatemala, según los vaivenes° de la política caribeña. Lo único que no variaba era el tema, ni el tono, de la discusiones:

—Cuando caiga Franco...

—Aquello no puede durar.

—Tiene que caer...

salido...left; beat it

5

10

lides...battles   district
attorneys

15 crux

20

25

nos...we would have slipped
through
Vete...Go jerk off.

30

fluctuations

35

[48] City in central Andalucía in southern Spain.
[49] City in northeastern Spain between Barcelona and Zaragoza.
[50] Small town close to Madrid.
[51] One of the largest cities and cultural centers on the Guadalquivir River in Andalucía.
[52] Unidentifiable.

—¿Ya leíste que...

—Es cuestión de días...

De semanas, de meses —a lo sumo. Los que dudaban
acababan callando, apabullados°.   crushed

El ruido, las palmadas (indicadoras de una inexistente su-   5
perioridad de mal gusto), la algarabía°, la barahunda°, la es-   jabbering   uproar
tridencia° de las consonantes, las palabrotas°, la altisonancia   shrillness   swear words
heridora°; días, semanas, meses, años, iguales a sí mismos; al   altisonancia...cruel bombast
parecer, sin remedio.

III

En 1952, entró a servir en otro turno° Fernando Marín Olmos,   10   shift
puertorriqueño, exilado en México por partidario de Albizu
Campos[53], cabeza cerrada —y encerrada— de los independentistas[54] de Puerto Rico.

Fernando, hablar cantarino° y nasal caribeño, menudo°,   sing-song   small
oliváceo°, pelo lacio° —tan abundante como oscuro—; nariz   15   olive-colored   straight
afilada, larga; boca fina, de oreja a oreja, había sido maestro
rural.   Luego, en Nueva York, probó toda clase de oficios; en
México, después de intentar vender libros a plazos°, entró a   a...on the installment plan
servir al café Español; cumplido° y de pocas palabras.   Enten-   reliable
dióse bien con Nacho, que respetaba su desmedido afán° por   20   desmedido...exaggerated yen
las mujeres, y aun le ayudó en alguna ocasión en que el sueldo
no le daba para satisfacer su cotidiano° apetito sexual.   daily

Tenía Nacho sus ahorros°; empujado por su compañero, que   savings
no carecía de ideas comerciales, aunque no las supiera poner
personalmente en práctica —¿con qué?, siempre en la quinta   25
pregunta°— empezó a prestar pequeñas cantidades a gentecillas   en...flat broke
de los alrededores, con elevados réditos°, que acrecieron su   interest
capital con cierta rapidez.   Pronto Fernando Marín fue confidente de la indignación que le producían el tono —y las salidas
del mismo°—, los temas obsesivos de los refugiados españoles.   30   salidas...improprieties

[53] Pedro Albizu Campos (1891–1965), Puerto Rican lawyer, politician, and
separatist.   Albizu Campos, the president of the *Partido Nacionalista de
Puerto Rico*, believed that Puerto Rico should secure its independence by
means of armed revolution.

[54] Ambiguous phrase that seems to refer to Albizu Campos as (1) the obstinate leader (*cabeza cerrada*) of the Puerto Rican *independentistas*, those
favoring the Island's independence from the United States, and (2) his im-
prisonment (*encerrada*) soon after the assassination attempt on President
Truman by *independentistas* in 1950.

No compartió el isleño° esa opinión, antes muy al contrario.   islander (that is, Fernando)
Nacho cesó inmediatamente su lamentación; le molestaba
hablar con quien no fuera de su parecer. Su reconcomio°   malaise
siguió, solitario, carcomiéndole° el estómago. De ahí cierta   gnawing
úlcera que, desde entonces, le ató al bicarbonato y al insomnio.   5
—Cuando caiga Franco...
—El día que volvamos...
Las interminables discusiones hurgaban° al sonorense de la   agitated
glotis al recto°. Pensó, con calma, midiendo estrechamente   glotis...glottis to the rectum
ventajas y desventajas, cambiar de establecimiento; tuvo pro-   10
posiciones: una de San Ángel[55], otra en Puente de Vigas[56], otra
al final de la calle de Bolívar[57]; todas lejos de su casa, que no
quería abandonar a ningún precio, entre otras razones porque
parte de sus obligados° económicos solían pagarle allí los in-   debtors
tereses semanales de sus préstamos; otros lo hacían en el café   15
(el W. C. era buen despacho). Sin contar que no quería perder
la compañía de Fernando, siempre dispuesto a sustituirle mientras despachaba con su clientela reditora. Supo corresponder,
duplicando su turno, cuando después de un frustrado atentado,
en Washington, de unos irredentos[58] puertorriqueños contra el   20
Presidente Truman[59] (germen°, tal vez de su gran idea), de-   origin
tenían a Marín cada vez que llegaba a México algún personaje
norteamericano en viaje oficial (si venía de vacaciones, le
dejaban en paz.)
Marín solía discutir con los refugiados españoles acerca de   25
las ventajas e inconvenientes del atentado personal. No comprendía cómo habiendo tantos anarquistas en España no
hubieran, por lo menos, intentado asesinar a Franco. Los
comunistas se oponían asegurando que no serviría de nada su
desaparición violenta, como no fuera para reemplazarlo por   30
otro general de la misma clase; los republicanos objetaban sus
propios convencimientos liberales; algún federal, opuesto a la

---

[55] Prestigious neighborhood on the outskirts of Mexico City.
[56] Neighborhood that encompasses the Calzada de la Viga, a major
thoroughfare in Mexico City.
[57] Commercial street in Mexico City.
[58] Irredentist; any movement advocating the recovery of territory lost by
a nation to foreign control.
[59] Aub may have confused his dates: the assassination attempt on President Truman took place on November 1, 1950, before Fernando's arrival in
Mexico in 1952. Aub was probably thinking of the wounding of five con-
gressmen in the House of Representatives by members of the Nationalist
party on March 1, 1954.

pena de muerte°, se sublevaba° con la sola idea. Los ácratas traían a colación° las insalvables dificultades policíacas y militares.

(Nacho no sabe abstraerse°; no puede oir el alboroto° como tal y desentenderse°: tiene que saber y, si puede, meter baza°, pegar la hebra°, sacar consecuencias. Los diálogos, la chá-chara°, el chisme, son su sustento, si no mete cuchara, si no echa su cuarto de espadas°, si no comenta —que no es dis-cutir—, no está contento. Lo que le gusta del oficio es el ruido confuso del café, pero con sentido: el palique°, el cotorreo°, el oir mantener opiniones contra viento y marea°, una pregunta tras otra, atropelladas°; ver crecer, aproximarse como una ola reventona° el momento en que alguien no puede zafarse° más que con insultos; resiente propias° las victorias de la dialéctica, pero no aguanta —aguantándolas— tantas alusiones, parra-fadas, retruques, indirectas°, memorias, acerca de si hicieron o dejaron de hacer fulano y zutano° en Barcelona, esto o aquél en Lérida, Pedro o Juan en Valencia[60], Negrín, Prieto, Caballero, Azaña[61] en Madrid, en Puigcerdá[62], en Badajoz[63], en Jaén, en Móstoles[64], en Alcira[65], en Brunete, en Alicante[66]. Todos los días, uno tras otros, durante doce horas, desde 1939; desde hace cerca de veinte años:

—Cuando caiga Franco...

—El día que Franco se muera...

—Cuando tomamos la Muela...

—No entramos en Zaragoza[67] por culpa de los catalanes.

—¡Vete a hacer puñetas!)

Ignacio Jurado Martínez —casi calvo, casi en los huesos° (la úlcera), casi rico (los préstamos y sus réditos)— no aguanta más. A lo largo de sus insomnios, el frenesí ha ido forjando una solución para su rencor, entrevé un café idílico al que ya no

Right-margin glosses:
pena…capital punishment
se…would rebel
traían…brought up
to disengage himself   uproar
ignore it   meter…butt in
pegar…interrupt
chatter
echa…put in his two cents' worth
small talk   prattle
contra…no matter what
helter skelter
crashing   get away
resiente…he experiences as his own
parrafadas…confidences, retorts, insinuations
fulano…this guy or that guy
en…nothing but skin and bones

---

[60] Industrial city on the Mediterranean coast south of Barcelona.

[61] Manuel Azaña y Díaz (1880–1940), president of the Second Spanish Republic whose attempts to fashion a moderately liberal government were halted by the Civil War.

[62] Catalonian town in the Pyrenees on the Spanish–French border.

[63] City in the region of Extremadura close to the Portuguese border.

[64] Small town near Madrid.

[65] Town off the Mediterranean coast south of Valencia.

[66] City on the Mediterranean coast between Valencia and Murcia.

[67] Large industrial city in northeastern Spain.

acuden españoles a discutir su futuro enquistados° en sus glorias   locked up

multiplicadas por los espejos fronteros° de los recuerdos: facing

resuelto el mañana, desaparecerá el ayer. Tras tanto oírlo, no

duda que la muerte de Francisco Franco, resolverá todos sus

problemas —los suyos y los ajenos hispanos—, empezando por   5

la úlcera. De oídas, de vista —fotografías de periódicos espa-

ñoles que, de tarde en tarde, pasan de mano en mano—, conoce

las costumbres del Generalísimo. Lo que los anarquistas espa-

ñoles —que son millones al decir de sus correligionarios°— son   comrades

incapaces de hacer, lo llevará a cabo. Lo hizo.   10

(Nunca se supo cómo; hasta ahora se descubre, gracias al

tiempo y mi empeño°. ¿Hasta qué punto pesaron en la deter-   effort

minación de Nacho los relatos de las arbitrariedades, de los

crímenes del dictador español, tantas veces relatadas en las

mesas que atendía? Lo ignoro. Él, negando, se alzaba de   15

hombros°.)   se...shrugged

IV

El 20 de febrero de 1959 habló con su patrón, don Rogelio

García Martí, haciéndole presente° que, en veinte años, jamás   haciéndole...reminding him

había tomado vacaciones.

   —Porque usted no quiso.   20

   —Exactamente, señor.

   —¿Cuánto tiempo faltará?

   —¿Mande°? (A veces, desde hacía tiempo, se le iba el santo   Excuse me?

al cielo°, aun en el servicio). No sé. Pero no se preocupe, el   se...he would forget what he

Sindicato° le enviará un sustituto.   was about to say

    25   Union

   —¿Para qué? Marcial (su entenado°) no tiene mucho que   stepson

hacer. ¿Dónde va a ir?

   —A Guadalajara.

   —¿Por mucho tiempo?

   —Pues a ver.   30

   —¿Un mes, dos?

   —Quién sabe.

   —Pero, ¿volverá?

   —Si no, ¿qué quiere que haga, señor Rogelio?

   —También es cierto... Y ¿cuándo se va?   35

   —Ya le avisaré con tiempo.

Sacó su pasaporte. Tuvo una larga conversación con Fernando:

—México no reconoce al gobierno de Franco.

El puertorriqueño le miró con cierta conmiseración:

—Chico, si no tienes algo más nuevo que decirme... 5

—¿Me vas a guardar el secreto?

—¿De qué? ¿De que México...

—No. Voy a ir a España.

—¿De viaje?

—¿Qué crees? ¿A quedarme en la mera mata°? No, her- 10 ¿A...To explore the
mano; con los que hay aquí me basta. boondocks?

—Entonces ¿a qué vas?

—Eso es cuestión mía.

—Chico, perdona.

—Quiero que me hagas un favor. 15

—Tú mandas.

—México no reconoce al gobierno de Franco...

—Chico, y dale°. y...not again

—Me molesta ir con mi pasaporte.

—¿Por qué? 20

—Cosas mías. Pero tú tienes un pasaporte americano.

—Por desgracia de Dios.

—Préstamelo.

—Nos parecemos como una castaña° a una jirafa. chestnut

—Perico lo arregla de dos patadas°. Nos cambia las fotos 25 de...in a jiffy
como si nada.

(Perico Guzmán, «El Gendarme»; porque lo fue después de
ladrón, antes de volver a serlo. No le gustó el «orden».)

—Y yo ¿mientras tanto?

—¿Para qué lo quieres? 30

—Chico, a veces, sirve.

—Te quedas con el mío.

—A tí no te puedo negar nada.

Así se hizo: por mor de° unos papeles, exactamente a las 11 por...on account of
p.m. del 12 de marzo, Ignacio Jurado Martínez se convirtió, 35
para todas las naciones del universo, en Fernando Marín Olmos
sin que, por el momento, hubiera reciprocidad. El flamante° brand new
ciudadano norteamericano, obtuvo sin dificultad un visado de
tres meses para «pasearse» por España; añadió Francia e Italia,
con la buena intención de conocer esos países antes de regresar 40

a la patria.   Voló a España el 2 de junio, en un avión de la
compañía Iberia.

En Madrid, se alojó en el 16 de la Carrera de San Jerónimo[68],
en una pensión que le recomendó don Jesús López, que iba y
venía con frecuencia «de la Corte a la Ciudad de los Palacios»°,   5   de la...from Madrid to Mexico
como le gustaba decir, rimbombante° y orondo° representante   City
de una casa de vinos de Jerez de la Frontera[69] (gastaba una de   pompous   ostentatious
las pocas rayas en medio° que quedaban: —Peinado° de libro   rayas...middle parts (in hair)
abierto a la mitad, como decía Juanito, el bolero— y reloj de   Hairstyle
bolsillo).   10

Sabía, por Fernando, que en la embajada norteamericana de
la capital española trabajaban algunos paisanos de la Isla.
Como sin querer, Nacho se relacionó, a los pocos días, con uno
de ellos, en el local del consulado de la gran república.   Para
curarse en salud°, evitando preguntas a las que no pudiera dar   15 Para...As a precautionary
cumplida respuesta, se inventó una vida verosímil: salido niño   measure
de San Juan, años en Nueva York (sin necesidad del inglés),
muchos más en México, de donde el modo de hablar.

Madrid le gustó.   Le pareció que los de la «Villa del oso y del
madroño»[70] —otra expresión aprendida de don Juan López[71]—   20
«pronunciaban» menos que sus parroquianos del café Español.
Sintióse a gusto en tantos cafés de los que salió poco, como no
fuera para acompañar a Silvio Ramírez Smith, su nuevo amigo,
empleado puntual, aficionado a los toros y a la manzanilla,°   pale dry sherry
deseoso de permanecer en España, con el miedo constante de ser   25
trasladado a Dinamarca o a Suecia, lo que parecía muy posible;
casado con una madura flaca de Iowa que, al contrario, ansiaba
abandonar la península, que la molestaba en todo.

El 21 de junio, conoció a Silvano Portas Carriedo, teniente de
infantería, ayudante de uno de los cien agregados° militares de   30 attachés
la embajada.   Liberal° de sí y de sus dólares, bien parecido,   Generous
menudo, de ojos verdes, no daba abasto al tinto° ni a las mu-   no...he could not get his fill of
                                                                     red wine

[68] Street in Madrid on which Las Cortes (the Spanish parliament) is
located.
[69] City near Cádiz on the southern coast, important center of sherry production.
[70] The city of Madrid, on whose heraldic shield appear a madrone (tree)
and a bear.
[71] Two paragraphs above, this character was referred to as don Jesús
López.   This discrepancy may reflect a lapse on the part of Aub or a desire
to show that the character's name is of little consequence.

jeres bien metidas en carnes°, de su real gusto, generalmente compartido. Nacho le fue útil por sus conocimientos profesionales en ambas materias; así, por su ser natural y la úlcera, no fuera más allá de los consejos, eso sí, excelentes; como tal, agradecidos. El sonorense iba a lo suyo, sin esforzarse; callar [5] y mentir no le costaba. Vivía el teniente Portas en un hotel de la Calle de Preciados[72], en el que ocupaba dos cuartos para mayor facilidad de algunos compañeros que los pagaban a escote°, utilizándolos de cuando en cuando. Silvano era de los pocos solteros de la misión. (La palabra *misión* hacía gracia en [10] el caletre más bien estrecho° de Nacho: la *misión* norteamericana, que le recordaba las españolas de California —un poco más arriba de su Sonora natal°— y la que le llevaba a Madrid).

Dejando aparte unos solitarios paseos por la Castellana[73], Nacho Jurado no hizo nada para preparar el atentado; tenía la [15] convicción de que todo saldría como se lo proponía. De lo único que no prejuzgaba: de la fuga. En el fondo, le tenía sin cuidado. Lo que llevaría a cabo, respondiendo a un impulso natural, era completamente desinteresado, como no fuese por librarse, si salía con bien, de las conversaciones españolas en [20] «su» café mexicano. Puede ser que obedeciera, sin saberlo, a los intereses de su clase meseril°. De todos modos, no esperaba agradecimiento: de ahí el anonimato en que permaneció el autor del hecho hasta hoy.

El 18 de julio, víspera° del *Gran Desfile*[74], convidó a Silvano [25] Portas a comer en la Villa Romana° de la Cuesta de las Perdices°; el invitado prefirió dar vueltas por algunas tascas y freidurías° en busca de pájaros fritos°, a los que era muy aficionado, entre otras cosas porque daban ocasión de distinguir entre los tintos vulgares, ciencia en la que demostraba un cono- [30] cimiento que dejaba atónitos° a los dueños de las tabernas. Recalaron°, hacia las tres, en el Púlpito, en la Plaza Mayor[75], donde comieron, muy a gusto, una tortilla° de espárragos.

—¿Qué pasa contigo hoy, viejo?

—Es mi santo°. [35]

---

[72] Street in the commercial center of Madrid.

[73] Major north–south boulevard in Madrid.

[74] The military parade held every year to commemorate the rebellion of Francisco Franco against the Second Republic and the beginning of the Spanish Civil War.

[75] The Púlpito is a famous *mesón* (similar to a pub) on the Plaza Mayor, an enclosed square in Old Madrid.

Marginal glosses:
- bien...well-endowed
- los...paid for them in equal shares
- caletre...rather narrow mind
- native
- clase...table-waiting caste
- the day before
- Villa...famous restaurant
- Cuesta...hill on northern outskirts of Madrid
- tascas...bars and grills
- pájaros...type of tidbit
- astounded
- They ended up
- omelet
- name day

—No es cierto.

—Bueno, mi cumpleaños.

—¿Cuántos?

—Tanto da°.   What's the difference.

Tomaron café y coñac en el Dólar, en la calle de Alcalá[76], y   5
tanto hablaron de cocina y en particular de corderos asados°   corderos...roast lambs
que, después de haber tomado unos vasos de tinto en una
taberna de la Cava Baja[77], donde era muy conocido el militar
puertorriqueño, fueron a comerse uno, al lado, en el Mesón del
Segoviano[78], tras una visita a casa de la Lola, en la calle de la   10
Luna, frente a las Benedictinas de San Plácido[79].

—Tú, ¿no?

—No.

—No eres poco misterioso en este asunto.

—Cada uno es como es.   15

—¿No te gusta ninguna?   Te advierto que esta trigueña° no   brunette
está mal.

—Otro día.

—Tú te lo pierdes, viejo.

A las dos de la mañana fueron, paseando la noche, a Heidel-   20
berg, en la calle de Zorrilla[80], a comerse un chateaubriand,
como resopón°.   Transigió el de la isla con un Rioja[81], aún   second supper
emperrado°:   holding his own

—Con todo y todo, prefiero mi Valdepeñas[82]...

Uva perdido°, salieron los últimos.   25 Uva...Thoroughly soused

—Me tengo que acostar temprano, viejo.   Mañana tengo que
estar a las diez en la Castellana.   El desfile ese de mierda.

—¿Nos tomamos un coñac?   ¿El del estribo°?   ¿El...The nightcap?

—¿Tú, viejo?

—Por una vez...   30

Mientras su invitado iba al urinario, el sonorense echó unas

---

[76] The Dólar is a *cafetería* (café or coffee shop) on the calle de Alcalá, a major east–west avenue in Madrid.

[77] Short, narrow street in Old Madrid.

[78] Very popular *mesón* near the Plaza Mayor.

[79] The calle de la Luna is a street near the Gran Vía (Madrid's main street). Las Benedictinas de San Plácido is a convent on the nearby calle del Pez.

[80] Street near the aforementioned Carrera de San Jerónimo (near Las Cortes).

[81] Wine from La Rioja, the region that produces some of Spain's best wines.

[82] Another type of prestigious Spanish wine.

gotas de un compuesto de narcotina en la copa del mílite, al que
tuvo que sostener regresando al hotel, y meter en la cama.

Lo despertó a las nueve, el de la isla no podía entreabrir los
ojos:

—Agua.   5

Se la dio, con más soporífero.

—No te preocupes: tienes tiempo.

Antes de dar media vuelta, Portas regresó al mundo de los
justos°. Nacho se vistió, con toda calma, el uniforme de gala,   al...to dreamland
recién planchado, dispuesto en una silla. Le venía bien. Se   10
detuvo a mirarse ante el espejo —cosa que nunca hacía. El
verse le dio pie al° único chiste que hizo en su vida, de raíz   le...gave him the opportunity
madrileña para mayor inri[83]:   for the

—Hermano, das el opio°.   das...you are a knockout

El botones° le vio salir sin asombro: los militares norteameri- 15   bellboy
canos suelen vestir de paisanos°. Sin embargo, pensó: de...in civilian clothes

—Creí que éste no lo era.

Ignacio tomó un taxi, hizo que lo dejara en la calle de Génova.
Bajó hacia la Plaza de Colón[84], tranquilamente se dirigió hacia
la tribuna de los agregados militares extranjeros. Hacía un   20
tiempo espléndido, el desfile había comenzado; la gente se
apretujaba° por todas partes; aviones por el cielo; pasaba la   se...jammed together
tropa con pasos contados y recios por el centro del paseo. El
cielo azul, los árboles verdes, los uniformes y las armas relu-
cientes, los espectadores bobos: todo como debía ser.   25

Se acercó a la entrada de la tribuna:

—Traigo un recado urgente para el general Smith, agregado
militar norteamericano.

Se cuadró el centinela°. Pidiendo perdón, Nacho se abrió   Se...The sentry stood at
paso hacia la esquina izquierda del tablado°. Apoyó la pierna 30   attention.
                                                                       platform
zoca° contra el barandal°. A diez metros, en el estrado° cen-   left   railing   dais
tral, Francisco Franco presidía, serio, vestido de capitán ge-
neral. Jurado sacó la pistola, apoyó el cañón en el interior de su
codo° izquierdo doblado —exactamente como lo pensó—   elbow
(¿quién podía ver el estrecho círculo de la boca?). Disparó al 35
paso bajo de unos aviones de caza°. El estruendo° de los   aviones...fighter planes   din
motores cubrió el de los tiros. El generalísimo se tambaleó.°   se...staggered

---

[83] This word comes from *I*esus *N*azarenus *R*ex *I*udaeorum (Jesus of
Nazareth, King of the Jews), and means a note of mockery.
[84] Génova is a major street leading into the Plaza de Colón, where the
Paseo de la Castellana begins.

Todos se abalanzaron°. Nacho entre los primeros, la pistola ya   se...rushed forward
en el bolsillo del pantalón. Poco después, se zafó de la confu-
sión, subió por Ayala hasta la calle de Serrano[85]; frente a la
Embajada de la República Dominicana alcanzó un taxi.

—¿Ya acabó? —preguntó el chofer, interesado.   5
—Sí.
Se referían a cosas distintas.
—¿Adónde vamos?
—A la Puerta del Sol[86].
—No se puede pasar.   10
—Dé el rodeo que sea.
—A sus órdenes, mi general.

Silvano Portas, como era de esperar, seguía dormido. Nacho
tuvo tiempo de limpiar y engrasar° la pistola. A los diez días,   oil
tras dos pasados en Barcelona, asombrado de tanto catalán,   15
pasó a Francia. Estuvo un día en Génova, otro en Florencia,
tres en Roma, dos en Venecia, según el itinerario establecido
por la agencia Hispanoamericana de Turismo, de la Plaza de
España. Llegó a París el 7 de agosto. A su asombro, le sobraba dinero, el suficiente para quedarse un mes más en Eu-   20
ropa. Pensando en dejar boquiabierto a Fernando Marín se
pagó un *tour* por Bélgica, Holanda, Dinamarca y Alemania.
Desembarcó en Veracruz el 13 de septiembre, del «Covadonga»
que había tomado en Vigo[87]. Dejó pasar las fiestas patrias[88] y
se presentó a trabajar el 17, muy quitado de la pena.   25

V

Parece inútil recordar los acontecimientos que, para esa época,
se habían sucedido en España: formación del Directorio Militar
bajo la presidencia del general González Tejada; el pronun-
ciamiento° del general López Alba, en Cáceres[89]; la proclama-   insurrection
ción de la Monarquía, su rápido derrumbamiento; el adveni-   30
miento de la Tercera República. (Todo ello oscura razón

[85] Ayala is a street leading into Serrano, which immediately parallels the
Paseo de la Castellana.
[86] Geographical center of Madrid, hub of the city's transportation system.
[87] Port in Galicia in northwestern Spain.
[88] The night of September 15 and the day of September 16, dates com-
memorating Mexico's independence from Spain.
[89] Capital of the province of the same name in the region of Extremadura.

verdadera de la tardanza de Ignacio Jurado en regresar a México; dando tiempo a que los refugiados volvieran a sus lares°).   homes

Don Rogelio —el patrón— le acogió con el mayor beneplácito°:   pleasure

—Ya era hora. Y ¿cómo le fue?   5

—Bien.

—¿Cuándo entra a trabajar?

—Ahora mismo, si le parece.

—Perfecto. Ya podía haber enviado alguna postal.

Acudía presuroso Fernando Marín: 10

—¿Te cogió allá el bochinche°?   tumult

—No. Estaba en Dinamarca.

—Chico: ¡vaya viaje!

—¿Y tú? ¿Mucho trabajo?

—No quieras saber.   15

—¿Qué pasa?

Lo supo enseguida. Allí estaban los de siempre —menos don Juan Ceballos y don Pedro Torner, muertos—, todos los refugiados, discutiendo lo mismo:

—Cuando yo...   20

—Calla, cállate la boca.

—Cuando yo mandaba...

—Cuando tomamos la Muela...

—Cuando yo, al frente de la compañía...

—¡Qué coño ibas tú!...   25

Más cien refugiados, de los otros, recién llegados:

—Cuando yo...

—Al carajo.

—¿Eras de la Falange[90] o no?

—Cuando entramos en Bilbao[91].   30

—Allí estaba yo.

—¡Qué joder!

—¡Qué joder ni qué no joder!

Ignacio Jurado Martínez se hizo pequeño, pequeño, pequeño; hasta que un día no se le vio más.   35

Le conocí más tarde, ya muy viejo, duro de oído, en Guadalajara.

—El café es el lugar ideal del hombre. Lo que más se parece al paraíso. ¿Y qué tienen que hacer los españoles en él? ¿O en

[90] Fascist political party founded in 1933 that supports Francisco Franco.
[91] Main industrial city of the Basque provinces in northern Spain.

México? Sus ces serruchan° el aire; todo este aserrín° que hay   saw through   sawdust
por el suelo, de ellos viene. Y si los hombres se han quedado
sordos, a ellos se debe. Un café, como debiera ser: sin ruido,
los meseros deslizándose°, los clientes silenciosos: todos viendo   gliding
la televisión, sin necesidad de preguntarles: —¿Qué le sirvo?   5
Se sabe de antemano, por el aspecto, el traje, la corbata, la
hora, el brillo de los zapatos, las uñas. Las uñas son lo más
importante.

    Hecho una ruina.

    —¿Ya se va? Cuando de veras se quiere hablar de cosas que   10
interesan, siempre se queda uno solo. De verdad, sólo se habla
con uno mismo. ¿Usted no es mexicano, verdad? Uno no
acaba haciéndose al acento de los demás. A mí me hubiera
gustado mucho hablar. Por eso fui mesero; ya que no hablaba,
por lo menos oía. Pero oir veinte años lo mismo y lo mismo y   15
lo mismo, con aquellas ces. Y eso que soy muy aguantador.
Me ha costado mucho darme cuenta de que el mundo no está
bien hecho. Los hombres, a lo más, se dividen en melolengos,
nangos, guarines, guatos, guajes, guajolotes, mensos y ba-
bosos[92]. Cuestión de matices, como el café con leche. ¿O cree   20
que el café con leche ha vuelto idiota a la humanidad?

    Al día siguiente, en su puesto° de tacos y tortas[93], me contó la   stand
verdad.

    (Guadalajara, amarilla y lila, tan buena de tomar, tan dulce
de comer.)   25

---

[92] All of these terms are synonyms for fool, simpleton, dolt, clod, and so on.
[93] Chicken, pork, or sausage sandwiches made with a hard roll.

FRANCISCO AYALA

El inquisidor

¡Qué regocijo°! ¡qué alborozo°! ¡Qué músicas y cohetes! El   rejoicing   merriment
Gran Rabino de la judería°, varón de virtudes y ciencia sumas,   Jewry
habiendo conocido al fin la luz de la verdad, prestaba su cabeza
al agua del bautismo; y la ciudad entera hacía fiesta.

Aquel día inolvidable, al dar gracias a Dios Nuestro Señor,   5
dentro ya de su iglesia, sólo una cosa hubo de lamentar el antiguo rabino; pero ésta ¡ay! desde el fondo de su corazón: que a
su mujer, la difunta° Rebeca, no hubiera podido extenderse el   deceased
bien de que participaban con él, en cambio, felizmente, Marta,
su hija única, y los demás familiares de su casa, bautizados   10
todos en el mismo acto con mucha solemnidad. Ésa era su
espina°, su oculto dolor en día tan glorioso; ésa, y—¡sí, tam-   thorn
bién!— la dudosa suerte (o más que dudosa, temible) de sus
mayores°, línea ilustre que él había reverenciado en su abuelo,   ancestors
en su padre, generaciones de hombres religiosos, doctos° y   15 learned
buenos, pero que, tras la venida del Mesías, no habían sabido
reconocerlo y, durante siglos, se obstinaron en la vieja, dero-
gada° Ley.   abolished

Preguntábase el cristiano nuevo[1] en méritos de qué° se le   en...by virtue of what
había otorgado° a su alma una gracia tan negada a ellos, y   20 granted
por qué designio de la Providencia, ahora, al cabo de casi los
mil y quinientos años de un duro, empecinado° y mortal orgullo,   stubborn
era él, aquí, en esta pequeña ciudad de la meseta castellana —él
sólo, en toda su dilatada estirpe°— quien, después de haber   dilatada...vast lineage
regido con ejemplaridad la venerable sinagoga, debía dar este   25
paso escandaloso y bienaventurado° por el que ingresaba en la   blessed
senda° de salvación. Desde antes, desde bastante tiempo antes   path
de declararse converso, había dedicado horas y horas, largas
horas, horas incontables, a estudiar en términos de Teología el

---

[1] Reference to a Jewish or Moorish convert to Catholicism or his descend-
ants. The term was especially common in the sixteenth century as a result
of the mass conversion of Jews and Moors in order to avoid expulsion
from Spain. A *cristiano viejo* is a person of long-standing Catholic ancestry.

enigma de tal destino. No logró descifrarlo. Tuvo que rechazar muchas veces como pecado de soberbia° la única solu-   excessive pride
ción plausible que le acudía a las mientes°, y sus meditaciones   le...came to his mind
le sirvieron tan sólo para persuadirlo de que tal gracia le im-
ponía cargas° y le planteaba exigencias proporcionadas a su   5 obligations
singular magnitud; de modo que, por lo menos, debía justifi-
carla *a posteriori*, con sus actos. Claramente comprendía estar
obligado para con° la Santa Iglesia en mayor medida que cual-   para...with respect to
quier otro cristiano. Dio por averiguado que su salvación
tenía que ser fruto de un trabajo muy arduo en pro de° la fe; y   10 en...on behalf of
resolvió —como resultado feliz y repentino de sus cogitaciones—
que no habría de considerarse cumplido hasta no merecer y
alcanzar la dignidad apostólica° allí mismo, en aquella misma   dignidad...rank of bishop
ciudad donde había ostentado la de Gran Rabino, siendo así
asombro de todos los ojos y ejemplo de todas las almas[2].   15

Ordenóse, pues, de sacerdote, fue a la Corte, estuvo en Roma
y, antes de pasados ocho años, ya su sabiduría, su prudencia, su
esfuerzo incansable, le proporcionaron por fin la mitra° de la   bishopric (literally, mitre)
diócesis desde cuya sede° episcopal serviría a Dios hasta la   see
muerte. Lleno estaba de escabrosísimos° pasos —más, tal vez,   20 very difficult
de lo imaginable— el camino elegido; pero no sucumbió: hasta
puede afirmarse que ni siquiera llegó a vacilar por un instante.
El relato actual corresponde a uno de esos momentos de prueba.
Vamos a encontrar al obispo, quizás, en el día más atroz de su
vida. Ahí lo tenemos, trabajando, casi de madrugada°. Ha   25 de...at dawn
cenado muy poco: un bocado apenas, sin levantar la vista de
sus papeles. Y empujando luego el cubierto° a la punta de la   snack tray
mesa, lejos del tintero y los legajos°, ha vuelto a enfrascarse° en   dockets   become absorbed
la tarea. A la punta de la mesa, reunidos aparte, se ven ahora
la blanca hogaza° de cuyo canto° falta un cuscurro°, algunas   30 loaf (of bread)   end   crust
ciruelas° en un plato, restos en otro de carne fiambre°, la   plums   carne...cold cuts
jarrita del vino, un tarro° de dulce sin abrir... Como era tarde,   jar
el señor obispo había despedido al paje, al secretario, a todos, y
se había servido por sí mismo su colación°. Le gustaba hacerlo   snack
así; muchas noches solía quedarse hasta muy tarde, sin molestar   35
a ninguno. Pero hoy, difícilmente hubiera podido soportar la
presencia de nadie; necesitaba concentrarse, sin que nadie lo

---

[2] The possibility of a converted Jew attaining a high position in the Church
is not as improbable as it might seem, and in fact it was not unusual in the
fourteenth through sixteenth centuries. Cardinal Juan de Torquemada,
uncle of the first Inquisitor General, was a *converso*.

perturbara, en el estudio del proceso°. Mañana mismo se
reunía bajo su presidencia el Santo Tribunal[3]; esos desgracia-
dos, abajo, aguardaban justicia, y no era él hombre capaz de
rehuir o postergar° el cumplimiento de sus deberes, ni de entregar el propio juicio a pareceres ajenos°: siempre, siempre, 5
había examinado al detalle cada pieza, aun mínima, de cada
expediente°, había compulsado° trámites°, actuaciones y pruebas, hasta formarse una firme convicción y decidir, inflexible-
mente, con arreglo a° ella. Ahora, en este caso, todo lo tenía
reunido ahí, todo estaba minuciosamente ordenado y relatado 10
ante sus ojos, folio tras folio, desde el comienzo mismo, con la
denuncia sobre el converso Antonio María Lucero, hasta los
borradores° para la sentencia que mañana debía dictarse contra
el grupo entero de judaizantes° complicados en la causa. Ahí
estaba el acta levantada° con la detención de Lucero, sorpren- 15
dido en el sueño y hecho preso en medio del consternado re-
vuelo° de su casa; las palabras que había dejado escapar en el
azoramiento° de la situación —palabras, por cierto, de significado bastante ambiguo— ahí constaban°. Y luego, las sucesivas declaraciones, a lo largo de varios meses de interrogatorios, 20
entrecortada alguna de ellas por los ayes y gemidos, gritos y
súplicas del tormento°, todo anotado y transcrito con escru-
pulosa puntualidad. En el curso del minucioso procedimiento,
en las diligencias premiosas° e innumerables que se siguieron,
Lucero había negado con obstinación irritante; había negado, 25
incluso, cuando le estaban retorciendo los miembros en el
potro°. Negaba entre imprecaciones°; negaba entre implora-
ciones, entre lamentos; negaba siempre. Mas —otro, acaso, no
lo habría notado; a él ¿cómo podía escapársele?— se daba
buena cuenta el obispo de que esas invocaciones que el pro- 30
cesado° había proferido en la confusión del ánimo, entre tinie-
blas°, dolor y miedo, contenían a veces, sí, el santo nombre de
Dios envuelto en aullidos° y amenazas; pero ni una sola apela-
ban a Nuestro Señor Jesucristo, la Virgen o los Santos, de
quienes, en cambio, tan devoto se mostraba en circunstancias 35
más tranquilas...

Al repasar ahora las declaraciones obtenidas mediante el

	legal action; trial
	delaying
	pareceres...the opinions of others
	proceeding compared legal briefs
	con...in accordance with
	drafts
	Judaizers (practicers of Judaism)
	acta...record of proceedings drawn
	commotion
	confusion
	were recorded
	torture
	diligencias...onerous proceedings
	rack imprecations (curses)
	defendant
	darkness
	howls

[3] The Holy Office of the Inquisition, first introduced in Castilla in 1478.
After 1492, the date marking the edict expelling from Spain all Jews who
refused to convert, the Inquisition became very active in probing into the
sincerity of and prosecuting the new Christians, many of whom had converted as the only alternative to expulsion.

tormento —diligencia ésta que, en su día, por muchas razones, se creyó obligado a presenciar° el propio obispo— acudió a su memoria con desagrado la mirada que Antonio María, colgado por los tobillos°, con la cabeza a ras del suelo°, le dirigió desde abajo. Bien sabía él lo que significaba aquella mirada: con- 5 tenía una alusión al pasado, quería remitirse° a los tiempos en que ambos, el procesado sometido a tortura y su juez, obispo y presidente del Santo Tribunal, eran aún judíos; recordarle aquella ocasión ya lejana en que el orfebre°, entonces un mozo delgado, sonriente, se había acercado respetuosamente a su 10 rabino pretendiendo la mano de Sara, la hermana menor de Rebeca, todavía en vida, y el rabino, después de pensarlo, no había hallado nada en contra de ese matrimonio, y había cele- brado él mismo las bodas de Lucero con su cuñada° Sara. Sí, eso pretendían recordarle aquellos ojos que brillaban a ras del 15 suelo, en la oscuridad del sótano, obligándole a hurtar° los suyos; esperaban ayuda de una vieja amistad y un parentesco° en nada relacionados con el asunto de autos°. Equivalía, pues, esa mirada a un guiño° indecente, de complicidad, a un intento de soborno°; y lo único que conseguía era proporcionar una 20 nueva evidencia en su contra, pues ¿no se proponía acaso hablar y conmover en el prelado que tan penosamente se desvelaba por° la pureza de la fe al judío pretérito° de que tanto uno como otro habían ambos abjurado°?

Bien sabía esa gente, o lo suponían —pensó ahora el obispo— 25 cuál podía ser su lado flaco, y no dejaban de tantear°, con sinuosa pertinacia°, para acercársele. ¿No habían intentado, ya al comienzo —y ¡qué mejor prueba de su mala conciencia! ¡qué confesión más explícita de que no confiaban en la piadosa justicia de la Iglesia!—, no habían intentado blandearlo° por la 30 mediación de Marta, su hijita, una criatura inocente, puesta así en juego°?... Al cabo de tantos meses, de nuevo suscitaba° en él un movimiento de despecho° el que así se hubieran atrevido a echar mano de lo más respetable: el candor de los pocos años. Disculpada por ellos°, Marta había comparecido° a interceder 35 ante su padre en favor del Antonio María Lucero, recién preso entonces por sospechas. Ningún trabajo costó establecer que lo había hecho a requerimientos de° su amiga de infancia y —torció su señoría el gesto°— prima carnal°, es cierto, por parte de madre, Juanita Lucero, aleccionada° a su vez, sin duda, 40 por los parientes judíos del padre, el converso Lucero, ahora

to witness	
ankles	a...even with the floor
to go back	
gold- or silversmith	
sister-in-law	
to avert	
family relationship	
judicial decisions	
wink	
bribery	
se...kept watch over former	
renounced	
probing	
doggedness	
to soften him	
puesta...involving her in this way it provoked resentment	
Disculpada...Excused by her youth appeared	
a...on the insistence of	
torció...the illustrious bishop made a gesture of annoyance prima...first cousin coached	

sospechoso de judaizar. De rodillas, y con palabras quizás aprendidas, había suplicado la niña al obispo. Una tentación diabólica; pues, ¿no son, acaso, palabras del Cristo: *El que ama hijo o hija más que a mí, no es digno de mí*[4]?

En alto la pluma, y perdidos los ojos miopes en la penum- 5
brosa° pared de la sala, el prelado dejó escapar un suspiro de la   dim
caja de su pecho°: no conseguía ceñirse° a la tarea; no podía   la...deep in his chest
evitar que la imaginación se le huyera hacia aquella su hija   to stick
única, su orgullo y su esperanza, esa muchachita frágil, callada,
impetuosa, que ahora, en su alcoba, olvidada del mundo, hun- 10
dida en el feliz abandono del sueño, descansaba, mientras
velaba° él arañando° con la pluma el silencio de la noche. Era   kept vigil   scratching
—se decía el obispo— el vástago postrero° de aquella vieja   vástago...last scion
estirpe a cuyo dignísimo nombre debió él hacer renuncia para
entrar en el cuerpo místico de Cristo°, y cuyos últimos rastros 15   cuerpo...the Church
se borrarían definitivamente cuando, llegada la hora, y casada
—si es que alguna vez había de casarse— con un cristiano viejo,
quizás ¿por qué no? de sangre noble, criara ella, fiel y reservada,
laboriosa y alegre, una prole° nueva en el fondo de su casa...   offspring
Con el anticipo de esta anhelada perspectiva en la imaginación, 20
volvió el obispo a sentirse urgido por el afán de preservar a su
hija de todo contacto que pudiera contaminarla, libre de ace-
chanzas°, aparte; y, recordando cómo habían querido valerse   pitfalls
de° su pureza de alma en provecho del procesado Lucero, la ira   valerse...to take advantage of
le subía a la garganta, no menos que si la penosa escena hubiera 25
ocurrido ayer mismo. Arrodillada a sus plantas°, veía a la niña   feet (literally, soles)
decirle: «Padre: el pobre Antonio María no es culpable de
nada; yo, padre —¡ella! ¡la inocente!—, yo, padre, sé muy bien
que él es bueno. ¡Sálvalo!». Sí, que lo salvara. Como si no
fuera eso, eso precisamente, salvar a los descarriados°, lo que se 30   misguided
proponía la Inquisición... Aferrándola° por la muñeca°, averi-   Grasping her   wrist
guó en seguida el obispo cómo había sido maquinada toda la
intriga, urdida° toda la trama°: señuelo° fue, es claro, la afligida   plotted   scheme   bait
Juanica Lucero; y todos los parientes, sin duda, se habían jun-
tado para fraguar° la escena que, como un golpe de teatro°, 35   plan   golpe...dramatic effect
debería, tal era su propósito, torcer la conciencia del dignatario
con el sutil soborno de las lágrimas infantiles. Pero está dicho
que *si tu mano derecha te fuere ocasión de caer, córtala y échala*

---

[4] Quotation from Matthew 10:37: "He who loves father or mother more than me is not worthy of me; and he who loves son or daughter more than me is not worthy of me."

de ti[5]. El obispo mandó a la niña, como primera providencia°, y no para castigo sino más bien por cautela°, que se recluyera en su cuarto hasta nueva orden, retirándose él mismo a cavilar° sobre el significado y alcance de este hecho: su hija que comparece a presencia suya y, tras haberle besado el anillo y la mano, le implora a favor de un judaizante; y concluyó, con asombro, de allí a poco, que, pese a° toda su diligencia, alguna falla debía tener que reprocharse en cuanto a la educación de Marta, pues que pudo haber llegado a tal extremo de imprudencia.

   Resolvió entonces despedir al preceptor y maestro de doctrina, a ese doctor Bartolomé Pérez que con tanto cuidado había elegido siete años antes y del que, cuando menos, podía decirse ahora que había incurrido en lenidad°, consintiendo a su pupila el tiempo libre para vanas conversaciones y una disposición de ánimo proclive° a entretenerse en ellas con más intervención de los sentimientos que del buen juicio.

   El obispo necesitó muchos días para aquilatar° y no descartar° por completo sus escrúpulos. Tal vez —temía—, distraído en los cuidados de su diócesis, había dejado que se le metiera el mal en su propia casa, y se clavara en su carne una espina de ponzoña°. Con todo rigor, examinó de nuevo su conducta. ¿Había cumplido a fondo sus deberes de padre? Lo primero que hizo cuando Nuestro Señor le quiso abrir los ojos a la verdad, y las puertas de su Iglesia, fue buscar para aquella triste criatura, huérfana° por obra del propio nacimiento, no sólo amas y criadas de religión irreprochable, sino también un preceptor que garantizara su cristiana educación. Apartarla en lo posible de una parentela demasiado nueva en la fe, encomendarla a algún varón exento de° toda sospecha en punto a doctrina y conducta, tal había sido su designio. El antiguo rabino buscó, eligió y requirió para misión tan delicada a un hombre sabio y sencillo, este Dr. Bartolomé Pérez, hijo, nieto y biznieto° de labradores, campesino que sólo por fuerza de su propio mérito se había erguido en el pegujal sobre el que sus ascendientes vivieron doblados[6], había salido de la aldea y, por en-

measure
caution
to ponder

pese...in spite of

leniency

prone

evaluate
put aside

poison

motherless

exento...free of

great-grandson

---

[5] Quotation from Matthew 5:30: "And if your right hand causes you to sin, cut it off and throw it away...."

[6] *se había erguido...had risen above the plot of land on which his ancestors had lived bent over.* Country people were generally considered to be of purer blood (that is, *cristianos viejos*) than city people because of their relative isolation from Jews and Moors.

tonces, se desempeñaba°, discreto y humilde —tras haber ad- | se...was functioning
quirido eminencia en letras sagradas—, como coadjutor° de | assistant
una parroquia° que proporcionaba a sus regentes más trabajo | parish
que frutos. Conviene decir que nada satisfacía tanto en él al
ilustre converso como aquella su simplicidad, el buen sentido y | 5
el llano aplomo labriego°, conservados bajo la ropa talar° como | peasant   ropa...ecclesiastical garments
un núcleo indestructible de alegre firmeza. Sostuvo con él,
antes de confiarle su intención, tres largas pláticas en materia de
doctrina, y le halló instruido sin alarde°, razonador sin sutile- | ostentation
zas, sabio sin vértigo, ansiedad ni angustia. En labios del Dr. | 10
Bartolomé Pérez lo más intrincado se hacía obvio, simple... Y
luego, sus cariñosos ojos claros prometían para la párvula° el | small child
trato bondadoso y la ternura de corazón que tan familiar era ya
entre los niños de su pobre feligresía°. Aceptó, en fin, el Dr. | flock
Pérez la propuesta del ilustre converso después que ambos de | 15
consuno° hubieron provisto al viejo párroco de otro coadjutor | de...jointly
idóneo°, y fue a instalarse en aquella casa donde con razón | suitable
esperaba medrar° en ciencia sin mengua° de la caridad; y, en | to thrive   lessening
efecto, cuando su patrono recibió la investidura episcopal, a él,
por influencia suya, le fue concedido el beneficio de una canon- | 20
jía°. Entre tanto, sólo plácemes° suscitaba la educación reli- | canonry (office of a canon) approval
giosa de la niña, dócil a la dirección del maestro. Mas, ahora...
¿cómo podía explicarse esto?, se preguntaba el obispo; ¿qué
falla, qué fisura venía a revelar ahora lo ocurrido en tan cuidada,
acabada y perfecta obra? ¿Acaso no habría estado lo malo, | 25
precisamente, en aquello —se preguntaba— que él, quizás con
error, con precipitación, estimara como la principal ventaja: en
la seguridad confiada y satisfecha del cristiano viejo, dormido
en la costumbre° de la fe? Y aun pareció confirmarlo en esta | long practice
sospecha el aire tranquilo, apacible, casi diríase aprobatorio | 30
con que el Dr. Pérez tomó noticia del hecho cuando él le
llamó a su presencia para echárselo en cara. Revestido° de su | Invested
autoridad impenetrable, le había llamado; le había dicho:
«Óigame, doctor Pérez; vea lo que acaba de ocurrir: Hace un
momento, Marta, mi hija...». Y le contó la escena sumaria- | 35
mente. El Dr. Bartolomé Pérez había escuchado, con preocu-
pado ceño°; luego, con semblante calmo y hasta con un esbozo° | frown   trace
de sonrisa. Comentó: «Cosas, señor, de un alma generosa»;
ése fue su solo comentario. Los ojos miopes del obispo lo
habían escrutado a través de los gruesos vidrios con estupe- | 40
facción y, en seguida, con rabiosa severidad. Pero él no se

148

había inmutado°; él —para colmo° de escándalo— le había   changed his expression
dicho, se había atrevido a preguntarle: «Y su señoría... ¿no   the limit
piensa escuchar la voz de la inocencia?» El obispo —tal fue
su conmoción— prefirió no darle respuesta de momento.
Estaba indignado, pero, más que indignado, el asombro lo   5
anonadaba°. ¿Qué podía significar todo aquello? ¿Cómo era   overwhelmed
posible tanta obcecación°? O acaso hasta su propia cámara   blindness
—¡sería demasiada audacia!—, hasta el pie de su estrado°, al-   dais
canzaban... aunque, si se habían atrevido a valerse de su propia
hija, ¿por qué no podían utilizar también a un sacerdote, a un   10
cristiano viejo?... Consideró con extrañeza, como si por primera vez lo viese, a aquel campesino rubio que estaba allí,
impertérrito°, indiferente, parado ante él, firme como una peña°   imperturbable   rock
(y, sin poderlo remediar, pensó: ¡bruto!), a aquel doctor y sacer-
dote que no era sino un patán°, adormilado en la costumbre   15 rustic boor
de la fe y, en el fondo último de todo su saber, tan inconsciente como un asno. En seguida quiso obligarse a la com-
pasión: había que compadecer más bien esa flojedad, despre-
ocupación° tanta en medio de los peligros. Si por esta gente   unconcern
fuera —pensó— ya podía perderse la religión: veían crecer el   20
peligro por todas partes, y ni siquiera se apercibían... El obispo
impartió al Dr. Pérez algunas instrucciones ajenas al caso, y lo
despidió; se quedó otra vez solo con sus reflexiones. Ya la
cólera había cedido a una lúcida meditación. Algo que, antes
de ahora, había querido sospechar varias veces, se le hacía   25
ahora evidentísimo: que los cristianos viejos, con todo su
orgulloso descuido, eran malos guardianes de la ciudadela° de   citadel
Cristo, y arriesgaban perderse por exceso de confianza. Era la
eterna historia, la parábola°, que siempre vuelve a renovar su   parable
sentido. No, ellos no veían, no podían ver siquiera los peligros,   30
las acechanzas sinuosas, las reptantes° maniobras del enemigo,   slithering
sumidos como estaban en una culpable confianza. Eran la-
briegos bestiales, paganos casi, ignorantes, con una pobre idea
de la divinidad, mahometanos° bajo Mahoma y cristianos bajo   Mohammedans
Cristo, según el aire que moviera las banderas[7]; o si no, esos   35
señores distraídos en sus querellas mortales, o corrompidos en
su pacto con el mundo°, y no menos olvidados de Dios. Por   en...by their worldliness
algo su Providencia le había llevado a él —y ojalá que otros

---

[7] según...according to which way the wind was blowing. Allusion to the
eight-century long see-saw struggle between the Christians and Moors in
Spain.

como él rigieran cada diócesis— al puesto de vigía° y capitán   watchman
de la fe; pues, quien no está prevenido, ¿cómo podrá contra-
rrestar el ataque encubierto y artero°, la celada°, la conjuración   artful   trap
sorda° dentro de la misma fortaleza? Como un aviso, se   conjuración...silent conspiracy
presentaba siempre de nuevo a la imaginación del buen obispo   5
el recuerdo de una vieja anécdota doméstica oída mil veces de
niño entre infalibles carcajadas° de los mayores: la aventura de   outbursts of laughter
su tío-abuelo°, un joven díscolo°, un tarambana°, que, en el   great-uncle   unruly   madcap
reino moro de Almería[8], había abrazado sin convicción el
mahometismo, alcanzando por sus letras y artes a ser, entre   10
aquellos bárbaros, muecín[9] de una mezquita°. Y cada vez que,   mosque
desde su eminente puesto, veía pasar por la plaza a alguno de
aquellos parientes o conocidos que execraban° su defección,   damned
esforzaba la voz y, dentro de la ritual invocación coránica, *La
ilaha illá llah*[10], injería entre las palabras árabes una ristra° de   15 string
improperios° en hebreo contra el falso profeta Mahoma, dán-   insults
doles así a entender a los judíos cuál, aunque indigno°, era su   aunque...although he was unworthy
creencia verdadera, con escarnio° de los descuidados y piadosos   con...in mockery
moros perdidos en zalemas°... Así también, muchos conversos   salaams (bows)
falsos se burlaban ahora en Castilla, en toda España, de los   20
cristianos incautos, cuya incomprensible confianza sólo podía
explicarse por la tibieza de una religión heredada de padres a
hijos, en la que siempre habían vivido y triunfado, descansando,
frente a las ofensas de sus enemigos, en la justicia última de
Dios. Pero ¡ah! era Dios, Dios mismo, quien lo había hecho a   25
él instrumento de su justicia en la tierra, a él que conocía el
campamento enemigo y era hábil para descubrir sus espías, y
no se dejaba engañar con tretas°, como se engañaba a esos   ruses
laxos creyentes que, en su flojedad, hasta cruzaban (a eso habían
llegado, sí, a veces: él los había sorprendido, los había inter-   30
pretado, los había descubierto), hasta llegaban a cruzar miradas
de espanto —un espanto lleno, sin duda, de respeto, de admiración y reconocimiento, pero espanto al fin— por el rigor implacable que su prelado desplegaba° en defensa de la Iglesia.   displayed

---

[8] One of the petty Moorish kingdoms in southern Spain that resulted from the breakup of the Caliphate of Córdoba at the beginning of the eleventh century.

[9] Muezzin: crier in a minaret of a mosque who calls the faithful to prayer at certain hours.

[10] "There is no deity but God": first part of the *kalimah* (the Word), the fundamental declaration of the Islamic faith. It is found in Chapter 47, verse xxi of the Koran.

El propio Dr. Pérez ¿no se había expresado en más de una
ocasión con reticencia acerca de la actividad depuradora° de su   purifying
Pastor? —Y, sin embargo, si el Mesías había venido y se había
hecho hombre y había fundado la Iglesia con el sacrificio de su
sangre divina ¿cómo podía consentirse que perdurara y creciera   5
en tal modo la corrupción, como si ese sacrificio hubiera sido
inútil?

Por lo pronto, resolvió el obispo separar al Dr. Bartolomé
Pérez de su servicio.   No era con maestros así como podía
dársele a una criatura tierna el temple° requerido para una fe   10 mettle
militante, asediada° y despierta; y, tal cual lo resolvió, lo hizo,   constantly tested
sin esperar al otro día.   Aun en el de hoy, se sentía molesto,
recordando la mirada límpida que en la ocasión le dirigiera el
Dr. Pérez.   El Dr. Bartolomé Pérez no había pedido explicaciones, no había mostrado ni desconcierto ni enojo: la escena   15
de la destitución había resultado increíblemente fácil; ¡tanto
más embarazosa por ello!   El preceptor había mirado al señor
obispo con sus ojos azules, entre curioso y, quizás, irónico, aca-
tando° sin discutir la decisión que así lo apartaba de las tareas   heeding
cumplidas durante tantos años y lo privaba al parecer de la   20
confianza del Prelado.   La misma conformidad asombrosa con
que había recibido la notificación, confirmó a éste en la justicia
de su decreto, que quién sabe si no le hubiera gustado poder
revocar, pues, al no ser capaz de defenderse, hacer invocaciones,
discutir, alegar y bregar° en defensa propia, probaba desde   25 alegar...argue and protest
luego que carecía del ardor indispensable para estimular a
nadie en la firmeza.   Y luego, las propias lágrimas que derramó
la niña al saberlo fueron testimonio de suaves afectos humanos
en su alma, pero no de esa sólida formación religiosa que im-
plica mayor desprendimiento° del mundo cotidiano y perece-   30 detachment
dero°.   mortal

Este episodio había sido para el obispo una advertencia in-
estimable.   Reorganizó el régimen de su casa en modo tal que la
hija entrara en la adolescencia, cuyos umbrales° ya pisaba, con   threshold
paso propio°; y siguió adelante el proceso contra su concuñado°   35 con...on her own   su...the
Lucero sin dejarse convencer de ninguna consideración hu-   spouse of his wife's sister
mana.   Las sucesivas indagaciones° descubrieron a otros com-   investigations
plicados, se extendió a ellos el procedimiento, y cada nuevo
paso mostraba cuánta y cuán honda era la corrupción cuyo
hedor° se declaró primero en la persona del Antonio María.   40 stench
El proceso había ido creciendo hasta adquirir proporciones

descomunales; ahí se veían ahora, amontonados sobre la mesa,
los legajos que lo integraban; el señor obispo tenía ante sí,
desglosadas°, las piezas principales: las repasaba, recapitulaba   separated from their bindings
los trámites más importantes, y una vez y otra cavilaba sobre
las decisiones a que debía abocarse° mañana el tribunal. Eran 5   confront
decisiones graves. Por lo pronto, la sentencia contra los procesados; pero esta sentencia, no obstante su tremenda severidad[11], no era lo más penoso; el delito de los judaizantes había
quedado establecido, discriminado° y probado desde hacía   clarified
meses, y en el ánimo de todos, procesados y jueces, estaba   10
descontada° esta sentencia extrema que ahora sólo faltaba   taken for granted
perfilar° y formalizar debidamente. Más penoso resultaba el   to set down in final form
auto de procesamiento a decretar contra el Dr. Bartolomé
Pérez, quien, a resultas de un cierto testimonio, había sido
prendido la víspera° e internado en la cárcel de la Inquisición. 15 evening before
Uno de aquellos desdichados, en efecto, con ocasión de declaraciones postreras, extemporáneas y ya inconducentes°, había   unproductive
atribuido al Dr. Pérez opiniones bastante dudosas que, cuando
menos, descubrían este hecho alarmante: que el cristiano viejo
y sacerdote de Cristo había mantenido contactos, conversa- 20
ciones, quizás tratos con el grupo de judaizantes, y ello no sólo
después de abandonar el servicio del prelado, sino ya desde
antes. El prelado mismo, por su parte, no podía dejar de recordar el modo extraño con que, al referirle él, en su día, la intervención de la pequeña Marta a favor de su tío, Lucero, había 25
concurrido casi el Dr. Pérez a apoyar sinuosamente el ruego de
la niña. Tal actitud, iluminada por lo que ahora surgía de estas
averiguaciones, adquiría un nuevo significado. Y, en vista de
eso, no podía el buen obispo, no hubiera podido, sin violentar
su conciencia, abstenerse de promover una investigación a 30
fondo, tal como sólo el procesamiento la consentía. Dios era
testigo de cuánto le repugnaba decretarlo: la endiablada
materia de este asunto parecía tener una especie de adherencia
gelatinosa, se pegaba a las manos, se extendía y amenazaba
ensuciarlo todo: ya hasta le daba asco°. De buena gana lo 35 le…it revolted him
hubiera pasado por alto°. Mas ¿podía, en conciencia, desen-   pasado…overlooked
tenderse de los indicios que tan inequívocamente señalaban al
Dr. Bartolomé Pérez? No podía, en conciencia; aunque su-
piera, como lo sabía, que este golpe iba a herir de rechazo° a   de…indirectly

---

[11] The sentence was burning at the stake.

su propia hija... Desde aquel día de enojosa memoria —y habían pasado tres años, durante los cuales creció la niña a mujer—, nunca más había vuelto Marta a hablar con su padre sino cohibida y medrosa°, resentida quizás o, como él creía, abrumada° por el respeto. Se había tragado sus lágrimas; no había preguntado, no había pedido —que él supiera— ninguna explicación. Y, por eso mismo, tampoco el obispo se había atrevido, aunque procurase estorbarlo, a prohibirle que siguiera teniendo por confesor al Dr. Pérez. Prefirió más bien —para lamentar ahora su debilidad de entonces— seguir una táctica de entorpecimiento°, pues que no disponía de razones válidas con que oponerse abiertamente... En fin, el mal estaba hecho. ¿Qué efecto le produciría a la desventurada, inocente y generosa criatura el enterarse, como se enteraría sin falta, y saber que su confesor, su maestro, estaba preso por sospechas relativas a cuestión de doctrina? —lo que, de otro lado, acaso echara sombras, descrédito, sobre la que había sido su educanda°, sobre él mismo, el propio obispo, que lo había nombrado preceptor de su hija... *Los pecados de los padres*[12]... —pensó, enjugándose° la frente.

Una oleada de ternura compasiva hacia la niña que había crecido sin madre, sola en la casa silenciosa, aislada de la vulgar chiquillería°, y bajo una autoridad demasiado imponente, inundó el pecho del dignatario. Echó a un lado los papeles, puso la pluma en la escribanía°, se levantó rechazando el sillón hacia atrás, rodeó la mesa y, con andar callado, salió del despacho, atravesó, una tras otra, dos piezas° más, casi a tientas°, y, en fin, entreabrió° con suave ademán la puerta de la alcoba donde Marta dormía. Allí, en el fondo, acompasada°, lenta, se oía su respiración. Dormida, a la luz de la mariposa de aceite°, parecía, no una adolescente, sino mujer muy hecha; su mano, sobre la garganta, subía y bajaba con la respiración. Todo estaba quieto, en silencio; y ella, ahí, en la penumbra, dormía. La contempló el obispo un buen rato; luego, con andares suaves, se retiró de nuevo hacia el despacho y se acomodó ante la mesa de trabajo para cumplir, muy a pesar suyo°, lo que su conciencia le mandaba. Trabajó toda la noche. Y cuando, casi al rayar el alba°, se quedó, sin poderlo evitar, un poco tras-

Margin glosses:
5 cohibida...with an inhibited and cowering manner / overwhelmed
10 delay
pupil
20 wiping
mass of small children
25 inkstand
rooms   a...groping in the dark / he half-opened / rhythmic
30 mariposa...(oil) night light
a...against his will
al...at daybreak

---

[12] The bishop expresses his guilt by referring to the Bible, probably to Lamentations 5:7: "Our fathers sinned, and are no more; and we bear their iniquities."

puesto°, sus perplejidades, su lucha interna, la violencia que   un…half-asleep
hubo de hacerse, infundió en su sueño sombras turbadoras. Al
entrar Marta al despacho, como solía, por la mañana temprano, la cabeza amarillenta, de pelo entrecano°, que des-   grayish
cansaba pesadamente sobre los tendidos brazos, se irguió con   5
precipitación; espantados tras de las gafas, se abrieron los ojos
miopes. Y ya la muchacha, que había querido retroceder,
quedó clavada en su sitio.

Pero también el prelado se sentía confuso; quitóse las gafas
y frotó los vidrios con su manga, mientras entornaba° los pár-   10   he opened more widely
pados. Tenía muy presente, vívido en el recuerdo, lo que
acababa de soñar: había soñado —y, precisamente, con
Marta— extravagancias que lo desconcertaban y le producían
un oscuro malestar. En sueños, se había visto encaramado al
alminar° de una mezquita, desde donde recitaba una letanía   15   encaramado…perched on the minaret
repetida, profusa, entonada° y sutilmente burlesca, cuyo sentido   harmonious
a él mismo se le escapaba. (¿En qué relación podría hallarse
este sueño —pensaba— con la celebrada historieta de su pariente, el falso muecín? ¿Era él, acaso, también, algún falso
muecín?). Gritaba y gritaba y seguía gritando las frases de su   20
absurda letanía. Pero, de pronto, desde el pie de la torre, le
llegaba la voz de Marta, muy lejana, tenue, mas perfectamente
inteligible, que le decía —y eran palabras bien distintas, aunque
remotas—: «Tus méritos, padre —le decía—, han salvado a
nuestro pueblo. Tú solo, padre mío, has redimido a toda nues-   25
tra estirpe». En este punto había abierto los ojos el durmiente,
y ahí estaba Marta, enfrente de la mesa, parada, observándolo
con su limpia mirada, mientras que él, sorprendido, rebullía° y   stirred
se incorporaba en el sillón... Terminó de frotarse los vidrios,
recobró su dominio, arregló ante sí los legajos desparramados°   30   scattered
sobre la mesa, y, pasándose todavía una mano por la frente,
interpeló° a su hija: —Ven acá, Marta —le dijo con voz neu-   he summoned
tra—, ven, dime: si te dijeran que el mérito de un cristiano
virtuoso puede revertir sobre sus antepasados y salvarlos, ¿qué
dirías tú?   35

La muchacha lo miró atónita°. No era raro, por cierto, que   astonished
su padre le propusiera cuestiones de doctrina: siempre había
vigilado el obispo a su hija en este punto con atención suma.
Pero ¿qué ocurrencia repentina era ésta, ahora, al despertarse?
Lo miró con recelo°; meditó un momento; respondió: —La   40   misgivings

oración y las buenas obras pueden, creo, ayudar a las ánimas del purgatorio, señor.

—Sí, sí —arguyó el obispo—, sí, pero... ¿a los condenados?

Ella movió la cabeza: —¿Cómo saber quién está condenado, padre?   5

El teólogo había prestado sus cinco sentidos a la respuesta. Quedó satisfecho; asintió. Le dio licencia, con un signo de la mano, para retirarse. Ella titubeó° y, en fin, salió de la pieza.   *hesitated*

Pero el obispo no se quedó tranquilo; a solas ya, no conseguía librarse todavía, mientras repasaba los folios, de un residuo de   10 malestar. Y, al tropezarse de nuevo con la declaración rendida en el tormento por Antonio María Lucero, se le vino de pronto a la memoria otro de los sueños que había tenido poco rato antes, ahí, vencido del cansancio, con la cabeza retrepada° tal   *leaning backward* vez contra el duro respaldo° del sillón. A hurtadillas°, en el si-   15   *back   A...On the sly* lencio de la noche, había querido —soñó— bajar hasta la mazmorra° donde Lucero esperaba justicia, para convencerlo   *dungeon* de su culpa y persuadirlo a que se reconciliara con la Iglesia implorando el perdón. Cautelosamente, pues, se aplicaba a abrir la puerta del sótano, cuando —soñó— le cayeron encima   20 de improviso sayones° que, sin decir nada, sin hacer ningún   *torturers* ruido, querían llevarlo en vilo° hacia el potro del tormento.   *llevarlo...to carry him* Nadie pronunciaba una palabra; pero, sin que nadie se lo hubiera dicho, tenía él la plena evidencia de que lo habían tomado por el procesado Lucero, y que se proponían someterlo a nuevo   25 interrogatorio. ¡Qué turbios, qué insensatos son a veces los sueños! Él se debatía°, luchaba, quería soltarse, pero sus es-   *se...writhed* fuerzos ¡ay! resultaban irrisoriamente° vanos, como los de un   *laughably* niño, entre los brazos fornidos° de los sayones. Al comienzo   *strong* había creído que el enojoso error se desharía sin dificultad al-   30 guna, con sólo que él hablase; pero cuando quiso hablar notó que no le hacían caso, ni le escuchaban siquiera, y aquel trato tan sin miramientos° le quitó de pronto la confianza en sí   *consideration* mismo; se sintió ridículo entonces, reducido a la ridiculez extrema, y —lo que es más extraño— culpable. ¿Culpable de   35 qué? No lo sabía. Pero ya consideraba inevitable sufrir el tormento; y casi estaba resignado. Lo que más insoportable se le hacía era, con todo, que el Antonio María pudiera verlo así, colgado por los pies como una gallina. Pues, de pronto, estaba ya suspendido con la cabeza para abajo, y Antonio María   40

155

Lucero lo miraba; pero lo miraba como a un desconocido; se
hacía el distraído y, entre tanto, nadie prestaba oído a sus
protestas. Él, sí; él, el verdadero culpable, perdido y disimulado entre los indistintos oficiales del Santo Tribunal, conocía
el engaño; pero fingía, desentendido; miraba con hipócrita in- 5
diferencia. Ni amenazas, ni promesas, ni súplicas rompían su
indiferencia hipócrita. No había quien acudiera a su remedio.
Y sólo Marta, que, inexplicablemente, aparecía también ahí, le
enjugaba de vez en cuando, con solapada° habilidad, el sudor   artful
de la cara...   10

El señor obispo se pasó un pañuelo por la frente. Hizo sonar
una campanilla de cobre que había sobre la mesa, y pidió un
vaso de agua. Esperó un poco a que se lo trajeran, lo bebió de
un largo trago ansioso y, en seguida, se puso de nuevo a trabajar con ahinco° sobre los papeles, iluminados ahora, gracias a 15 con...eagerly
Dios, por un rayo de sol fresco, hasta que, poco más tarde, llegó
el Secretario del Santo Oficio.

Dictándole estaba aún su señoría el texto definitivo de las
previstas resoluciones —y ya se acercaba la hora del mediodía—
cuando, para sorpresa de ambos funcionarios, se abrió la puerta 20
de golpe y vieron a Marta precipitarse°, arrebatada°, en la sala. rush beside herself
Entró como un torbellino°, pero en medio de la habitación se   whirlwind
detuvo y, con la mirada reluciente fija en su padre, sin consi-
derar la presencia del subordinado ni más preámbulos, le gritó
casi, perentoria: —¿Qué le ha pasado al Dr. Pérez?—, y aguardó 25
en un silencio tenso.

Los ojos del obispo parpadearon° tras de los lentes. Calló   blinked
un momento; no tuvo la reacción que se hubiera podido esperar, que él mismo hubiera esperado de sí; y el Secretario no
creía a sus oídos ni salía de su asombro, al verlo aventurarse   30
después en una titubeante respuesta: —¿Qué es eso, hija mía?
Cálmate. ¿Qué tienes? El doctor Pérez va a ser... va a rendir
una declaración. Todos deseamos que no haya motivo... Pero
—se repuso, ensayando un tono de todavía benévola severidad—, ¿qué significa esto, Marta?   35

—Lo han preso; está preso. ¿Por qué está preso? —insistió
ella, excitada, con la voz temblona. —Quiero saber qué pasa.

Entonces, el obispo, vaciló un instante ante lo inaudito°; y,   lo...this extraordinary event
tras de dirigir una floja sonrisa de inteligencia al Secretario,
como pidiéndole que comprendiera, se puso a esbozar° una   40 to sketch

confusa explicación sobre la necesidad de cumplir ciertas for-
malidades que, sin duda, imponían molestias a veces injusti-
ficadas, pero que eran exigibles en atención a la finalidad más
alta de mantener una vigilancia estrecha en defensa de la fe y
doctrina de Nuestro Señor Jesucristo... Etc. Un largo, farra-   5   confused
goso° y a ratos inconexo discurso durante el cual era fácil darse
cuenta de que las palabras seguían camino distinto al de los
pensamientos. Durante él, la mirada relampagueante° de   flashing
Marta se abismó en las baldosas° de la sala, se enredó en las   flagstones
molduras del estrado y por fin, volvió a tenderse, vibrante como 10
una espada, cuando la muchacha, en un tono que desmentía° la   contradicted
estudiada moderación dubitativa de las palabras, interrumpió
al prelado:

—No me atrevo a pensar —le dijo— que si mi padre hubiera
estado en el puesto de Caifás[13], tampoco él hubiera reconocido 15
al Mesías.

—¿Qué quieres decir con eso? —chilló, alarmado, el obispo.

—*No juzguéis, para que no seáis juzgados*[14].

—¿Qué quieres decir con eso? —repitió, desconcertado.

—Juzgar, juzgar, juzgar. —Ahora, la voz de Marta era irri- 20
tada; y, sin embargo, tristísima, abatida°, inaudible casi.   dejected

—¿Qué quieres decir con eso? —amenazó, colérico.

—Me pregunto —respondió ella lentamente, con los ojos en
el suelo— cómo puede estarse seguro de que la segunda venida[15]
no se produzca en forma tan secreta como la primera.   25

Esta vez fue el Secretario quien pronunció unas palabras:

—¿La segunda venida?— murmuró, como para sí; y se puso a
menear° la cabeza. El obispo, que había palidecido al escuchar   to shake
la frase de su hija, dirigió al Secretario una mirada inquieta,
angustiada. El Secretario seguía meneando la cabeza.   30

—Calla —ordenó el prelado desde su sitial. Y ella, crecida,

[13] Caiaphas: High Priest of the Jews who presided at the council that con-
demned Christ to death.
[14] Quotation from Luke 6:37: "Judge not, and you will not be judged. . . ."
[15] The Second Coming (of the Messiah). In Mark 13:26, Christ will return
at the end of time "in clouds with great power and glory." In the same
chapter Christ warns against the false Christs and prophets who will arise.
If one accepts these words then one cannot believe in a Second Coming
"en forma tan secreta como la primera," nor can one accept Marta's
subsequent speculation about the Son of God possibly being among those
persecuted by the Inquisition. Thus the bishop and his secretary react to
Marta's words with shock and disbelief.

violenta: —¿Cómo saber —gritó— si entre los que a diario en-
carceláis, y torturáis, y condenáis, no se encuentra el Hijo de
Dios?

—¡El Hijo de Dios! —volvió a admirarse el Secretario.
Parecía escandalizado; contemplaba, lleno de expectativa, al 5
obispo.

Y el obispo, aterrado: —¿Sabes, hija mía, lo que estás
diciendo?

—Sí, lo sé. Lo sé muy bien. Puedes, si quieres, mandarme
presa. 10

—Estás loca; vete.

—¿A mí, porque soy tu hija, no me procesas? Al Mesías en
persona lo harías quemar vivo.

El señor obispo inclinó la frente, perlada de sudor; sus labios
temblaron en una imploración: «¡Asísteme, Padre Abraham!», 15
e hizo un signo al Secretario. El Secretario comprendió; no
esperaba otra cosa. Extendió un pliego° limpio, mojó la   sheet of paper
pluma en el tintero y, durante un buen rato, sólo se oyó el
rasguear° sobre el áspero papel, mientras que el prelado, pálido   pen strokes
como un muerto, se miraba las uñas. 20

CAMILO JOSÉ CELA

El tonto del pueblo

El tonto de aquel pueblo se llama Blas. Blas Herrero Martínez.
Antes, cuando aún no se había muerto Perejilondo, el tonto anterior, el hombre que llegó a olvidarse de que se llamaba Hermenegildo, Blas no era sino un muchachito algo alelado°, la-   dim-witted
drón de peras y blanco° de todas las iras y de todas las bofetadas   5 target
perdidas°, pálido y zanquilargo°, solitario y temblón. El   bofetadas...stray slaps
pueblo no admitía más que un tonto, no daba de sí más que   long-legged
para un tonto porque era un pueblo pequeño, y Blas Herrero
Martínez, que lo sabía y era respetuoso con la costumbre,
merodeaba° por el pinar o por la dehesa°, siempre sin acercarse 10 would forage   pasture
demasiado, mientras esperaba con paciencia a que a Pereji-
londo, que ya era muy viejo, se lo llevasen, metido en la petaca
de tabla°, con los pies para delante y los curas detrás. La   petaca...wooden chest (that is,
costumbre era la costumbre y había que respetarla; por el con-   coffin)
torno° decían los ancianos que la costumbre valía más que el   15 vicinity
rey y tanto como la ley, y Blas Herrero Martínez, que hus-
meaba° la vida como el can cazador° la rastrojera° y que, como   scented, sniffed out   can...
el buen can, jamás marraba°, sabía que aún no era su hora,   hunting dog   stubble field
hacía de tripas corazón° y se estaba quieto. Verdaderamente,   went astray
aunque parezca que no, en esta vida hay siempre tiempo para   20   hacía...he plucked up his
todo.   courage

Blas Herrero Martínez tenía la cabeza pequeñita y muy
apepinada y era bisojo y algo dentón, calvorota y pechihun-
dido, babosillo, pecoso y patiseco[1]. El hombre era un tonto
conspicuo, cuidadosamente caracterizado de tonto; bien mi-   25
rado, como había que mirarle, el Blas era un tonto en su papel,
un tonto como Dios manda y no un tonto cualquiera de esos
que hace falta un médico para saber que son tontos.

Era bondadoso y de tiernas inclinaciones y sonreía siempre,
con una sonrisa suplicante de buey enfermo, aunque le acabasen   30

---

[1] apepinada...cucumber-shaped, and he was cross-eyed and with rather
long, uneven teeth; he had bald patches and was sunken-chested, drooling,
freckled and spindly legged.

de arrear un cantazo°, cosa frecuente, ya que los vecinos del | le...he had just been clobbered with a stone
pueblo no eran lo que se suele decir unos sensitivos. Blas
Herrero Martínez, con su carilla de hurón°, movía las orejas | carilla...face like a ferret
—una de sus habilidades— y se lamía el golpe de turno°, san- | de...allotted to him
grante con una sangrecita aguada, de feble color de rosa, mien-   5
tras sonreía de una manera inexplicable, quizá suplicando no
recibir la segunda pedrada sobre la matadura° de la primera. | sore or sensitive spot

En tiempos de Perejilondo, los domingos, que eran los únicos
días en que Blas se consideraba con cierto derecho para caminar
por las calles del pueblo, nuestro tonto, después de la misa 10
cantada, se sentaba a la puerta del café de la Luisita y esperaba
dos o tres horas a que la gente, después del vermú°, se marchase | vermouth (or similar aperitif)
a sus casas a comer. Cuando el café de la Luisita se quedaba
solo o casi solo, Blas entraba, sonreía y se colaba° debajo de las | se...wriggled
mesas a recoger colillas°. Había días afortunados; el día de la 15 | cigarette butts
función de hace dos años, que hubo una animación enorme,
Blas llegó a echar en su lata° cerca de setecientas colillas. La | tin can
lata, que era uno de los orgullos de Blas Herrero Martínez, era
una lata hermosa, honda, de reluciente color amarillo con una
concha pintada y unas palabras en inglés[2]. 20

Cuando Blas acababa su recolección, se marchaba corriendo
con la lengua fuera a casa de Perejilondo, que era ya muy viejo
y casi no podía andar, y le decía:

—Perejilondo, mira lo que te traigo. ¿Estás contento?

Perejilondo sacaba su mejor voz de grillo° y respondía: 25 | cricket

—Sí..., sí...

Después amasaba las colillas con una risita de avaro°, apar- | miser
taba media docena al buen tuntún° y se las daba a Blas. | al...haphazardly

—¿Me porté bien? ¿Te pones contento?

—Sí..., sí... 30

Blas Herrero Martínez cogía sus colillas, las desliaba° y hacía | las...unrolled them
un pitillo° a lo que saliese°. A veces salía un cigarro algo gordo | cigarette   a...as best he could
y a veces, en cambio, salía una pajita° que casi ni tiraba°. | little stalk   que...from which you could hardly draw
¡Mala suerte! Blas daba siempre las colillas que cogía en el
café de la Luisita a Perejilondo, porque Perejilondo, para eso 35
era el tonto antiguo, era el dueño de todas las colillas del pueblo. Cuando a Blas le llegase el turno de disponer como amo
de todas las colillas, tampoco iba a permitir que otro nuevo le
sisase°. ¡Pues estaría bueno! En el fondo de su conciencia, | le...filch on him

[2] Cela appears to be describing a Shell motor oil can.

Blas Herrero Martínez era un conservador, muy respetuoso con lo establecido, y sabía que Perejilondo era el tonto titular.

El día que murió Perejilondo, sin embargo, Blas no pudo reprimir un primer impulso de alegría y empezó a dar saltos mortales° y vueltas de carnero° en un prado adonde solía ir a beber. Después se dio cuenta de que eso había estado mal hecho y se llegó hasta el cementerio, a llorar un poco y a hacer penitencia sobre los restos de Perejilondo, el hombre sobre cuyos restos, ni nadie había hecho penitencia, ni nadie había llorado, ni nadie había de llorar. Durante varios domingos le estuvo llevando las colillas al camposanto°; cogía su media docena y el resto las enterraba con cuidado sobre la fosa del decano°. Más tarde lo fue dejando poco a poco y, al final, ya ni recogía todas las colillas; cogía las que necesitaba y el resto las dejaba para que se las llevase quien quisiese, quien llegase detrás. Se olvidó de Perejilondo y notó que algo raro le pasaba: era una sensación extraña la de agacharse° a coger una colilla y no tener dudas de que esa colilla era, precisamente, de uno...

5 saltos...somersaults
vueltas...head rolls

10

camposanto... cemetery

fosa...the "dean's" (that is, his senior's) grave

15

agacharse... crouching

MIGUEL DELIBES

La mortaja

El valle, en rigor, no era tal valle sino una polvorienta cuenca°   basin
delimitada por unos tesos° blancos e inhóspitos. El valle, en   hilltops
rigor, no daba sino dos estaciones: invierno y verano y ambas
eran extremosas, agrias, casi despiadadas°. Al finalizar mayo   merciless
comenzaba a descender de los cerros de greda° un calor denso   5   clay
y enervante, como una lenta invasión de lava, que en pocas
semanas absorbía las últimas humedades del invierno. El lecho°   bed
de la cuenca, entonces, empezaba a cuartearse° por falta de   to crack
agua y el río se encogía sobre sí mismo y su caudal° pasaba en   volume
pocos días de una opacidad lora° y espesa a una verdosidad de   10   dark brown
botella casi transparente. El trigo, fustigado° por el sol, espi-   beaten
gaba° y maduraba apenas granado° y a primeros de junio la   formed tassels   having formed grains
cuenca únicamente conservaba dos notas verdes: la enmarañada
fronda° de las riberas del río y el emparrado° que sombreaba   enmarañada...tangled grove   vine arbor
la mayor de las tres edificaciones que se levantaban próximas a   15
la corriente. El resto de la cuenca asumía una agónica amarillez de desierto. Era el calor y bajo él se hacía la siembra° de   sowing
los melonares°, se segaba° el trigo, y la codorniz°, que había   melon patches   se...was reaped   quail
llegado con los últimos fríos de la Baja Extremadura[1], aban-
donaba los nidos y buscaba el frescor en las altas pajas° de los   20   grasses
ribazos°. La cuenca parecía emanar un aliento fumoso°, hecho   banks   smoky
de insignificantes partículas de greda y de polvillo de trigo. Y
en invierno y verano, la casa grande, flanqueada por el emparrado, emitía un «bom-bom» acompasado°, casi siniestro, que   rhythmic
era como el latido de un enorme corazón.   25

El niño jugaba en el camino, junto a la casa blanca, bajo el
sol, y sobre los trigales°, a su derecha, el cernícalo° aleteaba° sin   wheat fields   sparrow hawk   fluttered
avanzar, como si flotase en el aire, cazando insectos. La tarde
cubría la cuenca compasivamente y el hombre que venía de la
falda° de los cerros, con la vieja chaqueta desmayada° sobre los   30   slopes   hanging limply
hombros, pasó por su lado, sin mirarle, empujó con el pie la

[1] Westernmost region of Spain bordering on Portugal.

162

puerta de la casa y casi a ciegas se desnudó y se desplomó° en el
lecho sin abrirlo. Al momento, casi sin transición, empezó a
roncar° arrítmicamente.

El Senderines, el niño, le siguió con los ojos hasta perderle en
el oscuro agujero° de la puerta; al cabo reanudó sus juegos.

Hubo un tiempo en que al niño le descorazonaba que sus
amigos dijeran de su padre que tenía nombre de mujer; le humi-
llaba que dijeran eso de su padre, tan fornido° y poderoso.
Años antes, cuando sus relaciones no se habían enfriado del
todo, el Senderines le preguntó si Trinidad era, en efecto, nombre de mujer. Su padre había respondido:

—Las cosas son según las tomes. Trinidad son tres dioses y
no tres diosas ¿comprendes? De todos modos mis amigos me
llaman Trino para evitar confusiones.

El Senderines, el niño, se lo dijo así a Canor. Andaban entonces reparando la carretera y solían sentarse al caer la tarde
sobre los bidones de alquitrán° amontonados en las cunetas°.
Más tarde, Canor abandonó la Central° y se marchó a vivir al
pueblo a casa de unos parientes. Sólo venía por la Central
durante las Navidades.

Canor, en aquella ocasión, se las mantuvo tiesas° e insistió
que Trinidad era nombre de mujer como todos los nombres que
terminaban en «dad» y que no conocía un solo nombre que
terminara en «dad» y fuera nombre de hombre. No transigió°,
sin embargo:

—Bueno —dijo, apurando° sus razones—. No hay mujer
que pese más de cien kilos, me parece a mí. Mi padre pesa más
de cien kilos.

Todavía no se bañaban las tardes de verano en la gran balsa°
que formaba el río, junto a la Central, porque ni uno ni otro
sabían sostenerse sobre el agua. Ni osaban pasar sobre el muro
de cemento al otro lado del río porque una vez que el Senderines
lo intentó sus pies resbalaron en el verdín° y sufrió una descala-
bradura°. Tampoco el río encerraba por aquel tiempo alevines°
de carpa ni lucios° porque aún no los habían traído de Aranjuez[2]. El río sólo daba por entonces barbos° espinosos y alguna tenca°, y Ovi, la mujer de Goyo, aseguraba que tenían un
asqueroso gusto a cieno°. A pesar de ello, Goyo dejaba pasar
las horas sentado sobre la presa°, con la caña° muerta en los

	se...toppled
	to snore
5	opening
	robust
10	
15	
	bidones...large cans of tar ditches
	Power Plant
20	
	se...persisted stubbornly
	No...He did not give in (that is, el Senderines)
25	
	exhausting
30	pool
	scum
35	head wound fingerlings (used to stock rivers, lakes) pike
	barbels
	tench
	slime
	dam (fishing) rod

[2] Town forty-seven kilometers south of Madrid on the Tajo River.

dedos, o buscando pacientemente ovas° o gusanos para encar- roe
nar el anzuelo°. Canor y el Senderines solían sentarse a su lado encarnar...bait the fishhook
y le observaban en silencio. A veces el hilo° se tensaba, la line
punta de la caña descendía hacia el río y entonces Goyo perdía
el color e iniciaba una serie de movimientos precipitados y 5
torpes. El barbo luchaba por su libertad pero Goyo tenía previstas alevosamente° cada una de sus reacciones. Al fin, el pez treacherously
terminaba por reposar su fatiga sobre el muro y Canor y el
Senderines le hurgaban° cruelmente en los ojos y la boca con poked
unos juncos° hasta que le veían morir. 10 stems of bulrushes

Más tarde los prohombres° de la reproducción piscícola°, masterminds piscatory
aportaron al río alevines de carpa y pequeños lucios. Llegaron
tres camiones de Aranjuez cargados de perolas° con la recría°, pots brood
y allí la arrojaron a la corriente para que se multiplicasen.
Ahora Goyo decía que los lucios eran voraces como tiburones° 15 sharks
y que a una lavandera de su pueblo uno de ellos le arrancó un
brazo hasta el codo° de una sola dentellada°. El Senderines le elbow snap of the jaws
había oído contar varias veces la misma historia y mentalmente
decidió no volver a bañarse sobre la quieta balsa de la represa°. dam
Mas una tarde pensó que los camiones de Aranjuez volcaron su 20
carga sobre la parte baja de la represa y bañándose en la balsa
no había por qué temer. Se lo dijo así a Goyo y Goyo abrió
mucho los ojos y la boca, como los peces en la agonía, para explicarle que los lucios, durante la noche, daban brincos° como leaps
títeres° y podían salvar° alturas de hasta más de siete metros. 25 puppets clear
Dijo también que algunos de los lucios de Aranjuez estarían ya
a más de veinte kilómetros río arriba porque eran peces muy
viajeros. El Senderines pensó, entonces, que la situación era
grave. Esa noche soñó que se despertaba y al asomarse a la
ventana sobre el río, divisó° un ejército de lucios que saltaban 30 he spotted
la presa contra corriente; sus cuerpos fosforescían con un lúgubre tono cárdeno°, como de fuego fatuo[3], a la luz de la luna. livid
Le dominó un obscuro temor. No le dijo nada a su padre, sin
embargo. A Trinidad le irritaba que mostrase miedo hacia
ninguna cosa. 35

Cuando muy chico solía decirle:

—No vayas a ser como tu madre que tenía miedo de los
truenos y las abejas. Los hombres no sienten miedo de nada.

---

[3] *Ignis fatuus:* light that sometimes appears in the night over marshy
ground and is often attributable to the combustion of gas from decomposed
organic matter.

Su madre acababa de morir entonces. El Senderines tenía
una idea confusa de este accidente. Mentalmente lo rela-
cionaba con el piar° frenético de los gorriones° nuevos y el   chirping   sparrows
zumbido incesante de los tábanos° en la tarde. Aún recordaba   horseflies
que el doctor le había dicho: 5

—Tienes que comer, muchacho. A los niños flacos les
ocurre lo que a tu madre.

El Senderines era flaco. Desde aquel día le poseyó la convicción de que estaba destinado a morir joven; le sucedería lo
mismo que a su madre. En ocasiones, Trinidad le remangaba°   10   rolled up
pacientemente las mangas de la blusita y le tanteaba° el brazo,   squeezed
por abajo y por arriba:

—¡Bah! ¡Bah! —decía, decepcionado.

Los bracitos del Senderines eran entecos° y pálidos. Trino   weak
buscaba en ellos, en vano, el nacimiento de la fuerza. Desde   15
entonces su padre empezó a despreciarle. Perdió por él la
ardorosa debilidad de los primeros años. Regresaba de la Central malhumorado y apenas si le dirigía la palabra. Al comen-
zar el verano le dijo:

—¿Es que no piensas bañarte más en la balsa, tú?   20

El Senderines frunció el ceño°; se azoró°:   frunció...frowned   se...he
                                                                       got flustered
—Baja mucha porquería° de la fábrica, padre —dijo.   rubbish

Trino sonrió; antes que sonrisa era la suya una mueca dis-
plicente°:   mueca...unpleasant grimace

—Los lucios se comen a los niños crudos° ¿no es eso?   25   raw

El Senderines humilló los ojos. Cada vez que su padre se
dirigía a él y le miraba de frente le agarraba la sensación de que
estaba descubriendo hasta sus pensamientos más recónditos.

La C. E. S. A.[4] montó una fábrica río arriba años atrás. El
Senderines sólo había ido allá una vez, la última primavera, y 30
cuando observó cómo la máquina aquélla trituraba° entre sus   ground
feroces mandíbulas° troncos de hasta un metro de diámetro con   jaws
la misma facilidad que si fuesen barquillos°, pensó en los lucios   wafers
y empezó a temblar. Luego, la C. E. S. A. soltaba los residuos
de su digestión en la corriente y se formaban en la superficie 35
unos montoncitos de espuma blanquiazul semejantes a icebergs.
A el Senderines no le repugnaban las espumas pero le recorda-

---

[4] This abbreviation is unidentifiable, although it is similar to **CEESA**
(*Constructora Eléctrica Española, Sociedad Anónima*). Perhaps Delibes
has chosen to use an abbreviation that does not exist but that could serve
to stand for either *Centrales Eléctricas, S.A.* or *Compañía de Electricidad,
S.A.*

ban la proximidad de los lucios y temía al río. Frecuentemente,
el Senderines atrapaba alguno de aquellos icebergs y hundía en
ellos sus bracitos desnudos, desde la orilla. La espuma le pro-
ducía cosquillas° en las caras posteriores° de los antebrazos y   tickling   caras...undersides
ello le hacía reir. La última Navidad, Canor y él orinaron sobre   5
una de aquellas pellas° y se deshizo como si fuese de nieve.   globs

Pero su padre seguía conminándole° con los ojos. A veces el   threatening him
Senderines pensaba que la mirada y la corpulencia de Dios
serían semejantes a las de su padre.

—La balsa está muy sucia, padre —repitió sin la menor in-   10
tención de persuadir a Trinidad, sino para que cesase de mirarle.

—Ya. Los lucios andan por debajo esperando atrapar la
tierna piernecita de un niño. ¿A que es eso?

Ahora Trinidad acababa de llegar borracho como la mayor
parte de los sábados y roncaba desnudo sobre las mantas.   15
Hacía calor y las moscas se posaban sobre sus brazos, sobre su
rostro, sobre su pecho reluciente de sudor, mas él no se inmu-
taba°. En el camino, a pocos pasos de la casa, el Senderines   no...was not disturbed
manipulaba la arcilla° e imprimía al barro las formas más di-   clay
versas. Le atraía la plasticidad del barro. A el Senderines le 20
atraía todo aquello cuya forma cambiase al menor accidente.
La monotonía, la rigidez de las cosas le abrumaba°. Le placían   oppressed
las nubes, la maleable ductilidad de la arcilla húmeda, los des-
perdicios° blancos de la C. E. S. A., el trigo molido entre los   waste products
dientes. Años atrás, llegaron los Reyes Magos° desde el pueblo   25   Reyes...Wise Men
más próximo, montados en borricos°, y le dejaron, por una vez,   donkeys
un juguete en la ventana. El Senderines lo destrozó en cuanto
lo tuvo entre las manos; él hubiera deseado cambiarlo. Por eso
le placía moldear el barro a su capricho, darle una forma e,
inmediatamente, destruirla.   30

Cuando descubrió el yacimiento° junto al chorro del abreva-   deposit (of clay)
dero°, Conrado regresaba al pueblo después de su servicio en la   chorro...jet of the watering
Central: place

—A tu padre no va a gustarle ese juego, ¿verdad que no?
—dijo.   35

—No lo sé —dijo el niño cándidamente.

—Los rapaces° siempre andáis inventando diabluras°. Cual-   kids   mischief
quier cosa antes que cumplir vuestra obligación.

Y se fue, empujando la bicicleta del sillín, camino arriba.
Nunca la montaba hasta llegar a la carretera. El Senderines no 40
le hizo caso. Conrado alimentaba unas ideas demasiado estre-

chas sobre los deberes de cada uno.   A su padre le daba de lado
que° él se distrajese de esta o de otra manera.   A Trino lo único
que le irritaba era que él fuese débil y que sintiese miedo de lo
oscuro, de los lucios y de la Central.   Pero el Senderines no
podía remediarlo.

Cinco años antes su padre le llevó con él para que viera por
dentro la fábrica de luz.   Hasta entonces él no había reparado
en° la mágica transformación.   Consideraba la Central, con su
fachada ceñida° por la vieja parra°, como un elemento impres-
cindible° de su vida.   Tan sólo sabía de ella lo que Conrado le
dijo en una ocasión:

—El agua entra por esta reja y dentro la hacemos luz; es muy
sencillo.

Él pensaba que dentro existirían unas enormes tinas° y que
Conrado, Goyo y su padre apalearían° el agua incansablemente
hasta que de ella no quedase más que el brillo.   Luego se dedi-
carían a llenar bombillas con aquel brillo para que, llegada la
noche, los hombres tuvieran luz.   Por entonces el «bom-bom»
de la Central le fascinaba.   Él creía que aquel fragor° sostenido
lo producía su padre y sus compañeros al romper el agua para
extraerle sus cristalinos brillantes.   Pero no era así.   Ni su
padre, ni Conrado, ni Goyo, amasaban nada dentro de la fábrica.   En puridad°, ni su padre, ni Goyo, ni Conrado «trabajaban» allí; se limitaban a observar unas agujas, a oprimir unos
botones, a mover unas palancas°.   El «bom-bom» que acompañaba su vida no lo producía, pues, su padre al desentrañar° el
agua, ni al sacarla lustre; el agua entraba y luego salía tan sucia
como entrara.   Nadie la tocaba.   En lugar de unas tinas ruti-
lantes°, el Senderines se encontró con unos torvos° cilindros
negros adornados de calaveras° por todas partes y experimentó
un imponente pavor y rompió a llorar.   Posteriormente, Conrado le explicó que del agua sólo se aprovechaba la fuerza; que
bastaba la fuerza del agua para fabricar la luz.   El Senderines
no lo comprendía; a él no le parecía que el agua tuviera ninguna
fuerza.   Si es caso° aprovecharía la fuerza de los barbos y de las
tencas y de las carpas, que eran los únicos que luchaban deses-
peradamente cuando Goyo pretendía atraparlos desde la presa.
Más adelante, pensó que el negocio de su padre no era un mal
negocio porque don Rafael tenía que comprar el trigo para
molerlo en su fábrica y el agua del río, en cambio, no costaba
dinero.   Más adelante aún, se enteró de que el negocio no era

Marginal glosses:

A...His father was indifferent to whether

reparado...paid attention to
ceñida encircled   parra grapevine
imprescindible essential

tinas tubs
apalearían would beat

fragor din

En...In fact

palancas levers
desentrañar disemboweling

rutilantes shining   torvos grim
calaveras skulls

Si...If anything

167

de su padre, sino que su padre se limitaba a aprovechar la fuerza del río, mientras el dueño del negocio se limitaba a aprovechar la fuerza de su padre. La organización del mundo se modificaba a los ojos de el Senderines; se le ofrecía como una confusa maraña°.   5 tangle

A partir de su visita, el «bom-bom» de la Central cesó de agradarle. Durante la noche pensaba que eran las calaveras grabadas sobre los grandes cilindros negros, las que aullaban°.   wailed
Conrado le había dicho que los cilindros soltaban rayos° como   lightning bolts
las nubes de verano y que las calaveras quería decir que quien 10
tocase allí se moriría en un instante y su cuerpo se volvería negro como el carbón. A el Senderines, la vecindad de la Central comenzó a obsesionarle. Una tarde, el verano anterior, la fábrica se detuvo de pronto y entonces se dio cuenta el niño de que el silencio tenía voz, una voz opaca y misteriosa que no 15
podía resistirla. Corrió junto a su padre y entonces advirtió que los hombres de la Central se habían habituado a hablar a gritos para entenderse; que Conrado, la Ovi, y su padre, y Goyo, voceaban ya aunque en torno se alzara el silencio y se sintiese incluso el murmullo del agua en los sauces° de la ribera. 20 willows

El sol rozó la línea del horizonte y el Senderines dejó el barro, se puso en pie, y se sacudió formalmente las posaderas°. En la   las...his buttocks
base del cerro que hendía° al sol se alzaban las blancas casitas   cracked
de los obreros de la C. E. S. A. y en torno a ellas se elevaba como una niebla de polvillo blanquecino. El niño contempló 25
un instante el agua de la balsa, repentinamente oscurecida en contraste con los tesos de greda, aún deslumbrantes, en la ribera opuesta. Sobre la superficie del río flotaban los residuos de la fábrica como espumas de jabón, y los cínifes° empezaban a   mosquitos
desperezarse° entre las frondas de la orilla. El Senderines per- 30 to come to life
maneció unos segundos inmóvil al sentir el zumbido de uno de ellos junto a sí. De pronto se disparó una palmada en la mejilla y al notar bajo la mano el minúsculo accidente comprendió que había hecho blanco° y sonrió. Con los dedos   hecho...hit the target
índice y pulgar° recogió los restos del insecto y los examinó 35 thumb
cumplidamente°; no había picado aún; no tenía sangre. La ca-   thoroughly
becera° de la cama del niño constituía un muestrario° de mi-   headboard   display
núsculas manchas rojas. Durante el verano su primera manifestación de vida, cada mañana, consistía en ejecutar a los mosquitos que le habían atacado durante el sueño. Los des- 40
pachurraba° uno a uno, de un seco palmetazo y luego se re-   squashed

creaba contemplando la forma y la extensión de la mancha en
la pared y su imaginación recreaba figuras de animales. Jamás
le traicionó su fantasía. Del palmetazo siempre salía algo y era
aquella para él la más fascinante colección. Las noches húmedas sufría un desencanto°. Los mosquitos no abandonaban la
fronda del río y en consecuencia, el niño, al despertar paseaba
su redonda mirada ávida, inútilmente, por los cuatro lienzos°
de pared mal encalada°.

Se limpió los dedos al pantalón y entró en la casa. Sin una
causa aparente, experimentó, de súbito, la misma impresión que
el día que los cilindros de la fábrica dejaron repentinamente de
funcionar. Presintió que algo fallaba en la penumbra aunque,
de momento no acertara a precisar qué. Hizo un esfuerzo para
constatar° que la Central seguía en marcha y acto seguido° se
preguntó qué echaba de menos dentro del habitual orden de su
mundo. Trinidad dormía sobre el lecho y a la declinante luz
del crepúsculo° el niño descubrió, una a una, las cosas y las
sombras que le eran familiares. Sin embargo, en la estancia°
aleteaba una fugitiva sombra nueva que el niño no acertaba a
identificar. Le pareció que Trinidad estaba despierto, dada su
inmovilidad excesiva, y pensó que aguardaba a reconvenirle°
por algo y el niño, agobiado° por la tensión, decidió afrontar
directamente su mirada:

—Buenas tardes, padre —dijo, aproximándose a la cabecera
del lecho.

Permaneció clavado allí, inmóvil, esperando. Mas Trino no
se enteró y el niño parpadeaba titubeante°, poseído de una
sumisa confusión. Apenas divisaba a su padre, de espaldas a
la ventana; su rostro era un indescifrable juego de sombras.
Precisaba°, no obstante, su gran masa afirmando el peso sobre
el jergón°. Su desnudez no le turbaba. Trino le dijo dos veranos antes: «Todos los hombres somos iguales.» Y, por vez
primera, se tumbó desnudo sobre el lecho y al Senderines no le
deslumbró sino el oscuro misterio del vello°. No dijo nada ni
preguntó nada porque intuía que todo aquello, como la misma
necesidad de trabajar, era una primaria cuestión de tiempo.
Ahora esperaba, como entonces, y aun demoró unos instantes
el dar la luz; y lo hizo cuando estuvo persuadido de que su padre
no tenía nada que decirle. Pulsó el conmutador° y al hacerse la
claridad en la estancia bajó la noche a la ventana. Entonces se
volvió y distinguió la mirada queda° y mecánica del padre; sus

5 disappointment

surfaces
whitewashed

10

verify   acto...immediately
after

twilight

room

20

to reprimand him
overwhelmed

25

parpadeaba...blinked,
hesitating

30 He could detect
straw mattress

body hair

35

switch

40

tranquil

169

ojos desorbitados y vidriosos. Estaba inmóvil como una fotografía. De la boca, crispada° patéticamente, escurría un hilillo   contorted
de baba°, junto al que reposaban dos moscas. Otra inspec-   saliva
cionaba confiadamente los orificios de su nariz. El Senderines
supo que su padre estaba muerto, porque no había estornu-   5
dado°. Torpe, mecánicamente fue reculando° hasta sentir en   sneezed   backing up
el trasero° el golpe de la puerta. Entonces volvió a la realidad.   behind
Permaneció inmóvil, indeciso, mirando sin pestañear° el cadá-   batting an eyelid
ver desnudo. A poco retornó lentamente sobre sus pasos,
levantó la mano y espantó las moscas, poniendo cuidado en no   10
tocar a su padre. Una de las moscas tornó sobre el cadáver y
el niño la volvió a espantar. Percibía con agobiadora insisten-
cia el latido de la Central y era como una paradoja aquel latido
sobre un cuerpo muerto. Al Senderines le suponía un notable
esfuerzo pensar; prácticamente se agotaba pensando en la peren- 15
toria necesidad de pensar. No quería sentir miedo, ni sorpresa.
Permaneció unos minutos agarrado a los pies de hierro de la
cama, escuchando su propia respiración. Trino siempre abo-
rreció que él tuviese miedo y aun cuando en la vida jamás se
esforzó el Senderines en complacerle, ahora lo deseaba porque   20
era lo último que podía darle. Por primera vez en la vida, el
niño se sentía ante una responsabilidad y se esforzaba en ver en
aquellos ojos enloquecidos, en la boca pavorosamente inmóvil,
los rasgos familiares. De súbito, entre las pajas del borde del
camino empezó a cantar un grillo cebollero° y el niño se sobre- 25   grillo...mole cricket
saltó, aunque el canto de los cebolleros de ordinario le agra-
daba. Descubrió al pie del lecho las ropas del padre y con la
visión le asaltó el deseo apremiante° de vestirle. Le avergon-   pressing
zaba que la gente del pueblo pudiera descubrirle así a la mañana
siguiente. Se agachó° junto a la ropa y su calor le estremeció. 30   Se...He squatted
Los calcetines estaban húmedos y agujereados°, conservaban   full of holes
aún la huella de un pie vivo, pero el niño se aproximó al cadáver, con los ojos levemente espantados, y desmanotadamente°   clumsily
se los puso. Ahora sentía en el pecho los duros golpes del
corazón, lo mismo que cuando tenía calentura°. El Senderines   35   fever
evitaba pasar la mirada por el cuerpo desnudo. Acababa de
descubrir que metiéndose de un golpe en el miedo, cerrando los
ojos y apretando la boca, el miedo huía como un perro acobardado.

   Vaciló entre ponerle o no los calzoncillos°, cuya finalidad le 40   underdrawers

parecía inútil, y al fin se decidió por prescindir de° ellos porque   prescindir...to dispense with
nadie iba a advertirlo. Tomó los viejos y parcheados° panta-   patched
lones de dril° e intentó levantar la pierna derecha de Trinidad,   drill (coarse twilled cotton or
sin conseguirlo. Depositó, entonces, los pantalones al borde   linen cloth)
de la cama y tiró de la pierna muerta hacia arriba con las dos 5
manos, mas cuando soltó una de ellas para aproximar aquéllos,
el peso le venció y la pierna se desplomó sobre el lecho, pesadamente. A la puerta de la casa, dominando el sordo bramido°   sordo...dull roar
de la Central, cantaba enojosamente el grillo. De los trigales
llegaba amortiguado° el golpeteo casi mecánico de una codor- 10   muffled
niz. Eran los ruidos de cada noche y el Senderines, a pesar de
su circunstancia, no podía darles una interpretación distinta.
El niño empezó a sudar. Había olvidado el significado de sus
movimientos y sólo reparaba en la resistencia física que se
oponía a su quehacer. Se volvió de espaldas al cadáver, con la 15
pierna del padre prendida por el tobillo° y de un solo esfuerzo   ankle
consiguió montarla sobre su hombro derecho. Entonces, có-
modamente, introdujo el pie por la pernera° y repitió la opera-   trouser leg
ción con la otra pierna. El Senderines sonreía ahora, a pesar
de que el sudor empapaba° su blusa y los rufos° cabellos se le 20   soaked   curly
adherían obstinadamente a la frente. Ya no experimentaba
temor alguno, si es caso el temor de tropezar con un obstáculo
irreductible. Recordó súbitamente, cómo, de muy niño, apre-
miaba a su padre para que le explicase la razón de llamarle
Senderines. Trino aún no había perdido su confianza en él. 25
Le decía:

—Siempre vas buscando las veredas[5] como los conejos; eres
lo mismo que un conejo.

Ahora que el Senderines intuía su abandono lamentó no
haberle preguntado cuando aún era tiempo su verdadero nom- 30
bre. Él no podría marchar por el mundo sin un nombre
cristiano, aunque en realidad ignorase qué clase de mundo se
abría tras el teso pelado° que albergaba° a los obreros de la   barren   sheltered
C. E. S. A. La carretera se perdía allí y él había oído decir que
la carretera conducía a la ciudad. Una vez le preguntó a Con- 35
rado qué había detrás del teso y Conrado dijo:

—Mejor es que no lo sepas nunca. Detrás está el pecado.

---

[5] *Vereda* means "path," as do *senda* and *sendero*, from which Senderines is
derived.

El Senderines acudió a Canor durante las Navidades. Canor
le dijo abriendo desmesuradamente° los ojos: inordinately
—Están las luces y los automóviles y más hombres que
cañas° en ese rastrojo°.   stalks   stubble field
Senderines no se dio por satisfecho: 5
—¿Y qué es el pecado? —demandó con impaciencia.
Canor se santiguó°. Agregó confidencialmente: se...crossed himself
—El maestro dice que el pecado son las mujeres.
El Senderines se imaginó a las mujeres de la ciudad vestidas
de luto° y con una calavera amarilla prendida sobre cada pecho. 10 de...in mourning
A partir de entonces, la proximidad de la Ovi, con sus brazos
deformes y sus párpados rojos, le sobrecogía°.   frightened
Había conseguido levantar los pantalones hasta los muslos
velludos° de Trino y ahí se detuvo. Jadeaba°. Tenía los dedi- muslos...hairy thighs   He was
tos horizontalmente cruzados de líneas rojas, como los muslos 15 panting.
cuando se sentaba demasiado tiempo sobre las costuras° del   seams
pantalón. Su padre le parecía de pronto un extraño. Su padre
se murió el día que le mostró la fábrica y él rompió a llorar al
ver las turbinas negras y las calaveras. Pero esto era lo que
quedaba de él y había que cubrirlo. Él debía a su padre la 20
libertad, ya que todos los padres que él conocía habían trun-
cado° la libertad de sus hijos enviándolos al taller° o a la es- cut short   shop (that is, to
cuela. El suyo no le privó de su libertad y el Senderines no   work)
indagaba° los motivos; agradecía a su padre el hecho en sí.   inquire into
Intentó levantar el cadáver por la cintura, en vano. La co- 25
dorniz cantaba ahora más cerca. El Senderines se limpió el
sudor de la frente con la bocamanga°. Hizo otro intento.   cuff
«Cagüen°» —murmuró—. De súbito se sentía impotente;   Shit
presentía que había alcanzado el tope° de sus posibilidades.   limit
Jamás lograría colocar los pantalones en su sitio. Instintiva- 30
mente posó la mirada en el rostro del padre y vio en sus ojos
todo el espanto de la muerte. El niño, por primera vez en la
noche, experimentó unos atropellados° deseos de llorar. «Algo abrupt
le hace daño en alguna parte», pensó. Pero no lloró por no
aumentar su daño, aunque le empujaba a hacerlo la conciencia 35
de que no podía aliviarlo. Levantó la cabeza y volvió los ojos
atemorizados por la pieza°. El Senderines reparó en la noche   room
y en su soledad. Del cauce° ascendía el rumor fragoroso de la river bed
Central acentuando el silencio y el niño se sintió desconcertado.
Instintivamente se separó unos metros de la cama; durante 40
largo rato permaneció en pie, impasible, con los escuálidos

bracitos desmayados a lo largo del cuerpo. Necesitaba una voz y sin pensarlo más se acercó a la radio y la conectó. Cuando nació en la estancia y se fue agrandando una voz nasal ininteligible, el Senderines clavó sus ojos en los del muerto y todo su cuerpecillo se tensó. Apagó el receptor porque se le 5 hacía° que era su padre quien hablaba de esa extraña manera. Intuyó que iba a gritar y paso a paso fue reculando sin cesar de observar el cadáver. Cuando notó en la espalda el contacto de la puerta suspiró y sin volverse buscó a tientas° el pomo° y abrió aquélla de par en par°. 10

 Salió corriendo a la noche. El cebollero dejó de cantar al sentir sus pisadas en el sendero. Del río ascendía una brisa tibia que enfriaba sus ropas húmedas. Al alcanzar el almorrón° el niño se detuvo. Del otro lado del campo de trigo veía brillar la luz de la casa de Goyo. Respiró profundamente. Él le 15 ayudaría y jamás descubriría° a nadie que vio desnudo el cuerpo de Trino. El grillo reanudó tímidamente el cri-cri a sus espaldas. Según caminaba, el Senderines descubrió una lucecita entre los yerbajos° de la vereda. Se detuvo, se arrodilló en el suelo y apartó las pajas. «Oh, una luciérnaga°» —se dijo, 20 con una alegría desproporcionada. La tomó delicadamente entre sus dedos y con la otra mano extrajo trabajosamente del bolsillo del pantalón una cajita de betún° con la cubierta horadada°. Levantó la cubierta con cuidado y la encerró allí. En la linde° del trigal tropezó con un montón de piedras. Al- 25 gunas, las más blancas, casi fosforescían en las tinieblas°. Tomó dos y las hizo chocar con fuerza. Las chispas se desprendían con un gozoso y efímero resplandor°. La llamada insolente de la codorniz, a sus pies, le sobresaltó. El Senderines continuó durante un rato frotando las piedras hasta que le 30 dolieron los brazos de hacerlo; sólo entonces se llegó a la casa de Goyo y llamó con el pie.

 La Ovi se sorprendió de verle.

 —¿Qué pintas tú° aquí a estas horas? —dijo—. Me has asustado. 35

 El Senderines, en el umbral°, con una piedra en cada mano, no sabía qué responder. Vio desplazarse a Goyo al fondo de la habitación, desenmarañando un sedal°:

 —¿Ocurre algo? —voceó desde dentro.

 A el Senderines le volvió inmediatamente la lucidez. Dijo: 40

 —¿Es que vas a pescar lucios mañana?

se…it seemed to him

a…gropingly knob
de…wide open

ridge of earth separating plots of land

would disclose

weeds
firefly, glowworm

shoe wax
perforated
edge
darkness

glow

Qué…What are you doing

threshold

fishing line

—Bueno —gruñó Goyo aproximándose—. No te habrá mandado tu padre a estas horas a preguntar si voy a pescar mañana o no, ¿verdad?

A el Senderines se le quebró la sonrisa en los labios. Denegó con la cabeza, obstinadamente. Balbució° al fin: 5 He stammered

—Mi padre ha muerto.

La Ovi, que sujetaba la puerta, se llevó ambas manos a los labios:

—¡Ave María! ¿Qué dices? —dijo. Había palidecido.

Dijo Goyo: 10

—Anda, pasa y no digas disparates°. ¿Qué esperas ahí a la   nonsense
puerta con una piedra en cada mano? ¿Dónde llevas esas piedras? ¿Estás tonto?

El Senderines se volvió y arrojó los guijarros° a lo oscuro,   stones
hacia la linde del trigal, donde la codorniz cantaba. Luego 15
franqueó° la puerta y contó lo que había pasado. Goyo es-   he passed through
talló°; hablaba a voces con su mujer, con la misma tranquilidad   exploded
que si el Senderines no existiese:

—Ha reventado°, eso. ¿Para qué crees que tenemos la   burst
cabeza sobre los hombros? Bueno, pues a Trino le sobraba. 20
Esta tarde disputó con Baudilio sobre quien de los dos comía más. Pagó Baudilio, claro. Y ¿sabes qué se comió el Trino?
Dos docenas de huevos para empezar; luego se zampó° un co-   se...he gobbled down
chinillo° y hasta royó° los huesos y todo. Yo le decía: «Para   suckling pig   gnawed
ya». Y ¿sabes qué me contestó? Me dice: «Tú a esconder, 25
marrano»°. Se había metido ya dos litros de vino y no sabía lo   swine
que se hacía. Y es lo que yo me digo, si no saben beber es mejor
que no lo hagan. Le está bien empleado° ¡eso es todo lo que se   Le...It serves him right
me ocurre!

Goyo tenía los ojos enloquecidos, y según hablaba, su voz 30
adquiría unos trémolos extraños. Era distinto a cuando pescaba. En todo caso tenía cara de pez. De repente se volvió al niño, le tomó de la mano y tiró de él brutalmente hacia dentro de la casa. Luego empujó la puerta de un puntapié°. Voceó,   kick
como si el Senderines fuera culpable de algo: 35

—Luego me ha dado dos guantadas° ¿sabes? Y eso no se lo   slaps
perdono yo ni a mi padre, que gloria haya°. Si no sabe beber   que...God rest his soul
que no beba. Al fin y al cabo yo no quería jugar y él me obligó
a hacerlo. Y si le había ganado la apuesta° a Baudilio, otras   bet
veces tendremos que perder, digo yo. La vida es así. Unas 40
veces se gana y otras se pierde. Pero él, no. Y va y me dice:

«¿Tienes triunfo°»? Y yo le digo que sí, porque era cierto y el
Baudilio terció° entonces que la lengua en el culo° y que para
eso estaban las señas. Pero yo dije que sí y él echó una brisca[6]
y Baudilio sacudió el rey pero yo no tenía para matar al rey
aunque tenía triunfo y ellos se llevaron la baza°.

Goyo jadeaba. El sudor le escurría por la piel lo mismo que
cuando luchaba con los barbos desde la presa. Le exaltaba una
irritación creciente a causa de la conciencia de que Trino estaba
muerto y no podía oírle. Por eso voceaba a el Senderines en la
confianza de que algo le llegara al otro y el Senderines le miraba
atónito°, enervado por una dolorosa confusión. La Ovi per-
manecía muda, con las chatas° manos levemente crispadas°
sobre el respaldo° de una silla. Goyo vociferó:

—Bueno, pues Trino, sin venir a cuento°, se levanta y me
planta dos guantadas. Así, sin más; va y me dice: «Toma y
toma, por tu triunfo». Pero yo sí tenía triunfo, lo juro por mi
madre, aunque no pudiera montar al rey, y se lo enseñé a
Baudilio y se puso a reir a lo bobo° y yo le dije a Trino que era
un mermado° y él se puso a vocear que me iba a pisar los híga-
dos°. Y yo me digo que un hombre como él no tiene derecho a
golpear a nadie que no pese cien kilos, porque es lo mismo que
si pegase a una mujer. Pero estaba cargado° y quería seguir
golpeándome y entonces yo me despaché a mi gusto° y me juré
por éstas[7] que no volvería a mirarle a la cara así se muriera.
¿Comprendes ahora?

Goyo montó los pulgares en cruz y se los mostró insistente-
mente a el Senderines, pero el Senderines no le comprendía.

—Lo he jurado por éstas —agregó— y yo no puedo ir contigo
ahora; ¿sabes? Me he jurado no dar un paso por él y esto es
sagrado, ¿comprendes? Todo ha sido tal y como te lo digo.

Hubo un silencio. Al cabo, añadió Goyo, variando de tono:

—Quédate con nosotros hasta que le den tierra° mañana.
Duerme aquí; por la mañana bajas al pueblo y avisas al cura.

El Senderines denegó con la cabeza:

—Hay que vestirle —dijo—. Está desnudo sobre la cama.

La Ovi volvió a llevarse las manos a la boca:

—¡Ave María! —dijo.

Marginal glosses (by line):
- trump
- chimed in   que...that I should hold my tongue
- 5 trick
- 10 astonished
- stubby   clenched
- back
- sin...for no reason
- 15
- a...like an idiot
- dimwit
- 20 guts (literally, liver)
- loaded (drunk)
- me...told him off
- 25
- 30
- le...they bury him
- 35

[6] The three or the ace of the suits that are not trumps in the game of *brisca*.
[7] Type of oath made as a threat while making one or two crosses with the thumbs and index fingers. This explains Goyo's subsequent gesture of making a cross with his thumbs.

Goyo reflexionaba. Dijo al fin, volviendo a poner en aspa°   cross
los pulgares.

—¡Tienes que comprenderme! He jurado por éstas no volver
a mirarle a la cara y no dar un paso por él. Yo le estimaba,
pero él me dio esta tarde dos guantadas sin motivo y ello no se   5
lo perdono yo ni a mi padre. Ya está dicho.

Le volvió la espalda al niño y se dirigió al fondo de la habita-
ción. El Senderines vaciló un momento: «Bueno», dijo. La
Ovi salió detrás de él a lo oscuro. De pronto, el Senderines
sentía frío. Había pasado mucho calor tratando de vestir a   10
Trino y, sin embargo, ahora, le castañeteaban° los dientes. La   chattered
Ovi le agarró por un brazo; hablaba nerviosamente:

—Escucha, hijo. Yo no quería dejarte solo esta noche, pero
me asustan los muertos. Ésta es la pura verdad. Me dan
miedo las manos y los pies de los muertos. Yo no sirvo para   15
eso.

Miraba a un lado y a otro empavorecida°. Agregó: terrified

—Cuando lo de mi madre tampoco estuve y ya ves, era mi
madre y era en mí una obligación. Luego me alegré porque mi
cuñada° me dijo que al vestirla después de muerta todavía se   20   sister-in-law
quejaba°. ¡Ya ves tú! ¿Tú crees, hijo, que es posible que se   se…she was moaning
queje un muerto? Con mi tía también salieron luego con que
si la gata estuvo hablando sola tendida a los pies de la difunta°.   deceased
Cuando hay muertos en las casas suceden cosas muy raras y a
mí me da miedo y sólo pienso en que llegue la hora del entierro   25
para descansar.

El resplandor de las estrellas caía sobre su rostro espantado y
también ella parecía una difunta. El niño no respondió. Del
ribazo llegó el golpeteo de la codorniz dominando el sordo
estruendo° de la Central.   30   clamor

—¿Qué es eso? —dijo la mujer, electrizada.

—Una codorniz —respondió el niño.

—¿Hace así todas las noches?

—Sí.

—¿Estás seguro?   35

Ella contemplaba sobrecogida el leve oleaje° del trigal.   rippling

—Sí.

Sacudió la cabeza:

—¡Ave María! Parece como si cantara aquí mismo; debajo
de mi saya°.   40   skirt

Y quiso reir, pero su garganta emitió un ronquido° inarticu- raucous sound
lado. Luego se marchó.

El Senderines pensó en Conrado porque se le hacía cada vez
más arduo regresar solo al lado de Trino. Vagamente temía
que se quejase si él volvía a manipular con sus piernas o que el 5
sarnoso° gato de la Central, que miraba talmente como una mangy
persona, se hubiera acostado a los pies de la cama y estuviese
hablando. Conrado trató de tranquilizarle. Le dijo:

Que los muertos, a veces, conservan aire en el cuerpo y al
doblarles por la cintura chillan° porque el aire se escapa por 10 they screech
arriba o por abajo, pero que, bien mirado, no pueden hacer
daño.

Que los gatos en determinadas ocasiones parece ciertamente
que en lugar de «miau» dicen «mío», pero te vas a ver y no han
dicho más que «miau» y eso sin intención. 15

Que la noticia le había dejado como sin sangre, ésta es la verdad, pero que estaba amarrado° al servicio como un perro, tied
puesto que de todo lo que ocurriese en su ausencia era él el
único responsable.

Que volviera junto a su padre, se acostara y esperase allí, ya 20
que a las seis de la mañana terminaba su turno° y entonces, shift
claro, iría a casa de Trino y le ayudaría.

Cuando el niño se vio de nuevo solo junto a la balsa se arrodilló en la orilla y sumergió sus bracitos desnudos en la corriente. Los residuos de la C. E. S. A. resaltaban° en la oscuri- 25 stood out
dad y el Senderines arrancó un junco y trató de atraer el más
próximo. No lo consiguió y, entonces, arrojó el junco lejos y
se sentó en el suelo contrariado°. A su derecha, la reja de la annoyed
Central absorbía ávidamente el agua, formando unos tumul-
tuosos remolinos°. El resto del río era una superficie bruñida°, 30 whirlpools   polished
inmóvil, que reflejaba los agujeritos luminosos de las estrellas.
Los chopos° de las márgenes volcaban° una sombra tenue y poplars   threw
fantasmal sobre las aguas quietas. El cebollero y la codorniz
apenas se oían ahora, eclipsadas sus voces por las gárgaras° gargling sounds
estruendosas de la Central. El Senderines pensó con pavor en 35
los lucios y, luego, en la necesidad de vestir a su padre, pero los
amigos de su padre o habían dejado de serlo, o estaban afana-
dos°, o sentían miedo de los muertos. El rostro del niño se toiling
iluminó de pronto, extrajo la cajita de betún del bolsillo y la
entreabrió°. El gusano brillaba con un frío resplandor verdia- 40 opened slightly

177

marillo que reverberaba en la cubierta plateada. El niño
arrancó unas briznas° de hierba y las metió en la caja. «Este   blades
bicho tiene que comer —pensó—, si no se morirá también».
Luego tomó una pajita y la aproximó a la luz; la retiró inmediatamente y observó el extremo y no estaba chamuscado° y él   5   singed
imaginó que aún era pronto y volvió a incrustarla en la blanda
fosforescencia del animal. El gusano se retorcía impotente en
su prisión. Súbitamente, el Senderines se incorporó° y, a pasos   se...straightened up
rápidos, se encaminó a la casa. Sin mirar al lecho con el
muerto, se deslizó hasta la mesilla de noche y una vez allí colocó   10
la luciérnaga sobre el leve montoncito de yerbas, apagó la luz y
se dirigió a la puerta para estudiar el efecto. La puntita del
gusano rutilaba° en las tinieblas y el niño entreabrió los labios   twinkled
en una semisonrisa. Se sentía más conforme. Luego pensó
que debería cazar tres luciérnagas más para disponer una en   15
cada esquina de la cama y se complació previendo el conjunto.

De pronto, oyó cantar abajo, en el río, y olvidó sus proyectos.
No tenía noticia de que el Pernales[8] hubiera llegado. El Pernales bajaba cada verano a la Cascajera° a fabricar piedras para   Gravel Pit
los trillos°. No tenía otros útiles que un martillo° rudimentario   20   threshing machines   hammer
y un pulso° matemático para golpear los guijarros del río. A su   steadiness
golpe éstos se abrían como rajas de sandía° y los bordes de los   rajas...watermelon slices
fragmentos eran agudos como hojas de afeitar°. Canor y él,   hojas...razor blades
antaño°, gustaban de verle afanar, sin precipitaciones, con la   in the past
colilla° apagada fija en el labio inferior, el parcheado sombrero   25   cigarette butt
sobre los ojos, canturreando° perezosamente. Las tórtolas°   singing softly   turtledoves
cruzaban de vez en cuando sobre el río como ráfagas; y los
peces se arrimaban hasta° el borde del agua sin recelos° porque   se...would come close to   fear
sabían que el Pernales era inofensivo.

Durante el invierno, el Pernales desaparecía. Al concluir la   30
recolección, cualquier mañana, el Pernales ascendía del cauce
con un hatillo° en la mano y se marchaba carretera adelante,   bundle (of belongings)
hacia los tesos, canturreando. Una vez, Conrado dijo que le
había visto vendiendo confituras° en la ciudad, a la puerta de un   sweets
cine. Pero Baudilio, el capataz de la C. E. S. A., afirmaba que   35
el Pernales pasaba los meses fríos mendigando° de puerta en   begging
puerta. No faltaba quien decía que el Pernales invernaba° en el   spent the winter
África como las golondrinas°. Lo cierto es que al anunciarse el   swallows

---

[8] This character's name derives from the product of his labor: small,
sharp stones used in a threshing machine as threshing teeth.

verano llegaba puntualmente a la Cascajera y reanudaba el oficio interrumpido ocho meses antes.

El Senderines escuchaba cantar desafinadamente° más abajo de la presa, junto al puente; la voz del Pernales ahuyentaba° las sombras y los temores y hacía solubles todos los problemas. 5 Cerró la puerta y tomó la vereda del río. Al doblar el recodo° divisó la hoguera° bajo el puente y al hombre inclinándose sobre el fuego sin cesar de cantar. Ya más próximo distinguió sus facciones rojizas, su barba de ocho días, su desastrada° y elemental indumentaria°. Sobre el pilar del puente, un car- 10 telón de brea° decía: «Se benden° pernales para trillos.»

El hombre volvió la cara al sentir los pasos del niño:

—Hola —dijo—, entra y siéntate. ¡Vaya como has crecido! Ya eres casi un hombre. ¿Quieres un trago?

El niño denegó con la cabeza. 15

El Pernales empujó el sombrero hacia la nuca° y se rascó° prolongadamente:

—¿Quieres cantar conmigo? —preguntó—. Yo no canto bien, pero cuando me da la agonía° dentro del pecho, me pongo a cantar y sale. 20

—No —dijo el niño.

—¿Qué quieres entonces? Tu padre el año pasado no necesitaba piedras. ¿Es que del año pasado a éste se ha hecho tu padre un rico terrateniente°? Ji, ji, ji.

El niño adoptó una actitud de gravedad. 25

—Mi padre ha muerto —dijo y permaneció a la expectativa°.

El hombre no dijo nada; se quedó unos segundos perplejo, como hipnotizado por el fuego. El niño agregó:

—Está desnudo y hay que vestirle antes de dar aviso.

—¡Ahí va! —dijo, entonces, el hombre y volvió a rascarse 30 obstinadamente la cabeza. Le miraba ahora el niño de refilón°. Súbitamente dejó de rascarse y añadió:

—La vida es eso. Unos viven para enterrar a los otros que se mueren. Lo malo será para el que muera el último.

Los brincos de las llamas alteraban a intervalos la expresión 35 de su rostro. El Pernales se agachó para arrimar al fuego una brazada de pinocha°. De reojo° observaba al niño. Dijo:

—El Pernales es un pobre diablo, ya lo sabemos todos. Pero eso no quita para que° a cada paso la gente venga aquí y me diga: «Pernales, por favor, échame una mano», como si Per- 40

Glosses (right margin):

- off-key
- drove away
- doblar... turning the bend
- bonfire
- sloppy
- clothing
- cartelón... sign lettered in pitch
- *venden*
- nape of his neck   se... scratched himself
- me... I get the itch
- landowner
- a... expectantly
- de... askance
- brazada... armful of pine needles   De .. Out of the corner of his eye
- no... does not prevent (that)

nales no tuviera más que hacer que echarle una mano al vecino. El negocio del Pernales no le importa a nadie; al Pernales, en cambio tienen que importarle los negocios de los demás. Así es la vida.

Sobre el fuego humeaba un puchero° y junto al pilar del puente se amontonaban las esquirlas° blancas, afiladas como cuchillos. A la derecha, había media docena de latas abolladas° y una botella. El Senderines observaba todo esto sin demasiada atención y cuando vio al Pernales empinar el codo° intuyó que las cosas terminarían por arreglarse:

—¿Vendrás? —preguntó el niño, al cabo de una pausa, con la voz quebrada.

El Pernales se frotó una mano con la otra en lo alto de las llamas. Sus ojillos se avivaron:

—¿Qué piensas hacer con la ropa de tu padre? —preguntó como sin interés—. Eso ya no ha de servirle. La ropa les queda a los muertos demasiado holgada°; no sé lo que pasa, pero siempre sucede así.

Dijo el Senderines:

—Te daré el traje nuevo de mi padre si me ayudas.

—Bueno, yo no dije tal —agregó el hombre—. De todas formas si yo abandono mi negocio para ayudarte, justo es que me guardes una atención°, hijo. ¿Y los zapatos? ¿Has pensado que los zapatos de tu padre no te sirven a ti ni para sombrero?

—Sí —dijo el niño—. Te los daré también.

Experimentaba, por primera vez, el raro placer de disponer de un resorte° para mover a los hombres. El Pernales podía hablar durante mucho tiempo sin que la colilla se desprendiera de sus labios.

—Está bien —dijo. Tomó la botella y la introdujo en el abombado° bolsillo de su chaqueta. Luego apagó el fuego con el pie:

—Andando —agregó.

Al llegar al sendero, el viejo se volvió al niño:

—Si invitaras a la boda de tu padre no estarías solo —dijo—. Nunca comí yo tanto chocolate como en la boda de mi madre. Había allí más de cuatro docenas de invitados. Bueno, pues, luego se murió ella y allí nadie me conocía. ¿Sabes por qué, hijo? Pues porque no había chocolate.

5	humeaba…a pot was steaming
	chips
	latas…dented cans
	empinar…take a long swig
10	
15	
	large
20	
	me…you take me into consideration
25	
	means
30	
	roomy
35	
40	

El niño daba dos pasos por cada zancada° del hombre, que andaba bamboleándose° como un veterano contramaestre°. Carraspeó°, hizo como si masticase algo y por último escupió° con fuerza. Seguidamente preguntó:

—¿Sabes escupir por el colmillo°, hijo?

—No —dijo el niño.

—Has de aprenderlo. Un hombre que sabe escupir por el colmillo ya puede caminar solo por la vida.

El Pernales sonreía siempre. El niño le miraba atónito; se sentía fascinado por los huecos° de la boca del otro.

—¿Cómo se escupe por el colmillo? —preguntó, interesado. Comprendía que ahora que estaba solo en el mundo le convenía aprender la técnica del dominio y la sugestión.

El hombre se agachó y abrió la boca y el niño metió la nariz por ella, pero no veía nada y olía mal. El Pernales se irguió°:

—Está oscuro aquí, en casa te lo diré.

Mas en la casa dominaba la muda presencia de Trino, inmóvil, sobre la cama. Sus miembros se iban aplomando° y su rostro, en tan breve tiempo, había adquirido una tonalidad cérea°. El Pernales, al cruzar ante él, se descubrió° e hizo un borroso ademán, como si se santiguara.

—¡Ahí va! —dijo—. No parece él; está como más flaco.

Al niño, su padre muerto le parecía un gigante. El Pernales divisó la mancha que había junto al embozo°.

—Ha reventado ¿eh?

Dijo el Senderines:

—Decía el doctor que sólo se mueren los flacos.

—¡Vaya! —respondió el hombre—. ¿Eso dijo el doctor?

—Sí —prosiguió el niño.

—Mira —agregó el Pernales—. Los hombres se mueren por no comer o por comer demasiado.

Intentó colocar los pantalones en la cintura del muerto sin conseguirlo. De repente reparó en el montoncito de yerbas con la luciérnaga:

—¿Quién colocó esta porquería ahí? —dijo.

—¡No lo toques!

—¿Fuiste tú?

—Sí.

—¿Y qué pinta eso aquí?

—¡Nada; no lo toques!

Glosses (right margin):

- stride
- swaggering boatswain
- He cleared his throat he spit
- 5 por...out of the side of your mouth
- 10 gaps
- 15 se...straightened up
- stiffening
- 20 waxen se...removed his hat
- upper hem of the sheet
- 25
- 30
- 35
- 40

El hombre sonrió.

—¡Echa una mano! —dijo—. Tu padre pesa como un camión.

Concentró toda su fuerza en los brazos y por un instante levantó el cuerpo, pero el niño no acertó a coordinar sus movi- 5 mientos con los del hombre:

—Si estás pensando en tus juegos no adelantaremos nada —gruñó—. Cuando yo levante, echa la ropa hacia arriba, si no no acabaremos nunca.

De pronto, el Pernales reparó en el despertador° en la repisa° 10   alarm clock   shelf
y se fue a él derechamente.

—¡Dios! —exclamó—. ¡Ya lo creo que es bonito el desper- tador! ¿Sabes, hijo, que yo siempre quise tener un despertador igualito a éste?

Le puso a sonar y su sonrisa desdentada° se distendía con- 15   toothless
forme° el timbre elevaba su estridencia. Se rascó la cabeza.   as

—Me gusta —dijo—. Me gusta por vivir.

El niño se impacientaba. La desnudez del cuerpo de Trini- dad, su palidez de cera, le provocaban el vómito. Dijo:

—Te daré también el despertador si me ayudas a vestirle. 20

—No se trata de eso ahora, hijo —se apresuró el Pernales—. Claro que yo no voy a quitarte la voluntad si tienes el capricho de obsequiarme°, pero yo no te he pedido nada, porque el Per-   to give me a gift
nales si mueve una mano no extiende la otra para que le re- compensen. Cuando el interés mueve a los hombres, el mundo 25 marcha mal; es cosa sabida.

Sus ojillos despedían unas chispitas socarronas°. Cantó la   crafty
codorniz en el trigo y el Pernales se aquietó. Al concluir el ruido y reanudarse el monótono rumor de la Central, guiñó un ojo°.   30   guiñó...he winked

—Éste va a ser un buen año de codornices —dijo—. ¿Sen- tiste con qué impaciencia llama la tía⁹?

El niño asintió sin palabras y volvió los ojos al cadáver de su padre. Pero el Pernales no se dio por aludido.

—¿Dónde está el traje y los zapatos que me vas a regalar? 35 —preguntó.

El Senderines le llevó al armario°.   wardrobe

—Mira —dijo.

---

⁹ In Spain, *tía* and *tío* are used to mean "gal" and "fellow."

El hombre palpaba la superficie de la tela con sensual delectación.

—¡Vaya, si es un terno° de una vez! —dijo—. Listado° y color chocolate como a mí me gustan. Con él puesto no me va a conocer ni mi madre.

Sonreía. Agregó:

—La Paula, allá arriba, se va a quedar de una pieza° cuando me vea. Es estirada° como una marquesa, hijo. Yo la digo: «Paula, muchacha, ¿dónde te pondremos que no te cague la mosca?». Y ella se enfada. Ji, ji, ji.

El Pernales se descalzó la vieja sandalia e introdujo su pie descalzo en uno de los zapatos.

—Me bailan°, hijo. Tú puedes comprobarlo. —Sus facciones, bajo la barba, adoptaron una actitud entre preocupada y perpleja—: ¿Qué podemos hacer?

El niño reflexionó un momento.

—Ahí tiene que haber unos calcetines de listas amarillas —dijo al cabo—. Con ellos puestos te vendrán los zapatos más justos.

—Probaremos —dijo el viejo.

Sacó los calcetines de listas amarillas del fondo de un cajón y se vistió uno. En la punta se le formaba una bolsa° vacía.

—Me están que ni pintados°, hijo.

Sonreía. Se calzó el zapato y se lo abrochó; luego estiró la pierna y se contempló con una pícara° expresión de complacencia. Parecía una estatua con un pedestal desproporcionado.

—¿Crees tú que la Paula querrá bailar conmigo, ahora, hijo?

A sus espaldas, Trino esperaba pacientemente, resignadamente, que cubriera su desnudez. A el Senderines empezaba a pesarle el sueño sobre las cejas. Se esforzaba en mantener los ojos abiertos y, a cada intento, experimentaba la sensación de que los globos oculares se dilataban° y oprimían irresistiblemente los huecos de sus cuencas°. La inmovilidad de Trino, el zumbido de la Central, la voz del Pernales, el golpeteo de la codorniz, eran incitaciones casi invencibles al sueño. Mas él sabía que era preciso conservarse despierto, siquiera hasta que el cuerpo de su padre estuviera vestido.

El Pernales se había calzado el otro pie y se movía ahora con el equilibrio inestable de quien por primera vez calza zuecos°. De vez en cuando, la confortabilidad inusitada° de sus extre-

Glosses (right margin):
- línea 2: suit — *terno*; Striped — *Listado*
- línea 6: se...is going to be dumbfounded — *se va a quedar de una pieza*
- línea 7: fastidiously dressed — *estirada*
- línea 12: Me...They are too big — *Me bailan*
- línea 22: pouch — *bolsa*
- línea 23: Me...They are just right — *que ni pintados*
- línea 25: roguish — *pícara*
- línea 32: se...expanded — *se dilataban*
- línea 33: eye sockets — *cuencas*
- línea 39: clogs — *zuecos*
- línea 40: unexpected — *inusitada*

midades tiraba de sus pupilas y él entonces cedía, bajaba los
ojos, y se recreaba en el milagro, con un asomo de vanidosa
complacencia. Advirtió, súbitamente, la impaciencia del pequeño, se rascó la cabeza y dijo:

—¡Vaaaya! A trabajar. No me distraigas, hijo.   5

Se aproximó al cadáver e introdujo las dos manos bajo la
cintura. Advirtió:

—Estate atento y tira del pantalón hacia arriba cuando yo le
levante.

Pero no lo logró hasta el tercer intento. El sudor le cho- 10
rreaba° por las sienes°. Luego, cuando abotonaba el pantalón,   dripped   temples
dijo, como para sí:

—Es la primera vez que hago esto con otro hombre.

El Senderines sonrió hondo. Oyó la voz del Pernales.

—No querrás que le pongamos la camisa nueva, ¿verdad, 15
hijo? Digo yo que de esa camisa te sacan dos para ti y aun te
sobra tela para remendarla.

Regresó del armario con la camisa que Trino reservaba para
los domingos. Agregó confidencialmente:

—Por más que si te descuidas te cuesta más eso que si te las 20
haces nuevas.

Superpuso la camisa a sus harapos° y miró de frente al niño.   rags
Le guiñó un ojo y sonrió.

—Eh, ¿qué tal? —dijo.

El niño quería dormir, pero no quería quedarse solo con el 25
muerto.

Añadió el Pernales:

—Salgo yo a la calle con esta camisa y la gente se piensa que
soy un ladrón. Sin embargo, me arriesgaría con gusto si supiera que la Paula va a aceptar un baile conmigo por razón de 30
esta camisa. Y yo digo: ¿Para qué vas a malgastar en un
muerto una ropa nueva cuando hay un vivo que la puede aprovechar?

—Para ti —dijo el niño, a quien la noche pesaba ya demasiado
sobre las cejas.   35

—Bueno, hijo, no te digo que no, porque este saco de poco te
puede servir a ti, si no es para sacarle lustre° a los zapatos.   sacarle...shine

Depositó la camisa flamante° sobre una silla, tomó la vieja y   brand new
sudada de la que Trino acababa de despojarse°, introdujo su   taken off
brazo bajo los sobacos° del cadáver y le incorporó: 40 armpits

—Así —dijo—. Métele el brazo por esa manga..., eso es.

La falta de flexibilidad de los miembros de Trino exasperaba al niño. Él esperaba algo que no se produjo:

—No ha dicho nada —dijo, al concluir la operación con cierto desencanto.

El Pernales volvió a él sus ojos asombrados: [5]

—¿Quién?

—El padre.

—¿Qué querías que dijese?

—La Ovi dice que los muertos hablan y a veces hablan los gatos que están junto a los muertos. [10]

—¡Ah, ya! —dijo el Pernales.

Cuando concluyó de vestir al muerto, destapó la botella y echó un largo trago. A continuación la guardó en un bolsillo, el despertador en el otro y colocó cuidadosamente el traje y la camisa en el antebrazo. Permaneció unos segundos a los pies [15] de la cama, observando el cadáver.

—Digo —dijo de pronto— que este hombre tiene los ojos y la boca tan abiertos como si hubiera visto al diablo. ¿No probaste de cerrárselos?

—No —dijo el niño. [20]

El Pernales vaciló y, finalmente, depositó las ropas sobre una silla y se acercó al cadáver. Mantuvo un instante dos dedos sobre los párpados inmóviles y cuando los retiró, Trinidad descansaba. Seguidamente le anudó un pañuelo en la nuca, pasándosele bajo la barbilla°. Dijo, al concluir: [25] chin

—Mañana, cuando bajes a dar aviso, se lo puedes quitar.

El Senderines se erizó°. se...bristled

—¿Es que te marchas? —inquirió anhelante°. anxiously

—¡Qué hacer! Mi negocio está allá abajo, hijo, no lo olvides.

El niño se despabiló° de pronto: [30] se...roused himself

—¿Qué hora es?

El Pernales extrajo el despertador del bolsillo.

—Esto tiene las dos; puede que vaya adelantado.

—Hasta las seis no subirá Conrado de la Central —exclamó el niño—. ¿Es que no puedes aguardar conmigo hasta esa [35] hora?

—¡Las seis! Hijo, ¿qué piensas entonces que haga de lo mío?

El Senderines se sentía desolado. Recorrió con la mirada toda la pieza. Dijo, de súbito, desbordado°: beside himself

—Quédate y te daré... te daré —se dirigió al armario— esta [40] corbata y estos calzoncillos y este chaleco° y la pelliza°, y... y... vest fur-lined or quilted jacket

185

Arrojó todo al suelo, en informe amasijo°. El miedo le
atenazaba°. Echó a correr hacia el rincón.

   —...Y el aparato de radio —exclamó.

Levantó hacia el Pernales sus pupilas humedecidas.

   —Pernales, si te quedas te daré también el aparato de radio   5
—repitió triunfalmente.

El Pernales dio unos pasos ronceros° por la habitación.

   —El caso es —dijo— que más pierdo yo por hacerte caso.

Mas cuando le vio sentado, el Senderines le dirigió una
sonrisa agradecida. Ahora empezaban a marchar bien las   10
cosas. Conrado llegaría a las seis y la luz del sol no se mar-
charía ya hasta catorce horas más tarde. Se sentó, a su vez, en
un taburete°, se acodó° en el jergón y apoyó la barbilla en las
palmas de las manos. Volvía a ganarle un enervamiento reconfortante. Permaneció unos minutos mirando al Pernales en   15
silencio. El «bom-bom» de la Central ascendía pesadamente
del cauce del río.

Dijo el niño, de pronto:

   —Pernales, ¿cómo te las arreglas para escupir por el colmillo?
Ésa es una cosa que yo quisiera aprender.   20

El Pernales sacó pausadamente la botella del bolsillo y bebió;
bebió de largo como si no oyera al niño; como si el niño no
existiese. Al concluir, la cerró con parsimonia y volvió a
guardarla. Finalmente, dijo:

   —Yo aprendí a escupir por el colmillo, hijo, cuando me di   25
cuenta que en el mundo hay mucha mala gente y que con la
mala gente si te lías a trompazos° te encierran y si escupes por
el colmillo nadie te dice nada. Entonces yo me dije: «Pernales,
has de aprender a escupir por el colmillo para poder decir a la
mala gente lo que es sin que nadie te ponga la mano encima, ni   30
te encierren.» Lo aprendí. Y es bien sencillo, hijo.

La cabecita del niño empezó a oscilar. Por un momento el
niño trató de sobreponerse°; abrió desmesuradamente los ojos
y preguntó:

   —¿Cómo lo haces?   35

El Pernales abrió un palmo de boca y hablaba como si la
tuviera llena de pasta. Con la negra uña de su dedo índice se
señalaba los labios. Repitió:

   —Es bien sencillo, hijo. Combas° la lengua y en el hueco
colocas el escupitajo°...   40

El Senderines no podía con sus párpados. La codorniz

---

informe...disorderly heap

le...tore at him

sluggish

stool   se...he leaned

te...you come to blows

to get control of himself

You curl

spittle

aturdía° ahora. El grillo hacía un cuarto de hora que había   *was disconcerting*
cesado de cantar.

—...luego no haces sino presionar contra los dientes y...

El Senderines se dejaba arrullar°. La conciencia de com-   *se...let himself be lulled (to*
pañía había serenado sus nervios. Y también el hecho de que   5   *sleep)*
ahora su padre estuviera vestido sobre la cama. Todo lo demás
quedaba muy lejos de él. Ni siquiera le preocupaba lo que
pudiera encontrar mañana por detrás de los tesos.

—...y el escupitajo escapa por el colmillo porque...

Aún intentó el niño imponerse a la descomedida° atracción   10   *excessive*
del sueño, pero terminó por reclinar suavemente la frente sobre
el jergón, junto a la pierna del muerto y quedarse dormido.
Sus labios dibujaban la iniciación de una sonrisa y en su tersa
mejilla había aparecido un hoyuelo° diminuto.   *dimple*

Despertó, pero no a los pocos minutos, como pensaba, por-   15
que la luz del nuevo día se adentraba ya por la ventana y las
alondras° cantaban en el camino y el Pernales no estaba allí,   *larks*
sino Conrado. Le descubrió como a través de una niebla, alto
y grave, a los pies del lecho. El niño no tuvo que sonreir de
nuevo, sino que aprovechó la esbozada° sonrisa del sueño para   20   *vague*
recibir a Conrado.

—Buenos días —dijo.

La luciérnaga ya no brillaba sobre la mesa de noche, ni el
cebollero cantaba, ni cantaba la codorniz, pero el duro, incansable pulso de la Central, continuaba latiendo abajo, junto al   25
río. Conrado se había abotonado la camisa blanca hasta
arriba para entrar donde el muerto. El Senderines se incorporó
desplazando el taburete con el pie. Al constatar la muda
presencia de Trino, pavorosamente blanco, pavorosamente petrificado, comprendió que para él no llegaba ya la nueva luz y   30
cesó repentinamente de sonreir. Dijo:

—Voy a bajar a dar aviso.

Conrado asintió, se sentó en el taburete que el niño acababa
de dejar, lo arrimó a la cama, sacó la petaca° y se puso a liar° un   *tobacco pouch*   *to roll*
cigarrillo, aunque le temblaban ligeramente las manos.   35

—No tardes —dijo.

6 Testimonios sociales

During the decade from 1950 to 1960 a type of social narrative became popular in Spain that basically aspired to present documents of collective living and of current life styles and conflicts with the greatest possible objectivity. Camilo José Cela, the author of *La colmena* (1951) and, immediately after him, young writers like Ignacio Aldecoa, Jesús Fernández Santos, Rafael Sánchez Ferlosio, the brothers Juan and Luis Goytisolo, and Juan García Hortelano documented in their novels and short stories the effects of unfruitful labor on society and the clustered solitude (by group, by sector, by class) into which persons are partitioned.

In this new type of novel, the protagonist is multiple. The process of temporal and spatial reduction already present in the narrative art of the preceding decade becomes more prevalent. The intractability of circumstances and the passivity of the characters stand out in these narratives. The structure, particularly of the novel, becomes fragmented, serving as a formal vehicle to reflect the separation of social groups. The dialogue faithfully records the mundane and often dispirited speech of everyday people—language as symptom rather than message.

The technical aspects of this style are influenced by the long-standing tradition of realism in Spain, by the Italian neorealists and by North American writers of the "lost generation" (John Dos Passos, William Faulkner, Ernest Hemingway, Erskine Caldwell); the ideology is influenced by the thought of Karl Marx.

The writers of this epoch are bound by an ethical obligation: to provide a truthful document of the state of their people in order to prepare for social change or at least encourage the consciousness of the need for change. They are motivated by a desire for social justice, a desire made more acute by the contemplation of a society that long after the Spanish Civil War has achieved neither economic well-being nor political freedom.

As a result of the multitude of protagonists, two converging effects may be detected: the novel tends toward a format of juxtaposed segments focusing on diverse characters; and at the same time, the story of limited proportions loses its importance as the reflection of an individual, unique case and comes instead to represent part of an extensive panorama. If, for example, in a collection of stories one narrative describes the goals and cares of a group of truckers, another will deal with fishermen, or miners, or share croppers, so that only by taking into account this general unfolding of diverse aspects of proletarian life (or bourgeois life) can the reader fully recognize the author's intent.

Rafael Sánchez Ferlosio (Rome, 1927) enjoys well-deserved prestige for his novels: *Alfanhui* (1951), a marvelous tale with the proportions of a novel, and *El Jarama* (1956), the masterpiece of the new objective realism. Sánchez Ferlosio's only two short stories, "Y el corazón caliente" and "Dientes, pólvora, febrero," just as his novels, are remarkably perfect works, deserving of lasting recognition. In 1961 he rescued his stories from the obscurity of the magazines where they first appeared and reprinted them with *Alfanhui*. "Dientes, pólvora, febrero" describes the agony of a she-wolf at the hands of callous and cruel hunters.

"Y el corazón caliente," despite the objective documentation of what is usually termed an on-the-job accident (which could happen to any worker in any country at any time, it is true, but which would not unleash such a blindly desperate reaction except in a worker surfeited by blows and suffering such as this one has been), possesses the quality of an oral history that strongly contrasts with its objective facet. And through this contrast the effect of novelty is created.

What is narrated is a common workingman's accident: the overturning of a truck. The resistance of the victim to being aided by others and his fatalistic surrender to his misfortune give the story almost from the very beginning a special tension that arouses our curiosity: as readers we desire to learn if this taciturn Aragonese trucker, who is as stubborn as a gravely ill patient who rejects the cure, will finally be persuaded by one of those who insistently holds out a hand to him. But the reader's attention is incited even more by the manner in which the facts are related; it is as if the reader were an actual listener to whom the narrator is telling the story: "Estos días atrás, cuando hizo tantísimo frío..." "Conque no habrían pasado un par de horas, poco más de las cuatro serían, cuando vienen dos hombres a caballo..." "Así es que al no ver a nadie en el sitio, echan una mirada en derredor..." "De forma que..." "Y a todo esto..." "Y en esto..." The changes in tense from the narrative past to the immediately visualized present, the gestural or designative flavor of certain adverbs ("La caja del camión estaba así apoyada contra un árbol..." "las manos así puestas sobre un cacho de fuego..."), the run-on quality that comes from employing an indirect style with a paucity of verbs to introduce the actions or events ("...y que si seguro que no estaba herido," "Que no, que ni un rasguño"), the elliptical mode of describing ("El otro, nada, echando palitos en el fuego..."), and the vividness of the expressions despite the oblique manner of reproducing them ("...pero que a ver ya qué cuernos de ayuda le iban a servir," "¿No tenían ya sus vehículos en regla?, ¡pues hala!") make the reader forget he is reading and believe that he is witnessing the actual reality of that strife, as one among many who are attempting to penetrate the core of that hot-blooded and downtrodden man. Moreover, the worker is at no time presented in a state of reflection; he is seen only from without, through the gestures that he makes and the words that he speaks.

Jesús Fernández Santos (Madrid, 1926) has also distinguished himself particularly in the field of the novel: *Los bravos* (1954), a splendid model of objectivism; *En la hoguera* (1957); *El hombre de los santos* (1969); and others. In addition, he has published two collections of narratives, *Las catedrales* (1970) and *Paraíso encerrado* (1973). The former consists of four novellas set in the shadows of cathedrals; the latter is made up of nine shorter narratives whose action takes place in and around Madrid's principal park, the Retiro. These two collections constitute a unique genre, reminiscent of the novel because its component narratives share a basic theme and have an identical or similar setting, and akin to the short story because each narrative unit is autonomous and can stand on its own merits. The posture that underlies all of the narratives of this writer is withdrawal. His protagonists, either groups or individuals, always inhabit a distant or removed domain: some live in a tiny spot in a region far from the metropolis or on the margin of a given community's sphere of interest; others are dedicated to work that causes them to journey in solitude from town to town; still others find refuge among a group of dissidents or retreat to an enclave in the middle of the city.

The least interconnected stories are the fourteen anthologized in *Cabeza rapada* (1958), although, here also, a notable cohesion is achieved by the spiritual attitude of the author (the pained contemplation of an unsatisfactory Spain) and by the tender age of the characters who appear most frequently—children or adolescents exemplify the emptiness, disillusionment, sorrow, and depression through which the reader glimpses the painful trauma of the Spanish Civil War. Thus the boys in "Este verano" seem old beyond their years, made almost incapable of experiencing their illusions or ambitions with fervor. Other children are the victims either of physical misery as in "Cabeza rapada" or of terror as in "Muy lejos de Madrid" or "El primo Rafael."

"Cabeza rapada" expresses the spectre of helplessness: a child is in the presence of death; yet he is not witnessing the death of another, as in Delibes' "La mortaja," but his own terrifying death. Moreover, he is not surrounded by a world that he is familiar with, but instead wanders the streets of a populous, unfamiliar city. Above all, he is not in his own home with his family at his side, but alone in the streets, in the most abject poverty. The ultimate existential situation (the siege of death) and the intense and narrow focus that the sober language imparts to the story do not prevent it from containing a

manifest social accent: "No se puede poner bien porque no tiene
dinero... Se tiene que morir."

In *Siete narradores de hoy*, a collection of short stories edited by
Fernández Santos (1963), he expressed his affinity with the writers he
had anthologized: Sánchez Ferlosio, Ana María Matute, Luis Goytisolo, Medardo Fraile, Francisco García Pavón, Ignacio Aldecoa.
He saw their writing as representative of the most avant-garde short
stories in Spain at the time. He noted: "El cuento o relato corto o
narración anduvo a medio camino entre el relato y la novela, y el
cine, por su parte—cierta clase de cine—, nació siempre de un cuento,
de una idea, con un agudo desenlace al que la técnica—la forma de
contarlo—daba carne y vida durante hora y media. Hoy, tras la
influencia de Chejov, recogida por Hemingway, el cuento va por
otros derroteros, que en España han marcado los últimos tiempos."[1]
Fernández Santos was alluding to the type of documentary short
story, a fragment of a larger vision of society, that, among its other
traits, is distinguished by its open-endedness. With respect to this
characteristic, Medardo Fraile observed somewhat later: "Si casi
todos los cuentos que hoy se escriben en España son de final abierto,
los de Fernández Santos lo parecen más. Quizá porque todos arras-
tran desazón, nostalgia, y una como desgana o desesperanza, que les
hace interrumpirse de pronto, queriéndonos, tal vez, decir que todo
lo venidero va a ser lo mismo y con esos datos, los que conocemos,
sabemos ya de sobra qué va a pasar."[2]

Ignacio Aldecoa (Vitoria, 1925—Madrid, 1969) has been affirmed
as a short story writer to be "probablemente el mejor que hayan
tenido nuestras letras desde Clarín."[3] It is not necessary to make
invidious rankings in order to establish that Aldecoa is certainly the
twentieth-century Spanish writer who has cultivated the short story
with the most zeal. The larger part of his work has been dedicated to
this genre. It includes his collections of short stories, *Vísperas del
silencio* and *Espera de tercera clase* (1955), *El corazón y otros frutos
amargos* (1959), *Caballo de pica* (1961), *Los pájaros de Baden-Baden*
(1965), books made up of sketches and slices of life closely related to
the story form, and several anthologies that he has edited. Of his
first two novels, *El fulgor y la sangre* (1954) and *Con el viento solano*
(1956), the former is composed of the memories of different charac-

[1] Jesús Fernández Santos, ed., *Siete narradores de hoy* (Madrid: Taurus, 1963),
pp. 8–9.
[2] Medardo Fraile, "Panorama del cuento contemporáneo en España," in *Cahiers
du Monde Hispanique et Luso-brésilien*, Caravelle 17 (1971), p. 184.
[3] Gaspar Gómez de la Serna, *Ensayos sobre literatura social* (Madrid: Guadarrama, 1971), p. 172.

ters, and the latter deals with the different encounters of the protagonist. These formats led one editor to accurately describe Aldecoa's novelistic work as "novela de cuentos."[4] A similar structure is apparent in Aldecoa's last two novels, *Gran sol* (1957) and *Parte de una historia* (1967).

The basic attitude that sustains Aldecoa's narratives is the habitual state of expectant waiting; the final goal of the wait is solidarity. The meaning of the author's work centers on his commitment to exposing the solitude of the individual, and even more, of groups of persons, in an inhospitable setting where one's labor is not rewarded. Yet, as the critic Gaspar Gómez de la Serna noted, the key to the social literature of Ignacio Aldecoa "no es el rencor, ni el resentimiento social ni el odio clasista, ni el espíritu de subversión que suscita el arrebato reivindicador; ni siquiera simplemente la ira, que es provocada por la injusticia, sino verdaderamente el amor."[5]

Written with great attention to expressive nuances, Aldecoa's stories possess a type of condensation that makes them brief prose poems in which nothing is lacking or in excess. Yet each story is intentionally a compressed social document. Railroad workers, truckers, streetcar conductors, sewermen, bricklayers, harvesters, farm workers, fishermen, guards, store employees, peddlers, gypsies, semiprofessional bullfighters, and beggars represent, particularly in the first four collections of stories mentioned, the harsh and isolated existence of social groups with scarce resources for self-defense. The lower classes in all of their varieties form an impressive mosaic of suffering. In *Los pájaros de Baden-Baden* and in some of Aldecoa's most recent stories, this preoccupation does not disappear, but it is combined with the frequent inclusion of vignettes, either sobering and ironic, or marked by a burlesque twist, presenting examples of the petty or middle bourgeoisie.

Many readers consider Aldecoa, despite his many novels, as primarily a writer of unforgettable short stories that reveal a tacit sense of social protest and are saturated with human emotion. "El autobús de las 7'40," "Seguir de pobres," "Young Sánchez," and "Caballo de pica" are examples. In the bullring the picador's horse always loses. It cannot triumph like the matador; it cannot succumb struggling like the bull; it almost always dies outside the confines of the ring, without recognition or even anyone's sense of loss, like all those who, in an unjust society, fulfill the ultimate roles that no one is grateful for or even remembers. This is the meaning of "Caballo de pica" and many other stories by Aldecoa. The language of these

---

[4] *Ibid.*, p. 180.   [5] *Ibid.*, p. 119.

stories is distinguished by a precision that reveals the direct experience of the author with his subject matter, as well as by a certain distancing that results in a usually opportune, and only occasionally mannered, type of stylization.

In the story "En el kilómetro 400," the daily transport of fresh fish from the Cantabrian coast in northern Spain to Madrid is presented in three segments: in a downpour to Vitoria; after dinner, through cold and moonlit Castilla to the mountain pass at Somosierra; at dawn, to Buitrago. This long haul furnishes a highly objective portrayal of the monotonous and occasionally perilous work of the truckers, without the slightest tinge of conventional sentimentality. As in Sánchez Ferlosio's story "Y el corazón caliente," we are witness to an accident on the road. The narrator places the two pairs of truckers in fleeting contact on the outskirts of Vitoria. The figures of the old Martiricorena, worn out and close to retirement, and his sick co-worker, Iñaqui, provoke a sense of alarm in the truckers following them, Luisón and Severiano. The alarm is confirmed when, near the end of their nocturnal haul, they learn that the other truck has turned over on the road ahead of them. Sleep, boredom, fatigue, the "pensamiento en blanco" of the driver glued to the wheel, the desire to arrive at the destination and sleep all day in order to repeat the same chore next evening, the same old conversations, the same old rest stops, and the accident itself, referred to by the townspeople as "cosas que tienen que ocurrir," make up the social document that is intended and achieved. Achieved, moreover, with great artistic ability by means of a straightforward narration whose tempo corresponds perfectly to the action, by an outpouring of euphonic place names (Pancorbo, Quintanapalla, Rubena, Villafría, Gamonal), and by strings of intense, explosive images, such as the "trémulo y pirotécnico deslizarse" of the raindrops on the windshield, or the road at dawn, "vendada de una niebla rastrera."

Medardo Fraile (Madrid, 1925) is, like Aldecoa, a devotee of the short story; in fact, his dedication to this form has been almost exclusive, for he has not written in any other narrative genre. His stories have been collected in *Cuentos con algún amor*, 1954; *A la luz cambian las cosas*, 1959; *Cuentos de verdad*, 1964; *Descubridor de nada y otros cuentos*, 1970; and the anthology, *Con los días contados*, 1972.

Fraile has the ability to uncover nothings, or rather, discover somethings in nothing, rescuing the mundane from its surface insignificance. Fraile is an observer of life who chooses not to set his observations into a surprise plot. His stories, as he himself has affirmed, "se acercan hoy más que a la *historia* a la confidencia

195

fugaz, angustiosa o ilusionada."[6] The author applies himself to probing a feeling, a custom, a preoccupation, or a whim with a delicate touch and an apparent smoothness. Especially rewarding are those narrative sketches that permit us a glimpse of truncated possibilities, germinating endeavors, or a spiritual or emotional fortitude, capsulized in concise detail: "La trampa," "Descubridor de nada," "Libre 206," "La presencia de Berta," "El caramelo de limón." Fraile's stories are often characterized by a serious sort of humor that is more visible in the manner in which he perceives gestures and behavioral quirks than in his ingenuity with words. This sense of humor imparts levity and charm to these slices of daily life, mostly played out by lower-class or middle-class subjects.

In "Ojos inquietos" the turbid boredom of a married couple, living in the city and partaking of an ephemeral leisure, is described with a classical terseness. This sudden awakening of a desire in the midst of tedium is both similar to and different from the feeling evoked by Pío Baroja in "Lo desconocido." Similar because the situation is ultimately the same: the dissatisfaction of a woman shackled to marriage. Dissimilar because the circumstances in Fraile's story have a prosaic tone: the brief respite from work on Saturday, the going to and coming from the movie, the glimpse of a passerby. These are in comparison to the undefined, poetic impressions of Baroja: the ongoing train, the memory of the marvelous trip across the estuary, the vertigo caused by nocturnal shadows. In addition, in "Ojos inquietos" Fraile rarely permits the reader's attention to be distracted by a display of language in and for itself; his effort is reserved for indicating the brief process by which a foolish Saturday evening movie serves as a catalyst for repressed desires that seek a rebellious outlet but are frustrated at the very moment of their birth by a return to reality.

The situations and problems of daily life and the unheralded tragedies of the lower classes that loom so large in the lives of those who suffer them are also the content of the short stories of Carmen Martín Gaite (Salamanca, 1925), a classmate of Ignacio Aldecoa (at the University of Salamanca), the wife of Rafael Sánchez Ferlosio, and the author of three fine novels: *Entre visillos* (1958), *Ritmo lento* (1963), and *Retahílas* (1974). Her briefer narratives have been published in *El balneario* (1955) and *Las ataduras* (1960). In addition to the concerned attention for the downtrodden and the wretched that we perceive in the works of her fellow writers of social protest, Martín Gaite's work reveals an acute critical sense for uncovering social prejudices and inequities.

[6] *Ibid.*, p. 240.

In "La conciencia tranquila" the socioeconomic barrier between the physician and the impoverished women who entreats him for help appears to be swept aside by the doctor's pity and the woman's anguish. But the mounting wave of compassion is undone by the rationalizations, the self-motivated suspicions, the comfortable arguments attributable to common sense and self-interest that the doctor iterates to himself in order to become convinced that he has done what he could and, in this way, to ease his conscience. The horrifying death of the little girl in the doctor's car on the way to the hospital's emergency ward as dusk descends on the city may be compared with the situation in "Cabeza rapada," as another extreme example of individual and social abandonment.

In stories like "El Cojo," "El inquisidor," and "La mortaja," we observe a profound change of attitude on the part of the character who experiences some critical event. In the social documents of Sánchez Ferlosio, Fernández Santos, Aldecoa, Fraile, and Martín Gaite, the incidents modify nothing: fatality is fatality, death's coming is experienced inexorably, an accident on the road is an "accidental" event that will free none of the truckers from their enslavement to the wheel, repressed desires will remain buried in ennui, the doctor returns to his neighborhood and the poor woman to her hovel. Yet the documentation of these invariable conditions—as portrayed by these five authors—may induce society to become conscious of the need for reform.

RAFAEL SÁNCHEZ FERLOSIO

Y el corazón caliente

Estos días de atrás°, cuando hizo tantísimo frío, no se veían más
que cosechas y cosechas destruidas del hielo, por toda la carretera litoral° de Barcelona hasta Tortosa[1]. Murieron inclusive
muchos árboles frutales, y naranjos, y olivos. Hasta viejos
olivos, ya árboles grandes, padres, se llegaron a helar, como los   5
débiles geranios. La cosecha de flores, arrasada°. Se lamen-
taban por sus flores los campesinos del Panadés, de la Plana° de
Reus, del campo de Tarragona.

Sobrevivían los pinos marítimos bajo el cielo de acero, contra vientos glaciales que entraban de la mar a mediodía: los   10
arbustos bravíos°, agitando sus melenas° verdioscuras entre los
blancos peñascales°, hacia las faldas° del Montsant[2].

Y que las flores, allá penas°, ya podía fastidiarse° la cosecha
de flores —discutía en un bar de carretera entre Vendrell y
Tarragona un camionero° de Aragón[3]. Empellones° de viento   15
oprimían la puerta de cristales y hacían crujir° las maderas y
vibrar los cuadrados cristalitos de colores, por toda la fachada
del local. Qué gracia, ¿es que no eran también una riqueza?,
¿es que acaso no daban dinero por las flores?, que a ver si con
el frío tenía perdido el sentido común. Un tercero salió con   20
que no sería extraño, con que si aquellos fríos exagerados, tan
fuera de la ley, traían a la gente trastornada° con las reacciones
más impropias; que a él, sin ir más lejos, le daba por la risa°,
por echarse a reir a carcajadas°, ya tan disparatado° como era
tantísimo frío. Por las rendijas° se metían los cuchillos de aire,   25
al calor del ambiente empañado de alientos humanos° y de
vapor de cafetera, entre tufos de anhídrido carbónico° y aromas
de tabaco y de café. Ardía la salamandra de antracita°; su

Estos...Those last few days

coastal

leveled
Plain

arbustos...wild shrubs   manes

crags   foothills

allá...who cares   be ruined

trucker   Gusts

creak

disturbed

le...it provoked him to laughter

por...to burst out laughing
absurd
slits
empañado...clouded with
  human breath
tufos...carbon dioxide fumes

salamandra...coal stove

---

[1] Town off the Mediterranean coast approximately eighty miles south of
Barcelona. The other names mentioned (Villafranca de Panadés, Reus,
Tarragona, and Vendrell) are all Catalonian towns or cities on or close
to the coastal road between Barcelona and Valencia.

[2] Mountain range in the province of Tarragona.

[3] One of the traditional regions of Spain inland from Cataluña.

largo tubo negro atravesaba el cielo del local, por encima de
todas las cabezas, y salía a la calle por un agujero circular, re-
cortado como una gatera° en uno de aquellos más altos cris-   cathole
talitos de colores. El barman meneaba° la cabeza: pues no era   shook
cosa de reírse, no, que las flores valían mucho dinero. De 5
nuevo, el de Aragón, que por las flores era una pajarada° andar   era...it was featherbrained
llorando, cuando tantas legumbres y hortalizas°, de las que se   garden produce
sustentan las personas, se habían echado igualmente a perder°;   se...had also been spoiled
flores, para los muertos; no quiero flores —dijo—, primero son
los vivos. Se volvía, al decirlo, hacia las mesas, y agitaba en el 10
aire la cucharilla del café. Detrás jugaban a las cartas. El
barman no podía estar conforme: y que las flores podían ser un
lujo para aquél que las compra; pero que no lo eran para quien
las produce y las vende, habiendo puesto en ellas su dinero, su
inteligencia y su trabajo. Y el maño°, que ya en ese plan° más 15 Aragonese (colloquial)   ya...
valía dejar de discutir; que si quería entender las cosas de esa   with that attitude
forma, sobre esa base lo mismo podía valorar esta jarra —la
levantó del mármol, mostrándola en su mano—, no ya por el
servicio que le hacía, sino por lo que a cualquier caprichoso
antojase° ofrecerle por ella, que caprichosos siempre hay. A lo 20 might feel like
que el barman replicó que si las flores eran un capricho, se
trataba de un capricho bastante común, y que, si se iba a ver, la
mitad de la vida son caprichos, y en ellos se gastan los hombres
gran parte del dinero, y que a ver si es que él no fumaba y no iba
al cine alguna vez. En esto, el de Aragón ya le estaba diciendo 25
que no con la cabeza desde antes de saber lo que el barman le
decía, y replicó que al cine, por llevar a sus hijas los domingos,
pero que a él le aburría más que una misa; y respecto al fumar,
el tabaco no era un capricho, sino una necesidad más necesaria
que otras muchas. Entonces el que le entraba la risa por el frío 30
los mira a la cara a los dos: «A ver quien es más cabezota»°—   thickheaded
les dice riendo. El barman se encoge de hombros°, y ya dejaron   se...shrugs
la disputa.

El camionero se tomó una copita de ginebra°, detrás del café;   gin
después enciende media faria° y dice que se marcha, que se le 35 cheap local cigarette with coarse
helaba el radiador. Al cruzar el umbral° sintió de golpe todo el   tobacco
frío, y se vuelve a los otros, se sonríe: que si también sería a lo   threshold
mejor algún capricho viajar en un diíta como aquél. Le vieron,
por los cristales empañados, cruzar la carretera; parecía un
perrito, con aquel cuerpo que tenía, embutido en el cuero°; lo 40 embutido...wrapped in leather
vieron encaramarse a° la cabina del enorme camión encarnado°.   encaramarse...climb into   red

Llevaba una carga de hierro°, de estas formas corrientes que — iron rods
se emplean para la construcción.

Conque no habrían pasado un par de horas, poco más de las
cuatro serían, cuando vienen dos hombres a caballo por el kilómetro cuarenta entre Reus y Tortosa, y en esto, al asomar de 5
una revuelta°, ven abajo el camión, con las ruedas al aire, salido — al...as they come around a turn
del asfalto y recostado° sobre el lado izquierdo. Pican° a los — leaning   They spur
caballos y llegan a él, y se apean°, y allí no ven a nadie, ni — se...dismount
señales de sangre en la cabina ni nada. La caja del camión
estaba así apoyada contra un árbol, que eso fue, desde luego lo 10
que lo perdonó de despeñarse° hasta la playa; y toda la carga — lo...saved it from plunging
volcada° hacia el barranco°, cada hierro por su lado, esparcidos — overturned   ravine
por entre las peñas de la abrupta ladera°. — abrupta...steep slope

Así es que al no ver a nadie en el sitio, echan una mirada en
derredor°, cuando de pronto, ahí mismo, al otro lado de la 15 en...all around
carretera: el hombrecín. Allí junto se había agazapado°, en — crouched
una especie de cobijo°, como una garita de tierra°, que hacía de — shelter   garita...earthen sentry box
terraplén°; y quieto allí, sin decir nada, las manos así puestas — embankment
sobre un cacho de fuego° que se había organizado con cuatro — cacho...skimpy fire
palitroques° y un puñado de pasto° y hojas secas. Conque 20 sticks   puñado...fistful of brush
acuden a él y le hablan, esas preguntas que se hacen, sobre qué
había pasado, si estaba herido a lo mejor, si notaba alguna cosa.
Y él no los mira siquiera, ni levantar los ojos de la lumbre; no
hizo más que mover levemente la cabeza en sentido negativo.
Le insistieron a ver qué le pasaba —ya un poco molestos, 25
ellos—, si precisa de algo, si tienen que avisar a alguna parte,
una ayuda, cualquier cosa que sea; y lo mismo, sigue el tío° sin — guy
mirarlos a la cara. Nada más una mano levantó, con fastidio,
señalando a las bestias, y ya por fin les suelta una arrogancia:
pues sí, que enganchasen° las bestias al camión, y ellos empu- 30 hitch up
jando por detrás; nunca se sabe, a lo mejor entre los cuatro eran
capaces de sacarlo. Ellos, oiga, esto no, no nos ha de hablar
mal, y que tendría sin duda sus razones para estar contrariado°, — upset
pero ellos no hacían sino cumplir con el deber de socorrerlo°, y — helping him
tampoco tenían ningún derecho a recibir malas palabras. El 35
otro, nada, echando palitos en el fuego, sin mirarlos; que agradecido —les dijo—, pero que a ver ya qué cuernos de° ayuda le — qué...what damn
iban a servir, cuando ya estaba hecho el deterioro°, y sucedido — damage
cuánto tenía que suceder; que prosiguiesen su camino, y a la
paz. Lo miran de mala manera, ya ellos con el pie en el estribo° 40 stirrup
y cogiéndose a las sillas, y le dice el más joven —hijo del otro, a

lo mejor—, le dice, montando, que en fin, que ahí lo dejan; que
por verlo en el trance° en que se halla, no quieren tomárselo en   state
cuenta, pero que a otro a estas alturas° ya le habrían fracturado   a...by this time
los huesos que el camión había tenido el mal gusto de no
quererle fracturar. Y con esto ya pican los dos a sus caballerías 5
y se largan° sin más contemplaciones.   se...they take off

De forma que siguieron los dos hombres carretera adelante,
y más allá se toparon con° otro camión que venía para ellos, y   se...they ran into
le hacen señas de que pare. Acercó uno la bestia al camión,
mientras el chófer ya bajaba el cristal de la cabina: «¿qué 10
vols?»°. Venía un ayudante con él. Y a todo esto los fríos   ¿qué...what do you want?
aquellos apretando, que iban a más a cada instante. Entera-   (Catalán)
mente blancos salían los vapores que soltaba el tapón del radiador y los resuellos° que brotaban de las narices del caballo.   snorts
Pues ya el hombre les cuenta lo que hay, que ha volcado un 15
camión allí atrás, no habrá un kilómetro, más tal y tal detalle,
la forma en que el sujeto se había puesto, que no valía la pena
desde luego molestarse por tipos así, pero que se iba a congelar
con aquel frío tan asesino. Y el chófer, que cómo es el hombre.
Pues pequeñín, ya tendría cumplidos los cuarenta, con cara de 20
garbanzo°, un tipo atravesado°, hepático, una guerrera° de esas   chickpea   sour   jacket
de cuero, y que le estaba la guerrera un poco grande; y el
camión, colorado°. Se miraron los otros —se ve que ya le   red
conocían—, y asentían sonriendo, al identificarlo por las señas
que les daba de él el del caballo; y que si seguro que no estaba 25
herido. Que no, que ni un rasguño°.   scratch

Ya por fin continúan los del camión, y acto seguido° se   acto...immediately afterward
presentan en el lugar del accidente, y en esto hay ya también un
Citroen allí parado, era un once-normal, del cual Citroen ya se
había apeado un señor a la vera° del maño, y el maño sin mo- 30   a...next to
verse, ni pío°; en la misma postura seguía, encogido, ni mira a   ni...not a peep
los que llegan —siquiera hubiese levantado la cara de la lumbre
un instante: ni eso, no miró. Se apean los del camión, se acercan igualmente, y que vaya por Dios, pues cómo habrá volcado
de esa forma —todo esto con buenas palabras—; y mudo, no 35
contesta; encogerse de hombros, lo único, apartar la cabeza
hacia un lado, como aquel que no quiere saber nada de nada.
«No, si no les contesta —advierte el del turismo°—. No sé lo   limousine
que le pasa; debe de estar acobardado.» Miraron ellos para el
hombre, y hacia el Citroen detrás de él; también venía una 40
mujer con un gorro de lana amarillo, tras el cristal del para-

brís°.   Ya uno de ellos le dice al marido, o el parentesco° que   *windshield*   *relationship*
tuviera, le pregunta: «¿No trae usted una botella, un licor para
el viaje, alguna cosa de bebida?»   Asintió el del turismo,
«whisky», le dice, y se acerca a por él.   Y en lo que va el hombre al coche y regresa, se le ocurre al ayudante del camión to-   5
carle al maño en el hombro con la mano, que no tenía que
angustiarse, que salvando el pellejo°, lo demás..., y el maño se   *hide*
revuelve, evitando la mano; un resorte muy brusco le hizo°,   *un...he sprang around abruptly*
como el que se la habría mordido, capaz, si no la quita a tiempo;
y se dispara en° qué querían con él, ¿habían volcado ellos?   No. 10   *se...he burst out with*
Pues cada cual por su camino, entonces.   Que ni siquiera
tenían que haberse parado, ¿qué venían a apiadarse° de nadie?,   *to have pity*
como si él no lo supiera lo que tenía que purgar.   ¿No tenían
sus vehículos en regla°?, ¡pues hala°!; que se agachasen° sobre   *en...in working order*   *off*
otro para curiosear.   15   *then*   *se...stoop*

Luego ya, se ha acercado también la señora con el hombre
del whisky; se inclinó ella hacia el maño y le ofrece un paquete
de galletas° cuadradas, de éstas que vienen envueltas en papel   *crackers*
celofán.   La mira, y que cómo quería que él comiese galletas
ahora, que cómo comprendía que un hombre se pusiese a comer 20
una galleta en una situación como la suya; si no lo veía ella
misma que no podía ser, que aquello era una equivocación.   Y
el marido, por lo menos el whisky le pide que se tome, ¿qué le
cuesta tomarse un traguito?   De beber, pues tampoco, tampoco
podía beber, que no se molestasen, ¿les parecía corriente 25
ponerse él ahora a beber o a comer galletitas?   «Mire que
estamos a nueve bajo cero» —le decía el del turismo.   Ni eso,
no quiso beber.   «Déjelo, éste está un poco mal de la cabeza y
se cree que nos vamos a tirar aquí horas enteras los demás,
contemplándolo a él, hasta que quiera decidirse a ser una per- 30
sona razonable.»   Y a todo esto no tenía ya más palitroques y
hojas secas al alcance de la mano, y nada más había un rescol-
dillo de brasa° debajo de él: le subía una hebra° de humo   *rescoldillo...ember*   *curl*
azulado hacia los ojos y se los hacía llorar.   Claro que sí,
que se marchasen —dijo, que no tenían necesidad de padecer el 35
frío ni de purgar ninguna cosa allí con él; que lo dejasen, que él
ya lo pasaría tal como a él solo le pertenecía tenerlo que pasar.
Y la señora, que cómo pretendía que se fuesen tranquilos; que
no se podían marchar en modo alguno con aquel cargo de conciencia.   «Venga, maño, levanta ya de ahí, métete en la cabina 40

ahora mismo, o lo hacemos nosotros a la fuerza; estás entre-
teniendo a estos señores, estás dando la lata°, te comportas   estás...you are being a nuisance
como una criatura de tres años, ya sabes además que no pode-
mos parar mucho tiempo, que los depósitos se hielan.» Estaba
tiritando° debajo de sus ropas, y levanta los ojos y mira a la   5 shivering
señora y ya saca una voz disminuida, por favor, que siguieran
su viaje, que comprendiesen que él no podía cogerle las galletas
ni el whisky de su esposo, pero que igual lo agradecía; que por
él no tuviesen cuidado, que helarse no se helaba; que se hielan
las plantas y las flores y los árboles, todo bicho viviente°, pero   10 todo...all living creatures
que el hombre no se hiela, porque si no a ver quien queda para
sufrir el castigo del frío, y para alguien tendría que estar hecho
ese castigo, que se fuesen tranquilos, que no le vendría esa
suerte de quedarse congelado como una coliflor, porque para
eso tenía la sangre caliente, no fría como los vegetales, para   15
poder darse cuenta de las cosas y padecerlas y purgarlas y encima vivir todavía; que allí había volcado y ya nadie podía
levantarlo de pasar su castigo, aunque hubiese personas ama-
bles y buenos compañeros; y después les dio el nombre de su
pueblo, en la provincia de Teruel[4], y las señas° de su casa, que   20 address
allí tenían la de ellos, si pasaban un día. Ya la señora, ante
aquello, se volvió hacia los otros con una mirada de inquietud,
y luego miró al maño nuevamente, encogido en el suelo, tiritando, sobre la mancha negra de su lumbre apagada. «No
padezcan ustedes de marcharse, señora; sin reparo° ninguno»   25 misgiving
—la tranquilizó el ayudante—; «descuiden que nosotros aquí
no lo dejamos». No paraba aquel aire glacial que congelaba
el vaho de los cristales°, formando sobre ellos dibujos de es-   vaho...fogged-up windows
carcha°; y el maño miraba a los otros, desde abajo, con unos   frost
ojos muy abiertos, que iban de una cara a otra, atentamente,   30
como queriendo seguirles cada palabra y cada gesto.

    Y ya se van a ir los del Citroen, y los del camión todavía
diciéndole al maño que atendiese a razones, que por qué no
ponía un poquito de su parte, también, para no echarse al
surco° de aquella manera; al fin y al cabo era un percance° que   35 echarse...give up   mishap
todos ellos estaban expuestos a tenerlo el día menos pensado,
sin que fuera tampoco de mayor gravedad, ni para acobardarse
hasta tal punto y quedarse aculado° en aquella zorrera°; y que   stuck   foxhole

[4] Province in east central Spain.

si tenía pensamiento de continuar así en ese plan, que entonces no se incomodase si lo cogían ellos por un brazo cada uno y lo sacaban de allí a viva fuerza. Él, que no le contasen lo que era aquel percance, que ya él lo veía por sí mismo clarísimamente, que no era tampoco una berza° para pasarlo sin sentir, ni   5   cabbage quedarse congelado lo mismo que las berzas cuando el hielo las hiela, lo mismo que el camión, ahí patas arriba, que ya ni siente ni padece, ni si estaban a nueve bajo cero como si estaban a noventa, no; a él nadie tenía que explicarle lo que era aquel castigo, porque tenía la sangre funcionando y el coraje de tanta   10 mala sombra° como le había sobrevenido. Llega en esto un   mala...bad luck ronquido de motos° y aparece de pronto la pareja de Policía de   ronquido...roar of motorcycles Carreteras y se paran y acuden al maño, que ya está tiritando todo él como una hoja y haciendo diente con diente°, de frío.   haciendo...chattering Los otros les contaron lo ocurrido a los dos policías y que se   15 debía de haber acoquinado°, a lo mejor por el susto° del vuelco   become disheartened   scare y por la consiguiente desazón°, y se negaba a moverse de allí,   anxiety por cosas raras que se imaginaba, obligaciones, vaya usted a saber. Los policías se dirigen a él, y que vamos, que se levantase, que el día no estaba para bromas ni muchísimo menos, y   20 que se metiese en el otro camión, que a por el suyo ya mandarían una grúa°, cuando fuera. El maño se revuelve°, que allí la mala   tow truck   se...reiterates sombra lo había revolcado y de allí no daría un paso más, donde lo había cogido su castigo. Ya sin más, echan mano de él los policías y lo levantan a la fuerza; él queriendo zafarse°, y   25 to break loose renegando, y ellos intentando aplacarlo y someterlo, hasta que casi a rastras° y a empujones lograron ya sentarlo en la cabina   a...by dragging del camión, entre el ayudante y el chófer, donde al cabo dejó de resistirse, agachó la cabeza y se quedó taciturno, encogido y temblando, casi enfermo de frío.   30

Oscurecido, llegaron al bar de carretera donde había estado el maño a mediodía, y le hicieron bajarse, los otros, y entrar en el local. Los policías habían precedido al camión, y ahora uno de ellos le indica que se siente al calor, junto a la salamandra, y al barman que le ponga un café doble, con un chorrito° de   35 shot coñac. Y mientras se lo pone, los otros en la barra comentan en voz baja lo ocurrido, y el maño ahí sentado, los brazos sobre el mármol de una mesa, y así fijo, que no se le cuajaba la mirada° sobre ninguna cosa. Conque ya se le acerca el mismo   no...his gaze would not focus policía, con el café con leche, y se lo deja en la mesa, hu-   40

meando°, delante de él, y que se anime, hombre, que no se lo   steaming
deje enfriar, le recomienda, que ya vería cómo con eso reac-
cionaba y entraría enseguida en calor. Él rehusó, apartó el
vaso de sí con el codo°, y abatió° la cabeza sobre el mármol,   elbow   sunk
enterrando la cara entre los brazos, y se puso a llorar segui-   5
damente.

JESÚS FERNÁNDEZ SANTOS

Cabeza rapada

Era un viento templado. Las hojas volaban llenando la calzada°, remontándose hasta caer de nuevo desde las copas de los árboles°. Su cabeza rapada al cero°, la cara oscura del sudor y el sol, cubría las piernas con largos pantalones de pana. No había cumplido los diez años; era un chico pequeño. Íbamos andando a través de aquel amplio paseo, mecidos° por el rumor de los frondosos eucaliptus, envueltos en remolinos° de polvo y hojas secas que lo invadían todo: los rincones de los bancos, las vías... Menudas y rojizas, pardas, como de castaño° enano o abedul°, llenaban todos los huecos por pequeños que fuesen, pegándose a nosotros como el alma al cuerpo.

Cruzaban sombras negras, luminosas, de los coches; los faros° rojos atrás, acentuando su tono hasta el morado. Aunque no hacía frío nos arrimamos° a una hoguera° en que el guarda de las obras quemaba ramas de eucaliptus esparciendo° al aire un agradable olor a monte abierto. Allí estuvimos un buen rato, llenando de él nuestros pulmones°, hasta que el chico se puso a toser° de nuevo.

—¿Te duele? —le pregunté.

Y contestó:

—Un poco —hablando como con gran trabajo.

—Podemos estar un poco más, si quieres.

Dijo que sí, y nos sentamos. Eran enormes aquellos árboles, flotando sobre nosotros, cantando las ráfagas en la copa con un zumbido° constante que a intervalos subía; y, más allá del pilón° donde el hilo° de la fuente saltaba, se veía a la gente cruzar, la ropa pegada al cuerpo, íntimamente unidas las parejas.

El chico volvió a quejarse.

—¿Te duele ahora?

—Aquí, un poco...

Se llevó la mano bajo la camisa. Era la piel blanca, sin ras-

roadway	
copas...treetops	rapada... completely shaven
rocked	
whirls	
chestnut	birch
taillights	
nos...we drew near	bonfire
spreading	
lungs	
to cough	
buzzing	
fountain basin	thin jet

5

10

15

20

25

30

tro de vello°, cortada como las manos de los que en invierno   body hair
trabajan en el agua. Otra vez tenía miedo. Yo también, pero
me esforzaba en tranquilizarle.

—No te apures; ya pasará como ayer.

—¿Y si no pasa?   5

—¿Te duele mucho?

El guarda nos miraba con recelo°, pero no dijo nada cuando   con...suspiciously
nos recostamos en el cajón de las herramientas°. Freía sardinas   cajón...tool box
en una sartén de juguete°. A la luz anaranjada de la llama, el   sartén...small frying pan
olor de la grasa se mezclaba al aroma de la madera que ardía.   10

—Ese chico no está bueno...

—¿Qué va? No es más que frío...

El chico no decía palabra. Miraba el fuego pesadamente,
casi dormido.

—No está bueno...   15

Ahora no tenía un gesto tan hosco°. El chico escupió° al   sullen   spit
fuego y guardó silencio.

—Va a coger una pulmonía°, ahí sentado.   pneumonia

Me levanté y le cogí del brazo, medio dormido como estaba.

—Vamos —dije—; vámonos.   20

Le fui llevando, poco a poco, lejos del fuego y de la mirada
del guarda.

Mientras andábamos, por animarle un poco, froté° aquella   I rubbed
cabeza monda° y suave, con la mano, al tiempo que le decía: clean-shaven

—¡Que no es nada, hombre!   25

Pero él no se atrevía a creerlo, y por si era poco, vino de atrás
la voz del otro:

—¡Le debía ver un médico!

—Ya lo vio ayer.

Esto pasó con el médico: Como no conocíamos a nadie,   30
fuimos al hospital, y nos pusimos a la cola° de la consulta, en   a...in line
una habitación alta y blanca, con un ventanillo de cristal mate°   opaque
en lo más alto y dos puertas en los extremos abriéndose cons-
tantemente. La gente aguardaba en bancos, a lo largo de las
paredes, charlando; algunos en silencio, los ojos fijos, vagos, en   35
la pared de enfrente. La enfermera abría una de las puertas,
diciendo: «Otro», y el que en aquel momento salía, saludaba:
«Buenos días, doctor».

Una mujer olvidó algo y entró de nuevo en la consulta.
Salió aprisa, sin ver a nadie, sin saludar. Exclamaba: «Se me   40

muere, se me muere...» Todos miraron las baldosas°, como si   floor tiles
cada cual no pudiera soportar la mirada de los otros, y un hombre joven, de cara macilenta°, maldijo muchas veces en voz   emaciated
baja.

El médico auscultaba° al chico y, al mismo tiempo, me   5   examined with a stethoscope
miraba a mí. Nos dio un papel con unas señas° para que   unas...an address
fuéramos al día siguiente.

—¿Es hermano tuyo?

—No.

Al día siguiente no fuimos donde el papel decía.   10

Se inclinó un poco más. Debía sufrir mucho con aquella
punzada° en el costado°. Sudaba por la fiebre y toda su frente   stabbing pain   side
brillaba, brotada de menudas gotas. Yo pensaba: «Está muy
mal. No tiene dinero. No se puede poner bien porque no
tiene dinero. Está del pecho°. Está tísico[1]. Si pidiera a la   15   Está...*Está enfermo del pecho.*
gente que pasa, no reuniría ni diez pesetas. Se tiene que morir.
No conoces a nadie. Se va a morir porque de eso se muere todo
el mundo. Aunque pasara el hombre más caritativo del
mundo, se moriría».

Reunimos tres pesetas. Decidimos tomar un café y entrar en   20
calor.

—Con el calor se te quita.

Era un café vacío y mal alumbrado, con sillas en los rincones.
La barra estaba al fondo, de muro a muro, cerrando una
esquina, con el camarero más viejo sentado porque padecía del   25
corazón, y sólo para los buenos clientes se levantaba. Tres
paisanos jugaban al dominó. Llegaban los sones de un tango
entre el soplido° del exprés° y los golpes de las fichas° sobre el   whistling   espresso machine
mármol.   dominoes

Sólo estuvimos un momento; lo justo para tomar el café. Al   30
salir todo continuaba igual: el viejo tras el mostrador, mirando
sus pies hinchados°; los otros jugando, y el que andaba en° la   swollen   andaba...was
radio, con los botones en la mano. La música y la luz parecían   fiddling with
ir a desaparecer de pronto. Viéndolos por última vez, queda-
ban como un mal recuerdo, negro y triste.   35

En el paseo, bajo los árboles, de nuevo empezó a quejarse, y
se quiso sentar. Pisábamos el césped° a oscuras. Buscó un   lawn
árbol ancho, frondoso, y apoyando en él su espalda, rompió a

[1] Suffering from consumption, or tuberculosis.

llorar. De nuevo acaricié la redonda cabeza, y al bajar la mano me cayó una lágrima. Lloraba sobre sus rodillas, sobre sus puños cerrados en la tierra.

—No llores —le dije.

—Me voy a morir.

—No te vas a morir, no te mueres...

IGNACIO ALDECOA

En el kilómetro 400

I

Bajó la cabeza. Las lucecillas de los controles le mascaraban el
rostro. Tenía sobre la frente un nudo de sombras; media cara
borroneada° del reflejo verde, media cara con los rasgos acusa-   blurred
dos° hasta la monstruosidad. Volvió la página que estaba   exaggerated
leyendo y se acomodó. Sentía los rebordes° de las costuras°   5 edges   seams
del asiento; sentía el paño° del pantalón pegado a la gutapercha°.   fabric   rubberlike material
                                                                            (covering the seat)
   ... *le dejó razón al sheriff de que los cuatreros° quedaron*   rustlers
encerrados... Roy no les tiene miedo a los cuatreros... Cinco
horas después en el camino del Pecos°...   river in Texas
   Llovía. Las gotas de agua tenían un trémulo y pirotécnico   10
deslizarse° por el parabrisas°. El limpiador trazaba un medio   sliding   windshield
círculo por el que miraba carretera adelante el compañero, que
de vez en vez pasaba una bayeta° por el cristal empañado°.   flannel cloth   fogged-up
En la cabina hacía calor.
   ... *Roy fue más rápido... Micke Díez Muescas se dobló por la*   15
cintura... Roy pagó la consumición° del muerto y salió del   bill
«saloon»...
   Todo iba bien. Daba escalofríos° mirar por el medio círculo   shivers
del parabrisas. La luz de los faros° acrecía la cortina de agua.   headlights
En la carretera, en los regueros° divergentes de la luz, la lluvia   20 streams
era violenta, y el oscuro del fondo, una boca de túnel inquietante. En las orillas la lluvia se amansaba°, y una breve, im-   se...abated
precisa, claridad emanaba de la tierra; en las orillas, la serenidad del campo septembrino°. Acaso cantase el sapo°, acaso   of September   toad
silbase el lechucillo°; acaso el raposo°, fosfóricos los ojos, diera   25 owl   fox
su aullido desgañitado° al paso del camión. —... *montó en su*   aullido...piercing howl
potro° «Relámpago»°... Si mister Bruce insistía en comprar el   colt   Lightning
rancho de Betty, ya le arreglaría las cuentas°... Un jinete° se   le...he would take care of him
acercaba por el camino del Vado° del Muerto...   horseman
                                                     Ford (of a river)
   El olor del cigarro puro° apagado de su compañero se con-   30 cigarro...cigar
fundía con el olor del gasoil. Estaban subiendo. Levantó la

210

cabeza y abandonó el semanario° infantil sobre las piernas. pulp weekly
El compañero escupió bagazo° del puro. La historieta se residue
había acabado.

...(*continuará*)...

Cerró los ojos un momento. La voz opaca del compañero le 5
arrancó de la sensación de comodidad.

—Luisón, coges el volante° en Burgos[1]. steering wheel

—Ya.

—Tiras° hasta el amanecer... No pierdas tiempo leyendo You are at the wheel
tonterías. 10

—Ya.

—Duerme un poco.

—Ya.

—Tendrás que apretar antes del puerto°. Ahora hay que mountain pass
andar con cuidado. 15

—Ya, Severiano.

Las manos de Severiano Anchorena vibraban, formando
parte del volante. El volante encalla° las manos, entumece° los callouses   numbs
dedos, duerme los brazos. Hay que cuidar las manos, procurar
que no se recalienten° para que no duelan. Luisón María se 20 se...overheat
levantó del asiento, dio un gruñido° y se tumbó en la litera°. grunt   bunk
La luz roja del indicador del costado° entraba por la ventanilla. del...side
Corrió el visillo°. Corrió...He closed the curtain.

Siete toneladas de pesca, hielo y cajas. Habían salido de
Pasajes[2] a las seis de la tarde. Corrían hacia Vitoria. En 25
Vitoria cenarían en las afueras, en la carretera de Castilla, en el
restaurante de la gasolinera. Era la costumbre.

—Severiano, ¿viste a Martiricorena en Pasajes?

—Se acabó el hombre.

—Cuando yo le vi estaba colorado° como un cangrejo°; 30 red   crab
cualquier día le da algo°. le...he will catch something

—Se duerme al volante. Eso dice Iñaqui.

Luisón estiró las piernas. Preguntó:

—¿Cuántos chavales° tiene Martiricorena? kids

—Cinco. El mayor anda a la mar. 35

—Ya.

---

[1] City in Castilla la Vieja north of Madrid.

[2] The truck is following Spanish route N-1 from the north coast town of
Pasajes (near San Sebastián) to Madrid, passing through Vitoria, Miranda
de Ebro, Pancorbo, Burgos, Lerma, Aranda de Duero, Buitrago, and a
number of smaller towns referred to in the text.

—Anda con Lequeitio, el patrón del *Izaro*.

Luisón se incorporó a medias° en la litera. Dijo: se...half sat up

—Trae un cigarrillo.

Severiano le alargó por encima del hombro el paquete de cigarrillos.   5

—En Vitoria nos encontraremos—dijo—con Martiricorena. Salió a las cinco y media.

Luisón pensó un momento en los compañeros de la carretera: Martiricorena e Iñaqui Aguirre, Bustamante y el gallego Quiroga, Isasmendi y Urreta...   10

En el techo de la cabina el humo se coloreaba del reflejo de las luces de controles. Severiano bajó el cristal de la ventanilla y el humo huyó, volvió, tornó a huir y se deshizo en un pequeño turbión°. Entró un repentino olor de campo mojado.   gust

—Pasando Vitoria, escampa°. Podré coger velocidad.   15   it will clear up

—Estuve con Asunción; me dijo que se iba a casar.

—¿Se va a casar? Vaya... ¿Has mirado cómo vamos de aceite?

—Vamos bien... Con Mariano Osa, ése que le falta un dedo, ése que para en la taberna de Ángel.   20

—No le conozco... Este motor tiene demasiados kilómetros, tendrán que liquidarlo.

—Ya... Estaba guapa de verdad. Da pena que se case con ése...

—Haberle dicho tú algo.   25

—Taa... En Madrid hay que repasar° el motor; hay que   to inspect
echarle un buen repaso.

—Tú, Luisón, es que no te das maña° con las mujeres. Hay   no...you do not have a knack
que decirlas de vez en cuando cosas agradables.

—¿Para qué?   30

—Hombre, ¿para qué? ¡Qué cosas!

Un automóvil de turismo° les marcó las señales de focos°.   automóvil...limousine   les...
Pasó al costado su instantánea galerna°.   flashed its high beams at them
                                                                  blast of wind

—Extranjero—dijo Severiano—. A la frontera.

Luisón estuvo pensando.   35

—¿Sabes cuánto se gana en Francia en los camiones fruteros?

—Mucho, supongo.

—Doble por viaje que aquí, primas° aparte. Lo sé por los   bonuses
hermanos de Arbulo.

—¿El que se fue a Francia cuando la guerra?   40

—Sí.

—Se casó otra vez, me dijeron.

Severiano se rió. Su risa era como un amago° del motor. — telltale sign

—Vaya tío°. Traía a las mujeres... — Vaya...Some guy.

Luisón se rió: su risa estaba escalofriada° por la imaginación. — chilled

—Es un mono°—dijo. — 5 nincompoop

El camión ascendía las lomas° de la entrada de Vitoria. Dis- — hills
minuía la lluvia. Por un momento, la verbena° de luces rojas, — festival
amarillas y verdes del camión se estableció frente a la caseta de
arbitrios°. El de puertas saludó la partida inmediata°. — caseta...weighing station / El...The man at the door waved them through immediately.

La ciudad tenía un silencio íntimo, sombras tránsfugas°, — 10 fleeting
bisbiseo pluvioso°, madura, anaranjada luminosidad. La ciu- — bisbiseo...pattering of the rain
dad era como un regazo de urgencia° para los hombres de la — regazo...comfort station (literally, emergency lap)
carretera.

Cruzaron Vitoria. Pasaron bajo un simple, esquemático,
puente de ferrocarril. Otra vez la carretera. Al sur, Castilla, — 15
en lo oscuro, noche arriba. Hicieron alto en el restaurante de
la gasolinera. Los surtidores° esmaltados° en rojo, cárdenos° — pumps enameled purplish
a la luz difusa, friolenta, del mesón, tenían un algo marcial e
infantil, de soldados de plomo°. — soldados...tin soldiers

El camión de Martiricorena estaba parado como una roca de — 20
sombras, con el indicador posterior encendido.

Luisón María antes de entrar en el comedor bromeó con una
de las muchachas del mostrador. Las bromas de Luisón no
eran ofensivas, pero resultaban desagradables a las mujeres.
Luego pasó al comedor. Martiricorena e Iñaqui habían ter- — 25
minado de cenar. Anchorena estaba sentado con ellos. Iñaqui
se quejaba de fiebre. Dijo a su compañero:

—Vas a tener que conducir tú todo el tiempo. Estoy medio
amodorrado°. — medio...half-asleep

—Aspirina y leche. Luego coñac. Bien, bien. Se te irá — 30
pasando.

Anchorena había encargado la cena. Luisón saludó a Martiricorena y a Iñaqui. Se enteró de que el último estaba indispuesto.

—Tienes que cuidarte, chaval, tienes que cuidarte. Estás — 35
siempre confiado en tu fuerza sin darte cuenta de que un
catarro° se lleva a un hombre como un castillo... — cold

—Debo tener cuarenta grados°. — cuarenta...a 40° C. fever (104° F.)

Martiricorena fumaba su puro con tranquilidad.

—Si en Burgos no te encuentras mejor yo llevo el camión — 40
esta noche. No te preocupes.

Iñaqui movió la cabeza negativamente.

—Creo que podré conducir un rato.

Luego consultó su reloj de pulsera°.   reloj...wristwatch

—Nos vamos a ir. Hay que ganar tiempo. Vosotros
camináis más de prisa.   5

Anchorena explicó:

—El motor anda algo torpe°. No creas que se puede hacer   sluggish
con ese camión lo que hacíamos antes.

Iñaqui Aguirre se levantó del asiento. Hinchó° el pecho,   He swelled up
estiró los músculos. Movió la cabeza como queriendo sacu-   10
dirse la fiebre. Dijo:

—Estoy roto, roto, amolao°, bien amolao. No debiera haber   beat (amolado)
salido de Pasajes.

Martiricorena resopló° tras de beber una copa de coñac al   snorted
trago°.   15   al...in one gulp

—Iñaqui, te echas°. Yo llevo el volante.   te...you lie down

Iñaqui Aguirre tenía una poderosa constitución de pelotari°,   jai alai player
el rostro pálido y animado, un hablar casi murmullo. A Martiricorena la barriga° se le derramaba sobre la pretina° del   belly   waistband
pantalón mahón°, ya casi gris; el pescuezo° colorado, el pecho   20   nankeen (sturdy, brownish yellow cotton fabric)   neck
lampiño° y graso, se le veían por la abierta camisa de cuadros.   hairless

Luisón María y Anchorena comenzaron a comer. Iñaqui
Aguirre al despedirse le dio un golpe en la espalda a Luisón.

—Bueno, hasta Madrid. Estoy deseando llegar para me-
terme en la cama.   25

Empujó a Martiricorena:

—Vámonos, viejo, que estamos los dos buenos.

Martiricorena hizo un gesto con la cabeza.

—Agur°.   So long.

—Agur.   30

Luisón y Anchorena comían en silencio. Anchorena dijo:

—Si tienen avería° mal se van a arreglar. Con Iñaqui así...   breakdown
Desde el comedor oyeron arrancar° al camión.   pull out

—Yo he conducido con treinta y nueve de fiebre—dijo
Luisón— el invierno pasado. Cuando llevaba el camión de la   35
Pesquera°. Estaba la carretera peor que nunca. Me derrapaba°   Fishery   skidded
el camión porque estaba desnivelada° la carga. Vaya noche.   unbalanced

Anchorena llamó a la muchacha del comedor:

—¿Tenéis por ahí algún periódico de hoy?

La muchacha contestó: 40

214

—No sé. Miraré a ver.

Preguntó Luisón:

—¿Qué quieres ver?

—El fútbol. Que dicen que...

—¿No has tenido tiempo de leer esta mañana?　　　　5

—Esta mañana me la he llevado con el asunto de las cubier-
tas° de aquí para allá. He ido a comer muy tarde.　　　　tarpaulins

Cuando la muchacha entró con un periódico bajo el brazo,
las manos ocupadas con dos platos de carne, Luisón la miró
fijamente. La muchacha se ruborizó°. Dijo:　　　　10　se...blushed

—¿Qué estarás pensando, guisajo[3]?

La muchacha era de más allá de las montañas que cierran la
llanada alavesa[4] por el norte. Luisón María se sonrió. Severiano Anchorena abrió el periódico.

II

En Miranda de Ebro había escampado. Bajaba el río turbio,　15
terroso°, rojizo, con un vértigo de remolinos° en los que nau-　　muddy　　whirlpools
fragaban° las luces de las orillas. Los remolinos se desplazaban　were swamped
por la corriente, aparecían y desaparecían, jugaban y amenaza-
ban. En Pancorbo salió la luna al cielo claro y las peñas° se　　crags
ensangrentaron° de su luz de planeta moribundo. Una luna　20　se...were tinged red
que construía tintados escenarios para la catástrofe. El tren
pasó como un juguete mecánico en un paisaje inventado. El
regato° de Pancorbo iba crecido. En el pueblo, entre las casas,　rivulet
se hacían piedra de tiniebla° las sombras.　　se...formed a wall of darkness

En la Brújula[5] el campo estaba escarchado° por el estaño°　25　frosted　　tin (hue)
lunar. Ya fantasmeaba° la luna yerta°. Voló el pájaro sin　conjured up visions
nido que busca en la noche para posarse el hito° del kilómetro.　motionless
marker
El ruido del motor mecía° el pensamiento del hombre en los　rocked
umbrales° del sueño.　　threshold

[3] Although its precise meaning is unverifiable, *guisajo* refers to the person
addressed in a pejorative sense. It may be related to *guisado* (stew), the
pejorative suffix *-ajo* thereby giving a negative connotation.
[4] The Alavese plain. Álava is one of the Basque provinces in northern
Spain. Vitoria is the capital.
[5] The Puerto de la Brújula is the mountain pass on route N-1 before arriv-
ing at Burgos.

En Quintanapalla, viento afilado°. En Rubena, silencio y
piedra. En Villafría de Burgos, los fríos del nombre. En
Gamonal, un cigarrillo hasta el Arlanzón[6]; hasta la taberna de
Salvador, ciudad de Burgos, café y copa, conversación mez-
quina°, una medida de escrúpulo° a base de bicarbonato para
el estómago ardiente de Anchorena, leve gorrinada° de satisfacción hecha pública y repetición de copas.

Salvador aguanta en el mostrador hasta el paso de los
camiones de la pesca. Él prepara el bocadillo° de la alta noche,
la botella de ponche° del invierno, el termo de café para la
soñarrera°. Trajina algún encargo° a Madrid, guardando turno
de camioneros por el favor que le hacen, sacándoles unas
pesetas a los encargantes. Va viviendo.

Luisón María sorbía el café.

—¿Pasó Martiricorena?

—No ha pasado todavía.

—Ha tenido que pasar, porque va delante de nosotros. Era
para preguntarte por Iñaqui, que lleva fiebre.

—Habrán seguido.

—Sí, habrán seguido.

Ya Anchorena estaba satisfecho. Comenzó a hablar.

—Tú, Salvador, tienes buena mina con nosotros; tú no te
pierdes.

Salvador nunca tenía buen humor. Era pequeño, flaquito,
calvorota°, con el ojo derecho regañado°. Decía muchas palabras mal sonantes. Prestaba la misma sumisión a los camioneros que el perro suelto°, que el perro cien padres° al que le da
el pan. A las veces enseñaba los dientes y gruñía por bajo. Los
camioneros vascos° lo celebraban con risas. Solían decirle:
«Y nosotros en la tuya[7].»

Salvador se había casado con su criada, que era un medio
esperpento° resignado, a la que galantemente llamaba «la
yegua°». Cuando la echaba para la cocina chasqueaba° la
lengua: «Chac, chac, a la cuadra°, maja°, a la cuadra, yegua.»

Anchorena estaba satisfecho y quería reírse:

—Salvador, si viniera otra, ¿a quién te cargarías tú?

---

[6] Arlanzón River, which passes through Burgos.

[7] Y nosotros...The truckers assume that Salvador has muttered, "Me cago
en vuestra puta madre" (literally, I shit on your whorish mother), and they
answer, "And we on yours."

Marginal glosses:
- cutting
- 5 trivial   medida...scruple (measure equal to twenty grains)
- belch
- snack
- 10 punch
- sleepiness   Trajina...He handles small errands (for others)
- 15
- 20
- 25 with a bald spot   partially closed, puckered
- stray   cien...mongrel
- Basque
- 30
- horror
- mare   he clacked
- stable   show horse
- 35

—De vosotros no quedaba ni uno[8].

Luisón María intervenía:

—Ves, Salvador, cómo aunque te damos de comer no nos quieres ni un poco. El cura de mi pueblo dice que hay que querer al prójimo°. ¿Tú es que[9] no quieres nada con los curas? 5 neighbor

—Yo no he dicho eso. Yo no digo nada.

—No dices nada, pero nos meterías cuatro tiros, ¿a que sí? Salvador intentaba sonreir.

—Bueno, bueno, tomáis otras u os vais, que se os hace tarde.

Cuando Salvador hacía mala sangre de° aguantar durante 10 hacía...was ill-disposed to
todo el día los jocundeos° de su parroquia°, se quedaba joshing   clientele
tuerto°, no pedía favores a los camioneros y éstos no le gasta- se...his bad eye closed completely
ban bromas, porque una vez salió de detrás del mostrador con
el cuchillo de partir el salchichón° dispuesto a rebanar° el pes- de...for cutting sausage to slit
cuezo de un cliente que se había excedido. 15

—Una broma es una broma, y se aguanta según de quien venga. Vosotros os creeis todos muy graciosos...

Anchorena se reía con la boca y con la barriga.

—Eres un tío°, Salvador; va a haber que hacerte un monu- character
mento. ¡Qué tío célebre!... 20

Luisón María pidió un polvorón°. crumb cake

—No estarán canecidos°, ¿eh? stale

—Si te lo parece, no lo comas.

—Te pregunto, Salvador, te pregunto.

—No estoy para choteos°. 25 mocking

—¿Es que no se puede preguntar en este establecimiento? ¿Es que no hay una ley que obligue a los taberneros a contestar decentemente a los clientes?

Salvador arrugó la frente. El ojo regañado se le cerró. Escupió. 30

—No estoy para bromas.

Luisón María insistía:

—Pero ¿están canecidos o no? Pregunto, Salvador, pregunto.

Salvador contestó con ira: 35

—No están canecidos.

[8] si viniera...These two lines allude to the Spanish Civil War. The first means, "If another (war like that) were to come, who would you kill (*cargarías*)"? To which Salvador answers, "Persons of your type would not remain alive" (that is, he would kill them all).

[9] Normal word order is "¿Es que tú?"

—Pues si no están canecidos no los quiero. A mí me gusta tomar las cosas canecidas, las cosas con penicilina°.

Severiano Anchorena se reía a grandes carcajadas°. Salvador se estremecía° de rabia. Parecía que tras el párpado cerrado el ojo iba a reventarle° de abultado° que se le veía. Anchorena dejó de reírse. Calmó a Salvador.

—Parece mentira que no sepas aguantar una broma.

—Es que ésa no tiene gracia. Éste la repite casi todas las noches.

Luisón María pasaba de la sonrisa a una fingida seriedad, de la fingida seriedad a una seriedad no fingida, de la seriedad no fingida al mal humor. Dijo:

—Pero qué mala uva° tienes...

Salvador solía también lograr sus propósitos. Acababa el cliente tan enfadado como él. Luisón María amenazó:

—Te juro que si hubiera otra taberna abierta a estas horas, te podías despedir de mí como cliente.

—Pues cualquier día me da por cerrar—dijo Salvador—, en cuanto suenen las doce, y vais a tener que calentaros la tripa° con agua de la fuente.

Anchorena pidió una copa y Salvador volvió a ser el humilde servidor de siempre.

—Sírvete tú algo—invitó Anchorena.

—Se agradece, Severiano.

Luego se disculpó:

—Es que no os dais cuenta que a estas horas lo que está deseando uno es meterse en la cama; que uno a estas horas no tiene ganas de nada.

Luisón María estaba totalmente enfadado. Se negó a tomar la última copa. Luego pagó Anchorena. Salvador los despidió muy fino.

Luisón María se sentó al volante. Puso el camión en marcha. Anchorena se repantigó°.

—¡Qué Salvador! —dijo Anchorena.

Luisón no respondió. Anchorena movió la cabeza a un lado y a otro. Repitió:

—¡Qué Salvador! ¡Qué extrañas revueltas°! Esa pobre mujer que vive con él... Si un día me dicen que mientras duerme le ha pegado una cuchillada°, diré que ha tenido razón para dársela.

con...moldy (literally, with penicillin)
guffaws
se...shook
5 to burst   enlarged

mala...sour grapes

15

gut
20

25

30

se...stretched out

35

quarrels

le...she has stabbed him
40

Luisón miraba ya a la carretera. El compañero le preguntó:

—¿Qué te pasa, hombre?

—Nada, que acabo siempre de mal café° con el tío ese. de...fed up

—Pero, hombre, Luisón, qué chiquillo eres.

—No lo puedo remediar; acabo de mal café. 5

Anchorena volvió a mover la cabeza a un lado y a otro.

—Te tomas un trabajo inútil°. Te...You get worked up over nothing.

Cruzó un coche que no hizo bien las señales de focos. Luisón se desató en insultos°. Estaba enfurecido. Acabó quejándose: se...let loose a string of insults 10

—Luego la culpa es de nosotros. Luego..., si lo que hay es mucho... por la carretera.

Noche plena de Castilla. La luna llevaba el halo del frío. Un campo sin aristas°, sin sombras, sin planos. protrusions

Anchorena se echó en la litera. 15

—Voy a dormir un rato.

Luisón María no habló.

—Al amanecer me das un aviso.

Anchorena se movió en la litera, pegó la cara a la colchoneta°. bunk mattress

—Esto huele a diablos. 20

Luisón María aceleró el motor. Anchorena advirtió:

—Vamos bien de tiempo.

Delante del camión, la carretera tenía el color del álamo° blanco. Abría el camión el silencio grave de la Castilla nocturna, de la Castilla cristalizada y blanca. Luisón María pensaba en los amigos de la carretera: Iñaqui con fiebre, Martiricorena con sueño, más allá de Lerma, cercanos tal vez a Aranda de Duero. La respiración profunda de Severiano llenaba de calma la cabina. poplar 25

El contador de velocidad marcaba ochenta. Iban por la llana de Burgos. Luisón pensaba. 30

Luisón pensaba en el oficio. Frío, calor, daba igual. Dormir o no dormir, daba igual. Les pagaban para que, con frío y calor, con sueño y sin sueño, estuvieran en la carretera. Mal oficio. A los cuarenta años, en dos horas de camión, la tiritera°. A los cincuenta, un glorioso arrastre al taller° contando con la suerte. Al taller con los motores deshechos, con las cubiertas gastadas°, con los chismes° de mal arreglo. 35 shakes arrastre...tow to the repair shop worn out gadgets

Disminuyó la velocidad. Volvió un poco la cabeza y Anchorena se arrancó de su duermevela°. 40 doze

—¿Qué?

—No he dicho nada; duerme.

—¿Vamos bien?

—Va todo bien.

Anchorena se desperezó° en la litera. Dijo: 5 se...stretched

—No tengo sueño; parece que voy a coger el sueño, pero no me duermo.

Durmiendo en el camión se notaban los aumentos y disminuciones de velocidad, los cambios°. Había como un sobresalto acompañado siempre de la misma pregunta. *changes of gear* 10

—¿Qué?

Y la misma, invariable respuesta:

—Todo va bien.

Hasta el amanecer apenas se cruzarían con coches. Desde el amanecer habría que abrir bien los ojos. Coches, tal vez un 15 poco de niebla, la luz lívida que hace todo indefinido y confuso...

—Estaba pensando —dijo Severiano— en ese asunto de Martiricorena. Yo creo que lo sustituyen antes de fin de año.

—Puede que no. 20

Bajó de la litera y se sentó muy arrimado° a la portezuela, *near* apoyando el codo° en el reborde de la ventanilla. Dijo: *elbow*

—Se destempla uno° si se echa; es casi mejor aguantar *Se...One gets out of condition* sentado.

Contempló la noche blanca. 25

—Debe hacer un frío como para andar a gatos°. *andar...go about howling or screeching like cats*

Los ojos de Luisón tenían la misma vacua serenidad y fijeza de los faros del camión. Severiano le miró a la cara. Guardó silencio. Luego preguntó:

—¿En qué piensas, hombre? 30

—En nada.

Severiano se arrellanó° en el asiento, cerró los ojos. La *se...made himself comfortable* cabeza le hacía una continua y leve afirmación° con el movi- *nodding* miento de la marcha.

Pasaron Lerma. 35

Pasaron Quintanilla, nombre danzarín. Bahabón, como un profundo suspiro en el sueño profundo. Bahabón entre dos ríos: Cobos y Esgueva. En Gumiel de Hizán la carretera tiene un reflejo azulenco de armadura°. Por las calles de *armor* Aranda van dos borrachos escandalizando, chocando sus sombras, desafiando los cantones°; por los campos de Aranda va *corners (of buildings)* 40

220

el Duero[10], callado, llevándose las sombras de las choperas°,   black poplar groves
patinando° en las represas°.   sliding   sluices

     En Aranda, el kilómetro 313.

     Severiano y Luisón miraban la carretera fijamente. Entre
ellos, por su silencio, pasaba el tiempo. Severiano dijo de   5
pronto:

     —En el puerto habrá niebla pegada a la carretera.

     —Martiricorena irá ya al pie del puerto.

     —Iñaqui estará deseando llegar... ¿Te has dado cuenta al-
guna vez que en el viaje, cuando se está malo, el camino alarga   10
el tiempo?

     —Ya...

     —Cuando llegas donde vas te desinflas° del todo. Entonces   te...you collapse
te quedas para el arrastre°, te quedas bien molido°.   te...you are left a wreck   beat

     Anchorena calló. Le vencía la modorra° de la desocupación   15   drowsiness
de la noche. Había escuchado sus propias palabras como si no
fueran suyas.

     Habían dejado atrás Milagros, Pardilla, Honrubia, Carabias.
Viajaban hacia Fresno de la Fuente. Luisón tenía el pensamiento en blanco. Seguía atentamente el rumio° del motor.   20   whirring

     De Fresno a Cerezo, cambio de temperatura, cambio de al-
tura, cambio de velocidad. El camión ascendía lentamente
hacia los escarpados° de Somosierra[11]. La luna, desde Cerezo,   steep slopes
regateaba° por las cimas°. La carretera estaba vendada° de una   dodged about   summits
niebla rastrera°.   25   veiled
                                                                   low

     En lo alto de Somosierra no había niebla. El camión, al
cambio de velocidad, pareció tomar, hacer acopio de° una   hacer...to gather
nueva fuerza.

     Anchorena miró hacia el cielo.

     —Dentro de poco—dijo—comenzará a amanecer.   30

     Luisón agachó° la cabeza sobre el volante. Afirmó: bent

     —Por Buitrago, las claras, seguro.
Descendían Somosierra.

III

Canturreaba° Luisón. Sonreía Anchorena.   Sang softly

     El cielo tomaba ya un color grisáceo, casi imperceptible.   35

[10] The Duero is one of Spain's five principal rivers.
[11] Mountain pass through the Sierra de Guadarrama, the range north of
Madrid.

—A las ocho en el catre° —dijo Severiano—. En cuanto · cot
encerremos°, derechito a la cama. · we lock up
—En cuanto encerremos nos tomamos unos orujos° y un café · a type of Galician liquor
bien caliente, y nuevos.
Repitió Luisón: · 5
—Nuevos, Severiano.
—No me muevo de la cama hasta las seis.
—Ya nos amolarán° con alguna llamada. · nos...they will pester us
—Pues no me muevo.
—Ya estará Sebastián preparándonos faena°. · 10 work
—Pues la higa a° Sebastián. Me quedo hasta las seis. · la...to hell with
Anchorena bajaba la cabeza para contemplar el cielo. La
tierra estaba en el momento de tomar color; en el incierto y
apresurado roce° de la madrugada y el amanecer. Se sentía el · contact
campo a punto de despertar. · 15
Anchorena recogió del suelo de la cabina el periódico infan-
til. Lo abrió por cualquier página.
—Estos tíos —dijo— dibujan bien. ¿Eh, Luisón?
—Hay algunos muy buenos.
—Tienen que ganar mucho. Esto se debe pagar bien. · 20
Todos los chavales compran esta mercancía°. · merchandise
—Los hacen en Barcelona.
—Qué cosas tienen los catalanes, ¿eh? Es un buen sacadi-
neros°. · moneymaker
Anchorena curioseaba el periódico. · 25
—Esto tiene gracia. Este chiste de la suegra°. Lo voy a guar- · mother-in-law
dar para enseñárselo a mi mujer. Tiene gracia...
Por el cielo se extendía un cárdeno color que se iba aclarando.
Luisón conducía alegremente. Preguntó a Anchorena:
—¿No oyes ese ruido quejado°? Hay que echarle esta tarde, · 30 whining
a primera hora, una buena ojeada° al motor. · look
—Deben ser los filtros. Ya veremos.
—Los filtros o lo que sea. Ya veremos.
Se sucedían las curvas. Luisón tomó una muy cerrada°. · close
—Cuidado —advirtió Anchorena—. Cuidado, y vete des- · 35
pacio. Hay tiempo. De Buitrago abajo podemos ganar
mucho.
Las luces de controles habían reducido su campo. Apenas
eran ya unos botones de luz o unos halos casi inapreciables en
torno de las esferas. Luisón apagó los faros. · 40
—A media luz.

—Buitrago está en seguida.

Luisón se acomodó en el asiento. Apretó el acelerador. Anchorena gozaba pensando en el chiste que le iba a enseñar a su
mujer. Pensaba decirle «Igual que tu madre, Carmen, igual...»
Su mujer no se iba a reir. Su mujer iba a decir: «Estás cho-
cholo°, Severiano; lo que te faltaba, leer periódicos de críos°.»
Anchorena se iba a reir mucho, mucho.

Embocaron una breve recta°. Al fondo, una figura en la
mitad de la carretera les hacía indicaciones con las manos.

—Un accidente —dijo Anchorena—, seguro.

—Es un guardia —dijo Luisón.

Luisón fue frenando hasta ponerse a la altura° del guardia.
Anchorena bajó el cristal de la ventanilla. Preguntó:

—¿Qué ha pasado?

La voz del guardia le llegaba baja y bronca° a Luisón:

—Ahí, en la curva..., un camión volcado°... poco sitio para
pasar... vayan despacio... hasta que venga la grúa° el paso va a
ser muy difícil.

Luisón arrancó lentamente. Tomó la curva con precaución.
Anchorena abrió la portezuela.

—Para, Luisón, para, que es Martiricorena.

El camión estaba oblicuo a la línea de la carretera, dejando
solamente un estrecho paso. Había chocado contra la tierra
del cortado° para evitar el terraplén°. Gran parte de la carga
yacía derramada. Algunas cajas de pescado estaban reventa-
das. El camión volcado había patinado un trecho° sobre la
carga. El asfalto brillaba casi fosfórico de la pesca aplastada.
Un cabo° de la Guardia Civil hacía plantón° junto al desastre.

—Los conductores, ¿dónde están los conductores? —dijo
Anchorena.

El guardia fue seco en su contestación.

—Al pueblo... Uno muy grave...

Anchorena subió al camión. Balbuceó°:

—Uno muy grave. Los han llevado a Buitrago.

Entraron en Buitrago. Pararon en el surtidor de gasolina.
En la puerta del bar había tres personas que comenzaron a
gritar a un tiempo haciéndoles señas con las manos.

—Para Madrid. Los han llevado para Madrid...

Se acercaron.

—¿Cuándo fue? —preguntó Luisón.

Dijo uno:

Line	Gloss
5	doddering kiddies
8	Embocaron...They entered a short straight stretch.
13	ponerse...coming up even with
15	gruff
16	overturned
17	tow truck
24	cut embankment
26	stretch
28	corporal hacía...stood guard
33	He stammered

223

—Cosa de cuarenta minutos, ¿verdad, tú?   Se debieron cruzar...

Intervenía otro:

—Los trajo un turismo..., oímos el ruido..., estábamos preparando...   5

Aclaraba el primero:

—Los han llevado para Madrid.   El más viejo parecía grave, ¿verdad, tú?   El otro no tenía más que rasguños°, el golpe y   scratches
mucho susto...

Terciaba° el último: 10   Chimed in

—Ya llevaba lo suyo°...   Buena bofetada° se han dado...   El   Ya...He also got his lumps
viejo iba desmayado°..., con los ojos como de irse acabando...   blow
Han tirado con ellos para Madrid...   unconscious

El primero explicaba:

—Aquí poco se podía hacer.   15

Luisón y Anchorena se despidieron.

El camión marchaba a gran velocidad.   Luisón apretaba las manos sobre el volante.   Las peñas altas se recortaban en° el   se...were outlined against
cielo azul gris.   Buitrago, oscuro, manchaba de sombra el azogue° de los embalses°.   Buitrago, oscuro, tenía a la puerta 20   quicksilver   reservoirs
de un bar una tertulia°.   social gathering

—Son cosas que tienen que ocurrir...   Van lanzados... y eso tiene que ocurrir...

—Mira tú, que esa curva es muy mala, que en esa curva hará dos años, ¿te acuerdas?   25

—Es que creen que la carretera es para ellos solos, sólo para ellos.   Luego ocurren las cosas...

Y un silencio.

—Con este frío se anuda uno°...   ¿Vamos para dentro?   se...one shrivels up

—Están los amaneceres de invierno.   Hay que echarse una 30
copeja.

Uno movió la cabeza cachazudamente°:   sluggishly

—Son cosas que tienen que ocurrir...

Luisón y Severiano no hablaban.   Luisón y Severiano tenían los ojos en la carretera.   35

MEDARDO FRAILE

Ojos inquietos

Sólo se oía el agua caer en la bañera. Él estaba junto a la ventana en una mecedora° vieja leyendo el periódico. De cuando en cuando miraba con vaguedad al cielo y bostezaba°. Hasta el pasillo llegaba la luz blanda del atardecer. Había un cuarto encendido en el interior del piso. Hacía más de una hora que 5 estaba con luz, una luz baja, tenue, de mesilla de noche. Se oyó en el cuarto de baño cerrar la puerta y, a poco, el ruido del agua en la bañera cesó. Se oía ahora un oleaje° suave, un titilar de gotas° y múltiples chorrillos° jabonosos, veloces. Él dobló ligeramente el periódico y lo puso sobre sus rodillas. Bostezó 10 otra vez y sus ojos miraron casualmente un calendario que había en la pared: abril, 5, sábado. Cerró los ojos y se durmió en seguida. El periódico se fue escurriendo° y cayó al suelo.

Al encenderse la luz abrió los ojos.

—Me había quedado dormido —murmuró, pasándose una 15 mano por la cara y enderezándose un poco.

Luego recogió el periódico, lo echó en la mesa, se levantó y bajó la persiana°, buscó la luz de la lámpara acercando la mecedora a la mesa y comenzó sentado a mirar la última página del diario. 20

—¿Qué te parece? ¿Cenamos? —dijo ella con el pelo recogido arriba, recostando en el marco de la puerta° el frescor de su cuerpo en una bata marcadora°, dócil.

—Como a ti te parezca —contestó él con dificultad sobre un largo bostezo. 25

Ella entró en el cuarto y cerró bien la persiana. Se habían quedado tres o cuatro tablillas sin juntar°. Luego conectó la radio y esperó, inclinando hacia ella la cabeza y mirando arriba, a que llegara de lejos berbiqueando° la musiquilla o la voz del locutor°, que se abrió en seguida paso llenándolo todo. Ella 30 entonces, con atención complacida, domó° esa voz y la dejó suave, cálida, como una caricia conocida, como el agua lenta, suave, templada, sobre sus muslos. La musiquilla punzante°,

rocking chair

he would yawn

lapping

un...some splashing   swishing

sliding

blinds

marco...door frame

bata...clinging bathrobe

Se...Three or four slats (of blinds) had not closed.

piercing

announcer

tamed

throbbing

calavera°, ciega, música de sábado, música de grandes pro-   devil-may-care
gramas, resucitó la casa.

Ahora se oían, espaciados bajo la música, cacharros° en la   pots
cocina, cajones saliendo y entrando, alguna vez un chorro
brusco de agua sobre la pila° o el arrastrar de una silla unos   5 sink
instantes. Y la melodía del sábado por los rincones y sombras
de la casa, como humo en bocanada subrepticia°, larga,   humo…puffs of surreptitious
silenciosa.   smoke

Se sentaron a cenar.

—Pues, chica, me había quedado dormido.   10

—¿No conoces esta música? —dijo ella mirando por encima
de él. Se alegró su cara y sonrió un poco:

—Es la música que le gustaba a Roberto, a tu sobrino.

—Y tuyo. ¿No es también tu sobrino?

—Es bonita. La tocaba a la guitarra Jones Farducci en   15
aquella película..., ¿cómo se llamaba?

—No sé —dijo él sacándose con los dedos un huesecillo de
la boca.

—Sí, hombre. Aquella... *Seis hombres tiran a dar°*. Nunca   tiran…shoot to kill
te acuerdas de nada. Estuvimos un sábado.   20

—Para eso te tengo a ti... ¿Qué, estaba buena el agua?

—Muy buena. Podías haberte bañado.

—Mañana...

—Este locutor me gusta —dijo ella de pronto—. Tiene una
voz guasona°, simpática, cuando habla... ¿Y las entradas?   25 jovial
¿Las tienes? —dijo, mirando agradecida al aparato de radio,
coqueteando un poco hacia el locutor.

—Sí, mujer; no te preocupes —oyó que le decía a un lado la
voz de su marido.

—¿Qué vamos a ver por fin? —dijo apartando atenta con el   30
tenedor una hebrita° en el plato.   fiber

—Ésa que tú querías..., la de ahí... Ésa de ahí, hombre...
¿Cómo se llama?

—¿*Las chicas de la Luna?*

—Ésa... ¡No sé yo qué tal estará!   35

—¡Ya veremos! —contestó ella levantándose.

Recogió en la cocina y se fue al tocador° y luego al cuarto.   dressing room
Él volvió a la mecedora y abrió el periódico. Bajo las ondas de
la música se ahogaban ahora los ruidillos de broches, los roces
sedosos° en las telas, el leve choque de una uña con un botón   40 roces…silky brushing

chico, el secreto siseo° carnal de una mano acostumbrada ajus-
tando una media. Se oyó un taconeo°. Reposado, seco, como
los cascos de una yegua enjaezada°, tensa. Apareció ella en la
puerta del comedor.

—¿Vamos?

Él se levantó pasándose la mano por el pelo, se llegó al lavabo,
se peinó en seco y se puso la americana°. Por la escalera abajo
se oía el pisar de ella, su braceo de jaca a media doma°, nervioso,
grávido°. El taconeo de ella. Él bajaba detrás.

Un aire perfumado, leve, estremecía° los árboles de la placita
que había al final de la calle. Había en la acera de enfrente, en
casi todas las casas, ventanas con luz.

—¿Qué buena noche hace, verdad?

Él se había adelantado un poco. Buscaba un cigarro por los
bolsillos.

—Me he quedado sin tabaco. Hay que comprar.

—¿Qué hora es?

—Serán las... ¡Vaya! Se me ha parado el reloj.

—¡Anda, que estás bueno! Si nos da tiempo tomamos algo
en *Oms*. Y compras tabaco. Nos pilla de paso°.

—¡Bueno!

Ella acertó a cogerle del brazo sin mirarle y atravesaron en
silencio las dos manzanas° hasta el cine *Gladis*. Había en las
calles una animación perceptible, nerviosa, y el aire dulce de
las acacias rozaba la piel a los transeúntes° con suavidad.

—¿Entramos a tomar algo o...? ¡Pregunta antes la hora!

Se adelantó y preguntó a uno que pasaba. Las diez y media.
Se paró a poner su reloj a punto.

Oms estaba animado. Hervía el ambiente y el camarero
pasaba junto a ellos una y otra vez con la bandeja llena. Se oía
tras la barra el titilar° continuo de vasos, platos y cucharillas.
Allí, donde ellos estaban, olía mucho a café.

—¡Un *cortao*[1]! —pidió él.

—A mí póngame uno solo.

—¿Quieres una copa?

—¡Como quieras! ¡Anda, si te la tomas tú!...

En el *Gladis* ya estaba entrando la gente. Los porteros, altos,

---

[1] *Cortado:* coffee with a small amount of milk (in contrast to *café con leche*, which is approximately half coffee and half milk and *café solo*, black coffee).

rustling	
tapping of heels	
cascos...hoofs of a showy mare	
sport jacket	
braceo...balking of a half-tamed filly	
heavy	
shook	
Nos...We will do it on the run.	
blocks	
pedestrians	
tinkling	

mansos, vestidos de marrón, iban dejando pasar al público despacio, con cierta indiferencia. Olía a desinfectante camuflado con un perfume denso, pastoso. «¡Quierenbombonhelado!...», gritaba un chiquillo en las primeras filas de butacas°. Arrancó, brusca, una música que se hizo en seguida suave, melódica y llegó a todos los rincones aterciopelados°, pisados muellemente° por los que iban entrando, que hablaban algo más bajo.

Ella, mientras esperaban, le decía alguna frase a él. Sin mirarle. Sin verle. Le hablaba a un bulto —mediano— con facultad de oir, a un obstáculo para sus ojos que unas veces tenía a la izquierda y otras a la derecha y que le impedía siempre material o moralmente llegar más lejos, ver otras cosas. Se había acostumbrado a hablar con él. Apenas giraba la cabeza cuando lo hacía. Su cuello continuaba erguido°, fuerte y dócil, con gratas, pequeñas sombras entre los mechoncillos° oscuros y sedosos.

—Aquellos son los del tercero, ¿no?... Sí.

—Es mona° esta música, ¿eh?

Él dijo al apagarse la luz:

—¡*Las chicas de la Luna!* ¡Veremos a ver qué es eso!

El tema de la película era unas chicas aburridas, desengañadas° de la vida, que se ofrecen para tripular cohetes° a la Luna. Ingresan en un campamento militar secreto de entrenamiento y experimentación espacial, donde unos muchachos desengañados también de todo y aburridos, sufren un entrenamiento parecido con igual fin. En el campo hay disciplina, gran severidad, pero no falta lo necesario y hay cierto confort. Ellas y ellos se miran como si vieran postes de telégrafo. En el bar cambian impresiones displicentes° mirándose con cara de fastidio, como el que ve llover. Del horario metódico, saludable del campo, de la falta de tiempo para pensar, en todos ellos renace la fortaleza, el optimismo, y un leve temor, que aumenta cada día, de perder la vida en el experimento. Total: tres parejas de novios, que se rebelan con peripecias° múltiples al prohibir el Alto Mando que abandonen el campo para casarse. Los jefes, sitiados°, sudorosos, acceden al fin ante el empuje del amor. Y arrepentidas las jerarquías prometen a los enamorados apadrinar las bodas° y una colocación sin riesgos. Acaba la película a la puerta de la iglesia, alegres todos, bajo una lluvia de arroz. La Luna sonríe cayéndosele la

baba de miel². Mientras, en el campo, le están haciendo la
ficha de tripulante° del espacio a un mendigo que antes mero-
deaba° por el campamento y que, a grandes zancadas° y mor-
diendo feliz un mendrugo°, se sienta en la cabina de un cohete
de pruebas apretando optimista, sonriente, mirando al público, 5
todos los botones.

    Fueron saliendo del cine despacio.

    —No está mal... ¡Es una tontería...! —dijo él desarbolando°
las palabras sobre un largo bostezo.

    Ella iba despacio, callada. Las películas la volvían silen- 10
ciosa. Escuchaba lo que venían diciendo los de atrás. Se paró
tranquilamente un buen rato porque vio avanzar a lo lejos un
coche, hasta que pasó. Desperezaba° al andar sus piernas con
grávido garbo°, con elasticidad segura, pausada, con indiferencia atractiva, ensimismada°, madura. Oía los murmullos de 15
los grupos que se perdían o disgregaban° en las bocacalles°.
Había mucha gente que subía sin prisa a coger el Metro. Ella
sentía algo grato que la llenaba, la lamparilla juguetona°, viajera, de un deseo vago, el sabor de un mundo, de unas gentes
alegres, divertidas, que decían bobadas admirables mirándose 20
con ilusión, sin más idea que llegar a besarse, a bailar, a vencer
a la muerte por encima de cualquier obstáculo. ¡Maravilloso
muchacho John, entre los que salían, desgarbado°, con ojos de
niño y unos dientes alegres de perro!

    Entraron en su calle, que estaba iluminada por la Luna, 25
silenciosa, fresca. Un gato la atravesó estirado°, alerta, sin
ruido. Ella empezó a oir detrás, lejos, unas pisadas aisladas de
hombre, que retumbaban° en la acera, que araban jóvenes,
abarcadoras³, lentas, la acera sorprendida. Se acercaban.
Sonaban ahora más cerca. Pensó: «Así debe pisar ese artista, 30
ese bribonazo° de John, en su vida real. ¿Cómo se llamará el
actor ese?».

    Llegaron a su casa.

    —¡Hala! —dijo él.

    Ella cruzó la puerta y, mientras daba él por dentro la vuelta a 35
la llave, se cogió a la reja del portal como esperando que ter-

Glosses (right margin):
- ficha...crewman's credentials
- used to forage   strides
- crust (of bread)
- shaking loose
- She stretched
- poise
- self-absorbed
- dispersed   intersections
- lamparilla...playful glimmer
- ungainly
- aloof
- resounded
- rascal

---

² La Luna...The moon drools over them with a syrupy smile. Note the
play on words with *luna* and *miel: luna de miel* means "honeymoon."
³ The passage suggests that the man's footsteps, "young" (like him), are
"encompassing," "dominating," and seem to plow or break up the sidewalk.

minara. El que venía detrás pasaba en ese instante. Era un
joven achaparrado°, moreno, que miró ajeno° hacia la puerta.   short   disinterestedly
Ella estaba allí sin moverse, como si nada, con aparente aire
distraído, con leve audacia y temor en los ojos inquietos que
siguieron detrás de la reja el paso del hombre, la estela° de su   5   wake
pisar espacioso, lento, bamboleante°, su tos° que de pronto se   swinging   cough
oyó, quebrada, brusca, sencilla. Notó el hierro frío bajo su
mano y vio la puerta cerrada. El sábado se iba por la calle
abajo. Sintió que el marido sostenía la puerta de cristales para
que pasara ella. Y dio la vuelta, le siguió en silencio, tranquila, 10
un paso detrás de otro, metiendo sin motivo una mano en el
bolso, ofuscada°, perpleja, como buscando algo, una llave, la   bewildered
polvera°, el pañuelo, el pedazo de sábado que le faltaba.   compact

CARMEN MARTÍN GAITE

La conciencia tranquila

—Te lo estoy diciendo todo el día que no te lo tomes así. Se lo estoy diciendo todo el día, Luisa. Hace más de lo que puede. Que está cansado; si no me extraña. Muerto es lo que estará. Anda, tómate una taza de té por lo menos.

Las últimas palabras sonaron con el timbre del teléfono. 5
Mariano fue hacia él. No se había quitado la gabardina°. raincoat

—Es una profesión muy esclava —aseveró la tía Luisa.

—Diga...

—...y luego como él tiene ese corazón.

—¿Cómo...?, no entiendo. Callar un momento, mamá. 10
¿Quién es?

Venía la voz del otro lado débil, sofocada por un rumor° murmur
confuso, como si quisiera abrirse camino a través de muchas
barreras.

—¿Está el doctor Valle? 15

—Valle, sí, aquí es. Hable más alto porque se entiende muy
mal. ¿De parte de quién?

Mila se puso de espaldas° a los hombres, casi pegada al se...turned her back
rincón, debajo de las botellas de cazalla°. Acercó mucho los a popular, crude brandy
labios al auricular°. 20 mouthpiece (of telephone)

—Diga, ¿es usted mismo?

—Sí, yo mismo. Pero, ¿quién es ahí?

Tardó unos instantes en contestar; hablaba mejor con los
ojos cerrados. Las manos le sudaban contra el mango° negro. telephone receiver

—Verá, me llamo Milagros Quesada, no sé si se acuerda; del 25
Dispensario° de San Francisco de Oña —dijo de un tirón°. Clinic   dijo...she blurted out all at once

—Pero ¿cuántas veces con lo mismo? Llamen ustedes al
médico del Seguro[1]. ¿Yo qué tengo que ver con el Dispensario
a estas horas? ¿No tienen el médico del Seguro?

—Sí, señor. 30

—¿Entonces...?

---

[1] *Seguro Social*, the Spanish national health service.

—Es que él ha dicho que se muere la niña, que no vuelve a verla porque, para qué.

—¿Y qué quiere que yo haga?

—Es que él no la entiende. Usted la puso buena el año pasado, ¿no se acuerda?, una niña de ocho años, rubita, se 5 tiene que acordar, casi estaba tan mala como ahora, de los oídos... Yo le puedo pagar la visita, lo que usted cobre.

—Pero mi teléfono, ¿quién se lo ha dado? ¿Sor María?

—No, señor; lo tengo yo en una receta° suya que guardé de prescription entonces. Y es que el otro médico no sabe lo que tiene; si no 10 viene usted, se muere; si viera lo mala que se ha puesto esta tarde, da miedo verla; se muere, da miedo...

Apoyaba el peso del cuerpo alternativamente sobre una pierna y sobre la otra, a medida que° hablaba, de espaldas, a...as metida en el rincón de la pared como contra la rejilla de un con- 15 fesonario°; y un hombre joven de sahariana° azul, con pinta de rejilla...lattice of a confessional
safari jacket taxista°, tenía fija la mirada en el balanceo° de sus caderas. pinta...the appearance of a
taxi driver   swinging Otro dijo: «Callaros, tú, el Príncipe Gitano». Y levantaron el tono de la radio. Mila se echó a llorar con la frente apoyada en los azulejos°. La voz del médico decía ahora: 20 tiles

—Sí, sí, ya lo comprendo; pero que siempre es lo mismo, me llaman a última hora, cuando ya no se puede hacer nada. Si el otro doctor ha dicho que no se puede hacer nada, no será por- que no la entiende, yo diré lo mismo también. ¿No lo com- prende, mujer? ¿No comprende que si todas empezaran como 25 usted tendría que quedarme a vivir en el Puente de Vallecas°? impoverished district of Madrid Yo tengo mis enfermos particulares°, no puedo atender a todo. private

«...rosita de oro encendida,
rosita fina de Jericó»,

chillaba la canción de aquel tipo allí mismo, encima. Mila se 30 tapó el oído libre.

—Yo le pago, yo le pago —suplicó entrecortadamente°. Y with her voice broken by sobs una lágrima se coló por las rayitas° del auricular, a lo mejor se...slid through the openings hasta la cara del médico, porque tenía él un tono rutinario, aburrido de pronto, al decir: «No llore, veremos si mañana 35 puedo a primera hora...» —y algo más que tal vez siguió. Pero ella sintió como si se pegara de bruces contra° aquellas palabras se...she were flat up against desconectadas de lo suyo, y el coraje° no le dejó seguir escu- fury chando.

232

—¿Qué dice de mañana? —interrumpió casi gritando—. ¿Pero no le estoy contando que se muere? ¿No me entiende? Le he dicho que le voy a pagar, que me cobra usted como a un cliente de los suyos. Tiene que ser ahora, verla ahora. Usted a un cliente de pago que le llamara ahora mismo no le pediría explicaciones, ¿no?... 5

Mariano tuvo una media sonrisa; miró el reloj de pulsera°.   reloj...wristwatch

—...pues yo igual, me busco las perras[2] y listo, usted no se preocupe.

—Si no es eso, mujer, qué disparates° dice.   10 nonsense

—¿Disparates, por qué? —se revolvió° todavía la chica.   se...persisted

Pero sin transición la voz se le abatió° apresuradamente.   se...sunk

—Perdone, usted perdone, no sé ni lo que digo. Y por favor, no deje de venir.

—Bueno, a ver, ¿dónde es?   15

Eran las ocho menos diez. Le daba tiempo de avisar a Isabel; a lo mejor se enfadaba un poco, pero éste seguramente era un caso rápido que se liquidaba pronto; le diría: «Voy para allá, cariño. Ponte guapa. Es un retraso de nada.»

—Chabolas[3] de la Paloma, número cinco.   20

—¿Cómo dice? ¿Antes de llegar a la gasolinera?

—No, verá, hay que pasar el cruce y torcer más arriba, a la izquierda... y si no, es mejor una cosa. ¿Va a venir pronto?

—Unos veinte minutos, lo que tarde en el coche.

—Pues yo le estoy llamando desde el bar que hay en la otra 25 esquina de la gasolinera, así que le espero allí para acompañarle, porque si no se acuerda de dónde es la casa, no va a acertar.

—Bueno, de acuerdo.

—En el bar de la gasolinera, ¿eh?, ya sabe.

«Es algo de dinero, seguro» —pensó el hombre de la saha- 30 riana azul, que, con la música de la radio sólo pudo cazar° al-   catch guna palabra del final, de cuando la chica había hablado más alto; y la miró ahora quedarse suspensa con el teléfono en la mano, igual que si agarrara la manga vacía de una chaqueta, dejarlo enganchado° sin prisas por la argolla° y volver final- 35 hung up   hook mente un rostro sofocado, con huellas de lágrimas, qué cosa más bonita, madre mía. «Riña de novios°, seguro; el otro la ha   Riña...Lovers' quarrel colgado. ¡Y qué cuerpo también!» Ahora se estaba saliendo

[2] me...I will get my "pennies" together (a *perra* is a coin worth ten *céntimos*).

[3] Literally, hut or hovel. Here the word is part of the name of the street.

fuera del mostrador. «Gracias, señor Julián», dijo hacia el
tabernero que ni siquiera la oyó, y se quedó un rato vacilante
en mitad del local, mirando para la calle a través del rectángulo
de la puerta. La calle tenía una luz distinta: era como salir de
lo oscuro a la luz; había empezado a llover un poco, debía haber   5
por alguna parte arco iris°, y de pronto la gente revoloteaba° en
torno al puesto de tabaco, muchachas con rebecas coloradas°.
Al lado de la primera ventana había una mesa y el chico la
estaba limpiando con un paño mojado.

— ¿Va a tomar algo?   10

Se sentó. Tenía las piernas flojas y por dentro de la cabeza
aquel ruido de túnel del teléfono.

— Bueno, un vaso de tinto.

Enfrente estaba la gasolinera. Desde allí se esperaba bien.

— Oye, niña: ¿me dejas que te haga compañía?   15

Levantó los ojos al hombre que apoyaba las manos en el
mármol de su mesa. No le conocía. Se encogió de hombros°,
luego volvió a mirar afuera. El hombre de la sahariana azul se
sentó.

— Chico, tráete mi botella del mostrador y dos vasos. Me   20
dejarás que te invite, ¿no, preciosa?

Ella bajó los ojos a la mesa. Tenía algunas canas°. Dijo:

— Da lo mismo.

Veinte minutos, lo que tardara en el coche. Mejor en compañía que sola. Mejor que sola cualquier cosa. Necesitaba   25
beber un poco, después de lo descarada° que había estado con
el médico. El primer vaso se lo vació de un sorbo. El hombre
de enfrente la contemplaba con curiosidad.

— ¿Cómo te llamas?

— Mila. Milagros.   30

— Un nombre bonito. Toma más vino.

Se sentía intimidado sin saber por qué. Le daba rabia, con lo
fácil que estaba siendo todo. Ella no dejaba de mirar la lluvia,
la gasolinera pintada de azul.

— ¿Qué piensas, guapa?   35

— Nada. Contesta en seguida ¿sí o no?

— Sí. Desde luego, sí. A ti sólo se te puede decir que sí.

Que sí. Lo había dicho por tres veces. Que se iba a morir
Andrea. Y sin embargo no tenía ganas de llorar ni se sentía
mal, como si todo aquello lo estuviese sufriendo otra persona.   40

arco...rainbow   milled
rebecas...red chamois (coarse hide) jackets

Se...She shrugged

gray hairs

insolent

234

Estaba muy cansada, tres noches sin dormir. El vino daba
calor y sueño.

—Cuéntame algo, Milagros. No eres muy simpática.

—Estoy cansada. No tengo ganas de hablar.

—¿Cansada, mujer? De trabajar es de lo único que se cansa 5
uno.

—Pues de eso.

—Anda, que trabajas tú; será porque te da la gana°.   te...you feel like it

—Pues ya ves.

—...con esa cara y ese cuerpo.   10

—Por eso mismo. No tengo más que dos soluciones en este
barrio. O friego° suelos o lo otro. Ya sabes.   I scrub

—¿Y friegas suelos?

—Por ahora sí. Fíjate cómo llueve.

El chaparrón° de septiembre había arreciado°. Por Atocha° 15   downpour   grown worse / a principal street in Madrid
venía el agua en forma de violenta cortina, tan oblicua° que   slanting
Mariano tuvo casi que parar el coche. Luego fue reempren-
diendo la marcha despacio. Las gotas de lluvia rechazadas a
compás° por el parabrisas° se aglomeraban en el cristal for-   a...rhythmically   windshield
mando arroyos. En la radio estaban tocando un bolero de los 20
del verano. Mariano seguía el ritmo chasqueando° la lengua   clacking
contra los dientes de arriba y moviendo un poquito la cabeza.
Pensó en Isabel, en los últimos días de agosto en Fuenterrabía[4],
todo tan dorado y brillante. Isabel en maillot°, sobre el balan-   one-piece bathing suit
dro°; Isabel en traje de noche y con aquel jersey blanco, sin 25   small sloop
mangas, con aquel sobretodo°. Bostezó. Pronto el invierno   overcoat
otra vez. Se abría la avenida del Pacífico desceñida° y mez-   Se...Pacific Avenue stretched out in front of him
clada de olores diversos, con sus casas de arrabal°. La gente   de...modest (literally, neighborhood)
caminaba contra la lluvia, cada cual por su camino, separados.
Llegó al Puente de Vallecas y siguió hacia arriba en la línea 30
recta. Había amainado° la lluvia; se agrupaban personas   subsided
alrededor de la boca del Metro° y a la entrada de un cine con   boca...subway entrance
Marilyn Monroe pintada enorme como un mascarón. Estaba
llegando a los bordes de la ciudad, por donde se desintegra y se
bifurca. Todavía por la cuesta arriba, las casas de aquella calle 35
central tenían una cierta compostura, no delataban° nada; pero   no...they did not reveal
de todas las bocacalles° salían hombres y mujeres y él los cono-   intersections
cía, conocía sus covachas° y perdederos°, sabía que les estaba   caves   hiding places

[4] Fishing and resort town on the Bay of Biscay near the French border.

entrando el agua por los zapatos y que les seguiría entrando en
diciembre. Sabía sobre todo que eran muchos, enjambres°,   swarms
que cada día se multiplicaban, emigraban de otros sitios más
pobres y propagaban ocultos detrás de esta última calle, como
un contagio, sus viviendas de tierra y adobes. Alguna vez 5
salían. Eran tantos que podían avanzar contra el cogollo° de   heart
la ciudad, invadirla, contaminarla. Mariano cerró la radio.
La gente de las bocacalles le miraba pasar en su coche. Algunos se quedaban quietos, con las manos en los bolsillos.
Pensó: Se están preparando. Ahora echarán a andar y me aco- 10
rralarán. Como en una película del Oeste. Como en «Solo
ante el peligro». Luego se sacó un pitillo° y lo encendió con la   cigarette
mano izquierda.
    —Cuidado que soy imbécil —dijo echando el humo—. En-
cima de que a la mayoría de ellos los he puesto buenos de algo°. 15   los...I have cured them of something or other
    Junto a la gasolinera detuvo el coche. A lo primero no vio a
nadie allí. En seguida se abrió la puerta del bar y salió corriendo una chica, cruzándose la rebeca sobre el pecho. Se
volvió a medio camino para contestar a algo que le decía un
hombre que había salido detrás de ella. El hombre la alcanzó, 20
la quiso coger por un brazo, y ella se separó bruscamente,
llegó al lado del coche, Mariano le abrió la puerta de delante.
    —Suba.
    —¿Aquí con usted?
    —Sí, ande, aquí mismo. ¿Es muy lejos?   25
    El hombre los miraba con ojos de pasmo°. Se había acer-   de...startled
cado un poco. Al echar a andar, oyó Mariano que decía:
    —Joroba°, chica, así ya se puede.   Damn it
    Pero ni él ni la chica le miraron.
    —¿Muy lejos? No, señor. Siga hasta la segunda a la 30
izquierda.
    —¿Qué tal la enferma?
    —No sé. No he vuelto por esperarle. La dejé con una
vecina.
    —¿No tienen ustedes padres?   35
    —No, señor. La niña no es mi hermana, es hija mía.
    —¡Ah! ¿Y el padre?
    —No sé nada. En Jaén[5] estará.
    Mariano se volvió a mirar a Mila. Estaba inclinada de

---

[5] Andalusian city, capital of the province of the same name.

perfil°, mirándose las manos enlazadas sobre su regazo°. Llevaba una falda de tela de flores.

—Ya me acuerdo. Usted fue una que también estuvo enferma el año pasado o el anterior. ¿No tuvo una infiltración en
el pulmón°?

—Sí, señor. Perdone que antes le hablara un poco mal.

No había alzado los ojos. Miraba ahora los botones nique-
lados°, el reloj, el cuentakilómetros.

—Qué tontería, mujer. ¿Tuerzo por aquí?

—Sí. Por aquí.

Pasaron la carbonería°, las últimas casas bajitas. Empezó el
campo.

—¿Y ya está usted bien?

—Yo creo que sí. Ya casi no me canso.

—Vaya una mañana por el Dispensario, de todos modos, que
la vea por rayos X.

—Bueno. Es aquí a la vuelta. Deje el coche. Con el coche
no puede ir más allá.

No se veían casas. Dejaron el auto en el camino. Había un
perro en un montón de basura°. Bajaron por un desnivel° de
la tierra. Caía la lluvia por unos peldaños excavados del uso°
y formaba un líquido marrón. Abajo unos niños pequeños
recogían el barrillo en latas de conserva° vacías. No se
apartaron.

—Quita, Rosen —dijo la chica dándole a uno con el pie.

—Mira, Mila, chocolate express[6] —dijo el niño enseñándole
las manos embadurnadas°.

Al final de las escalerillas apareció una hondonada° rodeada
de puertas excavadas en la tierra, diseminadas desigualmente,
repartidas a lo largo de pequeños callejones. Ya estaba bastante oscuro. Blanqueaba lo caleado°.

—Tenga cuidado por dónde pisa —advirtió la chica a Mariano—. Se pone esto perdido en cuanto caen cuatro gotas—.
Luego se adelantó y separó la cortina que estaba tapando una
de las puertas. Mariano se tropezó con un puchero° de
geranios.

—Espere. Pase.

Se vio dentro la sombra de una persona que se levantaba.

—¿Qué tal, Antonia?

---

[6] Reference to a brand name of powdered chocolate that may be added to
hot or cold water or milk.

Glosses:
inclinada...leaning sideways
lap

5 infiltración...respiratory
infection

nickel-plated

10

coal yard

15

20 garbage   depression
peldaños...steps worn by use

latas...tin cans

25

smeared (with mud)
hollow

30

Blanqueaba...The whitewashed
walls shone (in the dark).

35 pot

—Yo creo que peor. Ha estado delirando. ¿Traes al médico?

—Sí. Enciende el carburo°, que vea. Pase. Está aquí. gas lamp

A la luz del candil de carburo se vio un pequeño fogón°, y a cooking stove
la derecha la cama donde estaba acostada la niña. Era rubia, 5
de tez° verdosa. Respiraba muy fuerte. Se acercaron. complexion

—A ver. Incorpórela°. Sit her up.

—Andrea, mira, ha venido el que te puso buena de la otra vez.

La niña entreabrió° unos ojos muy pálidos. Dijo: 10 half-opened

—Más que tú... más que ninguna. Todo de oro.

—Tome otra almohada, si quiere.

—Usted sujétela bien a ella. Así. La espalda.

La niña se debatía°. Jadeaba°. se...thrashed around She was panting.

—Qué miedo. Tiros... tiros. 15

—Quietecita. Quietecita.

Vinieron a la puerta más mujeres. Se pusieron a hablar cuchicheando°. Salió la vecina que estaba dentro. whispering

—Callaros, este médico se enfada mucho cuando habla la gente. Es muy serio este médico. 20

—¿Qué dice? Es el que puso bueno a mi marido.

—No sé, no ha dicho nada todavía. Ahora le anda mirando los oídos. Total no sé para qué. Está ya medio muerta.

—Criaturita.

—Mejor que se muera, si va a quedar con falta. 25

—Sí. Eso sí. Nunca se sabe lo que es lo mejor ni lo peor.

Mila estaba inmóvil, levantando el candil.

Mariano miró un instante su rostro iluminado. Luego se salió a la débil claridad de la puerta y ella le siguió.

—Dice usted que la última inyección de estreptomicina se la 30 han puesto a las cinco.

—Sí, señor.

—¿Quiere lavarse? —preguntó la vecina que había vuelto a entrar y estaba un poco apartada.

—No. Es lo mismo. No tiene usted padres, dice, ni 35 parientes.

Mila se echó a llorar. Asomaron los rostros de las otras mujeres.

—Una tía en Ventas°, pero no nos hablamos. ¿Es que se a district in Madrid
muere? 40

—Es un caso gravísimo. Hay que hacer una operación en el

238

cerebro. A vida o muerte. Si se le hace en seguida, hay alguna
esperanza de que pueda sobrevivir. Usted verá. Yo puedo
acompañarla al Hospital del Niño Jesús en mi coche.

—¿Qué hago? ¿Qué hago? Dígamelo usted, por Dios, lo
que hago. 5

—¿Qué quiere que le diga, hija mía? Ya se lo he dicho.
Aquí, desde luego, se muere sin remedio.

—Vamos —dijo Mila.

Mariano miró el reloj.

—Venga. Échele un abrigo o algo. No se ande entre- 10   No...Do not dally
teniendo° en vestirla del todo.

A Mila le temblaban las manos. Había destapado el cuerpo
flaco de la niña y estaba tratando de meterle unas medias de
sport.

—Ese mantón°, cualquier cosa. 15   shawl

—Mujer —dijo la vecina, acercándole el mantón—. También si se te muere allí en el hospital.

La niña respiraba con un ronquido° seco. La piel le que-   rattle
maba. Mila levantó un rostro contraído.

—¿Y qué más da en el hospital que aquí? Mejor allí, si vas 20
a mirar. ¿No has oído que aquí se muere de todas formas?

Arrebujó° a la niña en una manta y la cogió en brazos.   She bundled up

—Dame, que te ayude.

—No, no. Quita.

—Traer un paraguas, oye, o algo. Corre. 25

Lo trajo de su casa una mujer. Un paraguas pardo muy
grande. Lo abrió detrás de Mila. Salieron. Estaba lloviendo
mucho. Las vecinas agrupadas abrieron calle. Luego echaron
a andar detrás. El rostro de Andrea colgaba por encima del
hombro de Mila; sólo una manchita borrosa a la sombra del 30
paraguas.

—Angelito.

—Tiene los ojitos metidos en séptima⁷.

El médico se adelantó a abrir el coche. Subieron los pel-

⁷ Concerning this expression, Martín Gaite has personally communicated
the following: "Lo de 'los ojitos metidos en séptima' es una frase muy
graciosa que decía una asistenta mía de la provincia de Jaén [southern
Spain], refiriéndose a las personas que tienen los ojos vueltos o en blanco
por extenuación o agonía. No sé si el inventor de la frase consideraría los
ojos divididos en siete líneas, pasada la última de las cuales—la superior—
la mirada habría traspasado ya la frontera entre la vida y la muerte. Ella,
se llamaba Dolores y murió hace dos años, me dijo que en su pueblo—
Bejíjar—se decía eso mucho."

daños. Los niños de antes ya no estaban. Casi no se distinguían unas de otras las caras de las mujeres que iban siguiendo el cortejo. Mila había dejado de llorar. Colocó a la niña echada en el asiento de atrás y ella se sentó en el borde, sujetándole la cabeza contra su regazo.   5

—¿Quieres que vaya contigo? —preguntó Antonia metiendo la cabeza.

—No, no. Voy yo sola. Gracias. Déjalo.

Cerraron la portezuela. Dentro del auto estaba muy oscuro.

—Andrea, mira qué bien, bonita, en coche —dijo inclinán-   10
dose hacia la niña, que había dejado de agitarse.

Mariano puso el motor en marcha y las mujeres se quedaron diciendo adiós en lo alto del desmonte°. Al salir a la calle del   **clearing**
centro, ya había luces encendidas, y allá lejos, al terminar la cuesta, se veía el vaho morado° de Madrid, de los anuncios de   15   **vaho…purplish haze**
colores, y perfiles de altos edificios contra el cielo plomizo°.   **gray**
Pasaron otra vez por el bar de la gasolinera.

—Vaya de prisa —le dijo Mila al médico—. ¿La podrán operar en seguida?

—Espero que sí. Es usted muy valiente.   20

La niña estaba tranquila ahora. Mila no se atrevía a mirarle la cara ni a mover de postura la mano que había puesto en su mejilla. No quitaba los ojos del cogote° del médico.   **nape of the neck**

—No, no soy valiente —dijo con un hilo de voz.

Luego cerró los ojos y se echó un poco hacia atrás. Estaba   25
mareada° del vino de antes; las piernas, de tan flojas, casi no se   **dizzy**
las sentía. Así, con la cabeza apoyada en el respaldo°, notando   **back of the seat**
sobre sus rodillas el peso del cuerpo de Andrea, se sintió tranquila de repente. Si abría los ojos, veía las luces de la calle y los hombros del médico. Qué bien se iba. Era casi de noche.   30
Las llevaba el médico a dar un paseo a las dos. Un paseo muy largo, hasta muy lejos. A Andrea le gustaban mucho los autos. El médico guiaba el coche y las llevaba. Ella no tenía que hacer nada ni pensar nada. Lo malo es cuando hay que tomar una decisión, cuando le hostigan a uno° a resolver solo las cosas.   35   **le…they pester you**
Ahora no. Ahora dejarse llevar por las calles.

Abrió los ojos bruscamente. Un paso de peatones°. Un   **paso…pedestrian crosswalk**
frenazo°. El auto se había iluminado de luces vivas. Mariano   **sharp braking (of car)**
volvió la cabeza.

—¿Qué tal va esa enferma?   40

Y vio el rostro de Mila que le miraba ávidamente con ojos de terror. Estaba rígida, con las manos separadas hacia atrás.

—Mírela usted —dijo con voz ahogada—. Yo no me atrevo a mirarla. No me atrevo, no me atrevo. Usted mire y me lo dice. No la quiero ni tocar. No puedo. ¡No puedo...!   5

Apartó la cabeza hacia la ventanilla, escurriendo el contacto° del otro cuerpo, agitada por un temblor espantoso. Se mordía las uñas de los dos pulgares°. Allí al lado, esperando también la luz verde para pasar, había otro coche, y dentro un perro de lanas° negro la miraba con el hocico° contra su ventanilla.   10

—Dígamelo en seguida lo que sea —pidió casi gritando.

Mariano, arrodillado en el asiento, vio el rostro sin vida de la niña, sus ojos inmóviles abiertos al techo del auto. Alargó un brazo para tocarla. Mila había empezado a llorar convulsivamente y hacía mover con sus rodillas el rostro de la muerta.   15
Mariano le cerró los ojos y le subió la manta hasta taparle la cara. Bajó el respaldo de delante.

—Ya no se puede hacer nada. Lo siento. Pase usted aquí conmigo, ande, yo la acompaño. Ande mujer, por favor. Aquí no nos podemos parar mucho.   20

Mila se saltó al asiento de delante. Le había dado una tiritona° que le sacudía todo el cuerpo con violencia. Se abrazó a Mariano y se escondió contra su pecho. La sentía frenéticamente pegada a él, impidiéndole cualquier movimiento, sentía la forma de su cuerpo debajo de la blusa ligera. Los 25 coches empezaron a circular. Hizo un movimiento para separarla.

—Vamos, vamos, mujer, no se ponga así.

—La niña. Mírela. No se vaya a caer al suelo.

Hablaba tartamudeando°, resistiéndose a sacar la cabeza de 30 su escondite. Los sollozos la estremecían.

—No se preocupe de nada. Yo la acompaño hasta su casa, yo saco la niña y lo hago todo. Pero suélteme. No me deja conducir.

Mila se separó con la cara descompuesta, agarró el brazo que 35 ya guiaba de nuevo.

—¡A casa no, por Dios, a casa no! Ya es de noche. A casa no, qué horror. Lléveme a otro sitio.

—¿Pero adónde, mujer? No diga disparates. Tenemos que llevar a la niña. No me ponga nervioso.   40

escurriendo...slipping out from contact

thumbs

perro...poodle   snout

Le...She had caught a chill

stammering

—Por eso. No me quiero quedar sola con ella por la noche. No la quiero ver. No la quiero ver más. ¡Yo a casa no vuelvo! La dejamos en el Depósito° o donde sea, y a mí me lleva usted a otro sitio.

Le agarraba la manga derecha, se la besaba, llenándosela de lágrimas y de marcas rojizas de los labios. Daba diente con diente°.

Mariano le pasó un momento la mano por los hombros.

—Vamos. Tranquilícese. Allí en el barrio no está usted sola. Están aquellas mujeres que la conocen y la acompañarán. Levante la cabeza, por favor; me va a hacer tener un accidente.

Ya habían dado la vuelta y emprendían otra vez el mismo camino.

—Le digo que no. Al barrio no. No quiero a nadie allí. No tengo a nadie. ¿Cómo voy a volver a esa casa? Lléveme con usted.

—¿Conmigo? ¿Adónde?

—Usted tendrá algún sitio en su casa. Tendrá una casa grande. Aunque no sea más que esta noche. Me pone una silla en cualquier rincón y allí me estoy. Yo se lo explico a su mujer, o a su madre, o a quien sea. Sólo hasta mañana. Y a lo mejor mañana me quieren de criada.

Mariano continuó calle adelante. Aunque llevaba los ojos fijos en la calle, sabía que Mila estaba allí, vuelta de perfil, colgada de lo que él decidiera, y no era capaz de abrir los labios.

—Yo comprendo muy bien lo que usted siente —dijo con pausa—. Pero se tiene que fiar de lo que yo le digo, porque usted no es dueña de sí. Allí en el barrio hay gente que la quiere. Esta tarde lo he visto. Volver allí es lo mejor, créame, lo más razonable.

Mila sacó una voz rebelde, como la de antes por teléfono.

—¡Dice usted que comprende! ¡Qué va usted a comprender! Ni lo huele siquiera° lo que me pasa a mí. ¿Cómo quiere que vuelva a ese barrio? ¿A esa casa? ¿A esa casa? ¿A seguirme descrismando° y siendo decente? ¿Y para quién? Si vuelvo es para echarme a la vida°. Si vuelvo, se acabó; todo distinto, ya se lo digo desde ahora. Esta misma noche salgo de penas°.

—No diga disparates. El miércoles hablo yo con Sor María para que se ocupen un poco de usted, ya que no tiene ningún familiar.

—Gracias —dijo Mila con resentimiento—. Pero no se

Morgue

Daba...Her teeth were chattering.

Ni...You cannot even guess

A...To keep on knocking myself out
echarme...start walking the streets
salgo...my troubles will be over

242

moleste. No necesito los cuatro trapos° de caridad que me   rags
vayan a dar. Si vuelvo al barrio, le juro por mi madre que lo
que voy a hacer es lo que le he dicho.

Mariano dijo, sin volverse:

—Ya es usted mayor. Usted sabrá. A lo mejor mañana   5
piensa otra cosa. Ahora no sabe ni lo que dice.

Mila se arrebujó en la esquina y no volvió a decir nada. Se
tapó los ojos con las manos, luego subió los pies al asiento,
enroscada°, sintiendo el calor de su propio cuerpo, como un   curled up
caracol°. Una mano y otra. Las rodillas. El vientre. No se 10 snail
le quitaba la tiritona. El médico siguió dando algunos consuelos y luego dejó de hablar también. Sabía que la miraba de vez
en cuando. Luego se pararon y debió de avisar él por algún
niño, porque en seguida vinieron las mujeres, alborotando
mucho°, pero ella esperó y no se movió de su postura hasta que 15 alborotando...raising a fuss
la sacaron a la fuerza de allí. A la niña la debieron sacar antes,
unos ruidos que oyó. No quería mirar a ninguna parte. Tenía
las manos heladas.

Mariano se quedó en lo alto del desnivel, mirando cómo la
arrastraban las otras hacia el hoyo° de casitas caleadas. Esperó 20 pit
que volviera la cara para mirarle, que le dijera alguna última
palabra, pero no lo hizo. Todavía la podía llamar. Formaba
un bulto con las mujeres, una mancha que se movía peldaños
abajo, y se alejaba el rumor de las palabras que le iban diciendo
las otras y de sus hipos amansados°. Ya era noche cerrada. Se 25 hipos...muffled sobs
habían roto las nubes y dejaban charcos° de estrellas. Mariano   pools
subió al coche. Abrió las ventanillas de par en par°. Eran casi   de...wide open
las diez. Isabel se habría enfadado. Por la calle del centro
puso el coche a ochenta, entraba un aire suave y húmedo.
Siempre con los retrasos. «Y seguro que por un enfermo que 30
no era de pago», le iba a decir Isabel. Pero no podía pensar en
Isabel. Que se enfadara, que se pusiera como fuese. Esta
noche no la llamaba. Se le cruzaba la carita de Mila° abrazada   Se...Mila's face appeared to him
contra su solapa°. Lléveme a algún sitio. Lléveme. Lléveme.   lapel (of coat)
Todavía podía volver a buscarla. Puso el coche a cien. Llevarla 35
a algún sitio aquella misma noche. No hacía falta que fuera en
su casa. Al estudio de Pancho, que estaba en América. Le
gustaría estar allí. Se podía quedar él con ella. «Mamá, que
no voy a cenar». Pero Dios, qué estupideces. Puso el coche a
ciento diez. Pasó la boca del Metro. Ya estaba fuera del 40
barrio. Respiró. Estaba loco. Había hecho mucho más de lo

243

que tenía que hacer. Mucho más. Sin obligación ninguna.
Otro no se hubiera tomado ni la mitad de molestias. Estaba
loco. Remorderle la conciencia todavía. Si se liaba con uno,
él qué tenía que ver°. Como si fuera la primera vez que pasa
una cosa semejante. A saber. Igual era una elementa de 5
miedo°, igual estaba harta de correr por ahí. A casa la iba a
llevar; menuda locura°. Y sobre todo que él no tenía que ver
nada. Le hablaría a Sor María el miércoles. Corría el coche
por las calles y Mariano se sentía mejor. A Isabel no le diría
nada de que la niña se había muerto en el asiento de atrás. 10
Capaz de tener aprensión, con lo supersticiosa que era, y de no
querer volver a montar. Una ducha se daba en cuanto llegase.
Pero antes llamaba a Isabel. Claro que la llamaba. Aunque
riñesen un poco. Qué ganas tenía ya de casarse de una vez.

En Cibeles[8] se detuvo con la riada° de los otros coches. Se 15
había quedado una noche muy hermosa.

Si...If she got involved with someone, what was it to him?

elementa...incredible floozy

menuda...what insanity

flood

---

[8] Plaza in downtown Madrid, with a fountain depicting the goddess
Cybele.

7 Estructuras enigmáticas

The social preoccupations that motivated Spanish fiction during the decade from 1950 to 1960 are still present. But as a consequence of a complex set of circumstances, including the economic development of the country, the relative liberalization of the press, a more open intellectual and religious life, and, with respect to literature, the incorporation of different styles from those that guided neorealism (the new Latin American authors, the French *nouveau roman* and its sequels, and the ongoing influence of the masterpieces of Proust, Joyce, Kafka, Beckett, and Faulkner), those social concerns have been absorbed into and modified by a new literary canon that focuses its attention on the individual, a rather opaque, unstable, and protean individual, eager to identify his or her ultimate *raison d'être* by means of an exploration of the total social structure.

Novels like Luis Martín-Santos' *Tiempo de silencio* (1962), Juan Goytisolo's *Señas de identidad* (1966) and *Reivindicación del conde don Julián* (1970), all of Juan Benet's novels, as well as the latest works of Camilo José Cela, Miguel Delibes, Gonzalo Torrente Ballester, Juan Marsé, and Juan García Hortelano have been charting a course from the social narrative of collective protagonists and objectivist technique, to a narrative that remains social in its premises but adopts a format that makes use of individual soliloquizers and a subjective style supported by elegiac, confessional, and satiric moods. Time and space attain a new freedom from conventional limits; the fragmentation of the plot approaches that of a puzzle; the obstruction of movement is manifested in labyrinthine structures. These are narratives that are intricate and enigmatic.

What we have asserted above has been in reference to the novel, but it retains validity for briefer works as well. Authors like Martín-Santos in his posthumous *Apólogos* (1970), Antonio Martínez Menchén with *Cinco variaciones* (1963) and *Las tapias* (1968), Manuel Vázquez Montalbán with *Recordando a Dardé* (1969), Gonzalo Suárez, and others have all helped to renew the art of the short story. We have selected one example from Ana María Matute, who, in a certain sense, is a forerunner of this new direction, and one from Juan Benet, whose story is a recent model of what might be defined as the "enigmatic structure."

Enigmatic structure refers to a story in which two qualities stand out: care is taken to organize the component parts of the story in order to prepare for the outcome; and a manifest effort is made to envelop the meaning or message of the story in an aura of ambiguity, suspense, uncertainty, or mystery, so that the normal semantic inferences are short-circuited, imbued with a disquieting enigma. In other words, the message is obscured by the reader's doubt about the deep or latent meanings in the story.

246

The first novels of Ana María Matute (Barcelona, 1926), *Los Abel* (1948), *Fiesta al Noroeste* (1953), and *Pequeño teatro* (1954), reveal a clear propensity toward fantastic literature. In her later novels, *Los hijos muertos* (1958) and the trilogy, *Los mercaderes* (1960–1969), however, she attempted to join the current of documentary and critical realism, but her bold efforts were unable to overcome her orientation toward the fantastic. Thus she is a forerunner of the most recent narrative style because of the tendencies in her first novels for mysterious settings, vaguely defined temporal relationships, and the complexity of the characters' irrational actions. And after the objectivist literature reached an artistic impasse, Matute was able to renew her preferred path with an imaginative novel, *La torre vigía* (1971).

In her volumes of short stories, as in her novels, Matute is more effective when giving free reign to her imagination and less convincing when forcing herself to emphasize the social message. One limitation, however, makes her a forerunner rather than a representative of the new short story style: she does not pay careful attention to the construction of her stories—the fantasy and, occasionally, the rhetoric carry her away. She is expert, nevertheless, at imbuing an event with mystery or enigmatic vagueness, no matter what event she portrays. Her best books of stories are *Los niños tontos*, 1956; *El tiempo*, 1957; *Tres y un sueño*, 1961; and *Historias de la Artámila*, 1961. In them she expresses the characteristic themes of her total output: the triumph of personal freedom over the strictures of time and space, the suffering and hopes of the dispossessed, the conflict between strength and intelligence, the powerlessness and restless illusions of the child. Some of Matute's stories are for children, and many others are about them, for example, "Los niños buenos," "Fausto," "Los chicos," "La chusma," and "La rama seca."

"La conciencia" belongs to *Historias de la Artámila*. It is a moral fable in which a woman with a guilty conscience transforms the figure of a vagabond lodged in her home into the avenger incarnate. But the charm of the story stems from other factors that heighten its effect—the solitude of the inn, the ashy wind, the strange calm and the evening storm that seem to attract the old beggar like a being from the other world, the panic-stricken behavior of the woman, the annoying indifference of her husband, the reasoned shrewdness of the old man, and the sense of pity that finally moves him to put an end to his game and go on his way. The story might have been titled "La conciencia intranquila," thereby directly referring to the remorse that Carmen Martín Gaite's title "La conciencia tranquila" only alludes to.

The first narrative work of Juan Benet (Madrid, 1927) was *Nunca llegarás a nada* (1961), a collection of stories including one with the

247

same title as the book as well as "Baalbec, una mancha," "Duelo," and "Después." The last three stories are situated in a fictitious symbolic district called Región, which is also the setting for his novels *Volverás a Región*, 1967; *Una meditación*, 1970; *Un viaje de invierno*, 1972; and *La otra casa de Mazón*, 1973; as well as his novella, *Una tumba*, 1971, and some of the stories collected in 5 *narraciones y 2 fábulas*, 1972, and *Sub rosa*, 1973. Although Benet's novels have afforded him the prestige that he was unable to achieve with his first collection of stories, his artistic mastery is equal in both genres; moreover, it is likely that his position as a short-story writer will prove less subject to debate.

Among his contemporaries, Benet is the clearest representative of the elegiac posture in both his novels and his stories, almost all of which are constructed around the motif of ruin: a collapse that takes place in a mythical locale hidden away in the mountains during a time of destruction and silence (war and its aftermath) and among characters who are scarcely evoked but stigmatized by withdrawal, extravagance, madness, the loss of any collective incentive—phantoms of a total human disaster.

Benet cultivates the story or the novel not as a reflection of present-day life styles and vicissitudes, but rather as a bizarre and sometimes marvelous fiction, which, nevertheless, alludes to a social and historic reality that is sublimated by imagination. His literature expresses a complex configuration of ruin, a pathetic and elegiac saga of destruction.

While the stories in *Nunca llegarás a nada* (tales of downfall, hair-raising memories, and sadistic violence) reveal particles of the world of Región, some of those in 5 *narraciones y 2 fábulas* exemplify the "ghost story," which serves to demonstrate the independence of the literary text from any "real" underpinnings. In these stories, according to the introductory remarks (which are probably by the author), "un cierto orden queda siempre vulnerado y con frecuencia el propio relato al cerrarse con una incógnita se abre al ámbito de lo ignorado que atrae ominosamente al individuo, divorciándole de su conocimiento. Nada queda suficientemente explicado ni descrito porque de una u otra forma la costumbre más rutinaria o el suceso más cotidiano participan del misterio que por doquier rodea a la sociedad de los hombres."

A repeated theme in Benet's work is the existence of tension between two characters who antagonize each other incessantly as if they needed their mutual hostility in order to go on living. The theme appears with numerous variations: the physical sadism of "Duelo" and "Después," the verbal sadism in *La otra casa de Mazón*, the tortured mistrust and malignant silences in "Horas en apariencia vacías,"

248

(from *Sub rosa*), the unfortunate lack of correspondence between one person's call (at a mysterious, seemingly abandoned tower) and the other's response in "TLB," the frustrated desire to communicate in "Şyllabus" (both from *5 narraciones y 2 fábulas*).

In "Syllabus" the enigmatic quality extends to almost all of the component elements. Neither the geographic region nor the locale where the series of lectures takes place is mentioned, although it would appear to refer to the capital of the country, perhaps in a bank; nor is the time certain, although the anemic cultural climate referred to suggests Spain during the 1940s. The content of the lectures may be the philosophy of history or the philosophy of law, judging from the references to the constitution of the state and to Thucydides, but what matters is the fact that in his didactic presentations the professor aspires to unite the dispersed fruits of his learning. Finally, we barely learn anything about the person from the provinces who audits the lectures except a little about his physiognomy and demeanor. We accompany the unfortunate lecturer through his speculations and conjectures—carefully arranged so that they form a "crescendo" of silent entreaties—about why the other is so glacially indifferent, without being able to perceive anything but the complete collapse of the impulse to communicate, which is finally expressed only at the end of the story in lines that do nothing to clear up the mystery. In Unamuno's "Las tijeras" and in Aub's "La verdadera historia de la muerte de Francisco Franco," communication, dyadic or multiple, is not interrupted even by the death of one of the interlocutors or of the target of conversation. In "Syllabus" he who speaks to another succumbs, shattered by the impenetrable silence of this other. To accommodate this will to create mystery or uncover it even in the most ordinary occurrences of life, Benet employs an analytic language characterized by a complicated and overwhelming syntax that sets up labyrinthine structures and then exploits the reader's need to resolve them. Benet commands the reader's attention with the suggestive power of a language that defers culminations or causes the reader to wonder if there will ever be an end. In Benet's language certain dissonant lexicon—neologisms, technical terms, foreign expressions—interfere with the reader's comfortable narrative expectations and provide the tonic effects of irony and humor.

ANA MARÍA MATUTE

La conciencia

Ya no podía más. Estaba convencida de que no podría resistir
más tiempo la presencia de aquel odioso vagabundo. Estaba
decidida a terminar. Acabar de una vez, por malo que fuera,
antes que soportar su tiranía.

Llevaba cerca de quince días en aquella lucha. Lo que no ₅
comprendía era la tolerancia de Antonio para con° aquel hom-   para...toward
bre. No: verdaderamente, era extraño.

El vagabundo pidió hospitalidad por una noche: la noche del
Miércoles de ceniza°, exactamente, cuando se batía el viento   Miércoles...Ash Wednesday
arrastrando un polvo negruzco, arremolinado°, que azotaba ₁₀   whirling
los vidrios de las ventanas con un crujido reseco°. Luego, el   crujido...dry rattle
viento cesó. Llegó una calma extraña a la tierra, y ella pensó,
mientras cerraba y ajustaba los postigos°:   shutters

—No me gusta esta calma.

Efectivamente, no había echado aún el pasador de la puerta° ₁₅   pasador...door bolt
cuando llegó aquel hombre. Oyó su llamada sonando atrás, en
la puertecilla de la cocina:

—Posadera°...   Madame innkeeper

Mariana tuvo un sobresalto. El hombre, viejo y andrajoso°,   ragged
estaba allí, con el sombrero en la mano, en actitud de mendigar°. ₂₀   begging

—Dios le ampare°... —empezó a decir. Pero los ojillos del   Dios...May God protect you
vagabundo le miraban de un modo extraño. De un modo que
le cortó las palabras.

Muchos hombres como él pedían la gracia del techo, en las
noches de invierno. Pero algo había en aquel hombre que la ₂₅
atemorizó sin motivo.

El vagabundo empezó a recitar su cantinela°: «Por una   chant
noche, que le dejaran dormir en la cuadra°; un pedazo de pan   stable
y la cuadra: no pedía más. Se anunciaba la tormenta...»

En efecto, allá afuera, Mariana oyó el redoble° de la lluvia ₃₀   beating
contra los maderos de la puerta. Una lluvia sorda°, gruesa,   muffled
anuncio de la tormenta próxima.

—Estoy sola —dijo Mariana secamente—. Quiero decir...
cuando mi marido está por los caminos no quiero gente desconocida en casa. Vete, y que Dios te ampare.

Pero el vagabundo se estaba quieto, mirándola. Lentamente,
se puso su sombrero, y dijo: 5

—Soy un pobre viejo, posadera. Nunca hice mal a nadie.
Pido bien poco: un pedazo de pan...

En aquel momento las dos criadas, Marcelina y Salomé, entraron corriendo. Venían de la huerta, con los delantales°   aprons
sobre la cabeza, gritando y riendo. Mariana sintió un raro 10
alivio al verlas.

—Bueno —dijo—. Está bien... Pero sólo por esta noche.
Que mañana cuando me levante no te encuentre aquí...

El viejo se inclinó, sonriendo, y dijo un extraño romance° de   litany
gracias. 15

Mariana subió la escalera y fue a acostarse. Durante la
noche la tormenta azotó las ventanas de la alcoba y tuvo un mal
dormir.

A la mañana siguiente, al bajar a la cocina, daban las ocho en
el reloj de sobre la cómoda°. Al entrar se quedó sorprendida e 20 bureau
irritada. Sentado a la mesa, tranquilo y reposado, el vagabundo desayunaba opíparamente°: huevos fritos, un gran trozo   sumptuously
de pan tierno°, vino... Mariana sintió un coletazo° de ira, tal   fresh   twitch
vez entremezclado de temor, y se encaró con° Salomé, que,   se...she confronted
tranquilamente se afanaba° en el hogar: 25 se...was working

—¡Salomé! —dijo, y su voz le sonó áspera, dura—. ¿Quién
te ordenó dar a este hombre... y cómo no se ha marchado al
alba?

Sus palabras se cortaban, se enredaban°, por la rabia que la   se...became confused
iba dominando. Salomé se quedó boquiabierta, con la es- 30
pumadera° en alto, que goteaba contra el suelo.   colander

—Pero yo... —dijo—. Él me dijo...

El vagabundo se había levantado y con lentitud se limpiaba
los labios contra la manga.

—Señora —dijo—, señora, usted no recuerda... usted dijo 35
anoche: «Que le den al pobre viejo una cama en el altillo°, y   loft
que le den de comer cuanto pida.» ¿No lo dijo anoche la
señora posadera? Yo lo oía bien claro... ¿O está arrepentida
ahora?

Mariana quiso decir algo, pero de pronto se le había helado 40

la voz. El viejo la miraba intensamente, con sus ojillos negros
y penetrantes. Dio media vuelta, y desasosegada° salió por la   upset
puerta de la cocina, hacia el huerto.

El día amaneció gris, pero la lluvia había cesado. Mariana
se estremeció de frío. La hierba estaba empapada°, y allá lejos   5 drenched
la carretera se borraba en una neblina° sutil. Oyó detrás de ella   mist
la voz del viejo, y sin querer, apretó las manos una contra otra.

—Quisiera hablarle algo, señora posadera... Algo sin
importancia.

Mariana siguió inmóvil, mirando hacia la carretera.   10

—Yo soy un viejo vagabundo... pero a veces, los viejos vaga-
bundos se enteran de las cosas. Sí: yo estaba *allí*. *Yo lo vi*,
señora posadera. *Lo vi, con estos ojos...*

Mariana abrió la boca. Pero no pudo decir nada.

—¿Qué estás hablando ahí, perro? —dijo—. ¡Te advierto   15
que mi marido llegará con el carro a las diez, y no aguanta
bromas de nadie!

—¡Ya lo sé, ya lo sé que no aguanta bromas de nadie! —dijo
el vagabundo—. Por eso, no querrá que sepa nada... nada de
lo que *yo vi* aquel día. ¿No es verdad?   20

Mariana se volvió rápidamente. La ira había desaparecido.
Su corazón latía, confuso. «¿Qué dice? ¿Qué es lo que
sabe...? ¿Qué es lo que vio?» Pero ató° su lengua. Se limitó a   she held (literally, tied)
mirarle, llena de odio y de miedo. El viejo sonreía con sus
encías° sucias y peladas°.   25 gums   bare (that is, toothless)

—Me quedaré aquí un tiempo, buena posadera: sí, un tiempo,
para reponer fuerzas, hasta que vuelva el sol. Porque ya soy
viejo y tengo las piernas muy cansadas. Muy cansadas...

Mariana echó a correr. El viento, fino, le daba en la cara.
Cuando llegó al borde del pozo° se paró. El corazón parecía   30 well
salírsele del pecho.

Aquél fue el primer día. Luego, llegó Antonio con el carro.
Antonio subía mercancías° de Palomar, cada semana. Ade-   goods
más de posaderos°, tenían el único comercio° de la aldea. Su   Además...Besides being
casa, ancha y grande, rodeada por el huerto, estaba a la en-   35   innkeepers   store
trada del pueblo. Vivían con desahogo°, y en el pueblo An-   Vivían...They were well off
tonio tenía fama de rico. «Fama de rico», pensaba Mariana,
desazonada°. Desde la llegada del odioso vagabundo, estaba   ill-humored
pálida, desganada°. «Y si no lo fuera, ¿me habría casado con   listless
él, acaso?» No. No era difícil comprender por qué se había   40

252

casado con aquel hombre brutal, que tenía catorce años más que ella. Un hombre hosco° y temido, solitario. Ella era   *sullen*
guapa. Sí: todo el pueblo lo sabía y decía que era guapa. Tam-
bién Constantino, que estaba enamorado de ella. Pero Constantino era un simple aparcero°, como ella. Y ella estaba   5   *sharecropper*
harta de° pasar hambre, y trabajos, y tristezas. Sí; estaba   *harta...fed up with*
harta. Por eso se casó con Antonio.

Mariana sentía un temblor extraño. Hacía cerca de quince
días que el viejo entró en la posada. Dormía, comía y se des-
piojaba descaradamente° al sol, en los ratos en que éste lucía,   10   *se...deloused himself*
junto a la puerta del huerto. El primer día Antonio preguntó: *shamelessly*

—¿Y ése, qué pinta ahí°?   *qué...what is he doing here*

—Me dio lástima —dijo ella, apretando entre los dedos los
flecos° de su chal°—. Es tan viejo... y hace tan mal tiempo...   *fringe*   *shawl*

Antonio no dijo nada. Le pareció que se iba hacia el viejo   15
como para echarle de allí. Y ella corrió escaleras arriba.
Tenía miedo. Sí. Tenía mucho miedo... «Si el viejo vio a
Constantino subir al castaño°, bajo la ventana. Si le vio saltar   *chestnut tree*
a la habitación, las noches que iba Antonio con el carro, de
camino...» ¿Qué podía querer decir, si no, con aquello de *lo vi*   20
todo, sí, lo vi con estos ojos?

Ya no podía más. No: ya no podía más. El viejo no se
limitaba a vivir en la casa. Pedía dinero, ya. Había empezado
a pedir dinero, también. Y lo extraño es que Antonio no volvió a hablar de él. Se limitaba a ignorarle. Sólo que, de   25
cuando en cuando, la miraba a ella. Mariana sentía la fijeza
de sus ojos grandes, negros y lucientes, y temblaba.

Aquella tarde Antonio se marchaba a Palomar. Estaba ter-
minando de uncir° los mulos al carro, y oía las voces del mozo   *hitching*
mezcladas a las de Salomé, que le ayudaba. Mariana sentía   30
frío. «No puedo más. Ya no puedo más. Vivir así es imposible. Le diré que se marche, que se vaya. La vida no es
vida con esta amenaza.» Se sentía enferma. Enferma de
miedo. Lo de Constantino, por su miedo, había ccsado. Ya
no podía verlo. La sola idea le hacía castañetear° los dientes.   35   *chatter*
Sabía que Antonio la mataría. Estaba segura de que la ma-
taría. Le conocía bien.

Cuando vio el carro perdiéndose por la carretera bajó a la
cocina. El viejo dormitaba° junto al fuego. Le contempló, y   *was dozing*
se dijo: «Si tuviera valor le mataría.» Allí estaban las tenazas°   40   *tongs*

de hierro, a su alcance. Pero no lo haría. Sabía que no podía hacerlo. «Soy cobarde. Soy una gran cobarde y tengo amor a la vida.» Esto la perdía: «Este amor a la vida...»

—Viejo —exclamó. Aunque habló en voz queda°, el vaga-   **low**
bundo abrió uno de sus ojillos maliciosos. «No dormía», se   5
dijo Mariana. «No dormía. Es un viejo zorro°.»   **fox**

—Ven conmigo —le dijo—. Te he de hablar.

El viejo la siguió hasta el pozo. Allí Mariana se volvió a mirarle.

—Puedes hacer lo que quieras, perro. Puedes decirlo todo a   10
mi marido, si quieres. Pero tú te marchas. Te vas de esta casa, en seguida...

El viejo calló unos segundos. Luego, sonrió.

—¿Cuándo vuelve el señor posadero?

Mariana estaba blanca. El viejo observó su rostro hermoso,   15
sus ojeras°. Había adelgazado.   **circles (under her eyes)**

—Vete —dijo Mariana—. Vete en seguida.

Estaba decidida. Sí: en sus ojos lo leía el vagabundo. Estaba decidida y desesperada. Él tenía experiencia y conocía esos ojos. «Ya no hay nada que hacer», se dijo, con filosofía.   20
«Ha terminado el buen tiempo. Acabaron las comidas sustanciosas, el colchón°, el abrigo. Adelante, viejo perro, ade-   **mattress**
lante. Hay que seguir.»

—Está bien —dijo—. Me iré. Pero él lo sabrá todo...

Mariana seguía en silencio. Quizás estaba aún más pálida.   25
De pronto, el viejo tuvo un ligero temor: «Ésta es capaz de hacer algo gordo°. Sí: es de esa clase de gente que se cuelga° de   **hacer...doing something drastic**
un árbol o cosa así.» Sintió piedad. Era joven, aún, y her-   **se...hang themselves**
mosa.

—Bueno —dijo—. Ha ganado la señora posadera. Me   30
voy... ¿qué le vamos a hacer? La verdad, nunca me hice demasiadas ilusiones... Claro que pasé muy buen tiempo aquí. No olvidaré los guisos° de Salomé ni el vinito del señor posa-   **stews**
dero... No lo olvidaré. Me voy.

—Ahora mismo —dijo ella, de prisa—. Ahora mismo,   35
vete... ¡Y ya puedes correr, si quieres alcanzarle a él! Ya puedes correr, con tus cuentos sucios, viejo perro...

El vagabundo sonrió con dulzura. Recogió su cayado° y su   **staff**
zurrón°. Iba a salir, pero, ya en la empalizada°, se volvió: **pouch**   **picket fence**

—Naturalmente, señora posadera, *yo no vi nada*. Vamos: ni   40
siquiera sé si había algo que ver. Pero llevo muchos años de

254

camino, ¡tantos años de camino! Nadie hay en el mundo con
la conciencia pura, ni siquiera los niños. No: ni los niños siquiera, hermosa posadera. Mira a un niño a los ojos, y dile:
«¡Lo sé todo! Anda con cuidado...» Y el niño temblará.
Temblará como tú, hermosa posadera. 5

Mariana sintió algo extraño, como un crujido°, en el corazón. wrenching
No sabía si era amargo, o lleno de una violenta alegría. No lo
sabía. Movió los labios y fue a decir algo. Pero el viejo vagabundo cerró la puerta de la empalizada tras él, y se volvió a
mirarla. Su risa era maligna, al decir: 10

—Un consejo, posadera: vigila a tu Antonio. Sí: el señor
posadero también tiene motivos para permitir la holganza° en   loafing
su casa a los viejos pordioseros°. ¡Motivos muy buenos,   beggars
juraría yo, por el modo como me miró!

La niebla, por el camino, se espesaba, se hacía baja. Mariana 15
le vio partir, hasta perderse en la lejanía.

JUAN BENET

Syllabus

El primer año tras su jubilación°, fue tan amargo y difícilmente — retirement
llevadero° para el profesor Canals que, cuando una institución — difícilmente...barely tolerable
privada le ofreció desarrollar un extenso ciclo de conferencias° — ciclo...lecture series
para un número muy restringido de especialistas y profesores,
no vaciló en volver a aquel remedo° del servicio activo no sólo — 5 — mimickry
al objeto de ocupar tan buen número de horas vacías, sino
decidido a coronar su carrera con un curso de inusitada índole°, — inusitada...singular nature
pensado desde años atrás, que la cronología administrativa ha-
bía abortado antes de que pudiera prepararlo con el rigor
que caracterizaba toda su actividad docente°. — 10 — teaching

Se hubiera dicho que la jubilación le había cogido despre-
venido°; que la rutina de la cátedra°, los libros y la vida acadé- — unprepared   professorship
mica, al empujarle hacia el límite de la edad activa le había
convertido en un hombre tan olvidadizo y desdeñoso respecto
al reloj y al calendario, que a duras penas° pudo sobreponerse a — 15 — a...with great difficulty
la avalancha de horas de ocio° que había de sepultar con la — spare time
indolencia la conclusión de una obra pensada y desarrollada en
buena parte durante vigilias nocturnas° y veranos interrumpidos — vigilias...late nights of study
por viajes al extranjero.

Acostumbrado desde siempre a trabajar entre horas llegó a — 20
temer que la carencia de obligaciones urgentes pudiera suponer,
por paradoja, una cesación de aquella inspiración creadora que
tanto más generosa y enérgica se demostraba cuanto más apre-
miado° se hallara por los compromisos oficiales. Por eso, la — cuanto...the more pressed (for
invitación vino a infundirle tan nuevos ánimos y tantos arres- — 25 — time)
tos° que se decidió a utilizar el curso para desarrollar aquellas — tantos...so much enthusiasm
lecciones —extracto y contradicción de muchos años de dis-
ciplinada labor— que hasta entonces su propia ortodoxia aca-
démica no le había permitido exponer en un aula° pública. — lecture hall

Sin que llegara a constituir una sorpresa para aquellos pocos — 30
que bien porque habían gozado de una cierta intimidad con él,
bien porque habiendo seguido su obra con interés y continuidad
habían sabido descubrir las insinuaciones a la rebeldía y las ve-

ladas amonestaciones a los axiomas de la ciencia que de manera
sibilina° introdujera en su monumental corpus, reputado por   prophetic; cryptic
todas las sociedades cultas de España y América como un in-
concuso hito° en lo sucesivo imprescindible para toda investi-   inconcuso...indisputable
gación histórica de su tierra, lo cierto es que con aquel postrer° milestone
curso el profesor Canals, al adivinar que contaba ya con pocas   final
oportunidades para revelar lo que había mantenido siempre si
no secreto, al menos velado por la penumbra del escepticismo,
quiso dar todo un giro° a su trayectoria precedente, llevando al   dar...to give a totally new twist
ánimo de su reducido auditorio un espíritu de censura e ironía
respecto a sus propios logros como para darles a entender que
sólo con aquella burlesca nota contradictoria y regocijante°   joyful
podía coronar una obra para la que hasta entonces no se había
permitido la menor de las licencias.

Acaso por esa razón el curso fue cobrando, a medida que
progresaba, una mayor resonancia y expectación, llegando a
constituir tal acontecimiento, dentro de la etiolada° vida cul-   anemic
tural del país, que los hombres que regían la institución que lo
patrocinara° empezaron a pensar en una segunda edición dedi-   sponsored
cada a un público más vasto. Pero el Profesor se negó rotun-
damente a ello, alegando motivos de salud y ocupaciones priva-
das y familiares, resuelto a limitar la lectura de aquella especie
de testamento a los pocos que, desde el origen, y antes de que se
pusieran de manifiesto sus secretas intenciones, habían acudido
a él para requerirle su último gesto de docencia. No sólo se
negó a ello, sino que, reiteradamente, cursó° las instrucciones   he set down
precisas para que, a la vista de las numerosas peticiones, se
limitara con todo rigor la asistencia al aula a las personas que
se habían inscrito en el curso durante el período abierto para la
matrícula, no vacilando para ello en desoir toda suerte° de   toda...all sorts
recomendaciones de colegas y personajes principales que hasta
aquel momento habrían jurado que podían gozar de toda su
confianza y deferencia. Tan sólo hizo una excepción con un
joven estudioso de una provincia lejana que, rechazando para
sí el vehículo de las cartas de recomendación o la influyente intervención de un tercero, le hubo de escribir una carta tan
medida y sincera que el Profesor no dudó en enviarle, a vuelta
de correo, la tarjeta de admisión tras haber rellenado y abo-
nado° él mismo la ficha de inscripción.   countersigned

Para los asistentes no podía ser más satisfactoria la conducta
de su maestro que así les situaba en una situación de privilegio,

tan codiciada° por muchos colegas y conocidos; gracias a ello   coveted
se había de crear, en la ostentosa, achocolatada° y semivacía   chocolate-colored
sala de conferencias, ornamentada con una decoración de
rocalla° y frescos dedicados al triunfo de la industria y el   stone chips
comercio, un clima de intimidad que había de permitir a Canals   5
ciertas actitudes y extremos° que estaban lejos de su mente   effusions
cuando tuvo la primera idea del ciclo. No sólo hacía gala de°   hacía…did he make a display of
una erudición que —se diría— acudía voluntaria a su memoria
en el momento oportuno, sin necesidad de ser reclamada para
ello, a fin de corroborar con un dato incontestable una afirma-   10
ción que de otra forma podía ser reputada como aventurada°,   risky
sino que de tanto en tanto un espíritu mordaz —e incluso cho-
carrero°— se permitía los mayores desaires° sobre esa clase de   vulgarly comic   gibes
saber basado en el saber de otros, al igual que el señor que,
inesperadamente y a espaldas de ella, se permite toda clase de   15
bromas acerca de la servidumbre que mantiene y da rendi-
miento° a su hacienda. Y no era infrecuente que toda la sala   yield, output
—un grupo selecto y reducido, devuelto a sus años de estudio y
obligado a dedicar a aquella sesión semanal un buen número
de horas de estudio, a fin de poder recoger todo el fruto de   20
tantas insinuaciones sutiles e inéditas interpretaciones que ponían en jaque° toda disciplina poco acostumbrada a someter a   ponían…undermined
juicio sus propios cimientos°— irrumpiera, de tanto en tanto,   foundations
en estruendosas carcajadas° o unánimes ovaciones con que la   estruendosas…noisy outbursts of laughter
asamblea celebraba el triunfo de un espíritu que había sabido   25
en el declinar de su vida liberarse de las ataduras° impuestas por   bonds
la más honesta y sincera de las vocaciones.

Al profesor Canals no pudo por menos de sorprenderle° la   no…could not help being surprised by
incomparecencia° de aquel hombre que, a pesar de haber ob-   nonappearance
tenido mediante un precio tan exiguo° —tan sólo una carta   30   minimal
escrita en los términos precisos— un premio que al decir de él
mismo tanto ponderaba°, de tal manera se demoraba en co-   al…according to him (*aquel hombre*) he valued so highly
brarlo. Conocía de sobra su auditorio para saber que no se
trataba de ninguno de los presentes quienes, con muy escasas
excepciones, habían acudido con puntualidad desde el primer   35
día. Se hallaba a punto de escribirle para conocer la causa de
su incomparecencia (pensando que tal vez se había extraviado°   gone astray
su respuesta) cuando, en la conferencia que a sí mismo se había
señalado como límite de su silencio y de su espera, denunció° la   he noted
presencia de un hombre que por su aspecto y por su tardanza   40
no podía ser otro que su corresponsal de provincias; se trataba

de un hombre joven, prematuramente calvo y de pelo rubi-
cundo°, que tomó asiento en una silla separada del resto del
auditorio por toda una hilera° vacía; que a diferencia de casi
todos los presentes no sacó papel ni hizo el menor ademán°
para tomar apuntes; que escuchó toda la charla con inmutable 5
actitud y que al término de la misma desapareció del aula sin
darse a conocer ni hacerse ostensible, aprovechando la pequeña confusión que en cada ocasión se creaba en torno al
solio°, cuando algunos asistentes se acercaban al profesor para
inquirir acerca de cualquier detalle del que precisaran° algunas 10
aclaraciones.

    Idéntico desenlace° se había de repetir en ocasiones sucesivas
sin que al profesor Canals le fuera dado° en ningún momento
llegar al trato con aquel hombre que manifestaba su reconocimiento de manera tan singular. Tal vez fuese eso —unido a la 15
poco elegante costumbre de entrar en la sala una vez iniciada la
conferencia— lo que despertó su impaciencia; o aquella postura
distante e inmutable, correcta pero adobada con un matizado
gesto de insolencia°, como si más que a escucharle o aprender
acudiera allí con el propósito de demostrar— aunque sólo 20
fuera con su indiferencia— que en modo alguno se hallaba dispuesto a dejarse influir por su ciencia, por su oratoria o por su
magnanimidad.

    No acompañaba con sus risas al resto del auditorio, no
tomaba notas, en ningún momento asentía, jamás se acercó al 25
estrado°. No sólo se cuidaba de que su expresión reflejara la
falta de interés que le provocaba el acto sino que —la cabeza
ladeada° apoyada en la mano derecha; dos dedos en la sien° y
otros dos bajo el labio inferior forzaban un rictus° de la boca de
augusto e incorregible desdén— parecía empeñado en° de- 30
mostrar que su presencia en la sala no obedecía ni a una necesidad ni a un deseo, sino al cumplimiento de un fastidioso compromiso que le obligaba a permanecer durante una hora
escuchando unas cosas que nada le decían, que para él carecían
de todo atractivo, de todo ingenio, de todo rigor y toda novedad 35
y que —ateniéndose a su despectivo talante°— a su juicio solamente podían causar impresión en el pequeño grupo de papa-
natas° acomodados en las filas delanteras.

    Incapaz de recurrir, en su situación, a otras armas, el profesor
Canals trató en un principio de sacarle de su indiferencia con 40
miradas y frases cargadas de intención y simpatía, con gestos y

reddish blond

row

menor...slightest move

speaker's platform (literally, throne)

del...about which they needed

outcome

al...Professor Canals being able to

adobada...touched with an insolent expression

dais

tilted   temple contraction

empeñado...bent on

demeanor

simpletons

259

palabras secreta y expresamente pensadas para él y, por encima
de un auditorio incapaz de percibir aquellas fugaces° dedicato-   fleeting
rias, en especial dirigidas hacia él. Su discurso se fue oscure-
ciendo, cargado de sentidos ocultos que sólo él —así lo pre-
sumía— estaba en situación de aprehender. Y hasta en oca-   5
siones le hizo el objeto directo de sus invectivas, llegando a
forzar algún giro de su dicción° para convertirla en pieza de   giro...turn of phrase
acusación —acompañada de todo el peso de su justo enojo—
contra aquella presencia que de manera tan desconsiderada
como desagradecida se había permitido romper la armonía de   10
una fiesta a la que tenía derecho y a la que no estaba dispuesto a
renunciar. Fueron gestos y palabras imprudentes con los que
sólo había de conseguir un efecto contraproducente; porque
lejos de moverle de su acrisolada° indiferencia sólo había de   unwavering
afianzarle° en ella, en cuanto el Profesor, al comprender que su   15 to strengthen him
oyente se había percatado de° todas y cada una de las insinua-   se...had perceived
ciones que le dirigiera, no tuvo más remedio que aceptar la
situación de inferioridad —ignorada para el resto del auditorio— en que le situaba la tácita, suficiente y despectiva declinación de todos sus secretos ofrecimientos.   20

    En días sucesivos optó por olvidarse de él y eludir su vista
aunque no pudiera, de vez en cuando, dejar de levantar los ojos
hacia el lugar que ocupaba para constatar° la permanencia de   confirm
su presencia y de su actitud, y a pesar de que cada una de
aquellas rápidas (pero a continuación deploradas) comproba-   25
ciones suponía una caída en el vacío, tantas veces señalada por
un hiato o un silencio que si bien el Profesor se cuidaría de reparar y reanudar gracias a su mucha práctica, no por eso de-
jarían de repercutir en el tono de aquellas lecciones condenadas
a perder la agilidad, el vigor y la despreocupación° que las   30 nonchalance
distinguiera durante la primera parte del curso.

    Contra su voluntad, se vio obligado a recurrir a la lectura, a
hundir la mirada en las hojas mecanografiadas° —con el con-   typed
siguiente tributo a la espontaneidad que no podía pasar inad-
vertido a sus oyentes, añorantes de° aquel espíritu burlón que   35 añorantes...nostalgic for
había desaparecido del estrado para dar entrada a cierta mono-
tonía— y protegerse tras el intenso haz de luz del flexo°, aislado   haz...beam of light of the
                                             reading lamp
en lo posible de aquella presencia vislumbrada° a través de una   surmised; barely perceived
nube de polvo. Incluso llegó a tener dificultades con la lectura,
su pensamiento puesto en otra parte: porque fue entonces   40
cuando —para sus adentros°, mientras leía— vino a interpretar   para...to himself

el origen de tanto desdén: no acudía allí a escucharle sino que
—poseedor de unos conocimientos y un poder más vasto que
los suyos— se permitía tolerar su actividad a la que, en cualquier momento, con una mínima intervención por parte suya,
podía poner fin. Ésa era la causa de su zozobra°; ésa era la   5 anguish
mejor razón para que, durante todo aquel período, al término
de cada sesión en la frente del profesor Canals surgiesen innumerables gotas de sudor que una mano temblorosa y anhelante
secaba con un pañuelo una vez que se vaciaba el aula.

En estas circunstancias se produjo el momento de alivio. 10
Algo más que un momento. La tarde en que el Profesor, a
punto de alcanzar el límite de su resistencia, estaba decidido a
anunciar la reducción del curso —y si no lo hizo antes fue por
el temor y la vergüenza a hacer pública su rendición en presencia de quien la había consumado— al levantar la mirada hacia 15
la sala comprobó que el asiento del oyente de provincias se
hallaba vacío y eso bastó para procurarle tal alivio que pudo
seguir adelante sin tener que llevar a cabo su resolución. Vacío
había de permanecer durante varias sesiones consecutivas y en
la sala volvió a campear° su espíritu animoso y despreocupado, 20 to stand out
que resucitaba la facundia° y el ingenio de los primeros meses,   eloquence
que le devolvía la confianza y seguridad en sí mismo necesarias
para completar el ciclo tal como lo había programado en su
origen. Aquellas herméticas sentencias, cuyos secretos sentidos
tantas veces escaparan a la concurrencia, volverían a aclararse 25
por obra de su propia ironía, y aquel talante taciturno y apesa-
dumbrado° quedaría despejado° por la un tanto impúdica° con-   distressed   brightened
cepción de la historia, aderezada con° la benevolencia nece-   por...by a somewhat shameless
saria para hacer pasable todo el rosario° de abusos y tragedias   aderezada...modified by
que constituían la esencia de su relato. Hasta que su atención 30 litany; string or series
fue de pronto distraída por un crujido° en el suelo y un rumor   creaking
de sillas en el fondo de la sala: había vuelto el oyente de provincias que, con el mismo gesto de fastidio y suficiencia, tomó
asiento bastante apartado del auditorio habitual.

Se produjo un largo silencio, una tan estupefacta paralización 35
del Profesor que algunos asistentes volvieron la cabeza para observar al recién llegado, la causa de tan inesperado cambio. De
repente el profesor Canals despertó, animado por una súbita
inspiración; cruzó las manos sobre la mesa, inclinó el fuste° del   arm
flexo para iluminarlas con mayor intensidad y, dirigiendo la 40
mirada al techo, reanudó su disertación con inusitada° energía   unusual

y precipitación para —a partir del punto donde había quedado
a la llegada del intruso— hilvanar una sarta° de consideraciones
de oscuro significado y difícil intelección —salpicadas° de citas
y frases en latín, griego y hebreo—, pautadas° de tanto en tanto
con intensas y furiosas miradas al fondo de la sala. 5

Aquellos que tomaban notas dejaron el lápiz para escuchar
la coda[1], solemne, emocionante; los más se inclinaron hacia
adelante en la esperanza de que el acortamiento de la distancia
en unos pocos centímetros les devolviera lo que el cambio les
había arrebatado° o, al menos, entenebrecido°. A la postre°, 10
cuando para rematar° aquellas turbias ideas acerca de la constitución del Estado el profesor Canals extrajo del bolsillo una
tira° de papel donde había escrito la frase con que Tucídides[2]
explica la retirada del más sabio de los atenienses° de la escena
pública, a fin de preservar la armonía de quienes no sabían ver 15
tan lejos como él, frase que chapurreada con tosca pronuncia-
ción° nadie sería capaz de localizar ni encajar en el contexto de
la lección, no había hecho sino alinear las últimas armas de que
disponía; sólo esperaba su inmovilidad, la permanencia de su
gesto de desdén, a fin de desenmascararle° ante sí mismo, y no 20
pretendía más que, al abusar una vez más de su ficticia superioridad, denunciar la ignorancia de la que se había prevalido°
para ostentar lo que no era. Pero el joven, prematuramente
calvo y rubio, no bien hubo terminado Canals de leer su cita y
quitarse las gafas para observar el efecto que producía en el 25
fondo de la sala, se levantó con flema° y, tras dirigir al profesor
una mirada cargada con su mejor menosprecio°, abandonó el
local sigilosamente° en el momento en que el conferenciante
—de nuevo absorto, boquiabierto e hipnotizado— se incor-
poraba° de su asiento en un frustrado e inútil intento de deten- 30
ción y acompañamiento, antes de desplomarse° sobre la mesa y
abatir° el flexo.

Glosses:
- hilvanar...string together a series
- sprinkled
- marked
- snatched away / obscured / A...Finally / put the finishing touch to
- strip
- Athenians
- chapurreada...sputtered out with a coarse pronunciation
- to unmask him
- de...of which he had availed himself
- con...calmly
- contempt
- silently
- se...lifted himself
- collapsing
- knocking over

[1] Coda: musical passage at the end of a movement or composition that brings it to a formal close.

[2] Thucydides (ca. 460–400 B.C.), Athenian historian noted for his accuracy and impartiality.

Bibliography

Anderson Imbert, E. *El cuento español*. Buenos Aires: Columba, 1959.

Baquero Goyanes, M. *El cuento español en el siglo XIX*. Madrid: Revista de Filología Española, Anejo 50, 1949.

————. *¿Qué es el cuento?* Buenos Aires: Columba, 1968.

Brandenberger, E. *Estudios sobre el cuento español actual*. Madrid: Editora Nacional, 1973.

Fraile, M. "Panorama del cuento contemporáneo en España." *Cahiers du Monde Hispanique et Luso-brésilien, Caravelle* 17 (1971): 169–85.

Tijeras, E. *Últimos rumbos del cuento español*. Buenos Aires: Columba, 1969.

1

de los Ríos de García Lorca, L. *Los cuentos de Clarín. Proyección de una vida*. Madrid: Ediciones de la Revista de Occidente, 1965.

2

Paucker, E. K. *Los cuentos de Unamuno, clave de su obra*. Madrid: Ediciones Minotauro, 1965.

3

Baquero Goyanes, M. "Los cuentos de Baroja." *Cuadernos Hispanoamericanos* 265–67 (Julio–Septiembre 1972): 408–26.

Vázquez Zamora, Rafael. "Cuentos y novelas cortas (de Pío Baroja)." In *Baroja y su mundo*, vol. 1. Ed. F. Baeza. Madrid: Arión, 1962, pp. 77–91.

4

D'Ambrosio Servodidio, M. *Azorín escritor de cuentos*. New York: Las Americas, 1971.

Tijeras, E. "El cuento en Valle-Inclán." *Cuadernos Hispanoamericanos* 199–200 (1966): 400–06.

Van Praag-Chantraine, J. *Gabriel Miró ou le visage du Levant, terre d'Espagne*. Paris: Nizet, 1959, pp. 243–73, 275–91.

5

Díaz, J. *Miguel Delibes*. New York: Twayne, 1971, pp. 65–84.

Rodríguez-Alcalá, H. "El cuento 'El inquisidor' de Francisco Ayala." *Revista Hispánica Moderna* 30 (1964): 20–34.

Soldevila Durante, I. *La obra narrativa de Max Aub (1929–1969)*. Madrid: Gredos, 1973.

Zamora Vicente, A. *Camilo José Cela (Acercamiento a un escritor)*. Madrid: Gredos, 1962, pp. 143–62.

6

Gómez de la Serna, Gaspar. *Ensayos sobre literatura social.* Madrid: Guadarrama, 1971, pp. 65–210, 237–41, 247–52.

Siete narradores de hoy. Ed. Jesús Fernández Santos. Madrid: Taurus, 1963.

Villanueva, Darío. *El Jarama de Sánchez Ferlosio. Su estructura y significado.* Santiago de Compostela: Universidad de Santiago de Compostela, 1963, pp. 36–50.

7

Díaz, J. *Ana María Matute.* New York: Twayne, 1971, pp. 71–101.

Villanueva, Darío. "La novela de Juan Benet." *Camp de l'Arpa* 8 (Noviembre 1973): 9–16.

———. "El tema infantil en las narraciones de Ana María Matute." *Miscellanea di Studi Ispanici* (1971–73): 387–417.

Vocabulary

Words omitted from this vocabulary include: many basic Spanish words, including the first 1000 words in Hayward Keniston, *A Standard List of Spanish Words and Idioms*, rev. ed. (Lexington, Mass.: D. C. Heath, n.d.), unless a different meaning of a word appears in this text; many easily recognizable cognates of English words; adverbs ending in **mente** if the corresponding adjective is listed, unless the adverb has a different meaning; common diminutives, augmentatives, and superlatives; verbal forms other than the infinitive, except unfamiliar irregular past participles and those participles with special meanings when used as adjectives; nouns that are formed from adjectives, unless their meaning is not readily apparent; words and expressions that have been glossed in the text and appear only once.

Gender has not been indicated for masculine nouns ending in **o** and for feminine nouns ending in **a**, **dad**, **ión**, **tad**, and **tud**. Adjectives are given in the masculine form only, as are nouns that refer to profession, occupation, and nationality. When *ch*, *ll*, or *ñ* is found in the body of a word, the word is alphabetized according to Spanish usage.

The following abbreviations have been used: *adj* adjective; *adv* adverb; *anat* anatomy; *arch* architecture; *art* art; *aug* augmentative; *Bib* Bible; *biol* biology; *bot* botany; *cap* capitalized; *chem* chemistry; *coll* colloquial; *conj* conjunction; *derog* derogatory; *dim* diminutive; *ecc* ecclesiastical; *excl* exclamation; *f* feminine; *fig* figurative; *ger* gerund; *govt* government; *inf* infinitive; *interj* interjection; *iron* ironic; *law* legal; *lit* literature; *m* masculine; *med* medicine; *Mex* Mexico; *mf* common gender; *mil* military; *mus* music; *n* noun; *pharm* pharmaceutics; *pl* plural; *poet* poetic; *pp* past participle; *rel* religion; *rhet* rhetoric; *sing* singular; *Sp* Spain; *theat* theater; *v* verb; *vul* vulgar.

A

a: — que I'll bet; — qué
Why?
abandonar to leave; to
abandon
abandono abandon; aban-
donment, desertion
abarcar to embrace, encom-
pass
abeja bee
abejorro bumblebee
abismarse to become ab-
sorbed
abismo abyss, chasm
abnegación abnegation, self-
denial
abolir to abolish
aborrecer to abhor, loathe
abortar to abort, frustrate
abotonar to button, button
up
abrazar(se) to embrace, hug,
clasp
abrazo embrace
abreviado condensed
abrigar to shelter, protect; to
bundle up (in warm clothes)
abrigo: al — de sheltered by
abrillantamiento polishing
abrir: — calle to make way;
— camino to clear or open
the way; —se camino or
paso to clear one's way,
make way for oneself, make
one's way
abrochar to button up, lace
up, do up
absorto entranced, absorbed
abstenerse (de) to abstain
(from)
abstinencia abstinence
abstracción abstraction
abundar to abound, teem
aburrir to bore
abusar (de) to abuse, misuse;
to take advantage of
abuso abuse, misuse

académico academician,
member of an academy
acaecer m event, incident
acariciar to caress
acaso: por si — just in case
acceder to agree, accede
accesorio accessory
accidente m accident, mishap
acechanza trap, pitfall
aceite m oil
acelerador m accelerator
acelerar to accelerate; to
speed
acento accent, stress
acentuar to accentuate
acera sidewalk
acerca: — de about, concerning
acercarse (a) to approach,
draw near
acero steel
acertar to be correct, be
right; to succeed (in); — a
to happen to
aclaración clarification
aclarar to clarify; —se to
brighten
acobardarse to become
frightened; to turn cowardly
acoger to welcome, receive;
to accept
acomodado seated comfort-
ably
acomodarse to settle into a
comfortable position, make
oneself comfortable
acompañamiento accompani-
ment; retinue, escort
acontecimiento event
acorralar to corral, corner,
trap
acortamiento shortening;
reduction, lessening
acostarse to go to bed; to lie
down
acostumbrar to accustom;
—se a to become accus-
tomed to, get used to

ácrata mf anarchist
acrecer to augment, increase
acrobático acrobatic
actitud attitude; position,
posture
acto ceremony, act; function
actriz f actress
actuación law action, proceeding
actual present (of time)
actualidad present time
actuar to act, perform
acudir to come, come (or go)
up to
acuerdo: de — in agreement;
agreed
acusar to accuse; to betray
adelantado fast (as a clock)
adelantarse to go forward, go
ahead
adelante: calle — down the
street; carretera — farther
on, up the highway; en —
henceforth, from then on;
más — later on
adelgazar to get thin
ademán m gesture, attitude
adentrarse to come into
adentro: para sus —s to himself, for himself
adherencia adherence,
adhesion; stickiness
adherir to stick, adhere
adivinar to sense; to guess
admirador m admirer
admirarse to marvel, wonder
admitir to accept, allow
adolescencia adolescence
adorar to worship
adormilado asleep; dormant
adornar to decorate
adorno ornament, decoration
adquirir to acquire
adulador m flatterer
adular to adulate, flatter
advenimiento arrival, coming;
advent
advertencia warning

afán *m* eagerness, keen desire, yen

afanar(se) to toil, work

afecto feeling, emotion

afeitarse to shave

afición liking, fondness, enthusiasm

aficionado *adj* fond of, having a liking for; *n* fan, enthusiast

afilado sharp, slender; fine-drawn

afinar to tune; to perfect

afinidad affinity, relationship

afirmación affirmation; nodding (of head)

afirmar to affirm, state

afligido distressed, upset

aforismo aphorism, adage

afortunado lucky

afrontar to face, confront

afueras *fpl* outskirts

agachar to bend, lower; **a medio —** in a half crouch; **—se** to squat, crouch, stoop

agarrar to grasp, seize, grab

agilidad agility; quickness

agitar to shake; to wag (tail); **—se** to stir; to be agitated or excited

aglomerarse to gather

agobiador overwhelming, oppressive

agobiar to overwhelm

agonía agony; death gasp or throes

agónico agonizing

agotarse to be exhausted or used up

agradable pleasant

agradar to please

agradecer to thank, be thankful for

agradecido grateful, thankful; appreciated

agradecimiento gratefulness; thanks

agrado pleasure

agrandarse to grow larger

agregado attaché

agregar to add

agridulce bittersweet

agrio sour; disagreeable; hostile

agrupar(se) to group, assemble

aguado watery

aguafuerte *f* etching

aguantador resistent; enduring, strong

aguantar to put up with, tolerate, stand; to bear, endure; **—se** to control oneself, contain oneself

aguardar to wait, wait for

agudo sharp, acute

águila eagle

aguja needle

agujero opening; hole

ahogar to drown; to choke; **—se** to be drowned, drowned out

ahorros *mpl* savings

aire: — libre open air

airecillo breeze

aislar to isolate; to insulate, separate

ajeno another's, someone else's, other people's; strange, foreign; **— a** foreign or alien to

ajustar to adjust

ala wing; brim (of hat)

alabar to praise

alameda poplar grove

álamo poplar

alargado elongated

alargar to lengthen; to stretch out (leg or arm); to hand (something to someone); **—se** to get longer

alarido scream

alarmante alarming

alba dawn, daybreak

alcance *m* reach; scope, im-

plication; **al — de** within reach of

alcanzar to reach, catch, overtake; **— a +** *inf* to be able to **+** *inf*

alcoba bedroom

aldea village, hamlet

alegar to argue; to allege; to state, declare

alegrarse to be glad; to become happy or cheerful

alejar to remove to a distance; **—se** to move away

Alemania Germany

aletear to flutter

alevín *m* fingerling (used to stock rivers, lakes)

alfiler *m* pin

aliento breath; breathing

alimentar to maintain, nurture; **—se con** to feed on, live on

alinear to line up

aliviar to alleviate, relieve

alivio relief

alma: — en pena ghost

almohada pillow

almorzar to have or eat lunch

alojamiento lodgings

alpargata hemp sandal

alrededor (de) around; *mpl* outskirts; environs

alterar to change, alter

alternativo alternate

alto high; tall; loud (noise); **en —** raised; **en lo — de** above, over, atop; **hacer —** to stop

altruista altruistic

altura height, altitude

aludir to allude, refer to

alumbrar to illuminate, light (up)

aluminio aluminum

alusión allusion, reference

alzar to raise; **—se** to rise; **—se de hombros** to shrug

allá: más — (de) beyond,

further on
ama nanny, nursemaid
amable lovable; kind
amador *m* lover
amanecer to wake up; to dawn; *m* daybreak
amante *mf* lover
amargo bitter
amargura bitterness
amarillento yellowish
amarillez *f* yellowness
amasar to collect, heap together
ambicionar to desire, long for
ambiente *adj* surrounding; *m* atmosphere
ambiguo ambiguous
ámbito ambit; limit
amenaza threat
amenazar to threaten
amenidad amenity, pleasantness
ametralladora machine gun
ametrallar to machine-gun
amistad friendship
amonestación admonition; warning
amontonar to pile up, heap
amor: — propio self-esteem, self-respect, amour propre
amoroso loving, amorous
amparar to protect
amplio ample, extensive
analista *mf* analyst
analizar to analyze
análogo analogous
anaranjado orange-colored
anarquista *mf* anarchist
anatomía anatomy
ancestro ancestor
anciano *adj* old (of persons); *n* old man
andaluz Andalusian, of or from Andalusia (Spain)
andar *m* walk, pace, gait
anécdota anecdote
anecdótico anecdotal
angustia anguish

angustiado anguished
angustiarse to become distressed or disturbed
angustioso distressing, disturbing
anhelante yearning, longing
anhelar to long (for), yearn (for)
anhelo longing
anillo ring
ánima soul in pain or in purgatory
animación animation, liveliness; encouragement
animar to animate, enliven; to encourage; **—se** to cheer up; to become animated
ánimo spirit; energy, drive
animoso spirited, cheerful
anochecer *m* nightfall, dusk
anonimato anonymity
anónimo anonymous
anotar to make note of
ansia anxiety, anguish; yearning
ansiar to yearn (for), long (for)
ansiedad anxiety
ansioso anxious, worried; eager
ante: — todo above all
anteayer the day before yesterday
antebrazo forearm
antemano: de — beforehand, in advance
antepasado ancestor
anticipo anticipation
antihispanista *mf* anti-Hispanicist
antinatural unnatural
antipatía dislike, antipathy
antropomorfizar to anthropomorphize; to attribute human form or personality to
anudar to knot, tie a knot in

anunciarse to announce itself, make its appearance; to threaten (a storm)
anuncio announcement; advertisement; omen
apacible mild, placid
apagar to put out, extinguish; to quench (thirst); to switch off; **—se** to go out, go off
aparato *coll* set (radio, television); airplane
apariencia appearance
apartar to separate; to push aside, move away; **—se** to move away (from)
aparte aside, apart
apasionado passionate; impassioned; **— por** fond (of), mad (about)
apearse to dismount; to get out of (a car)
apegado attached
apelar to appeal
apenas: — si scarcely, hardly
apercibirse to notice, perceive, become aware of
aplacar to placate, calm
aplastar to crush
aplaudir to applaud
aplicar: —se a to apply oneself (to)
aplomo aplomb; self-assurance
apodo nickname
apólogo apologue, fable
aportar to contribute, bring
apóstol *m* apostle
apoyar to rest, lean
apreciar to appreciate
aprecio appreciation
aprehender to apprehend, understand, "catch"
apremiar to press, urge
aprensión fear; apprehension, qualms
apresurado hurried, hasty
apresurarse to hurry, hasten; to hasten to say

apretar to press, press down; to grip; to clench; — **el paso** to quicken one's step

aprisa quickly

aprobatorio approbatory, approving

aprovechar(se) to take advantage

aproximar to bring near; —**se** to approach

apto apt, fit, capable

apuntar to point to or at; to aim

apunte *m* note; sketch

apurar to annoy, irritate; —**se** to worry, get worried

aquí: de — que hence

aquietarse to calm down

aragonés Aragonese, of or from the region of Aragón (Spain)

arar to furrow, plow

arbitrariedad arbitrariness

árbitro arbiter, judge

arboleda grove, wood

arcilla clay

arco arch

archipiélago archipelago

archivo archive

arder to burn, blaze

ardiente burning; ardent

ardoroso ardent

arduo arduous, difficult

arenal *m* sandy ground; sand pit

argüir to argue

argumento plot

armario wardrobe (closet)

armatoste *m* contraption, hulking machine

armonía harmony

armónico harmonic

arrancar to tear off, pull off, pull out, tear away; to snatch; to start, pull out; —**se de** to be jerked or pulled out of

arrastrante dragging

arrastrar to drag, pull, draw; to attract; —**se** to drag oneself along, shuffle

arrebatar to carry away, snatch away

arrebato fit; rapture, ecstasy

arrebujar to bundle up; —**se** to wrap or bundle oneself up

arreglar: — cuentas to settle matters; —**se** to be settled, arranged, or fixed; **arreglárselas** to manage

arreglo: de mal — in bad repair

arrepentido repentant

arriesgar to risk; —**se** to take a risk

arrimar to bring near; —**se (a)** to approach, come near, draw near

arrítmico arrhythmical

arrodillado kneeling

arrodillar(se) to kneel, kneel down

arrogancia haughty or arrogant remark

arroyo stream, brook

arroz *m* rice

arruga wrinkle

arrugar to wrinkle

arrullar to lull or sing to sleep

artesano craftsman, artisan

articular to articulate, pronounce

artículo article

artificioso skillful; artful, cunning; artificial, unnatural

as *m* ace (in cards)

asaltar to attack, strike suddenly

asamblea assembly

ascender to rise; to ascend, climb

asceta *mf* ascetic, hermit

asegurar to assure, guarantee

asemejarse (a) to resemble, be like

asentir to assent

asesinar to assassinate

asesino murderous

asfalto asphalt

así: — fuesen be they, whether they were; — **sea** so be it

asiduidad assiduity, diligence

asignar to assign, allot

asilo asylum, sanctuary, refuge

asimilación assimilation

asimilar(se) to assimilate, absorb

asir(se) to grasp

asistencia assistance, help; attendance, presence

asistenta maid

asistente *mf* person in attendance

asistir (a) to attend, be present at

asno ass, donkey

asomar to appear; —**se (a)** to peer out, look out

asombrar to astonish

asombro marvel; astonishment

asombroso astonishing

asomo hint

aspar to crucify; to torture

aspecto appearance; air

áspero rough; harsh

aspirar to inhale; — **a** to aspire to

asqueroso disgusting, revolting

astro star

asumir to assume

asustarse to get frightened

atacar to attack

atadura tie, bond, link

ataque *m* attack

atar to tie

atardecer *m* late afternoon

atemorizado terrified

atender to pay attention (to);

to wait on, serve; **—se** to attend to, take care of

atenerse (a) to observe, be guided by

atentado assassination attempt, attempt on someone's life

atento attentive

ateo atheist

aterrar to terrify

atmósfera atmosphere

atónito astonished, astounded

atractivo attraction, attractiveness

atraer to attract

atrapar to catch, trap

atrás back, backward, behind

atravesar to cross

atreverse (a) to dare (to)

atribuir to attribute

atropellar to run over

atroz atrocious

audacia audacity, boldness

auditorio audience

augusto august, majestic

aula *m* lecture hall

aumentar to increase

aumento increase

aureola aura; halo

auricular *m* earpiece (telephone)

aurora aurora, dawn

ausencia absence

austero austere

auténtico authentic

auto judicial decree

autoridad authority

autoritario authoritarian

avalancha avalanche

avanzar to advance, go or come forward

ave *f* bird

aventurarse to venture

avergonzar to shame, embarrass

averiguación inquiry

averiguar to ascertain, verify

avión *m* airplane

avisar to inform, let (someone) know

aviso warning; notice; **dar —** to inform, advise

avivarse to brighten (up), liven (up)

ay *m* sigh, moan

ayudante *m* assistant; aide; *mil* adjutant

ayuno fasting, fast; **en ayunas** fasting

azotar to lash; to pound or beat on

azotea flat roof, terraced roof

azúcar *m* sugar; **caña de —** sugar cane

azucarado sugary, sweet

azucarar to sweeten

azulado bluish, blue

azulenco bluish

B

baba drivel, slaver

bailar to dance

baile *m* dance

bajeza base action

bajo: por (lo) — softly, in an undertone

bala bullet

balanza scale

balcón *m* balcony; balcony railing

balsa pool

baluarte *m* bulwark, bastion

bancal *m* sandbank; terrace

banco bench

bandeja tray

bandera flag

bandido bandit

banquete *m* banquet; feast

bañarse to bathe, swim; to bathe in light

bañera bathtub

baño bathroom; **cuarto de —** bathroom

baraja pack, deck (of cards)

barba beard; **— cerrada** thick beard

bárbaro barbarian; barbarous

barbilla chin

barbo barbel (type of fish)

barca small boat

barco boat

barra counter; bar

barranco ravine

barrera barrier

barriada district

barriga belly

barrigón *m* swollen belly

barrillo watery mud

barrio district, quarter

barro clay; mud

bártulos *mpl* household goods

barullo uproar

base *f* basis; **a — de** on the basis of

bastidores *mpl theat* wings; **entre —** in the wings

basto club (card suit)

bastón *m* cane, walking stick

batalla battle

batallar to fight, battle, struggle

batallón *m* battalion

batirse to beat; to fight

bautismo baptism

bautizar to baptize

Bélgica Belgium

belleza beauty

bendito blessed, holy

beneficio benefit; *ecc* benefice, ecclesiastical office to which the revenue from an endowment is attached

benevolencia benevolence

benévolo benevolent

bestia animal, beast

betún *m* shoe wax

biblioteca library

bicarbonato bicarbonate

bicicleta bicycle

bicho animal

bien: — poco very little;

— **porque** either because, or because; **más** — rather, instead; **no** — as soon as, just as; **si** — although
bienes *mpl* wealth; — **comunes** common or joint property
bifurcarse to bifurcate, fork, branch off
bilioso bilious, ill-tempered
billete *m* ticket; bill
bisabuelo great-grandfather
blanco: en — blank
blando soft
blanquecino whitish
blanquiazul white and blue, blue-white
blusa blouse; tunic
bobada foolishness, silliness
bobo dumb, silly; simple, gullible
boca: — **del Metro** subway entrance
bocacalle *f* intersection
bocado mouthful, bite
bocanada puff (of smoke)
bocina car horn
bocinazo blow or blast on car horn
boda (often *pl*) wedding
bolero *mus* bolero, Spanish dance; *Mex* shoeshine boy
bolso handbag, purse
bollo roll, bun
bombilla electric light bulb
bombón *m* bonbon (candy)
bondadoso kind
boquiabierto openmouthed, agape
borde *m* edge
borracho drunk, intoxicated
borrar to erase, blot out; —**se** to vanish, be blotted out
borroso blurred, vague
bosquejo sketch, outline
bostezar to yawn
bostezo yawn

bota boot
bote *m* rowboat
botella bottle
botijo two-spouted earthen jar with a handle
botón *m* button
bracito *dim of* **brazo** puny arm
bramar to rage, roar
brasa live coal
brebaje *m* beverage
brigada brigade
brillante *adj* sparkling, glittering, bright; *m* brilliant, diamond
brillar to shine
brillo shine, brightness; splendor, glitter
brincar to skip, jump, frolic
brinco leap, jump
brisa breeze
brocado brocade
broche *m* snap, clasp
broma joke, jest; **gastar** —**s** to play jokes (on)
bromear to joke
bronce *m* bronze
brotar to sprout; to spring, rise; to issue (from); *fig* to break out, erupt
brusco brusque, rough, abrupt
bruto: en — in the rough
buey *m* ox, bullock
bulto bundle; bulk, mass
burlar: —**se de** to make fun of
burlesco burlesque
burlón mocking, jeering
burócrata *mf* bureaucrat
burocrático bureaucratic
burro donkey
busca search

C

caballería horse
caballero gentleman
caballo: a — on horseback;

— **de pica** picador's horse
cabecera head (of bed); headboard
cabecilla *m* gang leader, ringleader
cabello hair (of the head)
caber to be possible; **no cabe (cabía) duda** there is (was) no doubt
cabezuela *dim of* **cabeza** small head
cabina cab, cabin (of truck); cabin, cockpit (of airplane)
cabo end; **al** — finally, after all; **al** — **de** at the end of; **al fin y al** — in the end, when all is said and done; **llevar a** — to carry out, perform
cadáver *m* corpse, body
cadena chain
cadera hip
caer to fall; to draw to a close (day or afternoon); **dejar** — to drop
café: de mal — fed up
cafetera coffee pot, percolator
cagar *vul* to defecate, shit
caída fall
caja box, case, chest; truck trailer
cajera cashier
cajero teller; cashier
cajón *m* box; drawer
calavera skull
calcetín *m* sock
caleado whitewashed
caleidoscopio kaleidoscope
calentar to warm, warm up
calidad quality
cálido warm
caliente hot
calificativo qualifier
calmar(se) to calm down
calvo bald
calzada wide road
calzar to wear (shoes); —**se**

to put on one's shoes (or other footwear)

calzoncillo underdrawers

callarse to keep silent

calleja side street; lane

callejón *m* alley; lane

cámara hall; chamber

camarada *m* comrade; pal

camarero waiter

cambiar: — impresiones to exchange impressions

cambio: en — on the other hand

caminante *mf* walker; traveler

caminar to walk, go, travel

caminejo small, rough road

caminero *adj* road

camino: abrir — to open the way; **a medio —** halfway; **— de** on the way to; **— real** highway; **de —** on the road, traveling

camión *m* truck

camionero trucker

camisa shirt

camiseta undershirt

campamento camp, encampment

campana bell

campanario bell tower, campanile

campanilla hand bell

campesino peasant; farmer

campo field; countryside; camp, encampment

camuflar to camouflage

can *m* dog

cándido candid, sincere

candil *m* oil lamp

candoroso innocent, naive

canecido stale

cano white, gray (haired)

cansancio fatigue, weariness

cantaor *m* flamenco singer

cante *m* singing

cántico canticle; song

cantina bar, tavern

canto song; stone

canturrear to sing softly; to hum

caña (fishing) rod; **— de azúcar** sugar cane

cañón *m* barrel of gun; cannon

capataz *m* foreman

capellán *m* chaplain; clergyman

capital major, fundamental

capitanear to lead, head

capricho caprice, whim, fancy

caprichoso capricious, whimsical

carabinero carabineer, soldier armed with a carbine

caracol *m* snail; spiral

carácter *m* character; letter (of alphabet)

caracterizar to characterize; *theat* to play (a part) effectively

carajo: *vul* **al —** to hell; **Qué —** What the shit

caramelo candy

carbón *m* coal

carburo gas lamp

carcajada bellow, guffaw, outburst of laughter; **reir a —s** to laugh one's head off

cárcel *f* prison

cárdeno livid, purplish

carecer to lack, be lacking in

carencia lack, want, deficiency

carga load; freight; loading (of gun)

cargado loaded, filled; drunk

cargarse *coll* to kill, bump off; **— de** to be filled with; **— en hombros** to carry

cargo load, weight, burden; **— de conciencia** burden on the conscience

caribeño Caribbean

caricatura caricature

caricia caress

caridad charity

cariño love, affection, fondness

cariñoso affectionate

caritativo charitable

carnal carnal; sensual; *fig* worldly

carnívoro carnivore

carpa carp

carrera running, race; profession, career; street

carrero driver

carreta cart, wagon

carretera highway; **— adelante** up the highway, farther on

carretero teamster, driver (of cart or wagon)

carretilla wheelbarrow

carro cart, wagon

carromato covered wagon

carruaje *m* carriage

carta: jugar a las —s to play cards

cartera: — de viaje travel case

cascajera gravel pit

caso case, event, circumstance; **en todo —** in any case; **hacer —** to pay attention; **si es —** if anything

casona large house; house of a feudal lord

castellano Castilian, pertaining to the Spanish region of Castile

castigar to punish

castigo punishment

castillo castle

casto chaste, pure

casualidad chance, coincidence

casucha *derog* hovel, decrepit cottage

catalán Catalan, Catalonian, pertaining to the Spanish region of Catalonia

272

catástrofe *f* catastrophe
catedral *f* cathedral
categoría class, rank, position (of person)
cauce *m* river-bed
causa cause; *law* trial
cauteloso cautious, careful
cavar to dig, dig into
cavilar to ponder
caza hunting
cazar to hunt
cebollero mole cricket
ceder to yield, give in
cegar to blind
ceguera blindness
ceja eyebrow
celebrar to celebrate; to praise, applaud; to hold (a meeting)
célebre famous
celofán *m* cellophane
cementerio cemetery
cena supper
cenar to have supper; to eat for supper
ceniza ash, ashes
censura censure, criticism
censurar to censure, criticize
centenar *m* one hundred
centímetro centimeter
céntimo *centime*, one hundredth part of a *peseta*
central *f* electric power plant
cera wax
cercanía nearness
cercano near, nearby
cercar to fence, enclose
cerebro brain; *fig* head, mind
cereza cherry
cerrado thick (beard); close (curve)
cerrillo hillock
cerro hill
certamen *m* competition
cesación cessation
cetrino greenish-yellow (colored); sallow (com-

plexioned)
ciclo series (of lectures)
ciego: a ciegas blindly, in the dark; *n* blind person
científico scientist
cierto: por — certainly, surely
cifra cipher, code
cigarrillo cigarette
cigarro cigarette; cigar
cilindro cylinder
cima top, summit
cine *m* movies
cinta ribbon
cintura waist
ciprés *m* cypress
circo circus
circular to move (traffic)
círculo circle
cita appointment, date; quotation, quote
citado: estar — to have an appointment or engagement
citar to cite, refer to
ciudadano citizen
civilizar to civilize
clara clearing-up or break in rainy weather
claridad clarity; brightness
claro *adj* light (color); *n* — de la luna moonlight
clasista elitist, pertaining to social class distinctions
clavar to fix; to pierce, prick; to drive in
clave *f* key (to a code)
clavel *m* carnation
clavo nail
clima *m* climate
coadjutor *m* assistant
coágulo clot
cobarde *mf* coward
cobardía cowardice
cobrar to charge, collect; to acquire
cobre *m* copper
cocina kitchen; cooking, cuisine

coche: — de tercera third-class coach or carriage; — del muerto hearse; — fúnebre hearse
cochero coachman, driver
codiciar to covet
codo elbow
codorniz *f* quail
cogerse to hold, take hold
cogitación cogitation, reflection
cohete *m* rocket
coincidir to occur simultaneously
cojo *adj* lame; crippled; *n* cripple; lame person
cola tail
colectividad collectivity
colega *mf* colleague
cólera anger, rage
colérico angry
colgante hanging
colgar to hang, hang up
coliflor *f* cauliflower
colilla cigarette butt
colina hill
colmena beehive; crowded, noisy place
colmillo eye tooth; escupir por el — to spit out of the side of one's mouth
colocación job, position
colocarse to place or station oneself
colorado red, reddish, ruddy
colorearse to turn red; to be colored, tinted
collar *m* necklace
colleja corn salad (wild flower)
combatir to fight, oppose
comedia comedy; play, drama
comedor *m* dining room; restaurant
comentar to talk about, comment (on)
comentario comment,

273

commentary

comercio commerce, trade

cometer to commit

cómico actor

comité *m* committee

comodidad comfort; convenience

cómodo comfortable

compadecer(se) to feel sorry for

compañía: hacer — to keep company

comparar to compare

comparecer to appear

compartir to share

compasivo compassionate

compensar to compensate for, make up for

complacencia pleasure, satisfaction

complacer to please; **—se** to be pleased

complacido content, satisfied

complicar to involve (in difficulties)

complicidad complicity

componer to compose, make up; to repair, fix

comportarse to behave, act

compostura tidiness, neatness; repair

comprensión comprehension, understanding

comprobación verification, check, substantiation

comprobar to check, confirm

compromiso commitment

compuesto *pp of* **componer** *adj* repaired, fixed; *n chem* compound

común: por lo — generally, usually

comunicar to communicate

concatenación concatenation, linking together in a series

conceder to grant, bestow

concentrar(se) to concentrate

concertar to arrange; to

harmonize

conciencia conscience; consciousness, awareness; **— de sí** self-awareness

concierto concert

concreto concrete, specific

concurrencia gathering, audience

concurrir to concur, agree

concha shell

conde *m* count

condenar to condemn

conducir to conduct, lead; to carry, transport; to drive (vehicle)

conductor *m* driver

conectar to plug in; to turn on

conejo rabbit

conferencia lecture; **sala de —s** lecture hall

conferenciante *mf* lecturer

confiado confident, trusting

confianza: de — trusted

confiar to trust; to confide, entrust

confidencia confidence, confidential information

confidente *mf* confidant, confidante

confín *m* boundary, limit, border

confirmar to confirm; to support

conformarse (con) to resign oneself to, content oneself with

conforme in agreement; resigned, content

conformidad agreement; resignation, forbearance

confort *m* comfort

confortabilidad comfort

confortar to comfort

confundir to confuse; to mix up, jumble together; **—se (con)** to be confused or mixed (with)

confuso confused

congelar to freeze

congénito congenital

congregación congregation, parish

congruencia congruence, congruity

conjunto whole; ensemble

conmiseración commiseration

conmoción upheaval, agitation

conmover to move, stir (feelings, memories)

conocido acquaintance

conocimiento (also *pl*) knowledge; consciousness

conque so, then

conquista conquest

consagrar to devote, dedicate to

consecuencia consequence

conseguir: — + *inf* to succeed in + *ger;* to manage to + *inf*

consejo advice, piece of advice

consentirse to be permitted or allowed

conservador conservative

conservar to preserve; to keep

consiguiente consequent, resulting

consorte *mf* consort, spouse

conspicuo outstanding, prominent

constatar to confirm; to verify

consternar to disturb greatly, dismay

constituir to make up, constitute

construir to build, construct

consuelo comfort, consolation

consulado consulate

consulta consultation (with a doctor); office hours

consultar to consult with a doctor

consumar to consummate

consumición order (in a restaurant); **lista de —es** menu

consumicionero: aumento — increase in patronage

consumidor *m* consumer, client

contado numbered; specific, set

contador *m* meter (for gas); **— de velocidad** speedometer

contagiarse to be contagious

contagio contagious disease

contaminar to contaminate, infect

contar to count; to tell (a story); to consider; **— con** to count on; to have

contemplación contemplation; sight

contemplar to contemplate

contentarse to be satisfied

contestación answer, reply

contiguo contiguous, adjoining

contingencia contingency; risk

continuación: a — next, following

continuo continuous; **de —** continuously

contra: en — de against; **en su —** against himself

contradictorio contradictory

contraído contracted

contraproducente counterproductive

contrario: al — on the contrary; in the opposite direction

contrarrestar to resist, counteract

convencimiento conviction

convenir to suit; to corre-

spond; to be proper or fitting; **— en** to agree (to)

converso *adj* converted; *n* convert

convertir to convert, change; **—se (en)** to change into, become

convicción conviction

convidar to invite

convulsivo convulsive

cónyuge *mf* spouse

coñac *m* cognac; brandy

coño: *vul* **Qué —** What the fuck

copa glass; drink; **—s de los árboles** treetops; **echar(se) una —** to have a drink

coparticipar to share; to have in common

copeja *aug of* **copa** large drink

copiar to copy

coquetear to flirt

coraje *m* courage; spunk, spirit

coránico Koranic, pertaining to the Koran, the sacred book of the Moslems

corbata necktie

cordero lamb

cordobés Cordovan, of or from Córdoba (Spain)

cordón *m* cord

coro chorus

coronar to crown

coronel *m* colonel

corpulencia corpulence

corpus *m* corpus, the whole body of writings by an author

corredor *m* corridor

correo post, mail; *pl* post office; **a vuelta de —** by return mail

correr to run; to blow (wind, breeze); to pass by (time); to pursue; **—se** to overdo it

corresponder to belong to,

fall to; to repay, return (a favor)

corresponsal *mf* correspondent

corriente *adj* ordinary, common, usual; *f* current; *m* the current month; **tener al —** to keep up to date

corroborar to corroborate, support, back up

corromper to corrupt

cortado cracked or chapped (hands)

corte *f* court; entourage, retinue; *cap* Royal Court

cortejar to woo, court

cortejo cortege; retinue

cortina curtain

corto: a la corta o a la larga sooner or later

cosecha crop; harvest

costa coast

costado side

costar: —le a uno gran esfuerzo to take a lot of effort

costumbre *f* custom, habit; long practice; **como de —** as usual; **de —** usually

costumbrismo literary style that gives particular attention to the description of regional or national customs

cotidiano daily; everyday

creador *adj* creative; *n* creator

crear to create

crecido swollen

creciente growing

crecimiento growth

crédito reputation, name

creencia belief

crema cream-colored

crepúsculo twilight, dusk

creyente *mf* believer

criar to bring up, rear; to raise, produce

criatura creature; infant,

baby; child
crimen *m* crime
crío infant, nurseling
cristal *m* crystal; glass; pane of glass; window; crystal ornament; *fig* mirror; *poet* water
cristalino crystalline
cristalizar to crystallize
cristiano: — **nuevo** recent convert to Christianity; — **viejo** Christian of long-standing Catholic ancestry
Cristo Christ; crucifix
crítica criticism
crítico *adj* critical; *n* critic
croniquilla short chronicle, brief narrative
cronología chronology
cruce *m* crossroad, intersection
crucificar to crucify
crucifijo crucifix
crudo harsh, rough; *coll* crucial, critical
cruz *f* cross
cruzar to cross; to pass; —**se** to cross or pass one another, cross paths; to cross or exchange (questions)
cuadrado square
cuadricular to divide into squares
cuadrilla band, gang
cuadro square; table, chart; **de** —**s** checkered, plaid
cual: cada — each one; *adv* like
cuando: — **menos** at least; **de** — **en** — or **de vez en** — from time to time
cuanto: —**s** all those who; **en** — as soon as; while; **en** — **a** with respect to, in regard to
cubierta cover; tarpaulin
cuchara: meter — to butt in
cucharilla little spoon, tea or

coffee spoon
cuchillo knife
cuello neck
cuenca basin
cuenta account; consideration; **darse** — **de** to realize; to be aware of; **en resumidas** —**s** in short; **tener en** — to keep or bear in mind; **tomar en** — to take into account
cuentakilómetros *m* odometer, mileage recorder
cuento short story
cuerda string
cuerpecillo *dim of* **cuerpo** small body
cuerpo *mil* corps
cuervo crow
cuesta hill; — **abajo** downhill; — **arriba** uphill
cuestión question, matter; point, issue
cuévano large basket, hamper
cuidado *pp of* **cuidar** *adj* cared for; *m* care, concern; *excl* look out! be careful! **tener** — to be careful; to be concerned; **tener sin** — to be unconcerned by; to not concern
cuidadoso careful
cuidarse to take care of oneself; — **de (que)** to take care (that), to be careful (to)
culo *coll* behind, bottom; *vul* ass
culpa blame, fault; **echarse la** — to blame each other
culpable *adj* guilty; *m* culprit
cultivar to cultivate; to dedicate oneself to
culto *adj* learned, erudite; *n* cult; worship, homage
cultura culture
cumbre *f* summit, top
cumpleaños birthday

cumplido correct (answer)
cumplimiento fulfillment, performance
cumplir to fulfill, carry out, perform; — **con** to fulfill one's obligations; — **los diez años** to reach ten years of age
cura *m* priest
curación cure
curiosear to examine; to pry, snoop
curva curve
curvo curved

CH

chamizo thatched hut
chaqueta jacket
charla talk, lecture
charlar to chat, converse
chaval *m* youngster; lad
chavala lass
Chejov Chekhov
chico little, small
chicuelo youngster
chillar to scream, shriek
chimenea chimney
chiquillo child
chirriar to creak
chismes *mpl* gossip
chispa spark
chiste *m* joke
chocar to strike; to collide, crash; to irritate; to clash
chófer or **chofer** *m* driver
choque *m* contact, touch; collision, crash
chorro jet, spurt (of liquid)
chuleta chop
chumbera prickly pear, nopal
chusma rabble, riff-raff

D

danzarín dancing
daño: hacer — to hurt, do harm

dar: — **a entender** to make known, make clear; — **a luz** to give birth; — **calor, sueño,** and so on to make (someone) warm, sleepy, and so on; — **con** to find; — **de comer** to feed; — **la luz** to turn on the light; — **las ocho** to strike eight; — **por** to consider as, think about; **da igual** or **da lo mismo** it's all the same; **¿Qué más da?** What difference does it make? —**se** to grow; to occur; —**se a conocer** to make oneself known, reveal oneself; —**se cuenta (de)** to realize; to become aware of; —**se por** to consider one-self

dato fact, datum, piece of information

deber *m* duty

debidamente duly, properly

debido: como era — as he (she) should; **ser** — to be proper

debilidad weakness

debilitar to weaken

década decade

decepcionado disillusioned; disappointed

decidido determined, decided

decidirse to decide, make up one's mind

decir: al — **de** according to

declinación decline, decay, descent

declinante declining

declinar to decline; *m* decline, ebb, waning

declararse to make itself known, show itself

decretar to decree

decreto decree

dedicarse to dedicate or devote oneself

dedicatoria dedication;

dedicatory

defección defection

defenderse to protect oneself

deferencia deference

deficiencia deficiency; defect, fault

definitivo definitive

deforme deformed, misshapen

dejar: — **caer** to drop

delantero front

delectación delectation, delight

deleite *m* delight, pleasure

delgado thin

delgaducho thinnish, lanky

delicadeza fineness, delicateness, delicacy

delicia delight, pleasure

delicioso delicious; delightful

delimitar to limit, bound

delirar to be delirious, suffer from delirium

delito crime

demonio devil

demorar(se) to delay

demostrar to show, demonstrate; to prove; to make evident

denegar to refuse, deny; to decline

dentro: por — on the inside

denuncia accusation

denunciar to denounce, censure; to proclaim, announce

dependencia dependence

dependiente *mf* employee

deplorar to deplore, lament

depósito tank; deposit, sediment

derechamente directly, straight

derivado derivative

derramar to spill; to shed; —**se** to spill over

derribar to knock off

derrota defeat

derrotar to defeat

derrotero course, route; *fig* means, way

derrumbamiento collapse, fall

desafiar to challenge, dare, defy

desaforar to strip (of power)

desagradable unpleasant

desagradecido ungrateful

desagrado displeasure

desaparecer to disappear

desaparición disappearance

desarrollar to develop

desastre *m* disaster

desayunar to have breakfast

desayuno breakfast

desazón *f* irritation, annoyance, upset

descalabro calamity

descalzarse to take off or remove one's footwear

descalzo shoeless

descender to descend

descendiente *mf* descendant

descifrar to decipher

descompuesto disarranged, messed up

descomunal extraordinary, enormous

desconcertar to disconcert

desconcierto confusion, perplexity

desconectar to disconnect

desconocido *adj* unknown; *n* stranger

desconsiderado inconsiderate

descorazonar to dishearten

descrédito discredit; disrepute

describir to describe

descubridor *m* discoverer, finder

descuidado negligent, unmindful

descuidar not to bother or worry; —**se** to be careless

descuido neglect, carelessness

desdén *m* disdain, scorn

desdeñoso disdainful
desdichado poor wretch, poor devil
desembarcar to disembark
desencanto disenchantment, disillusionment
desengañado disillusioned
desengaño disillusionment; realization of the truth
desenlace *m* outcome
desenmarañar to untangle
desentenderse (de) to feign ignorance (of); to have nothing to do (with)
desentendido unmindful
desentrañar to disembowel
deseoso desirous; anxious
desertar (de) to desert, abandon
desesperación desperation
desesperado desperate
desesperanza despair, hopelessness
desfallecer to weaken
desfilar to parade by, file by, pass by
desfile *m* parade
desgana lack of appetite or zest; reluctance
desgarrar to tear, rip
desgracia misfortune; **por —** unfortunately
desgraciado *adj* unfortunate, wretched; *n* wretch; despicable person
deshacerse to be undone; to dissolve; to fall to pieces
deshecho ruined, worn out, in pieces
deshumanización dehumanization
desierto *adj* deserted; *n* desert
designar to designate
designio design, plan
desigual unequal
desilusión disillusionment
desilusionado disillusioned

desinfectante *m* disinfectant
desintegrarse to disintegrate, decompose
desinteresado disinterested
deslizarse to slide, slither; to glide
deslumbrante dazzling, bright
deslumbrar to overwhelm, bewilder
desmayado hanging limply
desmesuradamente excessively, inordinately
desnivel *m* depression
desnudar(se) to undress
desnudez *f* nakedness, nudity
desnudo bare, naked
desocupación idleness
desoir to ignore, pay no attention to
desolado disconsolate, desolate
desorbitado out of its socket (eye); bulging
desorientar to disorient, confuse
despacio slowly, slow
despacioso slow, sluggish
despachar to wait on, help (customers)
despacho office
despavorido terrified
despectivo disparaging, contemptuous
despedir to dismiss, fire; to say goodbye to; **—se (de)** to say goodbye to
despertador *m* alarm clock
desplazar(se) to move, shift, change position
desplomarse to topple; to collapse
despreciar to despise, scorn; to disdain
desprecio scorn, contempt
desprenderse to shoot out; **— de** to come loose (from), become detached

despreocupación unconcern, nonchalance
despreocupado carefree, nonchalant
desprevenido unprepared
desproporcionado disproportionate
desquite *m* revenge, retaliation
destacarse to stand out, be prominent
destapar to uncover; to uncork (bottle)
destinar to destine
destinatario addressee
destino destiny, fate
destitución dismissal, discharge (from employment)
destrozar to break to pieces, destroy
destruir to destroy
desvanecerse to vanish, disappear
desventaja disadvantage
desventura misfortune, calamity
desventurado unfortunate
desvestirse to undress
detalle *m* detail
detención detention, arrest; delay
detener to arrest, detain
determinación resolution, decision
determinado definite, specific
devolver to return
devorar to devour, gobble
devoto devoted
día: a los pocos —s within a few days; **al otro —** (on) the following day; **en su —** when it (they) occurred; **todo el —** all day long
diablo: a —s like the devil
diabólico diabolical
dialéctica dialectics
dialogar to speak in dialogue; to converse

278

diálogo dialogue

diamante *m* diamond

diámetro diameter

diario: a — every day; **de
—** everyday; *n* news-
paper

dibujar to draw; to outline,
sketch

dibujo drawing; pattern,
design

dictado dictation

dictador *m* dictator

dictar to dictate

dicha happiness

diente: (repetir) entre —s (to
repeat) in a mumble, mum-
bling

diferencia : a — de unlike

diferenciar to differentiate

diferir to defer, delay, post-
pone

dificultad difficulty

difunto deceased, dead

difuso diffused; hazy

dignamente honorably,
worthily

dignatario dignitary

digno worthy

diita *dim of* **día**

diligencia diligence, effort;
law proceeding

diminuto diminutive

Dinamarca Denmark

diócesis *f ecc* diocese

Dios: como — manda as it
should be; **por —** for
Heaven's sake

diosa goddess

directorio directorate,
governing body

dirigir: — la palabra to
address; **—se (a)** to make
one's way (to); to head
(toward); to address

discípulo disciple, follower

discreto discreet, prudent

disculpable excusable,
pardonable

disculparse to apologize

discurrir to roam; to ramble
(on)

discurso speech

discutir to discuss; to argue

diseminar to disseminate,
spread

disertación discourse, speech

disfraz *m* disguise

disgusto irritation, vexation;
sorrow, chagrin

disimulado dissembling,
furtive, sly; hidden

dislocar to dislocate, displace

disminución decrease

disminuir to reduce, diminish

disolver to dissolve

dispar unlike, different

disparar to shoot, fire; to let
loose, let fly

disparate *m* (often *pl*) nonsense

disparo shot

dispensario clinic

dispersarse to be dispersed,
scattered

disponer to arrange, dispose;
— de to possess, have; to
have at one's disposal

disposición arrangement

dispuesto ready, arranged;
estar — a to be ready to,
prepared to

disputar to quarrel, argue

distender(se) to distend, swell

distinguir to distinguish,
make out; **—se** to distinguish oneself; to be distinguished

distinto distinct; different

distraer to distract; **—se** to
amuse oneself

distraído distracted, absent-
minded; inattentive

distribuir to distribute

diván *m* divan, low couch

diversión amusement, enter-
tainment

divertimiento diversion,
amusement

divertirse to amuse oneself;
to have a good time

divisar to spot; to see

divorciar to divorce; to separate

doblar to bend over, bow; to
bend; to fold; **—se** to
double up, bend

docena dozen

docencia teaching, instruction

dócil docile; flexible

docto learned, erudite

doctrina doctrine

dogmática dogmatics,
dogmatic theology

doler to ache, hurt; **—se de**
to complain about

doloroso painful; sorrowful

dominante dominant, chief

dominar to dominate; to rule,
have sway over; to stand
out above

dominio control

dominó dominoes (game)

doncella lady's maid

doquier wherever; **por —**
everywhere

dorado golden

dormirse to fall asleep

dramático dramatic

dubitativo doubtful

ductilidad ductility,
plasticity, malleability

ducha shower

dudoso doubtful

duelo duel; grief, sorrow;
mourning; mourning party

duende *m* elf, goblin

dueño: — de sí master of
oneself, in control of oneself

dulzura mildness, gentleness,
sweetness

duplicar to double, duplicate

durmiente *mf* sleeper

duro: — de oído hard of
hearing

E

ébano ebony
eclipsar to eclipse
economía economy;
  economics
ecuanimidad equanimity,
  even temper
echado lying down
echar: — a to begin, start;
  — adelante to start forward; — de menos to miss;
  — mano de to get hold of;
  to use; — una copa to have
  a drink; — una mano a to
  lend a hand; — una ojeada
  to take a look; —se to lie
  down; —se a to start (to),
  begin; —se encima *fig* to
  jump on (someone); —se
  hacia atrás to lie back
edificación building
edificar to edify, instruct
efectivamente in effect,
  actually
efecto: en — in effect, really,
  actually
efímero ephemeral
egipcio Egyptian
egoísmo egoism; self-love
egoísta selfish, egoistical,
  self-centered
ejecutar to execute
ejemplaridad exemplariness,
  exemplary quality
ejemplo example
ejercicio exercise
ejército army
elaborar to work, work out,
  elaborate
elasticidad elasticity
elección choice
electorero electoral
electricidad electricity
electrizar to electrify
elemental simple
elevado high
elevar to raise; —se to rise

elocuencia eloquence
elocuente eloquent
elogiar to praise, extol
elogio praise
eludir to elude; to avoid
emanar to emanate
embajada embassy
embajador *m* ambassador
embarazoso embarrassing;
  difficult
embebido soaked, saturated
emigrar to emigrate
eminencia eminence;
  eminent figure
eminente prominent, eminent
emocionante moving; exciting
empalizada picket fence
empañado fogged up,
  clouded
emparrado vine arbor
empavorecido terrified
empírico empirical
emplazar to place, situate,
  locate
empleado employee
empleo use
emprender to undertake
empresa enterprise, undertaking
empujar to push
empuje *m* drive, push; force,
  pressure
empujón *m* push, shove
enamorado *adj* in love;
  mpl sweethearts
enamoramiento love affair
enamorar to enamor, inspire
  love in; —se (de) to fall in
  love (with)
enano dwarfish, small
encajar to fit (in)
encaminarse to set out for,
  head for, be on the way to (a
  place)
encantar to delight, charm
encanto charm
encarcelar to imprison
encargante *mf* requester,

petitioner, solicitor
encargar to order; — a to
  entrust to; to put in charge
  of; —se de to take charge
  of, be responsible for
encenderse to light up; to be
  excited or aroused
encendido lit up; bright
  (color)
encerrar to enclose, shut in;
  to contain, hold; to lock up;
  —se to shut oneself up
encima: por — de over
encogerse to shrink; — de
  hombros to shrug
encogido timid, retiring;
  cowering
encomendar to comment,
  entrust
encontrarse (con) to come
  across, meet
encubierto *pp of* encubrir secret, concealed
encuentro meeting; encounter
endemoniado possessed (by
  the Devil)
enderezarse to straighten up
endiablado devilish; repulsive
endulzar to sweeten
enérgico energetic, vigorous
enervamiento enervation,
  weakening
enervante enervating,
  weakening
enervar to enervate, debili-
  tate, weaken
enfadado angry
enfadarse to get angry
enfermar to fall ill
enfermedad illness
enfermera nurse
enfermo patient, ill person
enfrente in front; opposite
enfriar to chill, cool
enfurecido furious, infuriated
engañar to deceive; —se to
  be deceived
engaño deceit

enhorabuena congratulatory word; congratulations; **estar de —** to be congratulated

enigmático enigmatic

enjaular to cage

enjugar(se) to wipe

enlazar to link; to fold (hands)

enloquecido maddened, crazed; frantic

ennegrecido blackened

enojo irritation, anger

enojoso annoying, irritating

enorme huge

enredar to entangle, tangle; **—se** to get entangled

ensanchar to widen, broaden

ensangrentar to stain with blood

ensayar to try

ensayo essay

enseguida at once, immediately

ensombrecerse to become sad

ensuciar to stain, defile; **—se** to become or get dirty

entenderse (con) to get along (with); to come to an understanding (with)

entendido (en) experienced (with); knowledgeable (about)

enterado knowledgeable; well-informed; aware

enterarse (de) to find out (about); to become aware (of)

enternecer to move, touch (feelings or emotions)

enterrar to bury

entierro burial, funeral

entomología entomology (the branch of zoology that deals with insects)

entonces: por — at the time

entontecer to stultify

entorpecerse to become slow;

— de sentidos to become befuddled

entrada entrance; admission ticket; **dar — a** to give way to

entraña core; *pl* bowels, innards; innermost recesses

entre: — tanto meanwhile

entreabrir to open slightly; to half-open

entrecortado broken, interrupted

entrecruzar to intercross, interweave

entregarse to devote or dedicate oneself

entremezclado (de) intermingled (with)

entrenamiento training

entretanto meanwhile, in the meantime

entretener to entertain, amuse; to delay; **—se** to amuse oneself

entrever to see vaguely; to conjure up

entristecer to sadden

entusiasmar to make enthusiastic

entusiasmo enthusiasm

entusiástico enthusiastic

envejecer to grow old

envidia envy

envidioso envious, jealous

enviudar to become a widow

envolver to cover, wrap (up); to surround

episcopal episcopal, pertaining to bishops

episodio episode

equilibrio equilibrium, balance

equipo team

equivaler to equal, be equal to

equivocación mistake, error

equivocarse to be wrong, be mistaken, make a mistake

erguirse to rise, stand erect,

straighten up; to sit up

ermita hermitage

ermitaño hermit

erudición erudition, learning

escalar to scale, climb

escalera stairway, stairs; **—s arriba** upstairs

escalerilla small staircase

escampar to clear up (weather)

escandalizar to scandalize

escándalo scandal, offense; disturbance; licentious behavior

escandaloso scandalous

escarabajo scarab, black beetle

escarlata scarlet

escaso scant, slight

escena scene; stage

escenario setting, background; stage

escénico scenic, pertaining to the stage; dramatic

escepticismo skepticism

escéptico *adj* skeptical; *n* skeptic

esclavitud slavery

esclavo enslaving

escogido chosen person

escolar *mf* pupil

esconder(se) to hide

escondite *m* hiding place

escopeta shotgun

escribano notary, clerk

escrito writing

escrúpulo scruple; misgiving

escrupuloso scrupulous

escrutar to scrutinize, examine

escuadrilla (air) squadron

escuálido emaciated

escudar to shield

escupir to spit; **— por el colmillo** to spit out of the side of one's mouth

escupitajo spittle

escurrir to trickle, drip

esencia   essence
esencial   essential
esfera   sphere; dial
esforzar   to strengthen; —se
   (en)   to strive, make an
   effort (to)
esfuerzo   effort
esfumarse   to vanish, disappear
esmero   painstaking care,
   meticulousness
espacial *adj*   space
espaciar   to space (out),
   spread; —se   to diminish
espacio   space; interval
espacioso   spacious; slow,
   unhurried
espada   sword
espalda: de —s   with one's
   back turned; de —s a   with
   one's back to
espantar   to frighten, scare,
   alarm
espanto   fright, terror; poner
   —   to frighten
espantoso   frightful, dreadful
esparcir   to scatter
espárrago *m*   asparagus
especial: en —   especially
especialista *mf*   specialist
especie *f*   kind, sort, type,
   variety; species
espectáculo   spectacle; show;
   sight
espectador *m*   spectator
espejar   to mirror
espejo   mirror
esperanza   hope
esperpento   highly stylized
   dramatic form created by
   Ramón María del Valle-
   Inclán that is characterized
   by its systematic deforma-
   tion of traditional themes
   and characters
espesar   to thicken
espeso   thick
espía *mf*   spy

espina   thorn
espinazo   backbone, spine
espinoso   spiny, bony (fish)
espléndido   splendid
esplendor *m*   splendor;
   radiancy
esplendoroso   resplendent,
   radiant
espontaneidad   spontaneity
espuma   foam, froth
esquemático   schematic
esquina   corner
establecerse   to station itself
estallar   to explode
estancia   room
estático   static
estatua   statue
estereotipado   stereotyped
estéril   sterile
estética   aesthetics
estético   aesthetic
estilo   style; por el —   like
   that
estimación   esteem, regard
estimar   to consider; to esteem, respect; to estimate
estimular   to stimulate
estipular   to stipulate
estirar   to stretch
estirpe *f*   lineage
esto: a todo —   meanwhile;
   en —   at this moment;
   meanwhile
estoico   stoic
estómago   stomach
estorbar   to hinder, impede
estrado   dais
estrecharse   to clasp, clutch
   one another
estrecho   narrow; rigorous
estrella   star; fate, destiny
estremecer   to shake, make
   tremble; —se   to shake,
   tremble, quiver
estreptomicina *pharm*   strepto-
   mycin
estricto   strict
estridencia   shrillness

estropear   to ruin
estructura   structure
estruendo   roar, din
estruendoso   deafening,
   clamorous
estudio   studio
estudioso   studious
estupefacción   stupefaction,
   astonishment
estupefacto   stupefied,
   astonished
estupidez *f*   stupidity
estupor *m*   stupor; stupefaction
etéreo   ethereal, heavenly
eternidad   eternity
etimológico   etymological
eucaliptus *m bot*   eucalyptus
evangelismo   evangelism
evitar   to avoid, evade
exagerar   to exaggerate
exaltación   exaltation, glorifi-
   cation; excitation
exaltado   excited, worked up
examen *m*   examination
examinar   to examine
exasperar   to exasperate
excavar   to excavate, dig
excederse   to go too far
exhalar   to exhale; to emit
exigencia   demand; require-
   ment
exigible   requirable
exilar   to exile
existencia   existence, life
existencial   existential
éxito   outcome; success
éxodo   exodus
expansión   expansion;
   expansiveness
expansivo   expansive,
   sociable, affable
expectativa   expectation
expediente *m*   means, way
experimentar   to experience
explicación   explanation
exponer   to explain, expound;
   to expose, show

exposición exposition; interpretation; exhibition

exprés *m* expresso machine; **café —** expresso coffee or machine

expuesto *pp of* **exponer** exposed, liable

exquisito exquisite

éxtasis *m* ecstasy, rapture

extático ecstatic, enraptured

extemporáneo untimely, inopportune

extenderse to be extended; to spread

extensión expanse

extenso extensive

extenuación wasting, weakening

extracto summary, abstract

extraer to extract, take out, remove

extranatural supernatural

extranjero *adj* foreign, alien; *n* foreigner; **al —** abroad

extrañar to surprise; **—se (de)** to be surprised (at)

extrañeza surprise, wonder

extraño *adj* strange; alien, foreign; *n* stranger

extraviarse to go astray

extremo end, tip

extremoso extreme, excessive

F

fábrica factory

fabricar to manufacture, make

fábula fable; tale, story

facción *pl* features (of face)

faceta facet

facilidad facility, ease

facultad faculty; ability

fachada façade

falda skirt

falta: hacer — to be necessary; to need; **sin —** without fail

faltar to be lacking; to be absent; **—le a uno** to need

falla fault, defect

fallar to not work or function properly

fama: tener — de to have a reputation as

familiar *adj* familiar, pertaining to a family; *m* relation, member of a family

familiarizarse to familiarize oneself

fantasía fantasy, imagination

fantasmal ghostly

fantástico fantastic, imaginary

faro headlight; lighthouse, beacon

farol *m* headlight

farsa farce; sham

fascinante fascinating

fascinar to fascinate

fastidio irritation, annoyance

fastidioso annoying

fatiga fatigue, weariness

feble feeble, faint

febril febrile, feverish

fecundidad fecundity, fruitfulness, productiveness

fecundo fertile; productive

fecha date

fenómeno phenomenon

ferocidad ferocity, savageness

feroz ferocious, savage

ferrador: *m* **O —** the Blacksmith (*gallego*)

ferrocarril *m* railroad

fertileza fertility

feto fetus

fiarse (de) to trust

ficticio fictitious; false

ficha card; **— de inscripción** registration card

fiebre *f* fever

fierro iron

figurar to figure; to be, appear; **—se** to imagine, fancy

fijarse (en) to notice, pay attention to

fijeza fixedness, firmness, steadiness; **mirar con —** to stare, look fixedly

fijo fixed, set

fila row

filantropía philanthropy

filo edge

filosofar to philosophize

filosofía philosophy; **con —** philosophically

filosófico philosophical

filtro filter

fin: a — de + *inf* in order to **+** *inf;* **al — y al cabo** in the end; when all is said and done; **sin —** endless

finalidad aim, purpose

finalizar to conclude

fingido feigned; false, deceptive

fingir to pretend, feign

finura fineness, excellence

firme firm, steady; **de —** firmly; steadfastly

firmeza firmness; stability

fisiología physiology

fisiólogo physiologist

fisura fissure

flaco thin; weak

flanquear to flank; to protect

flaqueza weakness

flaquito *dim of* **flaco** skinny

flecha arrow

flexo reading lamp

flojedad carelessness; weakness

flojo weak

florecer to flower, blossom

flotar to float

folio folio, leaf (of book)

follaje *m* foliage

fondo bottom; depths; background; back; end; **a —** complete, thorough; completely, thoroughly; **en el —** deep down, basically

fonético phonetic
forjar to forge
forma: de esa — in that way;
  de — que so, so that; **de
  otra —** otherwise; **de
  todas —s** anyway
formidable tremendous
fortalecer to fortify,
  strengthen
fortaleza fortress, stronghold; fortitude, strength
forzar to force, compel
fosforescencia phosphores-
  cence
fosforescer to phosphoresce
fosfórico phosphoric;
  luminous, phosphorescent
fotografía photograph
fracasar to fail
fracción fragment
fracturar to fracture, break
frágil frail
fragor *m* din, clamor
fragoroso clamorous,
  thunderous
franco frank, sincere
frasco bottle
frecuencia frequency
fregar to scrub, mop (floors)
freir to fry
frenar to restrain, hold back;
  to brake
frenesí *m* frenzy
frenético frenetic, frenzied
freno brake
frente: de — from the front,
  frontally, head on; without
  hesitation; **— a** opposite,
  facing
frescor *m* freshness
frescura freshness
frialdad coldness, coolness
friolento chilly
frito *pp of* **freir** fried
fronda foliage
frondoso leafy
frontera border, frontier
frotar(se) to rub

frustrado thwarted, frustrated
frutal: árbol — fruit tree
frutero *adj* fruit
fruto fruit; product
fuero law, statute; provincial
  privilege, exemption
fuerte *m* fortress, stronghold;
  forte, strong point
fuerza strength; power; **a —
  de** by means of; because
  of; **a la —** by force; **a
  viva —** by bodily force
fuga flight, escape
fugaz fleeting, brief, short
fugitivo passing, brief
fulgor *m* brilliance; splendor
fumar to smoke
función show, performance
funcionar to work, operate
funcionario official,
  functionary
fundamento foundation,
  basis
fúnebre *adj* funeral
furioso furious
fusil *m* rifle, gun
fútbol *m* soccer

G

gabinete *m* private room
gafas *fpl* glasses, spectacles
gala: de — full dress
  (uniform)
galán *m* actor
galante gallant
gallardo elegant, graceful
gallego Galician, of or from
  the region of Galicia (Spain)
galleta cracker
gallina hen
gallo rooster
gana *pl* desire, wish; **dar —s
  de** to make one feel like;
  de buena — willingly;
  tener —s de to want to,
  feel like

garantizar to guarantee
garganta throat
gasoil *m* gas oil
gasolinera gas station
gastar to spend; to use; to
  wear out, wear down, con-
  sume; **— bromas** to play
  jokes or tricks
gasto expense
gata cat
gazpacho gazpacho (cold
  soup of oil, tomatoes, vine-
  gar, salt, garlic, onions, and
  bread)
gelatinoso gelatinous
gemido wail; moan
gemir to groan, moan; to
  wail
general: por lo — generally
generalizarse to become general or generalized
género kind, sort, type;
  lit genre; *biol* genus
generosidad generosity,
  liberality
genial brilliant, inspired
Génova Genoa (Italy)
gentecilla *dim of* **gente** the
  rabble, riff-raff
geógrafo geographer
geométrico geometric
geranio geranium
gesticular to gesticulate,
  gesture
gesto gesture; look, expression
gigante *mf* giant
gigantesco gigantic, huge
girar to revolve, turn, spin
gitano gypsy
gladiador *m* gladiator
glotón *mf* glutton
gobernador *m* governor
gobierno government
golpe: de — suddenly; **de un
  —** all at once; with one
  stroke
golpear to hit, strike

golpeteo thumping
gorrión *m* sparrow
gorro cap
gota drop (of liquid)
gotear to drip
gozar to enjoy (oneself);
— **de** or **en** to enjoy
gozo joy
gozoso joyful
grabado print; engraving
grabar to engrave
gracia charm; favor;
ecc grace (of God); **hacer**
— to please; to amuse, be
amusing; **hacer una** — to
play a joke; **qué** — how
funny; **tener** — to be
amusing or funny
gracioso charming; pretty,
pleasing; amusing, funny
grandeza magnificence,
grandeur
grasa grease
grasiento greasy, grimy
graso oily, greasy
grato pleasing, pleasant
gravedad seriousness, gravity
grávido heavy
greda clay
griego Greek
grillo cricket
gris gray
grisáceo grayish
grito: a —s with shouts, by
shouting
grosero vulgar, coarse
grueso thick; heavy
gruñir to grumble, growl
guantada slap
guapo good-looking, attrac-
tive; **ponte guapa** get
prettied up
guarda *mf* guard
guardia *f* guard (body of
soldiers); — **civil** police
force that patrols the Spanish countryside; *m* guards-
man; policeman; — **de**

orden público policeman
gubernativo governmental
guerrero *adj* military
guiar to guide; to drive (a
vehicle)
guijarro pebble
guiñar: — un ojo to wink
guitarra guitar
gusano worm; glowworm
gusto: a — comfortable;
comfortably, pleasantly

H

hábil clever, able
habilidad ability; talent, skill
hábito habit, custom
habituarse to become accustomed or used to
hacer: — caso to pay attention to, notice; — **daño** to
hurt; — **de** to work or act
as; — **el papel** to play the
part or role; — **falta** to be
necessary; to need; — **gracia**
to please, amuse; — **una
gracia** to play a joke or
trick; **—se** to become,
grow, turn; to act or play,
pretend to be; **—se ilusiones**
to have hopes; **hacérsele a
uno** to seem, appear
hacienda estate
hacho beacon hill
hala *interj* come on! hurry
up!
halagar to flatter
hambriento hungry, starving
harina flour
hartar: — de to deluge with
harto (de) fed up (with), sick
(of)
hebreo Hebrew
hechizado enchanted,
bewitched
helar(se) to freeze
hembra female
hepático hepatic, suffering

from liver disorders
heredar to inherit
herida wound
herir to wound; to injure,
hurt
hermético hermetic, impenetrable
hermosura beauty
hervir to boil; to swarm or
teem with
hiato hiatus
hielo ice
hierba grass
hierro iron; iron rod
higiénico hygienic, sanitary
hilera row, line, file
hilillo trickle
hilo thread
himnario hymnal, hymnbook
himno hymn
hincarse to plant itself; to
land
hinchado swollen
hinchar to swell, swell up
hipérbole *f rhet* hyperbole
hipnotizar to hypnotize
hipócrita hypocritical
hirsuto hirsute, hairy
hispano Hispanic
histérico hysterical
historiador *m* historian
histórico historical
historieta anecdote; short
story; comic strip
hogar *m* hearth; home
hoguera bonfire
hombrecín *m dim of* **hombre**
hombro shoulder; **encogerse**
or **alzarse de —s** to shrug
hondo deep, profound;
intense
hondura depth; **meterse en
—s** to get into trouble
honra honor; fame
honradez *f* honesty, integrity
honrado honest
hora: a buena — *iron* too late;
a primera — early, as

early as possible; **a última**
— at the last minute; **de**
última — late (at night);
—s muertas wasted hours
horario schedule
horizonte *m* horizon
hormiga ant
horno furnace; oven
horroroso horrible, dreadful
hoyo hole, pit; grave
hueco gap; hollow, hole
huella imprint, impression;
trace, sign; track
huerta garden; orchard
huerto fruit or vegetable
garden; orchard
huesecillo *dim of* **hueso** small
bone
hueso bone
huésped *m* guest, lodger
huevo egg
huida flight
huir to flee; to avoid, shun
humanizar to humanize
humedad dampness, moisture
humedecido damp, moist
húmedo damp, moist; humid
humildad humility
humilde humble
humillar to humiliate; to
lower (the eyes); to bow
(the head)
humo smoke
humor mood, humor; **de mal**
— in a bad mood
hundir to sink; **—se** to sink;
to vanish, disappear
huy interjection of surprise or
astonishment

I

ibérico Iberian
idear to imagine, conceive; to
invent
idéntico identical
identificar to identify
idílico idyllic

idiotez *f* idiocy
idolatría idolatry; idolizing,
adoration
ídolo idol
ignorado ignored; unknown
igual (all) the same; **al —**
que just as, like; **le da —**
it's all the same to him
igualar to equal
igualmente also
iluminado illuminated;
enlightened
iluminar to illuminate, light
up; **—se** to light up,
brighten
ilusión hope, dream; **hacerse**
—es to have hopes
ilusionado harboring hopes,
having illusions
ilusorio illusory, deceptive
ilustrado enlightened;
learned; illustrious
ilustrar to illustrate; to
enlighten
ilustre illustrious
imagen *f* image
imaginativo imaginative,
fanciful
imbécil *mf* moron, fool, idiot
imbecilidad imbecility,
feeblemindedness
imitar to imitate
impaciencia impatience
impacientarse to become
impatient
imparcialidad impartiality
impartir to impart
impasible impassive;
impassible
impedir to prevent
impertinencia impertinence
impetuoso impetuous;
vehement
impiedad impiety, irreverence
implantarse to be established
implicar to imply, mean
imploración imploration,
entreaty

implorar to implore, beseech
imponente imposing
imponer to impose; **—se a**
to dominate, get control of,
control
imposibilitar to prevent, stop;
to render unfit
imprecación imprecation,
curse
imprescindible indispensable
impresionar to impress, make
an impression on, affect
impreso *pp of* **imprimir**
printed, imprinted
impresumible improbable
imprimir to imprint, stamp,
press
impropio unsuitable,
inappropriate
improviso: de — unex-
pectedly
imprudencia imprudence
inacabable interminable,
unending
inadvertido unseen, unnoticed
inapreciable inappreciable;
imperceptible
inarticulado inarticulate
incansable untiring, tireless
incapaz incapable
incauto incautious, unwary,
heedless
incesante incessant, unceasing
incierto uncertain
incitación incitement
inclinar(se) to bend, bend
over; to bow; to lean
inclusive including, even
incluso even
incógnita *fig* mystery;
unknown quantity
incomodarse to get annoyed,
angry, or vexed
incomparecencia nonappearance
incomprensible incomprehensible
inconexo disconnected

inconmensurable incommensurable, immeasurable
inconsciencia unawareness, unconsciousness
inconsciente unconscious
incontable uncountable
inconveniente *m* drawback, disadvantage
incorporar(se) to straighten up; to sit up; to incorporate
incorregible incorrigible
increado uncreated
incrédulo *adj* incredulous, unbelieving; *n* unbeliever
increíble incredible, unbelievable
incrustar to incrust
incurrir to incur
indecible unspeakable
indeciso undecided, hesitant
indefinido indefinite, vague
indescifrable undecipherable, incomprehensible
indicación indication, signal
indicador *m* indicator; indicator light
índice index (finger)
indicio sign, indication; *pl* evidence, clues
indigestarse to cause or give indigestion; to get indigestion
indignado indignant
indispuesto indisposed, ill
indistinto indistinct
indolencia indolence, laziness
indolente indolent, lazy, apathetic
indudable undoubted, indubitable
indumentaria clothing
inédito unpublished
inefable ineffable, inexpressible
inequívoco unequivocal, unmistakable
inercia inertia
inesperado unexpected

inestable unstable
infalible infallible, never-failing
infame *m* scoundrel
infancia childhood
infantería infantry
infantil childish, childlike; child's
infeliz *mf* poor devil, wretch
inferior inferior; lower
infernal infernal, hellish; *fig* wicked
infierno hell
infiltrar to infuse; to permeate
infinidad infinity
influir to influence
influyente influential
infortunio misfortune, misery
infrecuente infrequent
infundir to infuse, fill, or inspire (with)
ingenio ingenuity, inventiveness; talent
ingenioso ingenious, clever
ingenuo ingenuous, naive
ingresar to enter; to become a member (of)
inhóspito barren, desolate
iniciación initiation, beginning
iniciar to initiate; to begin; to introduce to
inimaginable unimaginable
ininteligible unintelligible
injerir to insert, introduce
injustificado unjustified
injusto unjust
inmediato adjoining
inmóvil motionless
inmovilidad immobility
inmutable immutable, unchangeable
inolvidable unforgettable
inquebrantable unbreakable
inquietante disquieting, disturbing
inquietar to disturb, disquiet

inquieto uneasy, anxious
inquietud disquiet, uneasiness
inquirir to inquire (into)
Inquisidor *m ecc* Inquisitor
insalvable insurmountable
inscribirse to enroll
inscripción enrollment, registration
insensato senseless
insigne distinguished
insinuación insinuation, intimation; suggestion
insinuar to insinuate, intimate; to suggest
insistir to insist; — **a** or **en** to insist on
insolentarse to become insolent
insoportable intolerable, unbearable
insostenible unsustainable, untenable
inspeccionar to inspect, examine
inspirar to inspire, cause
instalarse to establish oneself, install oneself
instantáneo instantaneous
instintivo instinctive
instinto instinct
instruido well-educated
integrar to make up, form
intelección intellection, comprehension
intelectualidad intellect; intellectuality
inteligencia intelligence; comprehension
intencionado intentioned; intended
intensidad intensity
intentar to attempt (to)
intento attempt
interés *m* interest
interesado governed by self-interest
interesarse to be interested
internar to intern; to confine

interpelar   to question
interpretar   to interpret; to perform
intérprete *mf*   interpreter
interrogación   question
interrogatorio   interrogation
interrumpir   to interrupt
intervenir   to intervene
intimar   to become intimate with, become close to (someone)
intimidad   intimacy, closeness
intimidar   to intimidate
íntimo   intimate, close, familiar; innermost; cherished, fondest
intranquilo   uneasy
intriga   intrigue, plot
intrincado   intricate
introducir   to introduce; to put into, insert
intruso   intruder
intuición   intuition, perception
intuir   to sense, intuit
inundar   to inundate, flood
inusitado   unusual; singular
inútil   useless
invadir   to invade
invectiva   invective, (verbal) abuse
invencible   invincible, unconquerable
inventarse   to make up, concoct, invent
inventiva   inventiveness; creativity
inverosímil   fantastic, unlikely
inverosimilitud   inverisimilitude, unlikelihood
inversión   investment
inverso   opposite; **en sentido —**   in the opposite direction
investidura   investiture
invitado   guest
invitar   to invite; to treat
invocación   invocation,

supplication
inyección   injection
ir: **— a lo suyo**   to go about one's business; to act on one's interests; **vaya + *n***   what a **+ *n***
ira   anger, ire
ironía   irony
irreal   unreal
irreductible   irreducible
irreprochable   irreproachable, faultless
irritante   irritating
irritar   to irritate; **—se**   to become irritated
irrumpir   to break into, burst into
isla   island
isleño   islander
islote *m*   islet
itinerario   itinerary

J

jabón *m*   soap
jabonoso   soapy
jadear   to pant
jarra   jug, pitcher
jazmín *m*   jasmine
jefe *m*   chief, boss
jerarquía   hierarchy
jerez *m*   sherry
jergón *m*   straw mattress
jersey *m*   sweater
Jesucristo   Jesus Christ
jirafa   giraffe
joder *vul*   to fuck; **qué —**   what bullshit
jolgorio   boisterous revel
jorfe *m*   crag
jornada   day's work
jovialidad   joviality
joyero   jeweler
jubilación   retirement
jubilado   retired
júbilo   joy, jubilation
judaizante *mf*   Judaizer
judaizar   to Judaize, observe

the teachings of Judaism
judío *adj*   Jewish; *n*   Jew
juerga   binge, spree
juez *m*   judge
jugar   to play; to gamble
jugo   juice
jugoso   rich, luxuriant
juguete *m*   toy
juguetón   playful
juicio   judgment; opinion
junco   bulrush; stem of bulrush
juntar   to join; **—se**   to gather; to meet
jurar   to swear; **— por éstas**   to make an oath as a threat while making one or two crosses with the thumbs and index fingers
justicia   justice
justificar   to justify
justo   just, fair; upright; exact, right
juvenil   youthful
juventud   youth

K

kilo   kilogram
kilómetro   kilometer

L

laberinto   labyrinth, maze
laboratorio   laboratory
laborioso   industrious, hardworking
labrador *m*   farmer
labrar   to farm, cultivate
labriego   peasant
lacayo   lackey
lado: **al —**   next door; nearby
ladrido   bark, barking
ladrillo   brick
ladrón *mf*   thief
lágrima   tear
lagrimón *m*   large tear
lamentar(se)   to lament,

bewail, mourn
lamer(se) to lick
lámina lamina (thin plate or sheet)
laminar(se) to laminate (itself)
lámpara lamp
lana wool
lance *m* fight
languidez *f* languor, languidness
lanzado rushed, in a rush
lanzar to let loose; to utter; **—se** to dash, rush
largarse to go away, leave; to take off
largo: a la corta o a la larga sooner or later; **a lo — de** throughout, along
lata or **— de conserva** tin can
latido beating, throbbing; beat
látigo whip
latir to beat, throb
lavabo washbasin, sink; washroom, bathroom
lavandera washerwoman
lazarillo blind person's guide
lazo tie, bond
leal loyal
lector *m* reader
lectura reading
leche *f* milk
lecho bed
legajo docket, file
legua league (distance of three and one-half miles)
legumbre *f* vegetable
lejanía distance
lejano distant
lejos: a lo — in the distance; **de —** from afar
lenguaje *m* language
lentes *mpl* eyeglasses
lentitud slowness
lento slow
leproso leprous, suffering from leprosy

letanía litany
letras *fpl* letters
leve light; slight
ley *f* law; **fuera de la —** uncommon, out of the ordinary
liar to roll; to wrap
liberarse to free oneself
librarse (de) to get rid (of)
librero bookseller
licencia permission; license; liberty
licor *m* liquor; liqueur
ligar to tie, bind
ligero light; slight; swift
lila lilac (color)
limitarse to limit oneself
limonada lemonade
limpiador *m* (windshield) wiper
limpiar(se) to clean, wipe off
límpido limpid, clear
limpio clean; untainted
linde *f* edge
línea line
lío mess; **hacerse un —** to botch up; to get confused
liquidar to wind up, finish up
lira lyre; *fig* inspiration
lírico lyric poet
lirio iris; lily
liso smooth
lista stripe
listo *adj* ready; clever; *n* clever person
litera bunk (bed)
literario literary
literato person of letters; writer
litro liter
lobo wolf
local *m* establishment; place; premises, building
localizar to locate
loco crazy, mad
locomotora locomotive
locura madness, insanity
locutor *m* (radio) announcer
lodo mud, mire

lógico logical
lograr: — + inf to manage to + *inf*
logro attainment, achievement
lona canvas cover
lotería lottery
lucecilla or **lucecita** *dim of* **luz** small light
lucidez *f* lucidity
lucido sumptuous
luciente shining, bright
luciérnaga firefly, glowworm
lucio pike
lucir to shine; to show off, display; to wear
lucha struggle, fight
luchar to struggle
luego: desde — right away, immediately; of course; **— de** after; **— que** as soon as
luengo long
lúgubre dismal, gloomy
lujo luxury
lumbre *f* fire; glow, light (of fire)
luminosidad luminosity, glow
luminoso luminous
lunar lunar, of the moon
lustre *m* shine, luster
lustroso lustrous, shiny, glossy
luz: dar a — to give birth; **dar la —** to turn on the light

LL

llama flame
llamada call; knock (on door)
llamar: — la atención to attract attention
llana level ground, plain
llanada plain
llano *adj* level, flat; *n* plain, flatland
llanta tire (car)

llanto weeping, crying
llanura plain
llegada arrival
llegar: llegado el caso when the occasion arose
llenarse to fill with; to cover with
llevar to have spent or devoted (so much time) to; **— a cabo** to carry out, perform
llover to rain
lluvia rain

M

madera wood, timber
madero beam (of wood)
madrileño of, from, or pertaining to Madrid, Spain
madrugada dawn
madurar to ripen
maduro mature; ripe
magnanimidad magnanimity
Mahoma *m* Mohammed
mahometismo Mohammedanism
maizal *m* cornfield
majestuoso majestic
malagueño of or from Málaga, Spain
maldecir to curse, swear
maldición curse, imprecation
maldito damned, accursed
malestar *m* malaise
malévolo malevolent, evil
malgastar to waste, squander
malhumorado bad-tempered
malicia malice
malicioso malicious, nasty; astute, cunning
maligno malignant, evil
malo: estar — to be ill
maná *m Bib* manna
mancha spot, stain
manchar to stain
manchego native of Spanish region of La Mancha

mando control, power; command
manecilla small hand, fist
manera: a su — in his or her own way; **de otra —** in another way; **de todas —s** at any rate
manga sleeve; **en —s de camisa** in shirtsleeves
manifestar to express; to show, reveal
manifiesto manifest, plain; **poner(se) de —** to make evident, reveal
maniobra maneuver
manipular to manipulate, handle
mano: dar la última — a to give the finishing touches to; **echar — de** to get hold of; to use; **echar una —** to lend a hand
manso meek, gentle
manta blanket
mantenedor *m* supporter
mantener to maintain, keep, keep up; to support; to hold
manto robe, gown
maño *coll* Aragonese, from the region of Aragón, Spain
máquina machine; engine
maquinar to scheme, plot
maragato native of the Maragatería district in the province of León, Spain
maravilla marvel, wonder
maravilloso marvelous
marcial martial, warlike
marco frame; **— de la puerta** doorcase
marcha speed, velocity; motion, operation; **en —** in motion, in operation; **señal de —** starting signal
márgen *f* side, edge
marinero sailor
mariposa butterfly
marítimo: pino — seaside or

cluster pine, pinaster
mármol *m* marble
marquesa marquise, marchioness
marrón brown
martirio martyrdom
más: cuando — at the most; **ir a —** to increase; **los —** the majority; **— bien** rather; **qué — da** what difference does it make; **sin —** without more ado
mascar to chew
máscara mask
mascarar to mask
mascarón *m aug of* **máscara** hideous mask
masticar to chew
matemático mathematical
materia matter, material; subject matter
materialista materialistic
materno maternal
matiz *f* nuance, shade
matrícula matriculation, enrollment
matrimonio marriage
mayoría majority
mecánicas *fpl* mechanics
mecánico mechanical
mecanismo mechanism; works
mecanografiar to type
mecedora rocking chair
media stocking
mediación intercession
mediano average
medianoche *f* midnight
mediante by means of, through
medida measure; **a (la) — de** in proportion to; **a — que** as, while
medido measured
medio: a medias half, halfway; **a — camino** halfway; **por — de** by means of, through

mediodía *m* noon

medir to measure

meditar to meditate, think about

mejilla cheek

mejor: a lo — perhaps, as like as not

melancólico melancholy, sad

melodía melody

memo foolish, stupid, simple

mendigo beggar

menear to shake

menor younger, youngest; smaller, smallest; slightest, least

menos: a — que unless; **echar de —** to miss; **(por) lo —** at least

menosprecio contempt, scorn

mensajero messenger

mente *f* mind

mentir to lie, tell a falsehood

mentira lie, falsehood; **parece —** it's hard to believe

menudo minute, small; **a —** frequently, often

mercader *m* merchant

merecer to deserve

merendero lunchroom, café

merengue *m* meringue

merienda snack, light meal

mero mere, simple

mesero *Mex* waiter

meseta meseta, plateau

Mesías *m* Messiah

mesilla: — de noche night table

mesón *m* inn; tavern similar to a pub

metafísico metaphysical

meter: — miedo to frighten, make afraid; **—se** to interfere, meddle; **—se con** to pick a quarrel with; **—se en** to get involved in; **—se en honduras** to get into trouble

metódico methodical

metro meter; measure; *cap Sp* subway

mezclar(se) to mix, mingle

mezquita mosque

miedo: dar — to frighten; **meter —** to frighten, make afraid; **tener —** to be afraid

miel *f* honey

miembro *anat* member, limb

mientras *adv* meanwhile; **— tanto** meanwhile

mierda *vul* shit; **de —** *adj* damn

milagro miracle

miliciano militiaman

militar *adj* military; *m* soldier, army man

mílite *m* soldier

mina mine

minar to destroy, undermine

mínimo minimal, minimum

ministro minister

minoría minority

minucioso meticulous

minúsculo minute, minuscule

miope nearsighted

mirada: echar una — to take a look, glance (at)

mirado: bien — in fact; all things considered, looking well into the matter

misa Mass; **— cantada** sung Mass

miserable *mf* wretch

miseria misery

misericordia mercy, compassion

misericordioso merciful, compassionate

misión diplomatic mission

misterio mystery

misterioso mysterious

misticismo mysticism

místico mystic

mitigar to mitigate, alleviate

moderado moderate; controlled

modestia modesty

modificarse to be modified

modo: a — de like; **de — que** so that; **de otro —** in another way; **de todos —s** at any rate; **en — alguno** in no way, under no circumstances; **— de ser** disposition; personality

Moisés *m Bib* Moses

mojado wet; damp

mojar to wet

molde *m* mold; model

moldear to mold

moldura *arch* molding

moler to grind, mill

molestar to disturb, bother; **—se** to bother; to worry

molestia bother, annoyance

molesto annoyed

molino mill

momento: de — for the time being

monarquía monarchy

monasterio monastery

monólogo monologue; soliloquy

monotonía monotony

monótono monotonous

monstruo monster

monstruosidad monstrosity

montaña mountain

montar to set, set up; to mount, ride; to get on or in; to top (in cards)

monte *m* mountain, mount; woods, woodland

montón *m* heap, pile

morado purple, purplish

moralidad morality

mordaz mordant, biting

morder(se) to bite

moreno dark, brunet

moribundo moribund, dying

moro *adj* Moorish; *n* Moroccan soldier (in the Spanish Civil War)

mortaja shroud
mosca fly
mostrador *m* counter
mostrarse to appear; to show oneself to be
motivo reason, cause; *mus* motif
móvil mobile; changeable
mozo young fellow, boy; servant; (farm) hand
mudo silent; mute
muebles *mpl* furniture
muecín *m* muezzin (crier in a minaret of a mosque)
mugido moo, low
multiplicar(se) to multiply
mundanal or mundano worldly, mundane
mundial: guerra — World War
municipio municipality
murallón *m* thick, strong wall
murmullo murmur
murmurar to murmur
muro (outside) wall
musa muse; inspiration
músculo muscle
museo museum
músico musician
musiquilla *dim of* música light music
muslo thigh
mutuo mutual, reciprocal

N

nacimiento birth; de — from birth
nacionalista nationalistic
nada *f* nothingness
nadar to swim
naranja orange
naranjo orange tree
narcotina narcotine (a narcotic)
narrador *m* narrator
narrar to narrate
naturaleza nature

naturalidad naturalness
naturalista *mf* naturalist
navaja jackknife
navegar to sail
Navidad (*also pl*) Christmas
neblina fog, mist
nebuloso nebulous, vague
necio silly, stupid
negarse (a) to refuse (to)
negruzco blackish
nervio nerve
nervioso nervous
neutro neutral; neuter
nido nest
niebla fog, mist
nieve *f* snow
nihilismo nihilism
niñez *f* childhood
nivel *m* level
nocturno nocturnal, pertaining to night
noche: alta — late night; de — *adj* night; *adv* at night; — cerrada the dead of night
Nochebuena Christmas Eve
noroeste *m* northwest
norteamericano American
novedad novelty
novio sweetheart
nuca nape of the neck
núcleo nucleus
nudo knot
nutrir to nourish

O

obedecer to obey; — a to arise from, be due to, respond to
obispo bishop
objetar to raise, put forward
objetivar to objectify
oblicuo oblique, slanting
obligar to oblige, force; to obligate; —se to force oneself
obra *pl* building, construc-

tion; por — de through
obrador *m* worker, workman
obrero worker
obscuridad darkness
obscuro obscure; uncertain
observador *m* observer
obsesionar to obsess
obsesivo obsessive
obsidiana obsidian
obstáculo obstacle
obstante: no — notwithstanding
obstinación obstinacy, stubbornness
obstinado obstinate
obstinarse to persist
obstruccionismo obstructionism
obtuso obtuse, dim-witted
obvio obvious
occidente *m* West, Occident
ocio idleness, inactivity; leisure
ociosidad idleness, laziness
octava *mus* octave (musical interval)
ocultarse to be hidden
oculto hidden, secret
ocuparse (de) to concern oneself (with)
ocurrencia idea, thought
ocurrírsele (a uno) to occur (to one), come to (one's) mind
odiar to hate
odio hate, hatred
odioso hateful
ofender to offend
oficinista *mf* clerk, office worker
oficio occupation; trade; de — by profession
ofrecérsele (a uno) to present itself
ofrecimiento offer, offering
oído (inner) ear
oir: oiga call (to waiter); listen

ola wave
olé *interj* bravo
oleada wave, surge
oler to smell; — a to smell of
olivar *m* olive grove
olivo olive tree
olor *m* smell, fragrance
olvidadizo forgetful
ominoso ominous, foreboding
onda wave
opacidad opaqueness, opacity
opaco opaque; dull
operar to operate on
operario operator; worker
oponerse to oppose; to be opposed
oportuno opportune, timely
opositor *m* opponent
opresión congestion, oppression, pressure
oprimir to press, press against
optar: — por + *inf* to choose + *inf*
optimista optimistic
opuesto opposite; opposed
oración prayer
oráculo oracle
orar to pray
oratoria oratory, eloquence
oratorio *adj* oratorical; *n mus* oratorio
orden *m* order
ordenar to arrange, put in order; to order; —se to be ordained, take holy orders
ordinario usual, ordinary; de — ordinarily, usually
oreja (outer) ear
orgía orgy
orgullo pride; prize possession
orgulloso proud, haughty
orificio orifice, opening
origen *m* origin, beginning
orilla (river) bank; shore; edge (of a road)
orinar to urinate

ornamentar to decorate, ornament
ortodoxia *rel* orthodoxy
ortografía orthography, spelling
osar to dare
oscilar to oscillate
oscurecer to darken; to get or grow dark; —se to become obscure or difficult
oscuridad darkness
oscuro dark; uncertain; obscure; a oscuras in the dark
ostentar to display
ostentoso ostentatious, sumptuous
otorgar to grant, give, concede
oveja sheep
oxidar to oxidize; to rust
oyente *mf* listener; auditor (of a course)

P

paciente patient
padecer *m* suffering; *v* to suffer
pagador *m* payer
página page
pago: de — paying
paisaje *m* landscape; scenery
paisano countryman; fellow townsman
pájaro bird
pajas *fpl* grasses
paje *m* page
pajita little stalk; blade (of grass)
palidecer to pale, grow pale
palidez *f* paleness, pallor
pálido pale
palillo toothpick
palitroque *m* stick
paliza beating
palmada slap; clap, clapping (to call for waiter)

palmetazo blow (with rod or flat piece of wood)
palmo palm (measure of length)
palo stick
paloma dove, pigeon
palomo cock pigeon, ringdove
palpar to feel, touch
palpitar to palpitate; to beat, throb
pana corduroy
panadero baker
pantalón *m* (often *pl*) trousers, pants
paño cloth, material; cleaning rag
pañuelo handkerchief
Papa *m* pope
papel *m* part, role; hacer el — to play the part or role
paquete *m* pack; package
parábola parable
parabrisas *m* windshield
parado motionless
paradoja paradox
paraguas *m* umbrella
paraíso paradise
paraje *m* place
paralítico paralytic
paralización paralyzation
pararse to stop
parcela plot, parcel (of land)
parcial partial
parcheado patched
pardo brown, grayish brown
parduzco brownish or grayish; drab
parecer *m* opinion, view; *v* al — apparently; como a ti te parezca whatever you think; ¿qué te parece? what do you think? si le parece if it's all right with you; —se a to look like, resemble
parecido alike, similar; bien — good-looking
pareja pair, couple; team (of policemen)

293

parentela family, relatives
parentesco relationship
pariente *m* relative
parir to give birth (to), bear
paroxismo paroxysm; extreme feeling of pleasure, pain, and so on
párpado eyelid
párroco parish priest
parroquiano client; *pl* clientele
parsimonia parsimony, frugality
parte: ¿de — de quién? who is calling? **de una —** on the one hand; **la mayor — de** most (of); **por otra —** on the other hand; **por — de madre** on her mother's side
participar (de) to share
partícula particle
particular special; private, personal
partida departure
partidario supporter; partisan; advocate
partido party
partir to split, cut; to rend, break; to depart, leave, set out; **a — de** as of, from (point in time)
parto childbirth, birth
pasable passable, acceptable
pasajero fleeting, passing
pasaporte *m* passport
pasar to undergo, suffer
paseante *m* stroller
pasear: — la mirada or **la vista** to scan, survey; **— la noche** to while away the night; **—se** to walk, stroll; **—se por** to take a pleasure trip through
paseo promenade; avenue; walk, stroll; ride; **dar un —** to go for a walk or ride
pasillo corridor
paso: abrirse — to make or

force one's way; **al —** on the way, in passing; **apretar el —** to quicken one's step; **dar un —** to take a step; **de —** passing through
pasta paste; pasta
pastor *m* pastor, parish priest; shepherd
pastoso pasty
pata leg; foot; **—s arriba** upside-down
patada kick; stamp
patente: hacer — to make clear
paterno paternal
patético pathetic; moving, touching
pátina patina, film
patinar to slide
pato duck
patria country, fatherland
patrio national, pertaining to one's country
patrón *m* owner; boss
pausado slow, unhurried
pavor *m* terror, fear
pavoroso frightful, terrifying
payaso clown
pecado sin
pecador *m* sinner
pedazo piece
pedrada blow with a stone
pedrusco rough, uncut stone
pegado (a) close to; attached to, stuck to; pressed against
pegar(se) to stick, stick together
peinarse to comb one's hair
pelado barren, bare; hairless
peldaño step (of staircase); **—s abajo** down the stairs
película film
peligro danger
peligroso dangerous
peluquero barber
pena pain; sorrow; **quitado de la —** relieved, free of pain; **valer la —** to be worth it

penetrante penetrating
penetrar to penetrate; *fig* to understand
penicilina penicillin
penitencia penance
penitente penitent; repentant
penoso laborious, arduous; painful, distressing
pensador *adj* thinking; *m* thinker
pensión boarding house
penumbra penumbra; semi-darkness
penumbroso dim, partially illuminated
peña crag
pequeñín tiny, very small
pera pear
percance *m* mishap
percibir to perceive, sense
perderse to disappear
perdón *m* pardon, forgiveness; **pedir —** to beg pardon, excuse oneself
perdurar to last, last a long time
perecer to perish
perejil *m* parsley
perenne perennial
perentorio peremptory
perfidia perfidy
perfil *m* profile; **de —** sideways
perfumar to perfume
perfumería perfume and toiletries (collectively)
perlado beaded
permanencia permanence, permanency; stay
pernal *m* small sharp stone used as threshing tooth in thresher
perpetuo perpetual
perplejo perplexed
perplejidad perplexity, bewilderment
perrito: — de aguas spaniel
persiana (window) blind

personaje *m* personage, important person

perspectiva perspective; prospect

perspicaz perspicacious, shrewd

persuadir to persuade

pertenecer to belong; to pertain, appertain, concern

perturbación disturbance

perturbar to disturb

perverso perverse, evil

pesado heavy

pesca fishing; fish; fishing industry

pescado fish

pescar to fish (for)

pescozón *m* blow (on the neck or head)

peseta *peseta* (monetary unit of Spain)

pesimista *adj* pessimistic; *mf* pessimist

pétalo petal

petaquilla tobacco pouch

petición request, petition

petrificado petrified

pez *m* fish

piadoso merciful; pious

pica: caballo de — picador's horse

picaporte *m* latch

picar to sting; to spur (horse); *fig* to shoot

pico beak, bill

pictórico pictorial

pie: de or **en —** standing

piedad piety; pity

piel *f* skin

pierna leg

pieza piece, part, component; room; record (document)

pilar *m* pillar, column

pilón *m* basin, trough; mortar

pinar *m* pine grove

pino pine, pine tree; **— marítimo** seaside or cluster pine, pinaster

pintar to be one's business; **¿qué pinta eso aquí?** what's that doing here?

pintor *m* painter

pintoresco picturesque

pintura painting

pirotécnico pyrotechnic

pisada footstep

pisar *m* step; *v* to tread (on), step (on)

piso floor, story; flat, apartment

pistola pistol, gun

placentero pleasant, agreeable

placer to please

placita *dim of* **plaza** small square

plan *m* plan; **en ese —** with that attitude

planchar to press, iron (clothes)

plano *adj* flat, level; *n* plane, surface

plantado standing erect

plantar to give, deliver (blows)

plantear to pose

plasticidad plasticity

plástico aesthetic, harmoniously executed

plateado silvery

plática conversation, chat

playa beach

plazoleta small square

plebeyo plebeian, common

pleno full, complete

plomizo gray, lead-colored

plomo lead

poblado town, village; settlement

poblarse (de) to become peopled (by)

pobrecito poor little thing

poco: a — shortly afterward; **— + adj** not very + *adj;* **por —** almost

poder *m* power; **en — de** in the hands of; *v* **no — con**

to not be able to manage or control; **no — más** to not be able to take any more; to be worn out or exhausted; **— más** to be stronger

poderoso powerful

poesía poetry

poeta *m* poet

policía *m* policeman

policíaco pertaining to police

política politics

polvillo fine dust

polvo dust

pólvora powder; gunpowder

polvoriento dusty

poner: — bueno to make well; **—se** to turn; to set (sun); to get into (bad mood); **—se a** to begin to; **—se bien** to get well; **—se mal** to become ill

por: — grande que fuera however big it (he, she) might be; **— rico que sea** however rich he (she) may be; **— si** in case

pormenor *m* detail

poro pore

porquería rubbish

portal *m* gateway; portico, porch

portalón *m* portal, gateway

portarse to behave

portentoso amazing, portentous

portezuela door (of car, truck, train)

porvenir *m* future

posada inn

posadero innkeeper

posar to rest; **—se** to alight, perch, sit (insects or birds)

poseedor *m* owner, possessor

positivo positive, certain

postal *f* postcard

poste *m* pole

posterior posterior, back, rear; later, subsequent

postrarse to be exhausted, weakened, prostrated

postre *m* dessert

postrer last, final (apocopated form of **postrero**, used only before *m sing* nouns)

postrero last, final

postura posture, position, pose; attitude

potente strong, powerful, potent

potro rack (implement of torture)

pozo well

práctica: en — in practice

pradera meadowland

prado meadow; field

preámbulo preamble

precario precarious

precedente preceding

preceptor *m* preceptor, teacher

preciosidad preciosity, refinement

precioso precious; delightful, lovely

precipicio precipice, cliff

precipitación precipitation, haste

precipitado hasty, hurried

precipitarse to rush headlong

precisar to specify; **— de** to need

preciso: es — it is necessary

predicar to preach; to praise

preguntarse to wonder

preguntón inquisitive

prejuzgar to prejudge

prelado *ecc* prelate

prematuro premature

premio prize, reward

prender to grasp; to take root; to arrest; to fasten; to light, catch fire

prensa press

preocupación concern, worry

preocupado preoccupied,

worried, concerned

preocupar to preoccupy, concern; **—se (de)** to worry (about)

presa dam

presenciar to witness

presentarse to appear; to present oneself; to occur

presentimiento presentiment; premonition

presentir to have a presentiment (of); to foresee, expect

preservar to preserve, keep

presidir to preside over

presionar to press

preso *adj* arrested; *n* prisoner; **hacer —** to arrest; **— de** seized by

préstamo loan

prestar to lend; to give, render; **—se** to give or offer one another

prestigioso prestigious, famous

presumir to presume, surmise

presuroso quick, hasty; quickly

pretender to pretend to, be a suitor for (a woman's hand); to try, endeavor; to claim, pretend to

prevalecer to prevail

prevenir to prepare; to warn

prever to foresee

previo previous

previsto foreseen

primario primary

primero: a la primera the first time; **a lo —** in the first place, at first

príncipe *m* prince

principiar to begin

principio: al — at first; **en un —** in the beginning

prisa: de — fast, quickly

prístino pristine

privado private

privar to deprive

privilegio privilege

procedimiento procedure; *law* proceedings

procesado *law* defendant

procesamiento *law* prosecution, indictment; trial

procesar *law* to try, prosecute

proceso *law* case; legal action; trial

proclamar to proclaim

procurar to try, endeavor, strive; to give, produce

prodigioso prodigious; marvelous

producirse to happen, take place

profano profane, worldly

proferir to utter

profesar to profess; to practice

profeta *mf* prophet

profundidad depth, profundity

profundizar to study in depth

profuso profuse, plentiful

programar to make a program or plan

progresar to progress, make progress

progresista *mf* progressive; member of a progressive party

prohibir to forbid, prohibit

prójimo neighbor; humanity

prolongadamente at great length

prolongar to prolong

promesa promise

promiscuidad promiscuity

promover to promote, further

pronóstico *med* prognosis

pronto: de — suddenly; **por lo —** for the present, for the moment

propagar to propagate

propicio propitious, favorable

propiedad property
propietario proprietor;
  landlord
proponer(se) to propose, plan
proporcionar to provide, give;
  —le a uno + *inf* to permit
  one + *inf*
propósito aim, object; intention, purpose; **a —**
  suitable, fitting
propuesta proposal,
  proposition
proseguir to continue
protector protective,
  protecting
proteger to protect
provecho benefit; gain,
  profit
provechoso profitable
provincia province
provinciano provincial
provisto *pp of* **proveer**
  provided
provocar to provoke; to
  cause, make; *coll* **— a**
  vómito to make one sick,
  nauseate
próximamente soon; in the
  near future
proximidad proximity,
  nearness
próximo next, nearest; approaching; **— a** near, close
  to
proyectil *m* projectile
proyecto plan
prueba trial; test; proof;
  cohete de —s test rocket
psicología psychology
psicológico psychological
publicar to publish
puente *m* bridge
pueril puerile, childish
puerto port, harbor; mountain pass; *fig* shelter, haven
puertorriqueño Puerto Rican
puesto position, post; stall,

stand; **— que** since
pulgar *m* thumb
pulmón *m* lung
pulsar to touch
pulso pulse; pulsation
punta end, tip, point
punto: a — on (the correct)
  time; **a — de** on the point
  of; **al —** immediately, at
  once
puntual punctual
puñeta: *vul* **hacer —s** to jerk
  off
puñetazo punch, blow with
  the fist; **a —s** with (blows
  of) one's fists
puño fist
pupila pupil (of the eye)
pureza purity
purgar to purge, cleanse
purgatorio purgatory
puro cigar

Q

qué: ¿a —? why?
quebrado broken; weak,
  weakened
quebrar(se) to break
quehacer *m* task; occupation
quejarse (de) to moan; to
  complain (about)
quemar to burn
querella dispute
querer: — decir to mean;
  sin — unintentionally, by
  chance
querido dear, beloved
quien: — sea whoever
quieto quiet, still, calm
quietud quiet, stillness,
  tranquility
quijotesco quixotic
química chemistry
químico chemist
quintaesencia quintessence
quinto fifth

quitarse to take off (clothes);
  to get rid of (illness)

R

rabia rage, fury
rabino rabbi
rabioso furious, angry
ración portion
racional rational
radiador *m* radiator
ráfaga gust (of wind); flash
  (of light); small cloud; burst
  (of gunfire)
raíz *f* root
rama branch
ramaje *m* branches
rana frog
rapado shaven
rapidez *f* rapidity, swiftness
rapto abduction
raro: rara vez rarely
ras: a — de even with, level
  with
rascarse to scratch (oneself)
rasgo trait; feature
rasguear *m* stroke, flourish
  (of a pen)
rastro trace, sign
rato: a poco — in a short
  while, after a short time;
  a —s at times, from time
  to time
razón: dejar — to inform,
  explain
razonable reasonable
razonador *m* reasoner
razonar to explain, reason out
reaccionar to react
real *adj* magnificent; **camino**
  — highway; *m* Spanish
  coin worth twenty-five
  céntimos
realizar to carry out; **—se**
  to be carried out; to take
  place
reanudar(se) to resume

reaparición reappearance

rebaño flock

rebeca chamois (coarse hide) jacket

rebelarse to revolt, rebel

rebelde *adj* rebellious; *m* rebel

rebeldía rebelliousness

reborde *m* edge

recado message

recapitular to recapitulate, summarize

receptor *m* receiver

recién recently, newly (apocopated form of **reciente**, used only before *pp*)

recio heavy, hard

reciprocidad reciprocity

reclamar to ask for, demand

recluirse to shut oneself in, go into seclusion

recobrar to recover, regain

recodo bend, turn (in road)

recogerse (en) to withdraw, retire (to)

recogido withdrawn, secluded

recolección collection, gathering

recomendar to recommend

recompensa recompense, reward

reconciliarse to be reconciled

recóndito recondite, hidden; deep

reconfortante comforting

reconocimiento recognition; gratitude

recorrer to run over; to traverse, go through; to look over, survey

recortar to cut, cut off

recorte *m* cutting off, break

recostar(se) to lean

recrear to recreate; —**se** to amuse oneself

rectángulo rectangle

rectificación rectification, correction

rectificar to rectify; to adjust

recto straight; honorable, upright

recular to back up, recoil

recurrir to resort (to), have recourse (to)

rechazar to reject; to push (back), repel

redimir to redeem, save

rédito interest, profit

reditor profitable, profit-yielding

redondear to round, make round

redondo round

reducido limited

reducirse to be reduced

reemplazar to replace

reemprender to resume

referir to relate, tell

referirse (a) to refer (to)

refinado refined

reflejar to reflect; —**se** to be reflected

reflejo reflection

reflexión reflection

reflexionar to reflect

reflexivo reflective

refracción refraction

refrán *m* proverb, saying, adage

refrescar to refresh

refugiado refugee

refugiarse to take refuge

regalar to give (as a gift), present

regalo present, gift

regañado partially closed; puckered

regazo lap

regente *m* regent; manager, director

régimen *m* regimen; system

regimiento regiment

regir to govern, guide

regocijante joyful, merry

regresar to return (home)

regreso return, coming or going back

regular regular; average, fair

rehacerse to recover

rehuir to shun, avoid

rehusar to refuse

reino kingdom, realm

reir: — a carcajadas to laugh one's head off

reiterar to repeat, reiterate

reivindicación recovery; vindication

reivindicador vindicatory; pertaining to the recovery of lost rights or property

reja grille, grating

relacionar to relate, connect; —**se con** to get acquainted with

relatar to relate, report

relato story, account

relieve *m art* relief

religiosidad religiosity

religioso religious

reluciente shining

relucir to shine

relumbrar to shine, glitter

rellenar to fill, fill in

remar to row

remediar to help

remedio: no tener más — que to have no alternative but; **sin —** unavoidably

rememorar to remember, recall

remendar to mend

reminiscencia reminiscence

remo oar

remolino whirlpool

remontarse to rise, soar

remorder to sting, disturb (one's conscience)

remordimiento remorse

remoto remote, distant

renacer to be reborn

rencor *m* rancor, animosity

rendición surrender, submission

rendido exhausted, worn out

rendimiento yield, product, output

rendir to render; to yield; to give; —**se** to surrender, yield

renegar to deny

renovar to renew, repeat

renombre *m* renown, fame

renuncia renunciation

renunciar to renounce, give up; to abandon; to resign

reñir to scold; to quarrel

reparación repair

reparar (en) to pay attention to, notice

repartir to divide, distribute

repasar to review, look over; to pass again

repaso inspection; **echar un —** to inspect

repente: de — suddenly, all of a sudden

repentino sudden

repercutir to have repercussions on

repertorio repertoire

replicar to reply, retort

reponer to reply, retort; **— fuerzas** to recover strength; —**se** to recover, recuperate

reposado calm, peaceful

reposar to rest

reposo rest

reprender to reprimand, scold

represa dam

representante *mf* representative

representar to represent; to act, play, perform

reprimir to repress

reprochar to reproach

reproducción reproduction

republicano Republican, supporter of the Spanish Republic

repudiar to repudiate

repugnar to disgust

reputar to repute, consider

requerir to request, summon; to require; to persuade

resbaladizo slippery

resbalar to slide

resentido resentful

resentimiento resentment

reservar to reserve

resguardar to protect, shelter

residuo residue

resignación resignation, patience

resignado resigned

resignarse to resign oneself, be resigned

resistir to be able to endure, bear, or withstand; —**se** to resist

resonancia *fig* importance, renown

resonar to resound; to resonate

respaldo back (of seat)

respecto: — a with respect to, with regard to

respetar to respect

respeto respect

respetuoso respectful

respiración respiration, breathing

respirar to breathe

resplandor *m* glow; brilliance

respuesta answer, reply

resto remainder; residue; *pl* remains, leftovers

restorán *m* restaurant

restringir to restrict, limit

resucitar to resuscitate, revive

resuelto *pp of* **resolver** resolved

resulta: a —s de as a result of

retahíla string, line, series

retener to retain; to keep

reticencia reticence

retirada retreat; withdrawal

retirar to take away, remove; —**se** to withdraw, retire

retocar to touch up, retouch; to put the finishing touches to

retorcer to twist; —**se** to writhe

retornar to return, go back

retraso delay

retratarse to show (on one's face); to be reflected or depicted

retrato portrait photograph

retroceder to retreat, go back

reunión gathering; meeting

reunir to collect, gather; —**se** to meet, gather

revelar to reveal

reventar to burst

reverberar to reverberate, reflect

reverenciar to revere, venerate

reverso reverse, back

revertir to revert

revés *m* reverse, wrong side; **al —** wrong side up

revista magazine

revocar to revoke, repeal

revolcar to knock down

revolver to disturb, stir up, upset; —**se** to turn or swing around; to persist

revuelto jumbled, in disarray

rezar to pray

ría estuary (of a river)

ribazo riverbank

ribera bank, shore

ridiculez *f* ridiculousness, absurdity

ridículo ridiculous

rienda rein

riesgo risk, danger

rigidez *f* rigidity, stiffness

rigor *m* rigor, severity; exactness, precision; **en —** strictly, strictly speaking

rincón *m* corner

río: — arriba upstream

riqueza wealth; source of wealth

risa laughter
ritmo rhythm
rivalidad rivalry
robo robbery
roca rock
rodar to roll (down)
rodear to go around; to surround; to encircle
rodeo rotation, turning; roundabout way
rodilla knee; de —s kneeling
roer to gnaw, pick (a bone)
rojizo reddish
romper: — a + *inf* to begin suddenly + *inf*; to burst out + *ger*
roncar to snore
ronco hoarse; raucous; rasping
rosal *m* rose garden or bush
rotundo categorical, flat
rozar to graze, touch lightly
rubio blond
rudimentario rudimentary
rueda wheel
ruedo arena, bullring
ruego plea, petition
ruidoso noisy, loud
ruiseñor *m* nightingale
rumbo direction, course; *fig* path
rumor *m* murmur; sound
ruta route; course
rutina routine
rutinario routine

S

sábana sheet (bed)
saber *m* learning, knowledge; a — namely, to wit
sabiduría wisdom
sabio wise man
sabor *m* taste, flavor
sacerdocio priesthood
sacerdote *m* priest
saco bag, sack; jacket
sacrificio sacrifice

sacristán *m* sacristan, sexton (of a church)
sacudir(se) to shake, shake off
sagrado sacred
sahariana safari jacket
salamandra stove
salario salary
saloncillo small reception room
saltar to come up (subject)
salud *f* health
saludable healthy, wholesome
saludar to greet; to bid goodbye, take leave
saludo greeting
salvaje savage, ferocious
salvo: a — in safety, out of danger
sanar to recover, regain health
sancionar to sanction, approve
sandalia sandal
sangrante bleeding
sangrar to bleed
sangriento blood-red
sano healthy
santiguarse to cross oneself, make the sign of the Cross
santo *adj* holy; *n* saint
sardina sardine
sarmiento vine
satánico Satanic
satisfecho *pp of* satisfacer satisfied, content
savia sap
sayón *m* torturer
secar(se) to dry, dry up
seco: en — dry
secretaría *govt* department, ministry
sed *f* thirst
seda silk
sedoso silky
seguidamente immediately
seguridad security; certainty, assurance

seguro: de — surely
selva jungle
sello stamp; seal
semanal weekly
semblante *m* countenance, face
semejante *adj* similar, alike; such, of that kind; *m* fellow man, fellow creature
semejanza similarity
semejar to resemble, look like
semivacío partially empty, half empty
sencillez *f* simplicity
sendero path
senil senile
seno bosom, breast
sensibilidad sensibility
sensitivo sensitive
sentencia saying, aphorism; sentence
sentenciar to determine; to sentence
sentido consciousness; sense; direction; — común common sense
sentimental: vida — emotional life, love life
sentimiento feeling
seña sign, signal; indication
señal *f* sign, signal; — de marcha starting signal; —es de focos signals (flashing) with the high beams
señalar to point to; to mark; to designate, set (date, place)
Señor *m* Lord
señoría: su — the most illustrious one
señorón *m* important gentleman
separarse (de) to separate, part company; to draw away from
sepultar to bury, inter
sepulturero gravedigger

ser *m* being; nature, essence
serenar to calm, calm down
sereno serene, calm
seriedad seriousness, gravity
serio: tomar en — to take seriously
serpentear to wind
servicial obliging, helpful; diligent
servidor *m* server, waiter
servidumbre *f* servants
servir: — de nada to have no purpose; **— para** to be good for
seso brain
severidad severity
severo severe, stern
sexteto *mus* sextet
si: — bien although
sí: ¿a que —? am I right? **de por —** in itself
siglo century
significado meaning
silbar to whistle
silencioso silent
silla chair; saddle
sillín *m* (bicycle) seat
sillón *m* armchair
sima chasm, abyss
simpatía sympathy
simpático pleasant, nice
sinagoga synagogue
sinceridad sincerity
sincrónico synchronous; simultaneous
sindicato trade union
siniestro sinister, evil
síntoma *m* symptom
sinuoso sinuous; evasive, secretive
siquiera *adv* at least, even; **ni —** not even; *conj* although, even though
sistema *m* system
sitial *m* seat of honor, high position
situar to place; to situate, locate

soborno bribe, bribery
sobra surplus, extra; **de —** more than enough; only too well
sobrar to be in excess, be more than enough
sobrecoger to frighten
sobrenombre *m* nickname
sobreponerse (a) to overcome, master
sobresaltar to startle; **—se** to be startled; to start, jump
sobresalto sudden fright, scare; start
sobrevenir to happen or occur suddenly
sobrevivir to survive
sobrino nephew
sociedad society
sofocar to suffocate; to choke
solano: viento — easterly wind, hot wind
solas: a — alone; **a sus —** in private; **por sí —** by themselves
soledad solitude
solemnidad solemnity
soler to be in the habit of, be accustomed to or used to
solitario solitary; retiring
solo: por sí — by itself
soltar to let loose, let go (of); to let out; to give off; **—se** to get free, get loose
soltero bachelor
solterón *m* old bachelor
soluble solvable
sollozo sob
sombra: hacer — to cast a shadow; **mala —** bad luck
sombrear to shade
sombrero: — de alas anchas wide-brimmed hat; **— de copa** top hat
sombrío somber
someter to subject, submit; to subdue
son *m* sound

sonante sounding
sonido sound
sonorense *m* person from Sonora, Mexico
sonoro sonorous
sonriente smiling
sonrisa smile
soñador *m* dreamer
soñar: — con to dream of
soñoliento drowsy, somnolent
soporífero soporific
soportar to bear, endure
Sor *f* Sister (used before the name of a nun)
sorber to sip
sorbo sip
sordo deaf; dull, muted (sound)
sorprenderse to catch oneself
sorpresa surprise
sortija ring (jewel)
sosegado calm, peaceful
sospecha suspicion
sospechar to suspect
sospechoso suspect
sostener to support, hold, hold up; to hold (a conversation); **—se** to support oneself, hold oneself up
sostenido sustained
sótano basement, cellar
suavidad *f* softness, smoothness
suavizar to soften
subconsciente *m* subconscious
subido rising; mounted, seated
súbitamente suddenly
súbito sudden; **de —** suddenly
subjetivo subjective
subordinado subordinate
subsidio subsidy
subterráneo subterranean, underground
suceder to succeed, follow
sucesivo successive, succeeding; **en lo —** in the future,

hereafter
suceso incident, event
sucio dirty
sucumbir to succumb
sudado sweaty; *fig* well-used, worn
sudar to sweat
sudor *m* sweat; toil, hard work
sudoroso perspiring, sweaty
Suecia Sweden
sueco Swedish
sueldo salary
suelto free, unattached
sueño: tener — to be sleepy
suerte: de esta — in this way; **de — que** so that; **tener —** to be lucky
suficiencia competence, ability; *coll* cocksureness
suficiente sufficient; *coll* cocksure; **lo —** enough
sugerir to suggest; to insinuate
suicida *mf* suicide (person)
sujetar to hold, hold in place; to subdue
sujeto individual, person
sumarse to join
sumariamente summarily, briefly
sumergir(se) to submerge
sumir to sink, submerge; to plunge
sumisión submission, obedience
sumiso submissive
sumo supreme, highest; **a lo —** at the most
superar to surpass, exceed
superchería fraud, hoax
superficie *f* surface
superponer to superpose, superimpose
supersticioso superstitious
súplica entreaty, plea
suplicante pleading
suplicar to beg, plead

suponer *m* supposition, assumption; *v* to suppose, assume, imagine; to entail, imply
surco furrow, rut; wrinkle
surgir to arise; to appear
surtidor *m* pump
suscitar to provoke, arouse
suspender to suspend, hang
suspenso suspended, hanging; perplexed
suspirar to sigh
suspiro sigh
sustancia substance
sustancioso substantial; nutritious
sustentar to nourish, maintain
sustento sustenance
sustituir to replace
sustituto substitute
susto scare, fright
sutil subtle
sutileza subtlety
suyo: los —s one's family

T

tabaco tobacco
taberna tavern, saloon
tabernero tavernkeeper
tabla board, plank; **las —s** the stage
taburete *m* stool
tácito tacit, implied and understood
taciturno taciturn, reserved
taco *Mex* rolled tortilla filled with cheese, chicken, roast pork, or beef
taconeo tapping of heels
táctica tactics
tacto touch, sense of touch
tahona bakery
tal: con — (de) que provided that; **— (y) como** just as, exactly as
talante *m* demeanor

talmente *coll* in the same manner
talud *m* slope
taller *m* shop; **— de reparaciones** repair shop
tamaño size, dimension
tamboril *m* timbril, small drum
tan: — sólo only
tantear to probe
tanto: de — en — once in a while; **en** or **entre —** meanwhile; **— más** all the more; *n* little, bit
tapar(se) to cover, cover up
tapia mud or adobe wall
tapiz *m* tapestry
tapón *m* cap
tardanza lateness, delay, slowness
tardar(se) to delay; to take a long time, be long
tarde: de — en — now and then
tarea task, job
tarjeta card
tartana two-wheeled carriage with a domed top
taza cup
tecla key (of piano)
técnica technique
techo roof; ceiling
tejado roof
tejedor *adj* weaving; *m* weaver
tejer to weave
tela cloth, fabric
telar *m* loom (weaving)
telégrafo telegraph
tema *m* subject, theme
temblón trembling, tremulous
temblor *m* trembling, tremor
tembloroso trembling, tremulous
temeroso fearful, afraid
temible frightening
temor *m* fear
tempestad storm, tempest

templado mild, temperate; warm, lukewarm

tenca tench (fish)

tendencia tendency

tender(se) to extend, stretch out, spread

tendido lying (down)

tenebroso dark

tenedor *m* fork

tener: — en cuenta to take into consideration; **— gracia** to be amusing or funny; **— por** to consider (someone) to be; **— que ver** to have to do with; **— sin cuidado** to not concern

teniente *m* lieutenant

tensarse to become taut; to become tense

tentación temptation

tenue faint, tenuous

teñir to dye, tint; to stain

teología theology

teólogo theologian

teoría theory

tercer (apocopated form of **tercero**) third; **de tercera** third-class (coach); *n* third party

terco stubborn

término term; end, limit

termo thermos bottle

ternura tenderness; love

terraza terrace

terreno ground; *fig* sphere (of action)

terrón *m* lump (of sugar)

terso smooth

tertulia gathering

teso hilltop

tesoro treasure

testamento testament, will

testigo witness

testimonio evidence; testimony

tez *f* complexion

tibieza lukewarmness, tepidity

tibio tepid, lukewarm

tiempo: a — on time; **a un —** at the same time, simultaneously; **al — que** as, at the same time as

tierno tender

tijeras *fpl* scissors; *fig* backbiters

tijeretear to clip, snip, click (scissors)

timbre *m* timbre, tone; bell, buzzer (door, phone, alarm clock)

tímido timid

tina tub

tinieblas *fpl* darkness

tintar to tint

tintero inkwell, inkpot

tinto red wine

tío *coll* guy; character

tipo type, person, character; appearance

tiranía tyranny

tirano tyrant

tirar to shoot; to head (for); to squander, waste; **— de** to pull

tiritar to shiver

tiritona shivers

tiro shot

titubeante hesitant, wavering

toalla towel

tocador *m* player

tocar (en) to border (on)

todo: del — completely

tolerar to tolerate, suffer, endure

toma taking, capture

tomar: toma take this

tonalidad tonality

tonelada ton

tontería foolishness, silliness, simple-mindedness; *pl* nonsense

tonto fool; idiot

topar (con) to meet, run into

toque *m* touch

torcer to twist; to turn (a

corner)

tormenta tempest, storm

tormento torture

tornar to return; **— a** + *inf* *inf* + again

torno: en — all around; **en — a** or **de** around

toros *mpl* bullfight

torpe clumsy, awkward; dull, slow

torre *f* tower

torrencial torrential

torta *Mex* chicken, pork, or sausage sandwich made with a roll

torturar to torture

torvo grim

tostar to toast

trabajoso laborious

traducción translation

traer to bring; to attract

tragar(se) to swallow

trágico tragedian

trago swallow; drink

traición betrayal

traicionar to betray

traidor *m* traitor

trámite *m law* brief

trampa trap, snare

trance *m* critical moment

tranquilidad calmness

tranquilizar to calm; **—se** to calm down

tranquilizador tranquilizing; reassuring

transcrito *pp of* **transcribir** transcribed

transfigurar to transfigure

transigir (con) to agree (to); to tolerate

trapo rag

trasladar(se) to move, transfer; to be transferred

traslucir to guess, deduce

traspasar to sell; to pierce, run through; to go beyond

trasto kitchen utensil

tratar: — de cerca to deal

303

with closely; —**se** to discuss; —**se de** to be a question of; to be about, be the matter or subject discussed

trato treatment; relations; *pl* dealings

través: a (al) — de through, across

trayectoria trajectory, course

trazar to set out, lay out; to draw, trace

tremendo tremendous

trémulo tremulous

tren *m* train

tribulación tribulation

tribuna tribune, rostrum

tribunal *m* court, tribunal; **Santo Tribunal** The Holy Office of the Inquisition

tributar to render, offer

tributo tribute, respect

trigal *m* wheatfield

trigo wheat

trigueño brunet; olive-colored

trillo threshing machine

tristeza sadness, sorrow

tristón somewhat sad

triunfalmente triumphantly

triunfante triumphant

triunfar to triumph

triunfo triumph; trump (cards)

trocarse to change, be or become changed

tronco tree trunk

tropa troop

tropel *m* throng

tropezar to stumble; —**se (con)** to stumble upon, come across; to stumble over, trip on

trozo piece, fragment

trueno thunder

tubo tube; pipe

tumba grave, tomb

tumbado toppled (over), spread out, lying down

tumbarse to lie down

tumulto tumult, uproar

túnel *m* tunnel

turbación confusion

turbador disturbing

turbar to disturb, upset

turbina turbine

turbio clouded, cloudy, turbid; confused, obscure

turismo limousine

turno turn; shift; **guardar —** to take turns

U

ultratumba beyond the grave, after death

umbrío shady

unánime unanimous

únicamente only

unicolor unicolored, one-colored

uniforme: lo — the uniformity

unirse to join

uña nail (finger or toe)

urgir to urge, press

urinario urinal

usurpador *m* usurper

útero uterus, womb

útil *adj* useful; *m* tool

utilizar to use

V

vaciar to empty, drain

vacilante vacillating, hesitating

vacilar to vacilate, hesitate

vacío *adj* empty; *n* emptiness, void; abyss; blank, gap

vacuo vacuous; vacant

vagabundo vagabond

vagar to roam, wander

vago vague

vagón *m* car, coach (train)

vaguedad *f* vagueness

valenciano Valencian, of or

from the Spanish region or city of Valencia

valer: más valía it was better; **— la pena** to be worth it; —**se (de)** to make use (of)

valiente brave

valorar to value, appraise, calculate the value of

valle *m* valley

vanidad vanity, conceit

vanidoso vain, conceited

vano: en — in vain

vapor *m* steam; vapor; **a todo —** at full steam

variar to change, vary

varón *m* male

varonil male; manly

vastedad vastness, immensity

vecindad nearness, proximity

vecino neighbor; resident (of a town)

vegetal *m* vegetable

vehículo vehicle

veintena score, twenty

vejez *f* old age

vela candle

velado hidden; veiled; toneless (voice)

velar to keep vigil, watch

velero sailboat

velocidad velocity

veloz swift, rapid

vencedor *m* conqueror; victor

vencer to vanquish, defeat

venda blindfold

vendaje *m* bandages

vendarse to blindfold (oneself)

vendedor *m* seller, vendor

venida coming

venidero future

venta roadside inn; sale

ventanilla car, truck, or train window

ventanillo small window

Ventas: las — bullring in the eastern part of Madrid

ventaja advantage

ventilador *m* fan

vera side

verdad: de — truly, really

verdegris gray-green

verdiamarillo yellow-green

verdioscuro dark green

verdor *m* verdure, greenness

verdosidad greenness

verdoso greenish

verdura verdure, verdancy; *pl* greens, vegetables

vereda path

vergüenza shame; embarrassment; **darle a uno —** to embarrass

vernáculo vernacular; common, ordinary

verosímil probable, credible

verse to find oneself

verso verse, line (of a poem); poetry

verter to pour; to empty

vertiginoso vertiginous, dizzy; rapid, accelerated

vértigo vertigo, dizziness; rush

vestidura clothing, clothes

vestirse to dress, put on (clothes)

veto prohibition; veto

vez: a la — at the same time; **a (las) veces** at times; sometimes; **a su —** in turn; **alguna —** someday; ever (in questions); **de una —** right away, without more ado; **de — en cuando** or **de — en —** from time to time; **rara —** rarely

vía street, thoroughfare

viajero *adj* traveling; fleeting; *n* traveler

vibrante vibrating

vibrar to vibrate

vicio vice

vicisitud vicissitude

vidrio glass; pane of glass; lens (of glasses)

vidrioso glassy

vientre *m* stomach, belly

vigía lookout; **torre de —** lookout tower, watchtower

vigilancia vigilance

vigilar to watch over, keep an eye on, look out for

vil despicable, base, vile

villa town

viña vineyard

violación violation; rape

violentar to do violence to; to offend

virgen virgin, pure

virtud virtue

virtuoso virtuous

visado visa

visillo sheer curtain

víspera night or day before

vista: a la — de or **en — de** in view of, considering

visto: por lo — evidently, apparently

vituperar to vituperate, revile, censure

viuda widow

viudo widower

viveza liveliness; smartness, cleverness

vivienda house, dwelling

vivir *m* life, living

vocación vocation, calling

vocear to shout

vociferar to vociferate, shout

volante *m* steering wheel

volar to fly

volcar to overturn; to spill; to shed

voluntad will

voluntario voluntary

voluptuosidad voluptuousness, sensuality; sensual

pleasure, gratification

volver: — en sí to revive, come to; **—se** to turn, go, become; **—se loco** to go crazy

vómito: *coll* **provocar a —** to make one sick, nauseate

voraz voracious

voz *f* shout, cry; word; **a voces** shouting, in a loud voice; **dar una —** to shout; **en alta —** in a loud voice; **en — alta** aloud; **en — baja** in a low voice

vuelco overturning, upsetting

vuelo flight

vuelta: a la — around the corner; **a — de correo** by return mail; **dar la —** to turn around; to go around the bend; **dar la — a** to go around, skirt; to turn; **dar una —** (or **—s**) **por** to take a walk or stroll through

vulgar common

vulgaridad commonplace, common idea

vulnerar to harm, injure, damage

Y

ya: — que since; now that

yacer to lie, be

yegua mare

yerba grass

yerno son-in-law

Z

zafarse to get away

zagal *m* country lad

zaguán *m* entranceway

zapato shoe

zumbido buzzing, humming

A 5
B 6
C 7
D 8
E 9
F 0
G 1
H 2
I 3
J 4